D1573501

HUNDE

Michael Geary

HUNDE

**Alles über Verhalten, Zucht und Pflege
Bekannte und weniger bekannte Rassen**

Mit 400 Fotos und Illustrationen
Deutsch von Rosemarie Winterberg

Oben: Die Deutsche Dogge ist aus den alteuropäischen Hatzhunden und Mastiffs hervorgegangen.

Rechts: Wie der Neufundländer, ein Verwandter des Bernhardiners, vor Jahrhunderten nach Kanada gelangt ist, weiß man nicht.

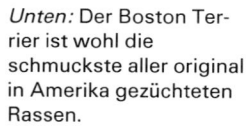

Unten: Der Boston Terrier ist wohl die schmuckste aller original in Amerika gezüchteten Rassen.

Inhalt

Die Herkunft des Hundes	6
Vorgeschichte	7
Domestizierung	9
Frühe Kulturen und ihre Hunde	12
Die Entwicklung der Rassen	14
Vererbung bei Hunden	14
Die Einteilung der Rassen	18
Die Rassenentwicklung in den letzten hundert Jahren	25
Das Wesen des Hundes	26
Der Geruchssinn	27
Das Sehvermögen	31
Das Gehör	37
Das Tast- und Schmerzempfinden	40
Fortbewegung und Gleichgewicht	42
Das Verhalten	46
Essen und Trinken	48
Das Ausscheidungsverhalten	53
Das Sexualverhalten	56
Gemeinschaftsverhalten und Kommunikation	60
Spezialisierung	77
Die Verhaltensentwicklung bei Welpen	80
Verhaltensprobleme	83
Die Intelligenz der Hunde	84
Mensch und Hund	88
Jagd- und Rennhunde	90
Die Jagd	91
Rennhunde	106
Hunde im Dienste des Menschen	110
Hütehunde	110
Rettung aus Bergnot	116
Blindenführhunde	117
Führhunde für Hörbehinderte	123
Hunde in der Forschung	123
Militär- und Polizeihunde	124
Leistungsprüfungen	129
Arktis und Antarktis	129
Haus-Gebrauchshunde	136

Genehmigte Sonderausgabe 1987.
Designed and produced by Intercontinental Book Productions.
© 1978 by International Book Productions, Maidenhead, England.
All rights reserved.
Erschienen im Delphin Verlag GmbH, München und Zürich, 1979.
Alle deutschen Rechte vorbehalten.
Originaltitel: Purnell's Pictorial Encyclopedia of Dogs.
Umschlagentwurf: Peter Engel, München.
Printed in Hongkong. ISBN 3.7735.7860.1

Ausstellen und Züchten	140
Stammbaum, Zuchtbuch und Anerkennung	144
Das Züchten	146
Die Bewertung des Wurfes	151
Wahl und Erziehung eines Hundes	152
Die Erziehung des Hundes	157
Der gesunde und der kranke Hund	162
Die äußere Pflege	162
Körperbau und Körperfunktionen	168
Das Verdauungssystem	169
Diät und Ernährung	169
Innere Parasiten	176
Andere Krankheiten	177
Herz, Kreislauf und Lunge	178
Knochen und Muskeln	178
Die Wärmeregelung – Haut und Haarkleid	180
Das Nervensystem	181
Augen und Ohren	181
Infektionskrankheiten und Schutzimpfungen	182
Der Fortpflanzungsapparat	183
Alter und unheilbare Krankheit	185
Der Hund – Gegenwart und Zukunft	186
Welcher Hund paßt zu Ihnen?	188
Von der Fédération Cynologique Internationale (FCI) bis heute anerkannte Rassen	189
Register	190

Von oben nach unten: Afghanischer Windhund, Rhodesian Ridgeback, Cavalier King Charles Spaniel, Pyrenäenhund

Zu diesem Buch

In diesem umfassenden und reich illustrierten Buch stellt Michael Geary, ein junger, aber schon sehr bekannter englischer Tierarzt, alles dar, was man über Hunde weiß und wissen kann.

Besonders jene Teile des Buches, die sich mit Entwicklungsgeschichte und Verhaltensforschung beschäftigen, werden zweifellos dazu beitragen, daß der Leser das Wesen des Hundes besser versteht. Denn obwohl der Hund das älteste Haustier des Menschen ist und zugleich sein vielzitierter »bester Freund«, ist das Unverständnis, mit dem ihm sogar manche Hundefreunde begegnen, erstaunlich und bedauernswert.

Über die wissensmäßigen Grundlagen hinaus, gibt Michael Geary praktische Ratschläge für die Auswahl, die Zucht und die Erziehung von Hunden, für die Pflege der Tiere im Alltag und im Krankheitsfall.

Beharrlich hebt er die Tatsache hervor, daß das Halten eines Hundes nicht nur Freude, sondern auch Verpflichtung und Verantwortung bedeutet.

Die Forschungsergebnisse und die überdurchschnittlichen Kenntnisse, die die Basis des Textes bilden, machen das Buch – über seinen informativen und auch unterhaltenden Wert hinaus – zu einem wertvollen Handbuch und Nachschlagewerk.

Die Herkunft des Hundes

Wenn wir an die Vielfalt der Hunderassen denken - Deutsche Doggen, Papillons, Bulldoggen und Malteser, um nur einige zu nennen -, fällt es schwer, sie alle als Angehörige einer einzigen Spezies, *Canis familiaris,* zu betrachten. Form und Gestalt mancher Hunde erinnern sogar an ganz andere Tierarten, mit denen sie aber überhaupt nichts zu tun haben. Nur wenige andere Säugetiere weisen so unendliche Variationen in Größe, Aussehen, Fellbeschaffenheit und Verhalten auf wie der Hund. Gewiß sind Shetland Ponys sehr verschieden von Lipizzanern, aber niemand käme auf die Idee, sie nicht als Pferde zu klassifizieren. Einige Mäusearten sehen anderen Artgenossen nicht gerade ähnlich, doch so unterschiedlich wie ein Bobtail und ein Whippet sind sie niemals! Fast alles an dieser Vielfalt der Hundeformen geht auf menschliche Einwirkung zurück, denn kein anderes Tier hat eine so lange und geschlossene Domestikationsgeschichte.

Unten: Das Band zwischen Mensch und Hund ist uralt, und schon in der frühgeschichtlichen Kunst finden sich Darstellungen von Hunden, wie zum Beispiel diese Steintafel aus Ninive.

Vorgeschichte

Um den Ursprung des Hundes zu erforschen, müssen wir auch die Entwicklung seiner nächsten Verwandten verfolgen, denn bei ihnen liegt ein Großteil des Geheimnisses um die Vergangenheit des Hundes. Die warmblütige, mit Haaren ausgestattete Klasse der Säugetiere ist eine verhältnismäßig junge Erscheinung in der Geschichte der Lebewesen. Ihre ersten Formen tauchten in der Kreidezeit auf, die vor 140 Millionen Jahren begann. Damals lebten Säugetiere neben Dinosauriern. Zu den frühen Säugetiergruppen gehörten die Creodonten, und aus diesen kleinen fleischfressenden Geschöpfen ging u. a. ein iltisähnliches Tier hervor, genannt Miacis, das zum Urahn von Bären, Katzen, Hyänen und anderen Fleischfressern, einschließlich der Hunde, wurde. Der Miacis lebte vor etwa 40 Millionen Jahren (die Affen waren gerade erst im Entstehen begriffen) und war einem Hund überhaupt nicht ähnlich: Er hatte fünf Zehen, platte Füße, konnte auf Bäume klettern und wie Katzen die Krallen einziehen.

Vor etwa 19 Millionen Jahren entwickelte sich aus dem Miacis ein anderes Urtier, der Cynodictis, bei dem sich die fünfte Zehe zu einer rudimentären Afterklaue zurückgebildet hatte. Von ihm stammten die eigentlichen Vorläufer des Hundes ab, nämlich der Cynodesmus sowie ein anderer

Oben links: Im alten Ägypten wurde dem Hund in der Gestalt des Anubis göttliche Verehrung zuteil.

Oben rechts: Ägyptische Fresken und Gravuren zeigen Hunde, die mit unseren Greyhounds oder Salukis praktisch identisch sind.

Rechts: Dieses frühgeschichtliche Flachrelief macht deutlich, daß der Hund seit Jahrtausenden der Gefährte des Menschen ist.

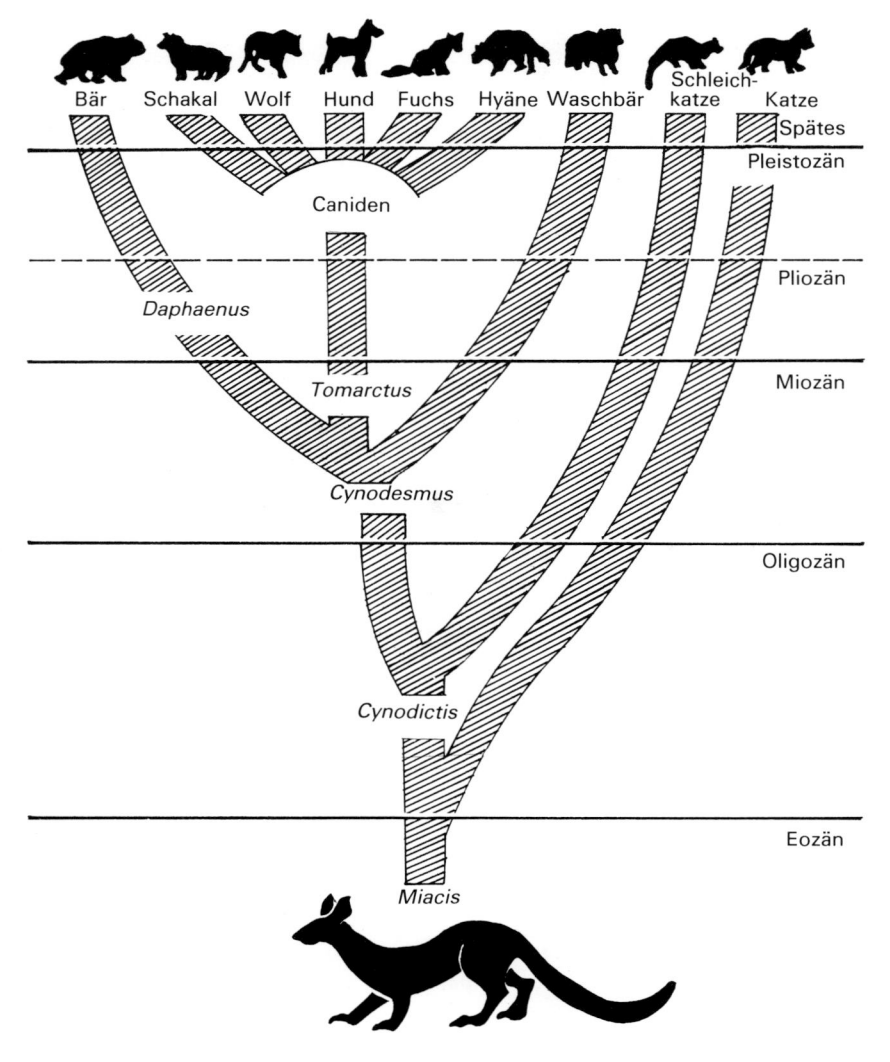

Oben: Die Entwicklung der Hundeartigen und anderer Säugetiere aus den prähistorischen Ahnen der Form *Miacis*

Unten: Wölfe, Füchse und Hunde sind nahe Verwandte und haben viele gemeinsame Verhaltenszüge.

fossiler Canide, welcher Ahnherr der sogenannten »unechten Hunde« wie zum Beispiel des afrikanischen Kap-Jagdhundes, des Indischen Wildhundes und des südafrikanischen Buschhundes wurde.

Der Cynodesmus war ein viel größeres Säugetier als seine Vorfahren. Ihm folgte der Tomarctus, der schon sehr hundeartig aussah; seine Knochenreste sind von den Skeletten heutiger Wölfe oder Wildhunde kaum zu unterscheiden. Von der Zeit, in der der Tomarctus lebte, bis zur Entstehung des Menschen (vor erst 2 Millionen Jahren) müssen sich, wie fossile Reste zeigen, viele hundeähnliche Lebewesen entwickelt haben, die aber in bezug auf unsere heutigen Hunde nicht von Bedeutung waren. Jedenfalls gehen alle existierenden Hundeartigen – Wölfe, Schakale, Füchse, Hyänen und Hunde – auf den Tomarctus zurück. Sie alle haben einen annähernd gleichen Knochenbau, sind schnelle Raubtiere mit gutem Seh- und Hörvermögen, einem scharfen Geruchssinn und großer Ausdauer.

Soweit ist die Geschichte relativ einfach, denn die Entwicklung läßt sich über 140 Millionen Jahre gut zurückverfolgen; in den letzten paar Jahrtausenden aber scheint uns ein Glied in der Kette zu fehlen, mit dessen Hilfe wir den direkten Vorfahren des Hundes zweifelsfrei bestimmen könnten. Vielleicht war es Tomarctus selbst, und Schakale und Wölfe wären dann »Entwicklungsvettern« des Hundes; andererseits muß man aber auch den Wolf als Ahnen in Betracht ziehen.

Werfen wir aber zuerst einen Blick auf das Beweismaterial, das andere Caniden aus der Hunde-Ahnenreihe ausschließt.

Der Fuchs, obwohl kein Rudel- und kein geselliges Tier, weist Ähnlichkeiten mit einigen Hunderassen auf. Eine Hund/Fuchs-Verbindung bliebe (im höchst unwahrscheinlichen Fall einer Paarung) unfruchtbar, da die Chromosomen ungleichartig sind. Die Tragzeit beträgt beim Fuchs ca. 50 Tage, also 13 Tage weniger als beim Hund. Auch andere Abweichungen, zum Beispiel Pupillenform und Fußstruktur, zeigen, daß die Füchse keine nahen Vorfahren der Hunde sein können. Auch Hyänen lassen sich als engste Verwandte ausschließen: Ihre Jungen werden mit offenen Augen geboren und sind beweglicher und aktiver als Hunde- oder Wolfswelpen.

Schakale und Kojoten dagegen stehen den Hunden sehr nahe, und auch Kreuzungen sind möglich, was allgemein als ein Zeichen engster Verwandtschaft gilt. Gewisse Unterschiede im Skelettbau der Schakale, Kojoten und Hunde beweisen jedoch, daß sie nicht alle ein und derselben Spezies angehören, sondern eben nur nahe Verwandte sind. Einzig der Dingo gehört in die gleiche Untergattung wie der Hund. In seiner Heimat Australien läßt sich praktisch kein Dingo mehr finden, der nicht auch Blut des Haushundes in seiner Ahnenreihe hat.

Die meisten Fachleute stimmen heute darin überein, daß der Wolf der dem Hund nächststehende Hundeartige ist, und vieles spricht dafür, daß unsere Hunde unmittelbar von Wölfen abstammen. Das Gebiß weist kaum Unterschiede auf, und wie Schakale und Kojoten können auch Wölfe sich mit Hunden paaren und gesunde Nachkommen zeugen. Außerdem jagen Wölfe im Rudel, sind innerhalb der Meute sehr gesellig und lassen sich, was am wichtigsten ist, leicht zähmen. Ein markanter Unterschied besteht jedoch darin, daß Wölfinnen nur einmal jährlich in Hitze kommen, Hündinnen dagegen in der Regel zweimal im Jahr; dabei mag allerdings die Zuchtwahl durch den Menschen eine Rolle spielen.

Oben: Dieses assyrische Flachrelief aus der Zeit des Herrschers Assurbanipal zeigt, daß die Jagd eine der frühesten Aufgaben war, für die der zivilisierte Mensch den Mastiff einsetzte.

So interessant diese Vergleiche auch sind, sie vermögen uns dennoch keine eindeutige Antwort auf unsere Frage nach dem unmittelbaren Vorfahren des Hundes zu geben. Wir müssen uns vielmehr mit zwei Spekulationen zufriedengeben. Die eine betrachtet den Hund als »modifizierten Wolf«, der über die aufeinanderfolgenden Haustiergenerationen zu dem wurde, was er heute ist, weil sich im Verlauf der Generationen immer wieder Veränderungen ergaben, aus denen Hunde von abweichender Größe und Form hervorgingen. Weitere Mutationen führten zu verschiedenen Kopfformen, kleineren Kiefern und unterschiedlicher Schwanz- und Ohrenhaltung. Außerdem muß der Mensch nicht nur größere Fruchtbarkeit, sondern auch frühere Geschlechtsreife herausgezüchtet haben, denn die meisten Hunde sind schon mit sechs Monaten fortpflanzungsfähig, Wölfe dagegen frühestens mit zwei Jahren.

Die zweite Spekulation nimmt einen durch Mutation entstandenen wolf- und hundeähnlichen Caniden als direkten Ahnherrn unserer Hunde an. Einer Theorie zufolge ist dieser Urhund in Nordasien entstanden, noch ehe der Mensch die Szene betrat; einen fossilen Beweis hat man bis jetzt aber nicht gefunden – allerdings auch keinen Gegenbeweis, denn dieses Gebiet ist archäologisch kaum erschlossen.

Einige Fachleute glauben, daß der kleine Indische Wolf, *Canis lupus pallipes,* der noch heute lebende Vorfahr ist und daß prähistorische Stämme in Nordasien ihn erstmals domestizierten. Wie dem auch sei, am stärksten beeinflußt wurde die Entwicklung der Hunde zweifellos durch den Menschen; ohne selektive Zucht gäbe es den heutigen Hund überhaupt nicht. Der Mensch hat den Hund so geschaffen, wie er ihn haben wollte; was wir noch immer nicht wissen, ist das genaue biologische Urmaterial dieser Schöpfung.

Domestizierung

Lassen wir einmal dahingestellt, ob die erste Begegnung zwischen Mensch und Canidae nun mit einem Wolf oder einem Urhund stattfand, eines jedenfalls ist sicher: Es war nicht plötzlich ein ruhiger, menschenliebender, gehorsamer Hund vorhanden. Domestikation ist ein langwieriger Prozeß, bei dem ein Tier allmählich und auf Grund seiner Fähigkeit, sich dem Menschen anzuschließen, herausgezüchtet wird. Domestikation läßt sich nicht mit Zähmung gleichsetzen. Einen Löwen (oder ein anderes wildes Tier) kann man abrichten, keine Menschen zu töten, Kunststücke zu vollbringen und auf Kommando zu seinem Herrn zu kommen, aber dieses Verhalten bleibt auf das betreffende Tier beschränkt und vererbt sich nicht: Löwenjunge von zahmen Eltern sind nur dann zahm, wenn sie selbst ins Training einbezogen werden. Im Dschungel freigelassen, verhalten sie sich wie andere Löwen, und auch ihre Eltern würden, wenn man sie aussetzte, bald wieder als Wildtiere leben.

Domestikation dagegen erreicht man, indem man fortwährend die lenksamsten und menschenfreundlichsten Exemplare auswählt und mit ihnen züchtet, bis man als Ergebnis ein Tier hat, das den Menschen nicht nur duldet, sondern von sich aus den Umgang mit ihm sucht. Im Alter von sechs Wochen benehmen sich zum Beispiel in Gefangenschaft geborene Hyänen ausgesprochen aggressiv; sie beißen und wehren sich mit allen Mitteln gegen jeglichen menschlichen Kontakt. Im Gegensatz dazu laufen junge Haushunde dem Menschen entgegen und wollen mit ihm spielen. Sie scheinen sich in seiner Gesellschaft sichtlich wohl zu fühlen, und ihr Hang, sich mit Menschen einzulassen, muß eindeutig als ererbt betrachtet werden. Die Hunde brauchten Jahrtausende, um diesen Grad der Domestikation zu erreichen.

Die Haustierwerdung des Hundes ist aber mehr als nur ein Bündnis zwischen Mensch und Tier; sie ist ein vielschichtiger Prozeß, der zu den ausgewählten Verhaltensweisen des Bewachens, Jagens, Viehtreibens und Lastenziehens führte. Maßgebend war dabei allerdings der angeborene Wunsch des Hundes, sich dem Menschen anzuschließen, denn auch der feinste Jagdhund würde nichts taugen, wäre er seinem Meister gegenüber aggressiv und unzugänglich.

Mehrere körperliche und verhaltensmäßige Merkmale lassen den Hund für die Domestikation geeigneter erscheinen als andere Tiere. Erstens erlaubt es seine Größe, beim Menschen im Hause zu leben. Zweitens ist er als Rudelraubtier zur Anpassung bereit. Außerdem wird der Hund verhältnismäßig früh geschlechtsreif, hat eine kurze Tragzeit und wirft viele Junge. So kann der Mensch in seinem Leben nicht nur manche Generation Hunde züchten, sondern aus einer großen Zahl von Welpen jeweils diejenigen mit den gewünschten Eigenschaften zur Weiterzucht auswählen. Im Gegensatz dazu entwickelt sich beispielsweise ein Pferd nur langsam und bringt nach langer Tragzeit in der Regel ein einziges Fohlen zur Welt.

Der wichtigste Faktor aber ist die große Vielfalt von Körper- und Verhaltensmerkmalen, die die Spezies Hund weitervererben kann. Die potentiellen Größenunterschiede etwa des Hausschweins sind begrenzt und liegen zwischen dem Zwergschweinchen und dem gut doppelt so großen Weißen Eber. Die körperlichen Ausmaße der Pferde reichen vom Shetland Pony (oder dem noch kleineren argentinischen Falabella) bis zum mächtigen Clydesdale. Ein Bernhardiner dagegen bringt fast das achtzigfache Gewicht eines Chihuahua auf die Waage! Der Bereich an Verhaltensmerkmalen wird aber noch größer, wenn man auch die enormen Unterschiede bei Sehvermögen, Geruchssinn, Hüterqualitäten oder körperlicher Ausdauer in Betracht zieht.

Wichtig ist auch, daß die vererbten Eigenschaften im allgemeinen recht stabil sind; »Rückschläge« kommen kaum vor. Eine umgängliche Hündin, gepaart mit einem umgänglichen Rüden, hat normalerweise Welpen, von denen jeder einzelne noch zutraulicher ist als seine Eltern – ein »wilder« Welpe wäre eine große Ausnahme. Natürlich bezieht sich diese Stabilität der Erbanlagen auf ganze Verhaltenskomplexe, wie etwa das Viehhüten oder Jagen; andernfalls hätte der Mensch die »Spezialisten«-Rassen unmöglich entwickeln können. Indem der Mensch für die Weiterzucht immer wieder solche Exemplare auswählte, die ihm für seine Zwecke am geeignetsten erschienen, erhielt er schließlich Hunde, die alle gewünschten Eigenschaften bis zur Perfektion besaßen.

Anfänge der Domestizierung

Über die Gründe der Haustierwerdung des Hundes, wann sie begann und wer dafür verantwortlich war, können wir nur Vermutungen anstellen. Wir wissen, daß der Hund schon sehr früh in der Menschheitsgeschichte domestiziert war, können aber über das Wie oder Wann nichts Genaues sagen, denn die Domestikation vollzog sich, bevor der Mensch seine eigene Geschichte aufzuzeichnen begann. Wie erwähnt, wurde der Hund nicht plötzlich zum Gefährten des Menschen; es muß ein stufenweiser Vorgang gewesen sein. Möglicherweise waren es die Nahrungsabfälle, beiseite geworfene Knochen und verdorbenes Fleisch, die Hunde dazu brachten, sich in der Nähe menschlicher Siedlungen aufzuhalten. Aus dem gleichen Grund schloß sich ein Hunderudel vielleicht nomadischen Jägern an, wobei sich die Tiere möglicherweise als Wächter bewährten, weil sie bellten, sobald sich ein Eindringling – Mensch oder Tier – dem Jagdlager näherte. Wahrscheinlich verloren nachfolgende Generationen dieser ersten Abfallräumer immer mehr ihre Scheu, und die Menschen begannen, einzelne Tiere an ihrer Fellzeichnung zu unterscheiden und ihnen den einen oder anderen Happen zuzuwerfen. (Eine moderne Parallele gibt es bei Eingeborenenstämmen in Neuguinea. Dort leben Hunde in Zweckverbindung mit Dörfern; sie verzehren die Abfälle und halten so die Umgebung sauber.) Auf diese Weise wurden die Hunde allmählich ins »Lagerleben« einbezogen, und da niemand sie verscheuchte, respektierten sie die Menschen schließlich als Freunde und Nahrungsbeschaffer – ein wichtiger Anreiz zur Haustierwerdung.

Ein weiteres Bindeglied könnte die Jagd gewesen sein. Vielleicht halfen die Hunderudel den Männern, Tiere zu verfolgen und zu töten. Dabei wur-

Unten: Archäologische Funde weisen darauf hin, daß der Dingo vor mindestens 50 000 Jahren über die Australasiatische Landbrücke nach Australien gelangte.

Rechts: Greyhounds waren beliebte Jagdhunde bei den Römern. Auf ihren Feldzügen nach Nordeuropa nahmen die Soldaten ihre Hunde mit, und so gelangten die Tiere auf die Britischen Inseln.

Unten: Der Deutsche Schäferhund ist aus drei sehr alten Schlägen europäischer Hütehunde herausgezüchtet worden.

den sicher die stilleren Hunde bevorzugt, denn laut bellende hätten Hirsche oder Rinderherden verscheucht und versprengt. Es kann sein, daß der Mensch schon damals diese besseren Jagdhunde erkannte und züchtete; wahrscheinlicher ist, daß eine selektive Zucht erst viel später vorgenommen wurde. Wir wissen, daß der Altsteinzeitmensch Herden von Wildpferden in Gruben trieb und schlachtete; vermutlich halfen ihm Hunde beim Zusammentreiben und bekamen dafür einen Teil der Beute ab.

Unterschiedliche Jagdarten mögen schließlich dazu geführt haben, daß man Hunde mit unterschiedlichen Eigenschaften benötigte. Für die Verfolgung von scheuem Wild brauchte man lautlose Jäger, die erst in unmittelbarer Nähe der Beute lautstark bellten. Starke, furchtlose Hunde waren für die Jagd großer Tiere wie Urrinder und Wildschweine vonnöten, schnelle Hunde mit guten Augen setzte man auf Hasen oder Kaninchen an, und Tiere mit besonders feiner Nase hatten die Aufgabe, ein fernes Wildrudel zu wittern. Die an die Jagdhunde gestellten Anforderungen wechselten also je nach den im betreffenden Gebiet vorhandenen Beutetieren. Das stärkste Band zwischen Mensch und Hund bestand sicher darin, daß beide Jäger waren und befähigt, bei der Jagd zusammenzuarbeiten.

Es könnte auch sein, daß sich der Hund relativ früh als Zugtier nützlich machte. 6000 Jahre alte Schlittenfunde in Nordeuropa stützen diese Theorie, doch muß angenommen werden, daß der Hund erst nach seiner Aufnahme in die menschliche Gemeinschaft zum Schlittenziehen abgerichtet wurde. Es ist zwar noch nicht allzu lange her, daß der Mensch ins Nordpolargebiet vorgestoßen ist (umherziehende Thule-Eskimos erreichten die Arktis etwa um das Jahr 900), doch wäre das ohne Schlittenhunde gar nicht möglich gewesen. Daß die Eskimos Hunde als Zugtiere verwendeten, darf als eine von der westlichen Kultur ganz unabhängige ethnologische Entwicklung gelten.

Unwahrscheinlich ist, daß das Essen von Hundefleisch bei der Domestikation der Tiere eine ausschlaggebende Rolle spielte, obwohl es bei Nah-

rungsknappheit sicher vorkam, daß auch Hunde gegessen wurden. Hingegen könnte der Mensch bei heidnischen Festen – um die Jagdgötter günstig zu stimmen – Hunde geopfert und anschließend verzehrt haben, im Glauben, daß die eigenen Jägerqualitäten dadurch verstärkt würden.
Als der vorgeschichtliche Mensch erkannte, wie wertvoll der Hund für sein Leben war, mag er in ihm auch göttliche Qualitäten entdeckt haben, obwohl er ihm – im Gegensatz zu anderen, gefürchteten oder wilden Tieren – sicher weniger geheimnisvoll erschien. Jedenfalls gibt es Beweise, daß der Hund relativ früh religiös verehrt wurde, und zwar lange bevor die Ägypter ihren schakalähnlichen Hundegott Anubis anbeteten.

Frühe Kulturen und ihre Hunde

Es ist nicht leicht, die Kulturen des Altertums genau zu datieren und zu typisieren, denn die Entstehung und der Verfall hängen von ganz unterschiedlichen Faktoren ab. Dementsprechend schwierig ist die Erforschung einzelner Aspekte – also zum Beispiel die Rolle des Hundes. Sicher ist nur, daß sich zu verschiedensten Zeiten in weit voneinander entfernten Teilen der Welt menschliche Gemeinschaften zu Kulturen unterschiedlichsten Zivilisationsgrades entwickelten und daß die Rolle der Hunde dabei – wenn sie überhaupt eine spielten – jedesmal anders war. Um zu erkennen, wie sie zu ihrem jeweiligen Status als Haustier gekommen sind, müssen wir uns mit dem kulturellen Aufstieg und den Wanderungen ihrer Herren beschäftigen, denn die vielschichtige »Bio-Mischung« von Hunden in der ganzen heutigen Welt rührt davon her, daß der Mensch sie bei der Eroberung und Besiedelung neuer Länder und Kontinente mitnahm. Diese Bewegung liegt oft gar nicht lange zurück. So kamen zum Beispiel viele europäische Hunderassen erst im 17., 18. und 19. Jahrhundert nach Amerika und Australien. Noch neueren Datums ist die Verbreitung alter Rassen wie des afrikanischen Basenji, des Tibet Spaniels und des Shi-Tzu in den westlichen Zivilisationen, die aus modischen Gründen auf solche »Neuentdeckungen« besonders erpicht sind.
Wie aber kamen der Shi-Tzu ursprünglich nach Tibet und der Basenji in den Kongo? Entstanden sie dort, oder wurden sie von Nomaden bzw. ganz frühen Siedlern aus einem Urherkunftsgebiet aller Hunde mitgebracht? Es erscheint glaubhaft, daß das Zentrum der Hundedomestikation in Nordasien lag, was mit der Theorie über den asiatischen Wolf übereinstimmen würde. Die eigentliche Haustierwerdung des Hundes hat man, ziemlich willkürlich, auf die Zeit vor 15–13 000 Jahren festgelegt. 50 000 Jahre alte Höhlenzeichnungen in Spanien zeigen jedoch bereits Männer bei der Jagd mit Hunden. Auch der Dingo paßt nicht in diese Chronologie, denn er gehört zu den Echten Hunden und die von ihm in Australien gefundenen Fossilien datieren 50 000 Jahre zurück. Dorthin kann er nur als halbdomestiziertes Tier mit dem Menschen gelangt sein, als die australasische Landmasse noch mit Asien verbunden war. Die Landbrücke zwischen den Kontinenten verschwand, als der Meeresspiegel infolge der Eisschmelze im Mesolithikum stieg. Einzig die Beuteltiere stammen ursprünglich aus Australien, und es ist so gut wie sicher, daß die Entwicklung von Säugetieren wie dem Hund keinesfalls in diesem Erdteil stattfand. Die oben erwähnten Beispiele sagen also aus, daß Hunde schon vor mindestens 50 000 Jahren ziemlich eng an den Menschen gebunden waren. Die frühesten Beweise für ihre Domestizierung stammen aber erst aus einer Zeit vor etwa 10 000 Jahren. Bei Ausgrabungen in Frankfurt am Main stieß man auf die Skelette von Haushunden, die bei den Knochen einer Rinderherde lagen. Die Funde ließen sich auf das Jahr 9000 v. Chr. datieren. Achttausendjährige versteinerte Hundeknochen fanden sich in den Küchen ausgegrabener Wohnstätten in Dänemark und Schweden. Die Fossilien lagen in Küchen-Müllgruben, was darauf hindeutet, daß die Hunde entweder verzehrt wurden oder, was wahrscheinlicher ist, von Küchenabfällen lebten. Das Studium von Skelettfragmenten, Höhlenbildern und Steingravuren führt zur Annahme, daß es wahrscheinlich vier Haupthundetypen gege-

Oben: Diese chalkidische Vase (aus den Jahren 550–530 v. Chr.) zeigt die Vorliebe der alten Römer für Hunde als Motiv in der Töpferkunst.

ben hat, die sich relativ früh aus dem Urhund entwickelten: Die erste Gruppe umfaßte die nördlichen Spitze, die stark und widerstandsfähig waren und sich ideal als Jagd- und Zugtiere eigneten. Als der Mensch Ackerbau zu treiben begann, zog er nicht nur Feldfrüchte, sondern ließ auch gefangene Tiere weiden, und da wurde der gleiche Hund zum Viehtreiber und Hüter der Herden.

Der zweite Hundetyp war der Dingo, der sich unter den in wärmeren Klimazonen beheimateten Völkern rasch als Wächter und Abfallvertilger verbreitete. Als Haustier war er eher ein Ausgestoßener und wurde nicht für hochspezialisierte Aufgaben herangezüchtet. Wir werden später auf ihn zurückkommen.

Die dritte Hauptgruppe war der Mastiff, als dessen Vorläufer manche den tibetanischen Wolf vermuten. Diese Doggenartigen breiteten sich vorwiegend östlich und westlich von Zentralasien aus und waren dank ihrer Größe und ihrer schweren Knochen nützliche Wach- und Kriegshunde. Die Mastiffgruppe bildet denn auch den Ursprung der großen Hirtenhunde, des Pyrenäenhundes zum Beispiel, und anderer Riesenrassen, etwa der Deutschen Dogge. Das gute Witterungsvermögen der großen Spürhunde, zum Beispiel der Bluthunde, deutet darauf hin, daß auch sie Mastiffs in ihrer Ahnenreihe haben. Wahrscheinlich wurden die Doggenartigen mit Angehörigen der Spitzgruppe gekreuzt, um Kraft und Herdensinn in einem Tier zu vereinen.

Die letzte wichtige Stammgruppe war der Windhundtyp, der nicht mit der Nase, sondern mit den Augen jagt. Ob er wirklich den nordafrikanischen Wüstenregionen entstammt, ist ungewiß; glaubhafter erscheint es, daß er mit dem Menschen dorthin gelangte. Jedenfalls wurde Ägypten zu seiner Heimat, wo er seine Vorzüge als lautlos schneller Jäger voll entwickelte.

Das große Kulturzentrum Mesopotamien vermittelt uns das erste genaue Wissen über den Stand der Hunde-Entwicklung. Bronzen, Fresken, Gravuren und andere künstlerische Darstellungen zeigen ägyptische Krieger mit Hunden, die praktisch identisch sind mit den heutigen Greyhounds und Salukis. Auf einigen Abbildungen sind sogar Hunde bei der Arbeit dargestellt, wie etwa bei der Jagd nach Sicht, und es ist augenscheinlich, daß 2000 Jahre v.Chr. die Wissenschaft der Hundezucht so entwickelt war, daß man hochspezialisierte Typen für bestimmte Aufgaben hervorzubringen vermochte. Schwerere, doggenartige Hunde sieht man auf Schlachtenbildern, im Kampf zusammen mit Pferden oder aber als Meute gegen sie. Das vordynastische Ägypten züchtete aber auch schon Zwergrassen, die wie Malteser aussahen. Das zeigt, daß die Angehörigen dieser fortgeschrittenen Zivilisation Hunde nicht nur zum Nutzen, sondern auch zum Vergnügen hielten.

Windhunde scheinen auch bei den griechischen und keltischen Kulturen die Hauptrasse gewesen zu sein. Offenbar waren diese Hunde aus ihrer nordafrikanischen »Wüstenheimat« ins Mittelmeergebiet und nach Nordeuropa gebracht worden, was für sie möglicherweise eine Rückreise bedeutete.

Als die Indianer über die Landbrücke zwischen Asien und Amerika, an der Stelle der heutigen Beringstraße, in den amerikanischen Kontinent einwanderten, wurden sie von ihren Hunden begleitet. In diesem Stadium der Domestikation hatte sich der Hund wohl schon zu weit vom Wolf entfernt, um sich noch mit einheimischen amerikanischen Wölfen zu kreuzen. Wahrscheinlich hätten die Nomaden ihre kostbaren Haushunde wohl auch kaum mit irgendwelchen Wölfen kreuzen wollen, so daß die Hunde für sich blieben. Viele von ihnen waren eindeutig vom Spitz-Typ der Eskimohunde und zeigten wuchtige Schultern, breite Nasen und über den Rücken gerollte Ruten. Dieser gut an das Klima Nordasiens und Nordeuropas angepaßte Hundetyp konnte sich auch im hohen amerikanischen Norden halten.

Es ist schwer zu sagen, ob Handel und Schiffahrt erheblichen Einfluß auf die Rassenentwicklung in den verschiedenen Erdteilen hatten, und wenn dem so war, wann und wie sich solche Veränderungen vollzogen. Vielleicht waren Hunde sogar ein wichtiges Tausch- oder Handelsobjekt: Besucher ferner Küsten könnten Hunde, die für besondere Aufgaben entwickelt worden waren, gesehen und gekauft haben, um die Fähigkeit ihrer eigenen Hunderassen zu verbessern. Außerdem kann es durch Hunde, die auf Schiffen mitreisten, jedesmal dann zu ungeplanten Paarungen gekommen sein, wenn die Schiffe anlegten und die Hunde an Land durften.

Unten: Wie Töpfer und Maler, so wählten sich auch Bildhauer häufig Hunde als Darstellungsobjekt.

Die Entwicklung der Rassen

Zweifellos wurden in Europa mehr als anderswo die genetischen Möglichkeiten des Hundes ausgeschöpft und die meisten der heute anerkannten Rassen geschaffen, obwohl unser Kontinent nicht das einzige Zentrum der Rassenentwicklung war.

Der Hund folgte, wie bereits erwähnt, dem Menschen, und wo Zivilisationen und Kulturzentren entstanden, entwickelten sich in der Regel auch deren eigene Hunderassen. Die europäischen Kulturen des 17., 18. und 19. Jahrhunderts haben am meisten für die Diversifikation von Hunderassen getan. Dafür gab es drei Gründe: Erstens waren die westeuropäischen Gesellschaften kulturell und wissenschaftlich spezialisierter als alle anderen Gesellschaften, und außerdem verfügten sie über den nötigen Wohlstand, der es Menschen erlaubt, sich mit Dingen zu beschäftigen, die über das rein Lebensnotwendige hinausgehen. Zweitens sind die Europäer große Hundeliebhaber, besonders die Engländer. Inzwischen hat das »Fieber« aber auch auf die Amerikaner übergegriffen, mit dem Resultat, daß die Vereinigten Staaten neuerdings in allem, was Hunde anbelangt, einen starken Einfluß ausüben. Drittens hatten die Europäer ziemlich früh Reise- und Kommunikationsfreiheit, und damit konnten sich die von ihnen entwickelten Hunderassen nicht nur innerhalb des eigenen Kontinents, sondern auch in der übrigen Welt ausbreiten.

Ganz anders verhält es sich in abgeschlossenen Ländern wie etwa China oder Tibet. Der Pekingese – der in China nachweislich schon im Jahr 565 existierte – war außerhalb des Landes praktisch unbekannt und gelangte erst nach der Öffnung Chinas in den Westen: 1860 holte man fünf dieser Tiere aus dem Kaiserpalast und brachte sie ins viktorianische England.

Vererbung bei Hunden

Neue Hunderassen entstehen durch die allmähliche aber fortwährende Veränderung existierender Formen. Man muß sich also klarmachen, daß es den Yorkshire Terrier, so wie wir ihn heute kennen, 1850 noch nicht gab und im Jahr 2050 in der gleichen Form wohl nicht mehr geben wird. Durch Zuchtwahl hat der Mensch die Rassen, die wir nach ihren heutigen »Standards« kennen, laufend verändert und wird sie auch weiterhin verändern.

Jedes fortpflanzungsfähige Tier ist in der Lage, seine eigenen Erbanlagen weiterzugeben. Alle neugeborenen Tiere sind je zur Hälfte aus den genetischen Gegebenheiten ihrer Eltern zusammengesetzt. Auch wenn sie einem Elternteil mehr ähneln, hat das mit der Grundregel nichts zu tun. Jede einzelne Zelle eines Hundes weist 39 identische Chromosomenpaare auf – winzige Gebilde im Zellkern, die die genetischen »Botschaften« des Hundes tragen. Eine Ausnahme bilden die Geschlechtszellen, also Samen- und Eizellen, die nur die männliche bzw. weibliche Hälfte der 39 Paare besitzen. Wird das Ei vom Samen befruchtet, so sind in den Zellen, aus denen sich der junge Hund entwickelt, wieder alle 39 Chromosomenpaare vorhanden. Jedes Chromosom trägt viele Gene, die biochemischen Miniboten des Erbes, und jedes Gen lenkt eine chemische Reaktion im Körper. Die unglaublich vielfältigen Beziehungen

Unten: Der kleine Hund in van Eycks *Hochzeitsbild des Kaufmanns Arnolfini* zeigt große Ähnlichkeit mit einem modernen Cairn Terrier.

dieser Reaktionen untereinander sind es, die dem Hund Form und Funktion geben.

Neue Gene entstehen durch zufällige chemische Veränderungen, genannt Mutationen. Sie sind sehr selten, aber wenn sie sich manifestieren, dann sehen wir an den Hundenachkommen Veränderungen. Sind die Gene stabil und ist der Hund fortpflanzungsfähig, dann werden diese Gene wiederum weitergegeben, und handelt es sich um »dominante« Merkmale, so werden sie auch sichtbar.

Obwohl nur durch Mutation neue Gene entstehen können, sehen wir bei allen Hunden Abweichungen, denen ein subtiles System zugrunde liegt, das der Österreicher Mendel generell für alle Lebewesen entdeckte und als Mendelsches Gesetz formulierte. Dieses Gesetz besagt, daß ein Gen aus zwei Komponenten besteht und die Vererbung auf dieser Paarung beruht. Ein Gen kann dominant oder rezessiv sein. Das dominante drückt sich aus, wird sichtbar, das rezessive tritt nicht in Erscheinung. Ausnahme: Wenn zwei rezessive Gene das Paar bilden und kein dominantes da ist, das sie sich unterordnet, müssen sie sichtbar werden. Das läßt sich an der Haarfarbe von Labrador Retrievern demonstrieren: Sie können gelb oder schwarz sein (die lederbraunen lassen wir im Moment beiseite). Schwarz dominiert Gelb. Setzen wir B für das dominante schwarze und b für das rezessive gelbe Gen, so ergibt sich:

Der Spitz ist selektiv zum Kleinhund gezüchtet worden. So hat der moderne Kleinspitz *(oben links)* im Gegensatz zu den von Gainsborough gemalten Hunden *(oben rechts)* ein Apfelköpfchen und einen kleineren Körper. Fast alle Angehörigen der Spitzgruppe tragen den Schwanz auf den Rücken gerollt.

Links: Porzellanhunde aus China waren bei uns beliebt, lange bevor chinesische Hunderassen nach Europa gelangten.

Unten: Jagdhunde wurden in den Porträts des 18. Jahrhunderts oft mit dargestellt.

BB – schwarzer Hund   Bb – schwarzer Hund
bB – schwarzer Hund   bb – gelber Hund

BB, Bb und bB sind alle schwarz und auf den ersten Blick nicht voneinander zu unterscheiden. Bei der nächsten Generation aber läßt sich die Erbanlage erkennen, da sich die Genpaare unabhängig voneinander auf die Nachkommen verteilen. Bei einer Paarung von BB und BB kommen lauter BB-Welpen – also schwarze – zustande, bei einer Paarung von BB und Bb werden einige Sprößlinge BB und einige Bb, aber wegen der Dominanz von B ebenfalls alle schwarz sein. Ein Paar Bb und Bb dagegen wird BB-Welpen (schwarz), Bb-Welpen (schwarz) und bb-Welpen (gelb) hervorbringen. Das Auftauchen gelber Welpen hat hier nichts mit Mutation zu tun; da haben sich lediglich zwei rezessive Gene zusammengeschlossen und eine »neue« Farbe weitergegeben.

Der Ausdruck »dominant« wird bei der Zucht auch für Formen oder Charakterzüge verwendet, die dazu neigen, andere zu »überlagern«. Ein bekanntes Beispiel ist die Körperform des Labradors. Der Labrador ist insofern eine genetisch dominante Rasse, als bei einer Kreuzung mit einer anderen Rasse die Jungen meist dem Labrador ähnlich sehen.

Das Wort »dominant« hat jedoch auch noch eine verhaltensmäßige Bedeutung: Das dominante Tier in einer Gruppe ist der Anführer. Wir nennen sogar ganze Hunderassen dominant, z. B. Staffordshire Bull Terrier. Dieser Wortsinn hat aber mit den Vererbungsgesetzen nichts zu tun.

Obwohl die Vererbungsgesetze im frühen Mittelalter noch nicht bekannt waren, konnte der Mensch schon damals einen gewünschten Hundetyp herauszüchten, einfach dadurch, daß er die Tiere mit den angestrebten Eigenschaften für die Zucht verwendete und die andern ausschloß. Im Prinzip kommt das der natürlichen Auslese sehr nahe: Alle Tiere werden mit kleinen Unterschieden in Gestalt und Wesen geboren, und je nach Umgebung und Situation haben die einen bessere Überlebenschancen als die andern. »Die Angepaßten überleben« – das ist Charles Darwins Begriff der natürlichen Auslese. Tiere mit langem, dichtem Fell überleben in kaltem Klima besser als kurzhaarige und haben daher größere Chancen, sich fortzupflanzen und ihre Art zu erhalten. Der Mensch beschützte seine Hunde vor der Unbarmherzigkeit dieses Gesetzes und war dafür in der Lage, ihnen seine eigene, unnatürliche Auslese aufzuzwingen. Wollte er einen kurzbeinigen Hund entwickeln, der sich leicht in unterirdische Gänge einbuddeln konnte, dann suchte er die kurzbeinigsten Exemplare einer Rasse heraus und züchtete mit ihnen weiter. Daß ein solches Geschöpf keine Hasen mehr zu jagen vermochte, spielte keine Rolle, denn der Mensch ernährte es ja. Auf diese Weise entstand beispielsweise der Dachshund oder Dackel. Ebenso gelangte man zu einer Spaniel-Zwergform: Man züchtete immer wieder mit den kleinsten Einzeltieren, bis das gewünschte Ergebnis erreicht war, in diesem Fall der Cavalier King Charles Spaniel. Was tat's, daß dieser Hund von einem einzigen Pferdetritt getötet werden konnte und nicht einmal den lahmsten Fasan zu erhaschen vermochte? Er wurde ohne-

Oben: Die Eberjagd war – wie man auf dieser frühitalienischen Vase sieht – eine der ältesten gemeinsamen Tätigkeiten von Mensch und Hund.

Oben: Trotz seines abweisenden Äußeren ist der Mastiff von heute ein anhängliches Tier.

Unten: Moderne Mastiffs können in der Farbe verschieden sein. Am häufigsten sind sie silberrehfarben, dunkelrehbraun oder aprikosenfarben.

hin mit häuslichen Leckerbissen gefüttert und konnte seine Tage auf dem Schoß der Herrin verbringen.

Schon früh erkannte der Mensch, daß die Verstärkung eines bestimmten Merkmals am ehesten durch die Paarung nahe verwandter Tiere zu erreichen war. So bekommt die Nachkommenschaft eine »doppelte Dosis« der entsprechenden Gene. Es ist sogar möglich, Verwandte ersten Grades, also Bruder und Schwester oder Sohn und Mutter, zusammenzugeben, doch wird im allgemeinen davon abgesehen, da die Nachkommen oft schwächliche Tiere von geringen geistigen Fähigkeiten sind. Außerdem verstärkt die doppelte »Gen-Dosis« nicht nur die erwünschten Merkmale, sondern auch die unerwünschten.

Viel sicherer, wenngleich weniger rasch und dramatisch, wirkt die »Reinzucht«. Hier sind die Eltern zwar auch miteinander verwandt, aber nicht im ersten Grad. Ihre gemeinsamen Ahnen beginnen beispielsweise bei den Urgroßeltern. Diese Zuchtmethode steigert die gewünschten Eigenschaften, ohne die Vitalität zu beeinträchtigen.

Eine naheliegende Methode, bestimmte Eigenschaften in eine Hundefamilie einzubringen, ist das Kreuzen verschiedenartiger Hunde. Das Wort »Rassenkreuzung« wird heute nur bei der Zucht mit anerkannten Rassen verwendet; andernfalls spricht man besser von »Typenkreuzung«.

Vieles weist darauf hin, daß Typenkreuzungen schon sehr früh in der Entwicklung der verschiedenen Hunderassen vorgenommen worden sind. Asiatische Mastiffs wurden beispielsweise mit Hunden des Spitz-Typs gekreuzt, um große Hirtenhunde wie den Deutschen Schäfer oder den ungarischen Komondor hervorzubringen. Der Vorteil dabei ist die rasche Einführung neuer Merkmale (statt des mühsamen Vorgangs selektiver Familienzucht) und dann vor allem die Lebenskraft der Mischlinge (oft »Hybriden-Vitalität« genannt). Ein Nachteil besteht darin, daß das Resultat nicht unbedingt »stabil« ist, das heißt, daß der erzielte Hund nicht »echt züchtet«, daß er, wenn er mit einem Tier der gleichen Herkunft gepaart wird, Junge hervorbringt, die in Gestalt und Verhalten keinem der Eltern wirklich gleichen. Ein weiteres Problem ist, daß ein besonders erstrebenswertes Merkmal des einen Elternteils bei den Jungen verschwinden oder von einer dominierenden Eigenschaft des andern Elternteils überschattet werden kann.

Trotz dieser Schwierigkeiten haben sich im Lauf der Jahrhunderte bei der Typenkreuzung beachtliche Erfolge erreichen lassen. Beispiele sind der Airedale, eine stabile Rasse, die aus der Kreuzung von Welsh Terriern und Otterhunden hervorging, und der Bullmastiff – ursprünglich ein Gemisch von Bulldogge alter Art und Mastiff mit etwas Bloodhound-Einkreuzung zur Steigerung der Witterungsfähigkeit. In Schriften des 17. Jahrhunderts gibt es sogar Hinweise darauf, daß die Terriertypen bei der Paarung von Beagles mit einem untersetzten Mastiffbastardtyp entstanden sind.

Als die Hundetypen sich standardisierten und eigentliche Rassen sich herausbildeten, ließen sich bei Rassenkreuzungen schon eher stabile Resultate erwarten. Manche aus der langen Liste der Terrier entstanden durch experimentelle, aber wohlüberlegte Kreuzungen im 18. und 19. Jahrhundert – dem sogenannten »Goldenen Zeitalter der Terrier«. Heutzutage ist das vorsätzliche Kreuzen zweier festgelegter Rassen selten, außer man will zum Beispiel durch die Kreuzung Windhund/Terrier einen Spürhund herauszüchten. Die Zucht mit unverwandten Tieren der gleichen Rasse dagegen ist allgemein üblich und führt in der Regel zu kräftigen Hunden, die die Vorteile beider Eltern in sich vereinen. Dabei achtet man darauf, so zu züchten, daß Merkmale vervollkommnet oder leicht verstärkt, nicht aber übersteigert oder völlig ausgelöscht werden.

Die Einteilung der Rassen

In den Tausenden von Jahren, die vom Erscheinen der vier Grundtypen des Hundes bis heute vergangen sind, hat sich viel getan. Gegenwärtig zählt man auf der Welt rund achthundert anerkannte und stabile Hunderassen. Es würde ins Unendliche führen, die Entwicklung jeder einzelnen chronologisch zu verfolgen oder auch nur einige Beispiele auszuwählen. Einfacher und dennoch schlüssig ist der Versuch, die Geschichte der verschiedenen Gruppeneinteilungen zu skizzieren, wie sie für die nationalen Kynologischen Gesellschaften gelten. Eine solche gruppengeschichtliche Betrachtung ist gar nicht so künstlich, wie man glauben möchte. Die Einteilung beruht auf dem Charakter und den Fähigkeiten einer Rasse, und das sind für die selektive Zucht und die Rassenentwicklung die ausschlaggebenden Faktoren.

Die Fédération Cynologique Internationale (FCI) mit Sitz in Belgien, der 21 vertraglich zusammengeschlossene und 14 assoziierte Organisationen angehören, teilt die gegenwärtig anerkannten Rassen in 4 Kategorien – teilweise mit Untergruppen – ein: I) Schäferhunde, Schutz-, Wach- und Gebrauchshunde; II) Jagdhunde; III) Schoß- und Begleithunde; IV) Windhunde.

Der Kennel Club in Großbritannien, der diesem internationalen Dachverband nicht angehört, teilt die Rassen in 6 Gruppen ein, wobei allein die Jagdhunde drei Gruppen beanspruchen, die dafür unter »Hounds« die Windhunde mit einschließen. Das ist nicht unlogisch, denn die Windhunde waren, wie schon erwähnt, ursprünglich Hetzhunde, Jagdhunde auf Sicht. Der American Kennel Club anerkennt ebenfalls 6 Gruppen, die im großen ganzen mit den britischen übereinstimmen. Eine absolute internationale Klassifizierung wird wohl noch lange auf sich warten lassen, denn die Jagd- und Arbeitsgewohnheiten in den einzelnen Ländern und Kontinenten sind zu verschieden und die Grenzen zwischen Lauf- und Windhunden, Wind- und Jagdhunden, Jagd- und Begleithunden fließend. Die Rasseneinteilungen sind ebensowenig starre Gesetze wie die Standards der einzelnen Rassen. Immer wieder werden neue Regeln

Oben: Jagdhunde wurden spezifisch für ihre Aufgabe herangezüchtet. Die äußere Erscheinung war ursprünglich bei der Auswahl von Rüden und Hündinnen für die Zucht nicht ausschlaggebend.

Links: Terrier wurden im 19. Jahrhundert beliebt.

Rechts: Der kraftvolle Körperbau des Greyhounds ist selbst dann deutlich zu erkennen, wenn das Tier in Ruhestellung ist.

aufgestellt, überholte abgeschafft, und immer wieder werden irgendwo neue oder unbekannte Rassen entdeckt, herausgezüchtet, abgeteilt. Alles ist in Bewegung und lebt – wie die Hunde selber auch.

Im folgenden werden hier die vier Kategorien der Fédération Cynologique Internationale beschrieben:

I Schäferhunde, Schutz-, Wach- und Gebrauchshunde

Zu dieser weitläufigen Kategorie gehören Schäfer- und Hirtenhunde und Zug- und Schlittenhunde aus der ganzen Welt. Sie variieren in Gestalt und Größe vom Welsh Corgi bis zum Bernhardiner und zur Deutschen Dogge. Viele von ihnen wurden für anspruchsvolle Spezialaufgaben herausgezüchtet, insbesondere die größeren Gebrauchshunde des ursprünglichen Spitz- oder Doggentyps. Der Sibirian Husky, Samojede und Alaskan Malamute sind starke Spitzhunde, die seit langem zu Schlittenhunden ausgebildet wurden. Der Norwegische Buhund (ebenfalls ein nordischer Spitz) ist ein mittelgroßer, tüchtiger Treiber und Hofhund. Der Pyrenäenhund ist ein Doggentyp, der zum Schäferhund wurde, und auch den Rottweilern hat man diese Aufgabe zugeteilt, nachdem sie ursprünglich, etwa im 10. Jahrhundert, in Mitteleuropa für die Wildschweinjagd gezüchtet worden waren. Im Mittelalter wurden Mastiffs als Hüter der Herden und Höfe gehalten, und der große doggenartige Bernhardiner leistete den Mönchen im Kloster und Hospiz des Großen St. Bernhard unschätzbare Dienste als ausgebildeter Reisebegleiter und Rettungshund.

Die weit, weit zurückliegende Kreuzung von kräftigen Spitz- und Doggenartigen ergab also

Oben: Die Greyhounds, im 19. Jahrhundert vorwiegend als Rennhunde gehalten, haben sich in ihrem Aussehen in über 5000 Jahren kaum verändert.

Unten: Deerhounds (Schottische Hirschhunde) sind rar geworden. Sie jagen nach Sicht und sind überaus schnell.

Oben links: Der Saluki wurde in Persien, Arabien und Afghanistan für die Gazellenjagd gezüchtet.

Oben rechts: Das Italienische Windspiel hat trotz seiner Eleganz nie weite Verbreitung gefunden.

Unten: Dieser junge Saluki hat die vollendete Anmut eines ausgewachsenen Windhundes noch nicht erreicht.

eine ganze Reihe hervorragender Hirten- und Schäferhunde. Musterbeispiel dieser Allround-Gebrauchshunde ist der aus mehreren widerstandsfähigen Frührassen entstandene Deutsche Schäfer, dessen Intelligenz und Anpassungsfähigkeit ihn für den Militär- und Polizeidienst besonders befähigt.

Die kleineren Hirtenhunde haben wohl ebenfalls Spitze unter ihren Urahnen. »Ur« muß dabei betont werden, denn etwa Welsh Corgis und Border Collies sind sehr, sehr alte Rassen.

Einige der etwa im Vergleich zum Pyrenäenhund kleineren Hirtenhunde sind ausgesprochene Neuentwicklungen. Der Boxer beispielsweise entstand vor weniger als 80 Jahren als feste Kreuzung. Er hat englische Bulldoggen und kontinentale Bullenbeißer in der Ahnenreihe. Der Dobermann wurde vermutlich von Rottweilern und von Terriers hergeleitet; es gibt ihn erst seit etwa 60 Jahren.

Viele Arbeitshunde sind längst zu Familienhunden geworden. Allerdings müssen sie körperlich und geistig beschäftigt werden, wenn sie nicht Schaden nehmen und »unhäuslich« werden sollen.

Manche Rasse wurde einst zu einem bestimmten Zweck oder als Modeerscheinung herausgezüchtet. Oft sind Zweck und Mode längst in Vergessenheit geraten, aber die Rasse ist geblieben. So gibt es längst keine pferdebespannten Karossen mehr, an deren Seite die Dalmatiner einherliefen; die Kämpfe zwischen Hund und Stier, für die die Bulldogge einst gezüchtet wurde, sind gottlob verschwunden; den Chinesen scheint der Geschmack an Chow-Fleisch vergangen zu sein, und von der Mode, das Chow-Fell zu Wolle und Leder zu verarbeiten, hört man nichts mehr. Zwei niederländische Hunde – Keeshond und Schipperke – waren ursprünglich vor allem Wachhunde für die Kanalschiffe. Schipperkes nahm man außerdem für den Rattenfang. Heute sind sie als wachsame Familienhunde allgemein beliebt.

Häufig kennen wir die Faktoren überhaupt nicht, die zur Entwicklung einer Gebrauchshunderasse führten. Schnauzer und Französische Bulldogge zum Beispiel sind zwei Rassen, deren Ursprung im dunkeln liegt. Andere haben eine romantische Vergangenheit: Der Shi-Tzu aus Tibet konnte sich nach lamaistischer Legende im Notfall in einen Löwen verwandeln.

Ein Hauptmerkmal verbindet in der Tat alle Gebrauchsrassen: Sie sind ausnahmslos sehr anpassungsfähig. Das zeigt besonders anschaulich der Pudel, der wohl ursprünglich als Vorsteh- und Wasserapportierhund entwickelt worden war,

Oben links: Whippets sind wahrscheinlich das Resultat einer bewußten Kleinzüchtung von Greyhounds.

Oben rechts: Der Cocker Spaniel

Unten links: King Charles Spaniels kamen während der Stuart-Epoche in England auf.

Unten rechts: Dieser Stich zeigt einen modernen Blenheim, einen alten Blenheim und einen King Charles Spaniel.

später zum Begleithund wurde und heute in seinen Zwerg- und Toyformen einer der weltweit beliebtesten Schoß- und Familienhunde ist.

II Jagdhunde

Die mittelgroßen Rassen, die für die Jagd auf Hasen, Füchse, Wölfe, Hirsche, Dachse und anderes Wild in Meuten gehalten wurden oder noch werden, stammen alle aus Frankreich, Deutschland und Großbritannien. Die größten Hunde dieser Gruppe – die Bloodhounds oder Bluthunde – wurden übrigens vom Hirsch-Spürhund zum Menschen-Spürhund »umgeschult«. Bluthunde haben eine ebenso feine Nase wie der seit dem 13. Jahrhundert beliebte Foxhound.

Einen interessanten Aspekt der Vererbungslehre weist die Entwicklung der kurzbeinigsten Jagdhunde, der Dachshunde auf. Diese Rassen (es gibt sechs: den Kurzhaar-, Langhaar- und Rauhhaardachshund sowie deren Zwergformen) sind alle chondrodystroph (minderwüchsig), d. h., ihre Glieder und Knochen hören frühzeitig auf zu wachsen. Das ergibt sehr bodennahe Hunde, die gut in Erdlöcher einzudringen vermögen. Dachshunde – auch Dackel oder Teckel genannt – sind eine frühe deutsche Entwicklung, die während des 19. Jahrhunderts in ganz Europa populär geworden ist.

Hunde mit besonderen Jagdeigenschaften wurden überall auf der Welt herausgezüchtet. Rhodesian Ridgebacks zum Beispiel mußten in Südafrika Löwen abwehren, Basenjis im Sudan Kleinwild jagen. Whippets wurden in England für die Kaninchenjagd gezüchtet und sehr intensiv dafür verwendet. Heute sind sie allerdings bei den Windhunden eingeteilt. Manche Jagd- und Windhunde werden noch immer ausschließlich für die Jagd gehalten, die meisten jedoch sind zu Familienhunden geworden - mit unterschiedlichem Erfolg.

Stöber-, Vorsteh- und Apportierhunde sind die persönlichen Gehilfen des Jägers. Pointer und Vorstehhunde zeigen den Standort des Wildes an, Spaniels und Setter stöbern Flugwild auf und scheuchen es hoch, und die Retriever und anderen Apportierhunde suchen die abgeschossenen Vögel und holen sie sogar aus dem Wasser. Übrigens gab es fast alle diese Rassen - ausgenommen die Apportierhunde - schon lange vor der Erfindung des Gewehres; damals hatten sie die Aufgabe, Flugwild in die Netze zu treiben.

Die Spaniels dürfen als »Großväter« fast aller heutigen Vorsteh- und Apportierhunde gelten. Sie waren im 18. Jahrhundert in ganz Europa verbreitet. Wie der Name andeutet, stammen sie ursprünglich aus Spanien - einem Land, das in Bezug auf die Vogeljagd eine große Tradition hat.

Setter waren schon ziemlich früh in Europa bekannt. Es gibt aus dem 18. Jahrhundert Beschreibungen und Bilder von Hunden, die sich eindeutig als frühe Setter identifizieren lassen. Der schwerere, ausdauernde Gordon Setter entstand während des 18. Jahrhunderts in Schottland, und der feinknochigere Irish Setter mit dem schönen roten Haar, der heute als Familienhund besonders beliebt ist, erschien erst etwa hundert Jahre später.

Vorstehhunde existierten in Spanien und Italien schon lange, bevor sie im 18. Jahrhundert in England populär wurden. Die deutschen Vorstehhunde entwickelten sich ungefähr um dieselbe Zeit; sie waren besonders nützlich, weil sie das Apportieren genauso gut besorgten wie das Vorstehen. Andere Allround-Talente dieser Gruppe sind der ungarische Vizsla und der Weimaraner.

Die »jüngsten« Jagdhunderassen sind die Apportierhunde, denn bevor es Gewehre gab, waren keine abgeschossenen Vögel zu apportieren. Die Retriever haben ausnahmslos Setter und Spaniels in ihrer Ahnenreihe. Der Labrador Retriever, der in den zwanziger Jahren des letzten Jahrhunderts aus Neufundland nach Europa kam, mußte hier erst an die Vogeljagd gewöhnt werden, wurde dann aber sehr bald zum beliebtesten und anpassungsfähigsten Apportierhund.

Man vergißt leicht, daß auch andere Rassen, wie beispielsweise die Pudel, in einem früheren Stadium ihrer Entwicklung Jagdhunde waren, auch wenn die betreffenden Merkmale bei ihnen heute überhaupt nicht mehr in Erscheinung treten.

Wenn ein Hetzhund seine Beute aufgespürt und gejagt hatte, gelang es ihm meist auch, sie zu töten - es sei denn, das Beutetier flüchtete unter die Erde. In diesem Fall waren Fuchs, Dachs, Kaninchen oder Otter gerettet, und der Hund konnte nichts anderes tun, als lauernd vor dem Erdloch zu stehen. Es bestand also das Bedürfnis nach einem kleinen, kurzbeinigen, zähen, aggressiven und bissigen Hund, der das Wild bis in die Höhlen hinein verfolgen konnte und mutig genug war, den Kampf mit ihm aufzunehmen. Zu diesem Zweck wurde der Terrier oder Erdhund in unendlich vielen Lokalrassen gezüchtet, der nicht nur bei der Jagd nützlich war, sondern auch um Bauernhöfe und Häuser von Ratten und Wildkaninchen frei zu halten. Die Terrierrassen entstanden vornehmlich im 16., 17. und 18. Jahrhundert in Großbritannien, und wegen ihrer überall gebrauchten Fähigkeiten wurden die Tiere im allgemeinen nicht in andere Länder oder Gegenden exportiert, sondern an Ort und Stelle gezüchtet. Man gab diesen Lokalrassen dann auch gleich

Ganz oben: Wie meisterhaft Sir Edward Landseer Tiere zu malen verstand, zeigt dieses Bild von zwei Toy Spaniels.

Oben: Daß Neufundländer sich im Wasser wohl fühlen, ist bekannt; ihre Herkunft und die Gründe für ihre Züchtung sind jedoch unklar.

Oben links: Der Cavalier King Charles soll zwischen 9 und 16 Pfund schwer werden und an Beinen, Ohren und Rute fein befedert sein.

Oben rechts: Der Cairn Terrier wurde ursprünglich auf den Hebriden und im schottischen Westhochland zum Aufstöbern von Füchsen, Dachsen, Mardern und Wildkatzen eingesetzt.

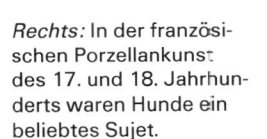

Rechts: In der französischen Porzellankunst des 17. und 18. Jahrhunderts waren Hunde ein beliebtes Sujet.

den Namen der betreffenden Gegend, nämlich Cairn, Kerry Blue, Lakeland, Scottish und Manchester Terrier, und die Lokalisierung führte dazu, daß jede Rasse nicht nur in ihrer Form, sondern auch im Wesen einmalig ist. Bei keiner anderen Hundegruppe ist darum die Vielfalt so groß. Terrier waren Volkshunde und haben keine edle Zuchtgeschichte wie manche andere Jagdhundrasse. Sie waren gewissermaßen »der Hund des armen Mannes« und wurden nicht nur aus praktischen Gründen, sondern auch zu Unterhaltungszwecken gezüchtet: Bull Terrier und Staffordshire Bull Terrier z. B. wegen ihrer Tapferkeit in den Hunde-Schaukämpfen, die damals ein beliebtes Vergnügen der Unterschicht waren. Sozialer Wandel und wechselnde Moden wirkten sich bei den Terriern besonders aus. Einige, wie der ausgestorbene English White Terrier, verschwanden ganz. Es ist schade, daß die Würde dieser tapferen Tiere unter dem übertriebenen Make-up mancher heutigen Ausstellungsexemplare abhanden kommt. Aber das betrifft ja nicht nur die Terrier.

III Schoß- und Begleithunde

Beim Anblick berühmter Zwergrassen wie den Papillons, Italienischen Windspielen und King Charles Spaniels könnte man leicht zum falschen Schluß kommen, es handle sich bei ihnen um verhältnismäßig junge Rassen. Das ist aber durchaus nicht der Fall – im Gegenteil! Der Malteser zum Beispiel war schon bei den alten Römern und Griechen bekannt, und der Peking-Palasthund, der Japan Chin und der Chihuahua wurden in den uralten Zivilisationen des Fernen Ostens bzw. Mittelamerikas gehalten. Zu den Winzlingen ge-

Links außen: Die Bulldogge wurde im 18. Jahrhundert für Stierkämpfe gezüchtet.

Links: Bei der Bulldogge des 20. Jahrhunderts sind die »eingedrückte« Schnauze und die breite Brust noch übertriebener ausgeprägt als bei ihren Ahnen.

hören auch Verzwergungen größerer Rassen, zum Beispiel viele Asiaten vom Spitztyp und eine große Anzahl Zwergrassen unbestimmter Herkunft.

Zwerghunde haben zwei vorherrschende Verhaltens- und Gestaltsmerkmale. Weil sie als Begleiter des Menschen gezüchtet wurden, sind sie alle sehr anhänglich. Diese Anhänglichkeit ist, besonders bei Pekingesen und Yorkshire Terriers, manchmal nur auf den Besitzer konzentriert. Es gibt historische Hinweise, daß einige Rassen, etwa der Chihuahua und der King Charles Spaniel, als »Tröster« verwendet wurden, das heißt, man brachte sie einem kranken Menschen im Glauben, die bösen Geister würden auf das Tier abgelenkt. In der Literatur des Mittelalters werden Schoßhündchen erwähnt, die die Aufgabe hatten, ihre vornehmen Herrinnen von Flöhen zu befreien, denen der Hund als Wirt offenbar lieber war als der Mensch!

Das zweite Merkmal ist die Kurzbeinigkeit und kindliche Kopfform, die ein Ergebnis der Verzwergung sind. So zeigen viele dieser Rassen einen hochgewölbten Schädel, ein plattgedrücktes Näschen, vorstehende Augen und kurze Kiefer. Manche Zwergrassen erschienen erst im 19. und zu Beginn des 20. Jahrhunderts in Europa; einige davon wurden aus fernöstlichen Ländern importiert.

IV Windhunde

Die meisten der großen Windhundrassen sind von edlem, uraltem Geblüt. Ein Beispiel dafür ist der »Pharaonenhund«, der erst kürzlich in der westlichen Welt als eleganter Begleit- und Schauhund »wiederentdeckt« worden ist. Allerdings wird der Name verschiedenen Rassen zugeordnet, deren Verwandtschaftsgrad untereinander noch nicht endgültig geklärt ist. Gegenwärtig ist der Malta-Windhund im Begriff, von der FCI als Rasse und als »Pharaonenhund« anerkannt zu werden; manchmal wird aber auch der Balearen-Laufhund – von dem man wiederum nicht mit Sicherheit weiß, ob er mit dem Podenco Ibicenco identisch oder bloß verwandt ist – als »Pharaonenhund« bezeichnet.

Jedenfalls muß ein Ahnherr dieser ganzen Gruppe schon vor mindestens 6000 Jahren in Ägypten gelebt haben, und phönizische Kaufleute dürften solche Hunde auf die Balearen und nach Malta gebracht haben.

Die Greyhounds breiteten sich von Mesopotamien her in Europa, im Mittelmeergebiet und im westlichen Asien aus. Sie haben ihre Hauptmerkmale seit mindestens 5000 Jahren praktisch unverändert beibehalten.

Der Afghanische Windhund und der Saluki wanderten mit dem Menschen in den Mittleren Osten und nach Arabien ein und blieben jahrhundertelang auf diesen Raum beschränkt, ohne in Europa bekannt zu werden. Die Afghanen wurden erst in den neunziger Jahren des letzten Jahrhunderts nach England gebracht und der Saluki sogar erst nach Ende des Ersten Weltkrieges, nämlich 1919.

Eine kleine, aber erlesene Gruppe großer Windhunde, die zum Zweck der Großwildjagd gezüchtet wurden, stammt aus nördlichen Regionen. Dazu gehört der Deerhound, der Barsoi und der Irish Wolfhound.

Der Ursprung des Irish Wolfhounds liegt im Dunkel der ersten Jahrhunderte unserer Zeitrechnung. Damals wurden diese Tiere mit Sicherheit bereits in Irland für die Jagd verwendet, und wahrscheinlich gab es auch eine Verbindung zu den Deerhounds, den Hirschhunden Schottlands.

Links: Der Chow-Chow, ebenfalls ein Spitz mit Rollschwanz, wurde in China gezüchtet und dort auch als Fleischlieferant gehalten.

Links: Hund gegen Bär – ein beliebter Sport im England des 18. Jahrhunderts. Zum Glück ist der grausame Zeitvertreib seit langem verboten.

Die Rasse verbreitete sich im späteren Mittelalter in ganz Europa, während sie in Irland selbst vor ungefähr hundert Jahren praktisch ausgestorben war. Zum Glück wurde sie gerade noch rechtzeitig »wiederentdeckt« und ist heute sehr geschätzt.

Fast ebensolche Ungewißheit herrscht über die Herkunft des Barsoi. Zweifellos aber war es die Beliebtheit der Wolfsjagden im kaiserlichen Rußland, die zum gegenwärtigen Stand der Entwicklung führte.

Deerhounds wurden in den letzten zweitausend Jahren in Schottland ständig gezüchtet, obwohl das Aufkommen der Jagdgewehre im 18. Jahrhundert die Nachfrage nach diesen Hunden, die imstande sind, ausgewachsene Hirsche zu jagen und zu töten, natürlich verminderte.

Rechts: Die meisten Hunde haben ihre Form in den letzten 100 Jahren nur wenig verändert. Spaniels, Windhunde, Schäfer, Bluthunde und Bassets sind leicht zu erkennen.

Die Rassenentwicklung in den letzten hundert Jahren

Die sozialen Veränderungen der letzten hundert Jahre hatten auch auf die Hunde einen ungeheuren Einfluß. Viele Rassen werden zwar noch immer für bestimmte Aufgaben gezüchtet und gebraucht, doch die überwiegende Mehrheit der Hunde ist zu Begleitern und Gesellschaftern der Menschen geworden. Das hat ihre Anlagen verändert. Die weltweite Gründung von Hundeclubs mit dem Ziel, verbindliche Rassestandards festzulegen, führte zu einer internationalen Angleichung des Rassebildes. Alle festgelegten Gewichtsgrenzen, Richttabellen und Punktesysteme, nach denen die rassischen Qualitäten eines Hundes beurteilt werden, erklären, weshalb wir heute oft auffallende Unterschiede zwischen den Ausstellungstypen und den Gebrauchstypen einer Rasse sehen. Immerhin haben die kynologischen Vereinigungen dadurch, daß sie als Hauptkriterium für einen Ausstellungssieger sein Aussehen nahmen, und nicht unbedingt die von seiner Rasse zu erwartenden Fähigkeiten, viel zur Verhütung unüberlegter Züchtungen getan, die die Rassenentwicklung zu einer Farce gemacht hätten.

Daß es Abweichungen zwischen Ausstellungstieren und Gebrauchshunden derselben Rasse gibt, beweist, daß die Hunderassen in stetem Wandel sind und sein werden.

Das Wesen des Hundes

Wie kommt es, daß Hunde im Leben vieler Menschen eine so große Rolle spielen? Warum hat der Hund in unzähligen verschiedenen Formen überlebt und ist überall auf der Welt zu Hause? Wieso gilt er als »des Menschen bester Freund«? – Die Antwort darauf ist wahrscheinlich in erster Linie in der Fähigkeit des Hundes zu suchen, sich überall der Temperatur, dem Klima und den äußeren Lebensbedingungen anzupassen. Fast einmalig in der Tierwelt findet man ihn sowohl innerhalb der Polarkreise als auch am Äquator. Er ist auch an keinen bestimmten Nahrungstyp gebunden und kann praktisch von Proteinen, Kohlehydraten und Fetten in jeder Form leben.

Doch auch innerhalb seiner ererbten Fähigkeiten verfügt der Hund als Tierart über eine erstaunliche Variationsbreite. Nicht nur verschiedene Größen, sondern auch Unterschiede in der Entwicklung der Sinnesorgane und des Verhaltens machten es dem Menschen möglich, durch überlegtes Züchten Hunde hervorzubringen, die in der Lage sind, ihn durch den Schnee zu ziehen, ihn zu beschützen, mit ihm zu jagen und ihm die Beute zu bringen, Herden zu hüten und last but not least Freude und Geselligkeit zu schenken.
Die Sinnes- und Verhaltensmerkmale, die dem Hund seinen besonderen Platz verleihen, verdienen eine eingehende Betrachtung.

Unten: Ein wachsamer, neugieriger Bearded Collie wartet auf ein Wort seines Herrn.

Der Geruchssinn

Von allen Sinnen des Hundes erscheint uns der hochentwickelte Geruchssinn wohl am erstaunlichsten. Man kann sich vorstellen, daß die urtümlichen Hunde den Geruch eines verwundeten Tieres in einer Herde auszumachen und so ihre Beute zu entdecken vermochten. Das Tier mit der besten Nase fand das Opfer zuerst, tötete es und suchte sich die besten Stücke aus.
Selbstverständlich kam dieser Hund auch in schweren, futterknappen Zeiten am ehesten durch und konnte sich fortpflanzen.
Hunde, aber auch andere Säugetiere, besitzen besonders geeignete Strukturen und Zellen für das Erkennen und Bestimmen von Gerüchen. Das Luftgemisch, in denen die Duftstoffe enthalten sind, dringt in die Nüstern und fließt über spezielle Knochen, nämlich schneckenförmige Nasenmuscheln nach hinten. Diese Knochen sind von einem dünnen Gewebe umhüllt, das besondere Zellen besitzt, die durch Geruch aktiviert werden. Atmet das Tier normal, langsam und tief, dann fließt die Luft durch einen tiefergelegenen Weg über die Nasenkammern in den Hals und zu den Lungen. Schnüffelt es dagegen, so daß die Luft in der Nase vor- und rückwärts zirkuliert, dann werden die kürzeren Atemzüge in die höheren Kammerteile gelenkt, und ein großer Teil fließt durch die sensitiven Siebbeinlabyrinthe. Sind die Geruchszellen einmal angeregt, dann verwandeln sie den chemischen Impuls (Düfte sind ja winzige Strukturteilchen einer in der Luft zerstäubten chemischen Verbindung) in einen elektrischen

Oben: Tibet Spaniels wurden ursprünglich in tibetanischen Klöstern gezüchtet und als Wach- und Haushunde gehalten.

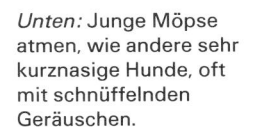

Unten: Junge Möpse atmen, wie andere sehr kurznasige Hunde, oft mit schnüffelnden Geräuschen.

Impuls, der sich den Verzweigungen des Riechnervs entlang zum Gehirn bewegt.

Zusätzlich zu diesen individuellen Geruchsempfängern an den Nasenmuscheln hat der Hund aber noch ein spezielles Riechorgan, nämlich das Vomeronasal- oder Jacobsonsche Organ hinter den Eckzähnen im oberen Gaumen. Es meldet Gerüche ebenfalls durch Nervenimpulse ans Gehirn. Alle diese Geruchsimpulse gelangen in eine wichtige Gehirnzone, die als Rhinenzephalon bezeichnet wird. Dieses »Riechzentrum« ist bei Hunden, wie bei den meisten Tieren, recht groß. Beim Menschen ist es im Verhältnis kleiner, woraus sich unser mangelhafter Geruchssinn teilweise erklärt. Bei gewissen Tieren, wie zum Beispiel einer Gruppe kleiner Haie, die bei der Nahrungssuche fast ausschließlich auf den Geruchssinn angewiesen sind, ist es enorm groß. Beim Menschen ist das Rhinenzephalon Teil des Großhirns und damit eng mit dem Gedächtniszentrum und dem Ort emotioneller Empfindungen verbunden – einer der Gründe, weshalb Düfte oft so eindringlich sind und uns heftig an Längstvergangenes erinnern. Natürlich können wir nicht mit Sicherheit sagen, daß es sich beim Hund ebenso verhält, und seine »Emotionen« lassen sich kaum testen, aber wir haben auch keinen Gegenbeweis. Auf die Bedeutung von Gerüchen für die Hunde kommen wir später ausführlich zurück; zuerst wollen wir uns weiter mit ihrem fabelhaften Geruchssinn befassen.

Wissenschaftliche Untersuchungen haben ergeben, daß der Geruchssinn des Hundes 100 Millionen mal stärker ist als der des Menschen. Allerdings ist das eine Extremzahl; in den meisten Fällen wird das Verhältnis ungefähr 100:1 sein. Bekannt ist, daß die Hundenase etwa fünfzehnmal mehr Riechzellen aufweist als die menschliche.

Um das Riechvermögen von Hunden zu prüfen, wurden ausgeklügelte Experimente durchgeführt. Man ließ die Tiere einen bestimmten Geruch suchen und belohnte sie, wenn sie ihn fanden. Das geschah mit Hilfe eines Futterautomaten, der einen Leckerbissen herausgab, sobald das Versuchstier auf eine mit dem richtigen Geruch behaftete Leiste drückte. Dabei konnte man feststellen, daß Hunde den Geruch von Schwefelsäure noch in zehnmillionenfacher Verdünnung wahrnehmen und auch verwandte Gerüche voneinander unterscheiden können – eine wichtige Fähigkeit für ein jagendes Tier. Wir können das praktisch am Beispiel von Polizeihunden sehen. Ausgebildete Spürhunde vermögen dem Geruch eines Menschen auf beträchtliche Distanz zu folgen, auch wenn dieser Geruch sich schon stark verflüchtigt hat oder sich mit den Gerüchen anderer Menschen überschneidet. Daß sie imstande sind, Gerüche, die zu bestimmten Personen gehören, und solche, die nicht personenspezifisch sind, auseinanderzuhalten, beweist, wie fabelhaft das Unterscheidungsvermögen einer Hundenase ist. Gelegentlich wird dieses Unterscheidungsvermögen in einer Vorführnummer mit Spürhunden demonstriert. Dabei wird ein Hund mit dem Geruch einer Person vertraut gemacht, indem man ihn einen von ihr berührten Gegenstand, zum Beispiel ein Taschentuch oder ein Stück Holz, beschnuppern läßt. Dann wird der Gegenstand, ohne daß der Hund es beobachten könnte, zugedeckt. Aus einer Reihe gleichartiger Gegenstände, die von anderen Personen berührt wurden und ebenfalls verdeckt sind, muß der Hund nun den richtigen Gegenstand bzw. Geruch heraussuchen. Es gibt Hunde, die können sogar den Geruch eineiiger Zwillinge, nebeneinander präsentiert, unterscheiden.

Unten: Der Riechmechanismus eines Hundes ist hervorragend ausgebildet, wenn er auch im wesentlichen gleich funktioniert wie der eines Menschen.

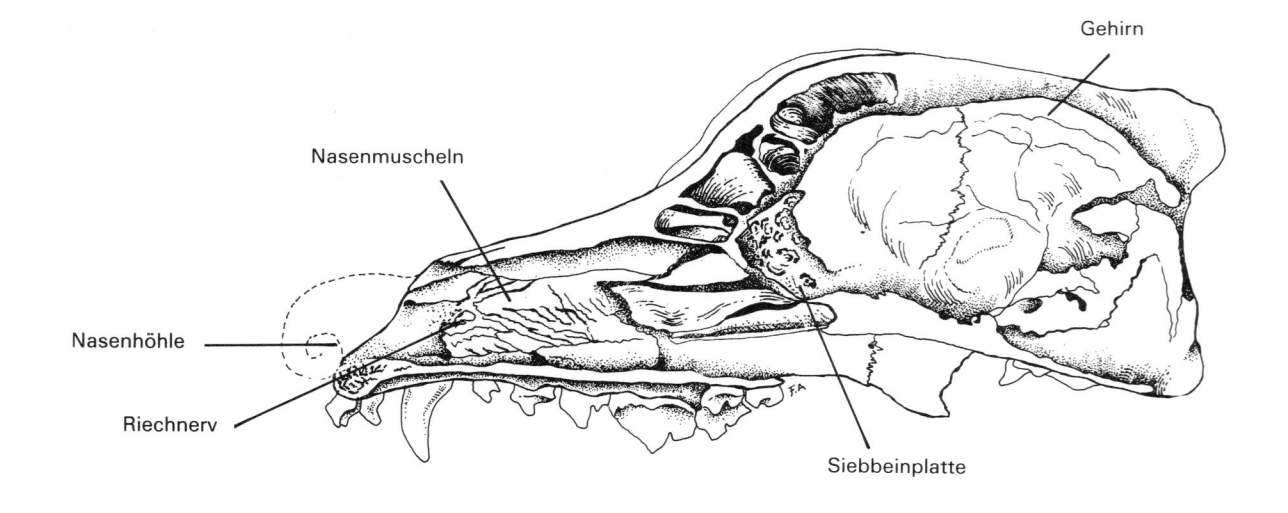

Oben: Alle Hunde haben einen guten Geruchssinn, doch sind die Riechfähigkeiten bei kurzschnauzigen Tieren, wie diesem Boxer, wahrscheinlich etwas schlechter als bei Hunden mit längerer Nase.

Die Beobachtung von Spürhunden läßt uns die »Tricks« erkennen, mit denen sie Gerüche unterscheiden: Sie folgen einer Fährte meist nicht direkt, sondern wechseln im Zickzack darüber hinweg. Wahrscheinlich nehmen sie so die Veränderungen der Geruchsstärke wahr und können die Spur um so genauer verfolgen.

Das gleiche Prinzip wenden Foxhounds oder Beagles an, wenn sie »herumsuchen«. Sie rennen selten geradeaus einer Spur nach, sondern laufen von einer Seite zur andern, ja sogar im Kreis, um zu erkennen, wo die stärkste Duftspur verläuft.

Interessant ist, daß das Riechvermögen von Hunden zunimmt, wenn man ihnen Amphetamine – stimulierende Drogen – einspritzt. Warum, weiß man noch nicht genau; es könnte sein, daß das Medikament beim Hund die Motivation steigert. Vielleicht haben wir hier sogar einen indirekten Beweis dafür, daß auch bei Hunden eine Verbindung zwischen Geruch, Erinnerung und Gefühlen besteht.

Entwicklung des Geruchssinns

Daß ein neugeborener Welpe Gerüche wahrnimmt, kann nach genauer Beobachtung als sicher gelten – bewiesen ist es nicht. Seine erste Regung nach der Geburt ist das Suchen der mütterlichen Zitzen. Die Brustdrüsen sind warm, und sicher spürt das Kleine die erhöhte Wärme; doch das ist nur ein Teil des Mechanismus. Der Körper von Hündinnen verströmt Duftstoffe, die sogenannten Pheromone; besonders stark werden sie vor und nach einer Geburt an den Brustdrüsen abgesondert. Der Geruch zieht das Junge scheint's an, auf jeden Fall veranlaßt er es, die Zitzen zu suchen. Beim ersten Saugen lernt es: Dieser Duft bedeutet Nahrung! Nach einigen Wochen verschwinden die Wirkstoffe, und der Welpe findet die Zitze auch so; er kann jetzt sehen und auch schon andere Nahrung aufnehmen. Zusätzliche Anhaltspunkte dafür, daß neugeborene Hunde riechen können, lieferte ein einfaches Experiment. Vor dem strengen Geruch von Anisette wenden sich Welpen in der Regel ab; bestreicht man aber das Gesäuge der Mutter mit Anis, bringen sie diesen Duft mit Futter in Verbindung und kriechen in kürzester Zeit darauf zu.

Beobachtungen haben gezeigt, daß neugeborene Welpen auf Fleischgeruch nicht ansprechen. Warum auch? In diesem Stadium besteht ihre Nahrung allein aus Milch. Mit drei oder vier Wochen dagegen eilen sie aufgeregt auf etwas zu, das nach Fleisch riecht.

Mit dem Wachstum wird der Geruchssinn ausgeprägter, und allmählich entwickeln sich alle mit dem Riechvermögen zusammenhängenden Verhaltensmuster. Der Welpe lernt die Verbindung von Gerüchen zu Nahrung, sexuellen Begegnungen, Begegnungen mit Menschen und Artgenossen. Von diesem Verhalten soll später noch die Rede sein. Bei dieser, aber auch bei anderen Eigenschaften scheint es in den Fähigkeiten große Unterschiede zwischen Tieren der gleichen Rasse zu geben, obwohl auch Rassentypisches zu bemerken ist. Pekingesen gelten im allgemeinen nicht als besonders riechbegabt, auch wenn ein-

Links: Das Beschnuppern spielt bei der ersten Begegnung zwischen Hunden eine wichtige Rolle und gilt zunächst der gegenseitigen Erforschung und Wahrnehmung.

Unten: Nachdem sie einander beschnüffelt haben, wartet jeder Hund wachsam und gespannt auf die nächste Bewegung des andern.

zelne von ihnen über einen hervorragenden Geruchssinn verfügen. Erstaunlicherweise gibt es auch bestimmte Deutsche Schäfer, deren Riechvermögen relativ schwach ist. Man kann sagen, einen schlechten Geruchssinn hat kein Hund, aber bei gewissen Rassen ist dieser Sinn ungewöhnlich stark ausgebildet. Viel hängt dabei auch von der Erziehung ab, vom Gebrauch, den der Hund von seiner Nase macht, und von der Übung.

Bei Hunden, die nach Geruch jagen, ist die Nase besonders fein. Legendär in dieser Hinsicht ist der Bluthund (die offizielle Rassenbezeichnung ist Bloodhound), dessen Fähigkeit, menschliche Fährten aufzunehmen, herausgezüchtet worden ist. Viele Leute sind der irrigen Meinung, die Rasse trüge ihren Namen, weil die Tiere auf »Menschenblut« aus seien. Das Gegenteil ist aber der Fall. Bluthunde sind ausgesprochen sanfte und freundliche Tiere.

Weitere Beispiele der menschlichen Zuchtwahl für die Jagd nach Geruch sind Foxhounds, Beagles, Bassets (für Hasen), Otterhounds sowie Pointer (für Jagdvögel). In all diesen Fällen ist der Geruchssinn des Hundes für die bestimmte Beute besonders ausgeprägt und durch Erziehung und Übung geschärft. Es kommt vor, daß Foxhounds auf eine falsche Fährte gelangen und zum Beispiel einen Dachs verfolgen; aber dann muß dieser Geruch schon sehr stark sein, und die Spur wird auch rasch wieder verlassen.

Wie starr der Drang der Foxhounds ist, frischen Fuchsgeruch aufzunehmen, ist fast schon lächerlich. Man weiß von einem Fuchs, der auf seiner eigenen Spur zurücklief und geradewegs durch eine Foxhoundmeute raste. Die Hunde erkannten das Tier von Auge nicht, sondern jagten weiter der Fährte nach.

Die Kopfform, die den meisten Rassen mit besonders gutem Riechvermögen eigen ist, weist eine mittlere Länge, eine tiefe Nase und eine hochgewölbte Stirn auf. Der Kopf ist nicht so extrem lang wie bei den scharfäugigen Windhunden.

Man könnte sagen, daß Hunde, die einen überdurchschnittlich entwickelten Geruchssinn haben, buchstäblich mit der Nase sehen. Obwohl die Nervenwege von der Nase und von den Augen aus ganz verschieden verlaufen und die übermittelten Botschaften darum in verschiedene Gehirnzonen gelangen, werden sie vom Hund in beiden Fällen gleich interpretiert.

Das Sehvermögen

Das Sehvermögen ist bei den Hunden je nach Rasse sehr verschieden ausgeprägt. Der Mechanismus ist zwar bei allen derselbe, aber der Entwicklungsgrad und der Gebrauch, der von diesem Sinn gemacht wird, weist große Unterschiede auf.

Lichtstrahlen treffen das Auge, durchdringen die transparente Hornhaut und die vordere Augenkammer und fallen weiter durch die Linse und den Glaskörper auf die Netzhaut. Der Vergleich mit einer Kamera ist zutreffend: Die Linse des Auges ist der Linse einer Kamera sehr ähnlich, und die Netzhaut funktioniert wie der lichtempfindliche Film. Statt einer chemischen Reaktion auf dem Film, lösen die Lichtstrahlen in den Netzhautzellen des Auges chemische Veränderungen aus, die zu elektrischen Impulsen führen, die ihrerseits zum Sehnerven und damit zum Gehirn wandern. Im Fotoapparat ergeben die chemischen Veränderungen »Momentaufnahmen«, im Auge dagegen fügen sich die wechselnden Lichtmuster und die laufende Reaktion der Netzhautzellen zu einem ununterbrochenen Bild – anders als bei einer Filmkamera, bei der eine Folge wechselnder Einzelbilder produziert wird.

Richtet man eine Kamera auf einen dunklen Gegenstand, dann wird die Blende weit geöffnet, um mehr Licht einzulassen. Genauso funktioniert das beim Auge. Die Iris wird bei Dunkelheit weit geöffnet, während sich bei starkem Licht die Pupille zusammenzieht, damit die Netzhautzellen durch

Unten: Deutsche Schäfer werden oft als Suchhunde eingesetzt, neuerdings auch als Rauschgiftspürhunde. Die Rasse gilt nicht selten als aggressiv oder gar bösartig; von früher Jugend an mit fester Hand erzogen und zur Umgänglichkeit angehalten, wird aber auch ein Deutscher Schäfer zum gutmütigen, freundlichen Haushund.

die Helligkeit nicht beschädigt oder »überbelichtet« werden.

Bei der Kamera wird die Linse auf einen Brennpunkt hin bewegt, damit ein scharfes Bild entsteht. Beim Auge ist die Linse in der Form selbst wandelbar, und die umgebenden Muskeln können die Brennweite verändern. Anatomische Studien an Hundeaugen haben ergeben, daß der Brennpunkt des Bildes geradeaus vor der Netzhaut liegt. Merkwürdigerweise finden wir die gleiche Situation bei kurzsichtigen Menschen, wenn sie etwas Entferntes ins Auge fassen. Es ließe sich daraus schließen, daß Hunde das ihrem Gehirn übermittelte Bild vielleicht »verschwommen« oder leicht verschoben sehen. Ein solcher Fehler der Natur ist aber nur schwer vorstellbar, und es kann sein, daß das Gehirn des Hundes das Bild etwas anders interpretiert als der kurzsichtige Mensch, das Bild also für ihn scharf ist. Freilich hat der Hund nicht das Vermögen des Menschen, seine Augen »einzustellen«, und wahrscheinlich braucht er einfach keine so »scharfen« Bilder. Möglich ist auch, daß der Geruchssinn das unscharfe Gesichtsfeld zu einem geistig scharfen »Seh- und Riech-Gesamtbild« ergänzt.

Die lichtempfindlichen Zellen der Netzhaut gehören zwei Typen an: Stäbchen und Zapfen. Stäbchen haben mit Nachtsicht zu tun, und ein Hund hat vergleichsweise viel mehr Stäbchen- als Zapfenzellen, was sein ausgezeichnetes Sehvermögen im Dunkeln teilweise erklärt. Ein chemischer Vorgang, bei dem Sehpurpur eine Rolle spielt (eine Vitamin A enthaltende Substanz), wird ausgelöst, wenn Licht auf die Stäbchen fällt, und so kann »Nachtblindheit« ein erstes Anzeichen von Vitamin-A-Mangel sein. Stäbchenzellen finden sich rund um den Rand der Netzhaut, und sie haben bei der Tagessicht die Funktion, das periphere Bild zu vermitteln. Eine reflektierende Zellschicht hinter der Netzhaut, das *Tapetum lucidum,* unterstützt die Stäbchen, indem sie das Licht auf sie zurückwirft und damit das nächtliche Sehen verbessert. Diese reflektierende Schicht ist das, was aufleuchtet, wenn in der Nacht Lichter auf die Augen eines Hundes treffen.

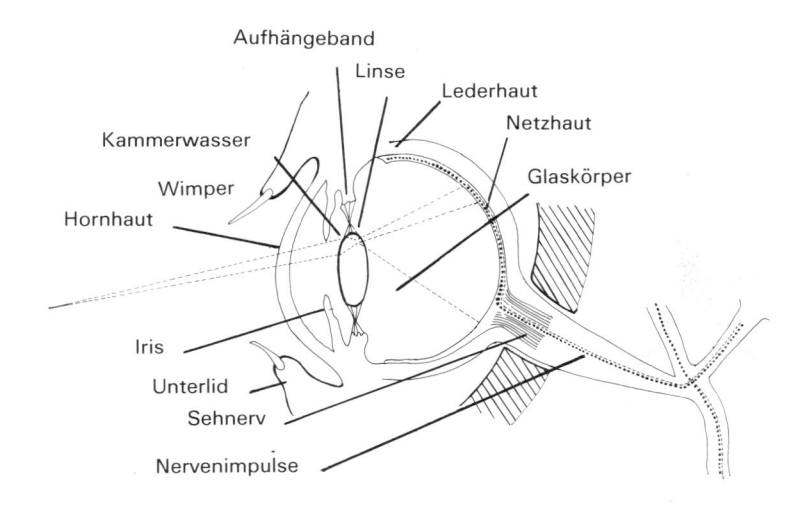

Das »hochintensive« Sehen bei Tageslicht ist Aufgabe der Zapfenzellen. Sie finden sich haupt-

Oben: Die grafische Darstellung eines Hunde-Auges zeigt, wie ein aufgenommenes Bild über die Netzhaut weitergeleitet wird. Bei den meisten Hunden ist der Gesichtssinn schwächer als der Geruchssinn.

Unten: Der Irische Wolfshund ist der größte und schwerste aller Windhunde.

sächlich im Zentrum der Netzhaut und sind auch in der Lage, auf Farben zu reagieren. Farbe ist wichtig bei Tageslicht; nachts, wenn die Stäbchen »Dienst tun«, spielt sie keine Rolle. Hunde haben viel weniger Zapfenzellen als der Mensch, und die meisten Forscher, die sich mit der Farbsicht der Hunde befassen, sind zum Schluß gekommen, daß Hunde keine oder nur sehr wenig Farbe wahrnehmen. Natürlich ist es schwierig, das in einem Experiment genau festzustellen. Man könnte die Versuchstiere zwar mit Leckerbissen belohnen, wenn sie durch Drücken eines aufleuchtenden Hebels eine bestimmte Farbe wählen, und sie bei einer anderen Farbe unbelohnt lassen. Dabei würde aber möglicherweise die unterschiedliche Lichtintensität eine ausschlaggebendere Rolle spielen als die Farbe an sich, denn Lichtstärken kann der Hund fast genauso gut unterscheiden wie der Mensch, hingegen scheint es keinen zwingenden Grund zu geben, warum ein Hund in der Lage sein sollte, Farben zu bestimmen. Wozu muß man schließlich sehen, daß Fleisch rot ist, wenn man es durch zehn Lagen Zeitungspapier hindurch riechen kann? Dagegen ist das Moment der Bewegung sehr wichtig für das Sehen des Hundes. Wenn sich etwas oder er selbst sich bewegt, vermag ein Hund die Form von Gegenständen gut zu unterscheiden. Seinen eigenen Herrn, der still am Horizont steht, oder ein regloses Tier erkennt er nicht; sobald aber Bewegung in eine Figur kommt, ist der Hund sofort imstande, ihre Form wahrzunehmen, und verhält sich entsprechend. Es ist be-

Rechts: Wie alle Welpen, kam auch dieser junge Retriever blind zur Welt. Nach ungefähr zwei Wochen waren seine Augen ganz offen, und jetzt – mit etwa vier Monaten – hat er die volle Sehkraft erlangt.

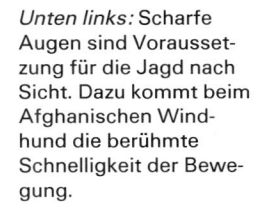

Unten links: Scharfe Augen sind Voraussetzung für die Jagd nach Sicht. Dazu kommt beim Afghanischen Windhund die berühmte Schnelligkeit der Bewegung.

Unten rechts: Hunde sehen bewegte Gegenstände viel deutlicher als stillstehende. Dieser Retriever wird den Ball bestimmt erhaschen.

Links: Ein Pointer zeigt seine tiefe, empfindsame Nase, das wichtigste Attribut eines Vorstehhundes, dessen Aufgabe es ist, nach dem Geruch Wild aufzuspüren, es zu stellen und dem Jäger zu melden.

Rechts: Klare glänzende Augen sind ein sicheres Zeichen für die Gesundheit eines Hundes.

Unten: Die Spitze wurden um ihrer Lebhaftigkeit und Anhänglichkeit willen weiterentwickelt. Ursprünglich waren sie viel größer, aber durch selektive Zucht erreichte man die heute offiziell anerkannte Zwergform.

kannt, daß Labrador Retriever (die ein relativ schwaches oder bestenfalls durchschnittliches Sehvermögen haben) abgeschossene Vögel sehen können, wenn sie herunterfallen, und sie rasch und zuverlässig apportieren. Sind die Vögel dagegen zu Boden gegangen, ohne daß der Hund sie fallen sah, dauert die Suche ziemlich lange. Wichtig ist Bewegung natürlich auch für einen beutejagenden Hund. Er muß in der Lage sein, die Form seiner fliehenden Beute genau zu erkennen und dieses scharfe Bild im Auge zu behalten, während er hinter ihr herrennt. Die Wahrnehmung der Form wird sogar bei dieser beutebedingten Bewegung, also während des Laufens, noch besser.

Ein weiterer wichtiger Faktor ist die Anordnung der Augen im Schädel und die Art, wie dies die binokulare Vision beeinflußt (d. h. die Fähigkeit, mit beiden Augen gleichzeitig denselben Gegenstand zu erfassen). Da herrschen zwischen einzelnen Rassen große Unterschiede. Bei den Collies beispielsweise liegen die Augen seitlich, was ihnen eine gute Seitensicht ermöglicht (nützlich beim Beobachten einer Herde), während sie frontal nicht so gut sehen. Collies haben keinen »Stop« (die Einbuchtung zwischen Nase und Stirn), und der hohe Nasenrücken läßt die Blickfelder beider Augen sich nur wenig überlappen; für gutes binokulares Sehen ist aber dieses Überlappen sehr wichtig. Die Greyhounds mit ihren langen Nasen

Oben: Der vornehme Irische Wolfshund, eine sanfte Jagdhunderasse, wird heute vorwiegend als Luxushund gehalten.

haben eine ähnliche Kopfform wie die Collies, aber einen deutlicheren »Stop« und näher zusammengestellte und weiter vorn liegende Augen. Dadurch überlappen sich die Blickfelder stärker und erlauben gute binokulare Sicht – eine Notwendigkeit, wenn es gilt, die einzuholende Beute genau in den Brennpunkt zu nehmen. Auch der Sehbereich der Greyhounds ist ausgedehnter: fast 200 Grad für jedes Auge. Das bedeutet, daß die Tiere »aus dem Augenwinkel« weit mehr wahrnehmen als die Menschen. Der Unterschied ist ähnlich wie zwischen einer normalen Kamera und einer mit Weitwinkelobjektiv. Hunden mit tiefliegenden Augen, wie zum Beispiel einem Bull Terrier oder Spitz, geht zwar etwas von dieser Weitwinkelsicht ab, dafür gewinnen sie aber an Sicherheit, weil ihre Augen bei Kämpfen oder beim Graben weniger gefährdet sind.

Ein besonderer Pluspunkt ist die stereoskopische Sicht, d. h. die Fähigkeit, dreidimensional zu sehen. Beim Menschen ist sie ziemlich weit entwickelt, bei den meisten Säugetieren fehlt sie. Diese Raumbildsicht hat nichts mit Form oder Lage der Augäpfel zu tun, sondern hängt davon ab, wie die Nervenimpulse von der nasenseitigen Netzhauthälfte auf die andere Seite des Gehirns hinübergelangen; die Impulse von der zweiten Netzhauthälfte bleiben auf ihrer Gehirnseite. Dieses Überkreuzen der Impulse ermöglicht dem Menschen die Tiefenunterscheidung, also die Fähigkeit zu erkennen, was innerhalb des Blickfeldes nahe und was weiter entfernt ist, ohne dabei auf Größenvergleiche angewiesen zu sein. Hunde verfügen teilweise ebenfalls über diese Fähigkeit, allerdings in viel geringerem Maße.

Es ist natürlich schwierig zu bestimmen, was visuelle Impulse für einen Hund tatsächlich »bedeuten«. Zwar wissen wir, daß bei ihm die Nervenimpulse in der gleichen Gehirnzone enden wie beim Menschen – im Hinterhauptslappen, aber wie dieser Gehirnteil »benutzt« wird, können wir nicht sagen.

Die Entwicklung des Sehvermögens

Welpen werden blind geboren – wirklich blind! Nicht nur sind ihre Lider geschlossen, auch das betreffende Gehirnrindenfeld ist noch so unentwickelt, daß das Junge mit den Lichtreizen auch bei offenen Augen nichts anfangen könnte. In den folgenden ein bis zwei Wochen (meist sind es ungefähr zehn Tage) öffnen sich die Augen nach und nach, weil sich die Zellen, die sie zukleben, auflösen. Anfänglich ist die Hornhaut oft grau und trübe, und es versteht sich von selbst, daß der Welpe nicht gut sieht. Nur langsam wendet er das Köpfchen einem ihn interessierenden Gegenstand zu, und dann blickt er meist »stumpf« drein. Bis zum Alter von etwa drei Wochen scheinen nämlich Licht und Sicht bei ihm kaum eine Reaktion hervorzurufen; er hält sich vielmehr an die Empfindungen von Wärme, Duft und Geräuschen, um sich zurechtzufinden. Noch mit vier Wochen scheint er nur mit Mühe entferntere Gegenstände ausmachen zu können; wahrscheinlich geht sein Blickfeld in diesem Alter nicht über ein bis zwei Meter hinaus.

Mit sechs Wochen sehen Welpen schon recht gut, können auch entfernte Gegenstände erkennen und sind imstande, etwas, das sich durch ihr Gesichtsfeld bewegt, z. B. ihre Mutter oder Geschwister, »aufzufangen«. Das zeigt, daß die Gehirnverbindungen, die Sicht und Bewegung miteinander in Zusammenhang bringen (und korrigieren), schon gut entwickelt sind. Auch die Netzhaut ist jetzt ausgereift, und die Welpen legen Ausweichverhalten an den Tag, wenn man ihnen eine visuell erkennbare Gefahr vor Augen hält. Die genaue Formenunterscheidung entwickelt sich dagegen viel langsamer; erst wenn die Welpen mindestens vier Monate alt sind, verfügen sie über die volle Sehschärfe, und zwar als Folge des Wachstums der Nervenzellen und der verbesserten Nervenwege im Gehirn. Man kann sich das vereinfacht wie die Elektrifizierung in einem Neubau vorstellen: Nicht nur die Kabel müssen verlegt werden, sondern auch die Beleuchtungskörper und Schalter sind zu installieren, und dann muß alles – oft mit Fehlversuchen – so miteinander verbunden werden, daß der richtige Schalter zur richtigen Lampe paßt und das System funktioniert.

Rassenunterschiede und Sehvermögen

Auch in der Zuchtwahl von Hunden mit starkem Sehvermögen hat der Mensch eine große Rolle gespielt. Bei Collies und anderen Hütehunden ist gute Sicht eine wichtige Voraussetzung zur Erfüllung der gestellten Aufgaben. Es ist eine grausame Laune der Natur, daß gerade Collies, Shelties und viele andere Schäfer- und Hirtenhunderassen oft von entwicklungsbedingten Augen-Mißbildungen und anderen angeborenen oder ererbten Sehproblemen heimgesucht werden, wie zum Beispiel von progressiver Netzhautatrophie. Natürlich fällt das bei diesen Rassen besonders auf, weil das Sehen für sie so wichtig ist. Jede Schwächung wird von Eignern und Züchtern daher sofort bemerkt.

Obwohl Schäferhunde insgesamt besser sehen als andere Hunde, ist aber auch bei ihnen das Sehvermögen eingeschränkt. Ihre Bewegungswahrnehmung ist jedoch besonders gut, und sie können auf Handzeichen von jemandem reagieren, der über einen Kilometer von ihnen entfernt ist.
Eine weitere Gruppe von Hunden mit besonders guten Augen sind die Windhunde. Man vermutet sogar, daß der englische Name Gazehounds durch Verstümmelung zu »Greyhound« geworden ist, obwohl es für dieses grey noch andere Herkunftsmöglichkeiten gibt, so etwa *grais,* was »griechisch« bedeuten würde, oder das altenglische Wort *grech* für »grau«. Diese Hunde haben, zusammen mit Afghanen, Whippets, Italienischen Windspielen, Hirschhunden, Barsois und einigen anderen aristokratischen Rassen, ein hervorragendes Sehvermögen, dazu schnelle, geschmeidige Bewegungen und, was noch wichtiger ist, die Fähigkeit, diese beiden Eigenschaften so miteinander zu verknüpfen, daß sie wie eine selbstgesteuerte Rakete mit unglaublicher Präzision auf ihre Beute zuschießen. Alle diese Rassen zeigen, wie auch die etwas exotischen und seltenen Salukis und Irischen Wolfshunde, ähnliche Charakteranlagen. Sie erscheinen ziemlich hochmütig und distanziert, weil sie sich für menschliches Tun kaum interessieren, und halten den Blick auf den fernen Horizont gerichtet, als erwarteten sie, daß dort unvermittelt ein Hase, ein Elch oder eine andere schnelle Beute auftaucht. Mithunden gegenüber sind sie gutmütig, Katzen dagegen betrachten sie als natürliche Beutetiere. Sie sind im übrigen stille Hunde, die nur selten bellen. Wie bei ihrer Form und Größe nicht anders zu erwarten, benötigen sie viel Raum und Bewegung und – mit Ausnahme der Whippets und der Italienischen Windspiele – die Gelegen-

Unten: Der Gehörmechanismus des Hundes. Hunde nehmen viel leisere Geräusche wahr als der Mensch, und sie können auch Töne hören, die außerhalb unseres Frequenzbereiches liegen.

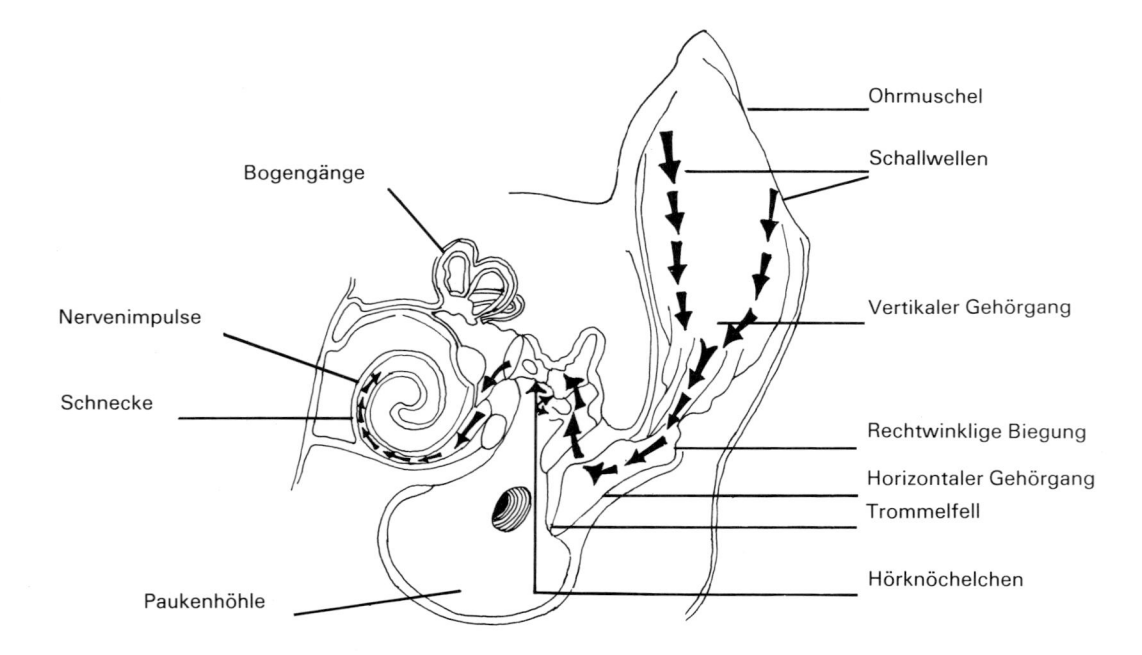

Rechts: Der junge Rhodesian Ridgeback hat den Kopf schräg gestellt und ist »ganz Ohr«. Die verschobene Ohrenstellung hilft ihm, die Geräuschrichtung zu bestimmen.

Unten: Ein junger Deutscher Schäfer »spitzt« buchstäblich die Ohren, um ein Maximum an Schallwellen aufzufangen.

heit, häufig und über weite Strecken zu rennen. Da sie soviel Bewegung und große Mengen Futter brauchen, sind sie als Familienhunde nicht gerade populär, ausgenommen in neuerer Zeit der Afghane. Wirklich schade, denn Windhunde sind ausnehmend sanfte, manierliche und friedliche Hausgenossen mit ruhigem, würdigem Benehmen. Bei Gelegenheit kann es allerdings vorkommen, daß sie unaufgefordert zu einem langen Ausflug aufbrechen und auf der Suche nach imaginären Hasen am Horizont verschwinden.

Das Gehör

Das Gehör des Hundes ist gut entwickelt und in mancher Hinsicht dem menschlichen sogar überlegen. Der Mensch braucht den Gehörsinn »nur«, um sich mit seinesgleichen verständigen zu können; für den Hund jedoch ist das Gehör überlebenswichtig. Es hilft ihm, seine Beute zu finden und seinen Feinden auszuweichen.
Die Hörmechanismen sind bei allen Säugetieren in etwa gleich: Schallwellen werden von der Ohrmuschel aufgefangen und durch den Gehörgang geleitet. Dieser ist bei den Hunden rechtwinklig abgebogen, was jedoch die Stärke der Schallwellen kaum beeinträchtigt. Sie treffen auf das Trommelfell und setzen es in Bewegung. Drei zusammenhängende Gehörknöchelchen – Hammer, Amboß und Steigbügel – geben diese Bewegung an eine dicht gewundene Röhre weiter, die sogenannte Schnecke. Dieser Vorgang ist ganz ähnlich dem Schlag auf eine Trommel – nur umgekehrt: Die Schallwellen bewegen das Trommelfell, das daraufhin gegen den Trommelschläger drückt. Die Schnecke ist mit einer Flüssigkeit ge-

füllt, die, wenn der Steigbügel sie bewegt, ihrerseits winzige, über die ganze Länge der Schnecke verteilte Härchen in Bewegung setzt. Diese Härchen lösen in den Zellen an ihren Wurzeln schwache elektrische Impulse aus, welche wiederum zum Gehirn wandern.

Hunde hören Niederfrequenz-Schallwellen ungefähr so gut wie wir, bei höheren Frequenzen aber ist ihr Gehör viel schärfer. Und zwar hören sie hohe Töne nicht nur besser, sondern sie vernehmen auch noch Schallfrequenzen von 30 000 Schwingungen pro Sekunde, während der Mensch Töne von über 20 000 Schwingungen nicht mehr hört. Das erklärt die lautlosen Hundepfeifen, auf die ein Hund reagiert.

Wie gut Hunde Geräusche verschiedener Höhe zu unterscheiden vermögen, weiß man nicht genau, doch ist es wahrscheinlich, daß sie einzelne Tonhöhen besser als wir auseinanderhalten können. Die Grenze liegt wahrscheinlich bei einem Tonschritt.

Viel wichtiger als Tonhöhe und -intensität ist für den Hund aber scheint's der Ton-»Charakter«. Wir erkennen beispielsweise den Unterschied zwischen einer Klarinette und einem Popsänger, auch wenn beide den gleichen Ton hervorbringen. Ein Hund aber unterscheidet zwischen dem Schritt seines Meisters hinter der Tür und dem eines Fremden. Das eine Geräusch löst aufgeregtes Winseln aus, das andere böses Knurren. Natürlich ist es schwierig, diese Fähigkeit des Erkennens von Geräuschen verschiedener Qualität wissenschaftlich zu untersuchen; unsere praktische Erfahrung sagt uns jedoch, daß Hunde diese Fähigkeit in hervorragendem Maße besitzen. Es ist für sie zum Beispiel ganz leicht, aus Verkehrsgeräuschen heraus einen einzelnen Wagen zu identifizieren; darum »melden« viele Familienhunde die Ankunft ihres Herrn so verblüffend früh.

Im letzten Weltkrieg bemerkten viele Hundebesitzer, daß ihre Tiere Luftschutzsirenen und nahende Bomber viel früher hörten als sie selber. Die Hunde begriffen rasch, daß bestimmte Geräusche mit bestimmten Aktivitäten verbunden waren, in diesem Fall etwa mit dem Aufsuchen des Luftschutzkellers, und waren schon unterwegs zum Schutzraum, bevor der Besitzer auch nur die Warnung hörte. Dieses Verhalten ist schwer zu erklären; manche glaubten an die Möglichkeit von Telepathie. Wahrscheinlicher ist aber, daß die Sirene oder der Bomber neben den für das menschliche Ohr vernehmbaren Geräuschen auch solche von höherer Frequenz verursachten. Bis die für den Menschen wahrnehmbare Lärmschwelle erreicht war, hatte der Hund schon genug gehört, um sich auf den Weg zu machen.

Hundebesitzer behaupten oft, ihre Tiere könnten

Unten: Irgend etwas hat die Aufmerksamkeit dieser Collies erregt. Alle drei lauschen gespannt, den Kopf etwas schräg gestellt, damit ihnen kein Ton entgeht.

jedes Wort verstehen. In gewissem Sinne stimmt das auch. Das gesprochene Wort vermittelt ja nicht nur einen Sinn, sondern der Tonfall trägt auch einen Hinweis auf die Stimmung des Sprechenden. Wenn wir beispielsweise sagen: »Ich kann diesen Mann nicht ausstehen!«, dann sprechen wir das in einer Art aus, die die Bedeutung unterstreicht, nämlich lauter, schärfer und modulierter als sonst. Die Hunde verstehen diese hörbaren Hinweise, ohne den Sinn der Worte selbst zu erfassen. Ferner kommt es vor, daß wir aufstehen, die Schultern heben und die Arme bewegen, wenn wir uns ärgern. Alle diese Dinge sprechen für den Hund lauter als Worte und sagen ihm wahrscheinlich: »Verdrück dich in den Garten – Herrchen ist schlechter Laune.«

Ein einfaches Experiment beweist, wie wichtig der Tonfall für einen Hund ist. Wenn das Tier zurechtgewiesen wird, ist die Stimme des Herrn in der Regel tief, rauh und barsch. Normalerweise ist sie heller, leichter und höher. Spricht man ein Lob im Tonfall des Tadels aus, wird der Hund fast mit Sicherheit auf den Ton und nicht auf die Worte reagieren, obwohl in dem Satz vielleicht Worte wie »Fleisch« oder »Bett« vorkommen, die er kennt und die ihm angenehm sind. Allenfalls werden ihn die »angenehmen« Worte dazu bringen, unsicher stehenzubleiben und den Besitzer ratlos anzustarren.

Die Entwicklung des Gehörs

Wie das Sehvermögen, scheint auch das Gehör bei der Geburt völlig zu fehlen. Ganz kleine Welpen haben flachgedrückte Ohren mit geschlossenem Gehörgang. Etwa am zehnten Tag nach der Geburt beginnen die Ohrmuscheln, sich unabhängig vom Kopf zu bewegen, der Gehörgang öffnet sich, und die Welpen lassen positive Reaktionen auf Geräusche erkennen. Diese Reaktionen sind allerdings schwer zu erforschen. Wenn man beispielsweise bestimmen will, ob ein Geräusch mit einer Futtertriebreaktion zusammenhängt, bleibt immer noch das Problem des Duftreizes, der ebenfalls mit dem Futter verbunden ist. Ausgeklügelte Verhaltensexperimente ergeben, daß Welpen mit zehn Tagen hören können und am elften Tag reagieren, wenn ein »Futtergeräusch« gemacht wird. Bis zum 17. Tag haben sie auch gelernt, durch Abwenden auf Geräusche zu reagieren, die schmerzhaft sind. Daß das »Warngeräusch« der Mutter aus einem hohen Quieken besteht, ist kein Zufall. Auch hier zeigt sich die gesteigerte Hörfähigkeit bei hohen Frequenzen. Wahrscheinlich ist bei Hunden das Verständnis für die Bedeutung von Geräuschen nicht angeboren. Welpen wissen beispielsweise nicht von selbst, daß ein Knurren der Mutter heißt: »Laß mich in Ruhe, deine Zähne tun mir weh!« Sie lernen es vielmehr über die Erfahrung, daß das Knurren mit einem Kneifen am Genick einhergeht. Die Fähigkeit dagegen, aktiv auf ein vertrautes oder neues Geräusch zu reagieren,

Oben: Dieser hübsch getrimmte Bedlington Terrier wirkt zart wie ein Lämmchen. Die Rasse ist jedoch zäh und kräftig.

Unten: Scottish Terriers sind, wenn man sie pflegt, elegante Hunde. Sie sind sehr wachsam, gelegentlich aber auch aggressiv.

Ganz unten: Der Jack Russell Terrier ist nach Parson Jack Russell, einem Mitglied des British Kennel Club, benannt.

scheint angeboren zu sein. Das äußert sich meist in Erwachen, Aufsitzen und Achtgeben. Wie so etwas zu »lernen« wäre, kann man sich nicht gut vorstellen. Es wird denn auch von stärkeren Reizen, zum Beispiel großem Hunger oder heftiger Müdigkeit, »übertönt«: Heißhungrige Welpen essen auch dann weiter, wenn ihre Mutter laut bellt! Viele Welpen, zuweilen auch erwachsene Hunde, verhalten sich bei fremden Geräuschen in einer bestimmten Weise: Sie neigen den Kopf zur Seite, stellen die Ohren und furchen die Brauen. Das Hochrecken der Ohren ist die Bemühung, mehr von dem Geräusch in den Ohrmuscheln zu »sammeln«; das Brauenrunzeln hat nichts mit Besorgtheit zu tun, sondern ist vielmehr das Zusammenziehen der Muskeln, die die Ohren aufstellen. Und bei abgedrehtem Kopf läßt sich besser erkennen, aus welcher Richtung das Geräusch kommt. Dadurch ist nämlich ein Ohr weiter vorn als das andere, so daß die Töne die beiden Ohren leicht zeitverschoben erreichen. Das Gehirn entdeckt diese Differenz und errechnet die Geräuschquelle.

Die Geräuschempfindung und die Verhaltensweisen des Geräuscheerzeugens dürfen nicht miteinander verwechselt werden. Das sind bei Welpen zwei ganz verschiedene Dinge. Neugeborene Welpen miauen oder quieken, hören einander aber nicht. Möglicherweise hören sie sich selbst, vermutlich durch die Schädelknochen (obwohl das in diesem Alter kaum von Bedeutung ist), und ganz bestimmt kann die Mutter sie hören. Für sie sind die Töne ein wichtiges Signal.

Angeborene Taubheit ist bei Hunden übrigens nicht ungewöhnlich. Bei Dalmatinern und weißen Bull Terriers kommt sie sogar häufig vor; anscheinend ist das Gen, das den Pigmentmangel bestimmt, mit jenem, das den Gehörmangel verursacht, verbunden. Bei andern weißen Rassen, wie dem West Highland White, ist Taubheit dagegen eher selten, so daß man sagen kann, daß auch sie ein Rassenphänomen ist. Taubgeborene Welpen sind eine Gefahr für sich und ihre Umwelt; sobald die Taubheit erkannt wird (mit drei oder vier Wochen), sollte der Tierarzt das Kleine einschläfern.

Abweichungen im Hörvermögen zwischen verschiedenen Rassen gibt es wohl, doch sind sie nicht auffallend. Im allgemeinen hören Rassen mit langen Stehohren besser als schlappohrige mit viel Haar um die Ohrmuscheln. So ist gutes Gehör eine Eigenschaft von Foxhounds, Greyhounds und Deutschen Schäfern, während einige Spaniels, Pudel und Shi-Tzus vergleichsweise weniger gut hören.

Das Tast- und Schmerzempfinden

Der Mensch kennt verschiedene Tast- und Schmerzempfindungen. Eine leichte Berührung,

Unten: Dank seiner lauschend hochgestellten Ohren hat dieser Terrier ein ausgezeichnetes Hörvermögen.

Oben: Diese seltsame Rasse – der Mexikanische Nackthund – stammt aus Mexiko, für dessen Klima er anscheinend geeignet ist.

Druck, Gelenkbewegungen, Hitze, Kälte und schließlich Schmerz sind lauter Einzelempfindungen, die wir wahrnehmen und auf die wir reagieren. Wahrscheinlich haben Hunde die gleichen Empfindungen; mit Sicherheit können wir es nicht wissen. Ein großer Teil unseres Wissens in dieser Hinsicht beruht auf Beobachtung, verbunden mit allgemeinen Kenntnissen der Anatomie und Naturwissenschaft. Der Rest ist Raten, und wir müssen uns davor hüten, tierischem Verhalten menschliche Motive zu unterlegen.

Wir wissen, daß sich das Nervensystem der Hunde in gewissen Punkten von dem der Menschen unterscheidet. Wie Katzen, so haben auch Hunde ein spezielles Nervensystem, das aus einer Art Nervenverbund besteht und die Empfindung leichter Berührung rasch weiterleitet. Hunde sind besonders im Gesicht, an den Augenbrauen, am Kinn und an der Schnauze sensibel. Das gibt ihnen die Möglichkeit, sich ein äußerst genaues Bild von einem Gegenstand zu machen: Sie können ihn nicht nur sehen, riechen und fühlen, sondern dank ihres verfeinerten Tastsinns auch seine Beschaffenheit recht genau ermitteln. Das erklärt vielleicht, weshalb ein Hund einen fremden Gegenstand zuerst nicht nur beriecht, sondern mit dem Gesicht berührt. Er hat ja um die Schnauze seine spezialisierten Tasthaare, die lang und stark und an der Wurzel von einem sehr komplexen System von Blutgefäßen und Nerven umgeben sind. Mit dem Erspüren der Entfernung eines Gegenstandes haben die Tasthaare aber wahrscheinlich nichts zu tun. In Amerika durchgeführte Experimente ergaben, daß sogar neugeborene Welpen Flächen von unterschiedlicher Beschaffenheit erkennen. Sie spüren auch Hitze und Kälte, was sich daran zeigt, daß sie vor kalten und heißen Flächen zurückweichen und behaglich warmen entgegenkriechen. Erwachsene Hunde haben ein ausgesprochen feines Gespür für Hitze und Kälte. Daß sie es in extrem kaltem Klima aushalten, bedeutet nicht, daß sie die Kälte nicht fühlen; es bedeutet bloß, daß ihnen das Kältegefühl nicht so wichtig ist. Sicher ist aber, daß sie sich an Kälte besser anpassen können als der Mensch; ihr Temperatur-Toleranzbereich ist viel größer und erstreckt sich erheblich weiter nach unten, aber weniger weit nach oben als der menschliche.

Schmerz
Das Wort »Schmerz« ist gefühlsbeladen. Manchmal wird gesagt, daß Hunde Schmerz nicht auf die gleiche Art fühlen wie wir. Vielleicht stimmt das auch, aber was damit eigentlich zum Ausdruck gebracht werden soll, nämlich daß Hunde den Schmerz *weniger* fühlen als der Mensch, ist wahrscheinlich falsch. Zwar sind die Nervenbahnen der Hunde als Schmerzübermittler nicht so hoch entwickelt, aber die Tiere reagieren genauso schnell auf einen unangenehmen Reiz wie der Mensch.

Zu bestimmen, welche Reize für einen Hund wirklich schmerzhaft sind, ist äußerst schwierig. Wie der Mensch, so reagiert auch der Hund heftiger auf einen Schmerz, den er kommen sieht, als auf einen unerwarteten. Wird einem Menschen

Rechts: Die Borstenhaare rund um den Fang dieses Irischen Wolfshundes dienen, wie bei allen Rassen, dem Tastsinn.

gesagt, daß ihm gleich ein rotglühender Feuerhaken aufs Fleisch gedrückt wird, kann er schon beim Gedanken daran ohnmächtig werden, während er bei einer sehr viel ernsteren, aber plötzlichen Verletzung mit einem Gartengerät praktisch kaum etwas spürt. Das Prinzip, daß Angst vor dem Schmerz den Schmerz erhöht, gilt auch für Hunde.
Die Behauptung, daß Rassehunde schmerzempfindlicher, krankheitsanfälliger und sensibler seien als Bastarde, ist falsch! Es gibt Ausstellungschampions, so zäh wie alte Stiefel, und struppige Dorfköter, so scheu und zart wie Mäuschen. Die Empfindlichkeit eines Hundes hängt von seiner Erziehung ab und vom Leben, das er führt.

Fortbewegung und Gleichgewicht

Man vergißt leicht, wie wichtig die Sinne für die Bewegung sind, bis das Licht gelöscht wird, die Geräusche verstummen, Gerüche verschwinden oder, am schlimmsten, der Gleichgewichtssinn gestört wird.
Bewegung und feinste Beherrschung der Bewegung sind lebenswichtig für einen Hund. Verglichen damit, ist das Tempo eines Pferdes rohe Kraft mit wenig Feinbeherrschung. Am Ende eines Rennens braucht ein Pferd Zeit, langsamer zu werden, während ein Hund, eben noch in vollem Lauf, plötzlich stocksteif dastehen kann. Er hat jederzeit die Kraft und Beherrschung, die Richtung zu ändern, oft mit absoluter Präzision. Das sind typische Fähigkeiten eines Raubtiers, das ja nicht nur eine Beute hetzen, sondern sich auch schnell zurückziehen können muß, wenn es hart auf hart geht.
Beim Herausarbeiten gewünschter Formen und Fähigkeiten durch Zuchtwahl hat der Mensch Hunderassen hervorgebracht, die in ihrer Bewegung ungeheuer verschieden sind: den elegant ausgreifenden Saluki, die watschelnde Bulldogge und den tänzelnden Toy-Pudel. Diese Rassenunterschiede in der Gangart sind einer der interessantesten ästhetischen Aspekte und spielen bei der Bewertung im Ring eine große Rolle. Einige Rassen, etwa die Dalmatiner, haben einen schönen, ausgreifenden Gang, der zwar nicht gerade ein Trab ist, aber der Bewegung eines Pferdes doch nahe verwandt; sie sind daher eine ausgezeichnete Ergänzung zu Pferd und Wagen und wurden im 19. Jahrhundert auch so eingesetzt. Einige wenige Terrier oder Zwergrassen bewegen sich anmutig oder zierlich, aber sie wurden nicht daraufhin gezüchtet. Die meisten Terrier haben einen gestelzten, trippelnden Gang, der im schnellen Lauf recht unelegant sein kann. Weil sie so kurz sind, können sie gar nicht richtig ausgreifen; selbst wenn sie rennen, bleiben zwei Füße meist auf dem Boden. In bezug auf lokomotorische Energie ist das unpraktisch, und es kommt vor, daß Terrier diesen Mangel ausgleichen, indem sie auf drei Beinen rennen und eins der Hinterbeine abwechselnd ein paar Schritte weit in der Luft behalten. Zuweilen wird so ein Bein auch geschont wegen Knochen- oder Gelenkschäden, die bei kleineren Rassen häufig sind. Anders als der Galopp des Pferdes, ist der Galopp des Greyhounds, Hirschhundes oder Deut-

Oben: Das Töten einer imaginären Beute ist bei den meisten Hunden zu einem Lieblingsspiel geworden. Auffallend ist, wie ausgeglichen diese Italienischen Windspiele beim Scheinkampf um eine Schärpe ihre Kräfte einsetzen.

Rechts: Schwimmen können alle Hunde, doch scheint sich der Labrador im Wasser besonders wohl zu fühlen. Sein dickes Fell ist wasserabstoßend.

schen Schäfers eine Bewegungsart, bei der der Körper in einer Reihe niedriger Sprünge durch die Luft vorangetrieben wird, denn Hunde haben einen viel flexibleren Rücken als Pferde. Die Biegung des Hunderückens bringt die Hinterfüße so weit nach vorn, daß sie neben den Vorderfüßen oder noch weiter vorn landen. Immer wieder hat überhaupt keiner der Füße Bodenkontakt, und der kleinste Schaden oder Schmerz an einer Pfote kann die Geschwindigkeit eines Hundes gewaltig vermindern.

Die Bewegung ist nicht nur an sich wichtig; *wie* ein Hund sich bewegt und die Positionen, die er dabei einnimmt, das spielt eine Hauptrolle bei der Verständigung mit seinesgleichen; aber davon wird später noch die Rede sein.

Was die Schnelligkeit betrifft, ist der Greyhound schwer zu schlagen. Gut trainierte Greyhounds können spielend einen Kilometer lang ein Tempo von 59 km/h durchhalten. Whippets schaffen auf kurze Distanz durchschnittlich 56 km/h und sind auf Kurzstrecken oft schneller als Greyhounds. Bei Salukis wurden sogar Spitzengeschwindigkeiten bis zu 75 km/h beobachtet. Salukis, Afghanen und Barsois sind aber nicht nur schnell, sie

Rechts: Der Barsoi oder Russische Windhund ist von königlicher Eleganz und ruhigem Wesen. Er braucht allerdings, wie andere große Hunde, viel Futter, Bewegung und Raum.

Links: Wie heimisch sich viele Hunde im Wasser fühlen, zeigt dieses Tier bei der Arbeit, das ein geschossenes Wild apportiert.

haben auch eine unglaubliche Fähigkeit, im Lauf die Richtung zu wechseln oder zu springen. Auch Greyhounds können bei Rennen ganz gut abdrehen oder zur Seite springen. Das rührt weitgehend davon her, daß die Tiere sich selbst steuern und den Schwanz als »Ruder« benutzen. Ist bei einem solchen Hund der Schwanz nicht in Ordnung oder muß er gar teilweise amputiert werden, wird die Geschwindigkeit des Tieres in Kurven stark beeinträchtigt.

Die Ausdauer der Hunde ist eine weitere erstaunliche Eigenschaft. Über die Langstreckenleistungen von Eskimohunden gibt es zuverlässige Dokumente. 1925 legten zum Beispiel zwanzig Hundeschlitten die 1080 Kilometer von Nenana nach Nome in Alaska in 127 Stunden zurück, um einen lebenswichtigen Diphterie-Impfstoff zu liefern.

Auch auf der Jagd und beim Apportieren halten die meisten Hunde länger durch als ihre Besitzer; so ein Jagdhund läuft bei der Arbeit mühelos einen Durchschnitt von 112 km am Tag. Auch Schäferhunde können an einem Tag ungeheure Strecken bewältigen – bei einem Collie wurden zum Beispiel 160 km notiert, die das Tier sechs Wochen lang Tag für Tag zurücklegte, insgesamt also 7200 km.

Fast unglaublich ist auch die Reichweite der Bewegung. Greyhounds legen im Rennen mit einem

Unten: In schönster Haltung streckt dieser Pointer *(to point =* hinweisen) die Nase witternd in die Richtung des Wildes.

einzigen Satz rund fünf Meter zurück, und Deutsche Schäferhunde führen »Weitsprünge« über sechs Meter aus. Ein Dachshund, Schulterhöhe nur 20 cm, springt mühelos aus dem Stand drei- oder viermal seine eigene Körperhöhe – bei einem Menschen wäre das ein Hochsprung von 6 Metern. Und mit Vergnügen springen Hunde meist aus noch größerer Höhe hinunter.

Klettern ist eine Fähigkeit, die bei den Hunden allgemein nicht hoch entwickelt ist; dennoch sind einzelne Tiere und einzelne Rassen recht gute Kletterer, so der ziemlich seltene, als Primitivhund geltende Basenji oder der amerikanische Coonhound (Waschbärenhund). Der Hund besitzt keinen Kletterapparat wie die Katze mit ihren scharfen Krallen. Er kann das aber zuweilen dadurch ausgleichen, daß er die Beine um den Stamm schlingt.

Auch das »Hantieren« von Gegenständen liegt den meisten Hunden nicht, obwohl es auch hier Exemplare gibt, die Ausnahmen machen und ihre Pfoten recht geschickt benutzen. Dressierte Toy-Pudel können Bälle zwischen den Pfoten halten und vor sich her rollen, aber sie vermögen zum Ergreifen eines Gegenstandes nicht die Finger oder Zehen zu biegen wie Menschen oder Affen. Der Hund kann seine Füße nur als Ganzes einsetzen. Welpen benutzen zuweilen ihre Pfoten, um einander beim Kampfspiel Hiebe zu versetzen. Doch dieses Verhalten wird im Erwachsenenalter selten beibehalten oder gar weiterentwickelt. Höchstens werden die Pfoten noch benutzt, um einen Knochen am Boden festzuhalten oder ein unbekanntes Wesen oder Ding zu »erforschen«, bevor es durch Schnauzenkontakt näher untersucht wird.

Was den Hunden an Geschicklichkeit mit den Pfoten abgeht, machen sie mit dem Einsatz ihrer Schnauze wett. Verhaltensmäßig ist das Maul ein wichtiger Teil des Körpers. Seine Kraft ist enorm: Hunde können nicht nur gewaltige Knochen knacken, Tiere totbeißen und Gegenstände tragen, sie heben mit dem Maul sogar ihr eigenes Körpergewicht vom Boden hoch. Zum Tragen benutzen die Hunde allgemein die Schnauze, und Hundemütter pflegen ihre Jungen mit den Zähnen beim Genick zu fassen und so herumzutragen. Bei Apportierhunden ist diese Fähigkeit besonders entwickelt; sie sind »weichmäulig«, d. h., sie können abgeschossene Wildvögel tragen, ohne sie zu beschädigen.

Schwimmen können alle Hunde – schon als Welpen. Sie rudern dabei mit allen vier Beinen, und das ergibt den Stil, den wir »Hundepaddeln« nennen. Die Freude am Schwimmen und am Wasser ist aber sehr unterschiedlich ausgeprägt. Die Neufundländer zum Beispiel fühlen sich anscheinend im Wasser wohler als an Land; sie haben ja auch eine lange Tradition als Rettungshunde, und ihre Ausdauer im kalten, stürmischen Meer ist legendär. Eine weitere »Wasserrasse« ist der Chesapeake Bay Retriever, der für das Apportieren von Wasservögeln gezüchtet wurde (wahrscheinlich unter Einkreuzung von Neufundländern). Beide Rassen haben ein besonders dichtes, öliges Fell, das sie im kalten Wasser gut schützt. Daß der Labrador Retriever ebenfalls ein geschickter Schwimmer ist, verwundert nicht, wurde er doch in Neufundland dafür gezogen, volle Fischnetze ans Ufer zu bringen. Eine unvermutetere Wasserrasse ist der Pudel, allerdings nicht der Zwerg- und Toy-Pudel, sondern der Standardpudel, der ein ausgezeichneter Flugwildapporteur ist und gut im Wasser arbeitet.

Oben: Manche Hunde können geschickt auf den Hinterbeinen stehen, wie zum Beispiel dieser Cocker Spaniel, den man zum »Männchenmachen« nie abgerichtet oder auch nur ermuntert hat.

Oben: Wenn Whippets träge in der Sonne liegen, strafen sie ihr wahres Wesen Lügen: In Wirklichkeit sind sie nicht nur überaus beweglich und aktiv, sondern auch außerordentlich schnelle Läufer.

Das Verhalten

Da der Mensch den Hund eng an sich gebunden hat, hat er sich von jeher mit dessen Verhalten beschäftigt, es genau beobachtet und zu ergründen versucht. Das Hundeverhalten ist ein besonders interessantes Gebiet der Tierpsychologie, weil der Hund nicht nur andern Hunden, sondern auch dem Menschen gegenüber ausgeprägte und spezielle Verhaltensmuster an den Tag legt. Er ist so domestiziert, daß er den Menschen als Teil seines »sozialen Kreises« akzeptiert und ihm verhaltensmäßig manchmal nähersteht als seinen Artgenossen.

Es gibt bei den Hunden einige besonders wichtige und starke Verhaltenskomplexe: Eß- und Trinkverhalten (Nahrungsaufnahme), Sexualverhalten, Mutterverhalten und Kommunikation mit andern Hunden und mit Menschen. Eine eingehende Betrachtung dieser Verhaltensformen hilft uns, besser zu verstehen, *was* unsere Hunde tun, *warum* sie gewisse Dinge tun und *weshalb* sie ein bestimmtes Verhalten an den Tag legen.

Neben diesen funktionalen Verhaltensaspekten gibt es viele komplexe und oft tiefverwurzelte Merkmale, die nicht so einfach in Kategorien unterzubringen sind und von Rasse zu Rasse und von Hund zu Hund ungeheuer variieren – sie sind es, die jedem einzelnen Hund seine Individualität geben.

Bevor wir uns eingehender mit dem Hundeverhalten beschäftigen, sollen hier einige Fachausdrücke erklärt werden, damit die Bedeutung gewisser Handlungsweisen besser verstanden wird. Eine Handlungsweise, die stets auf denselben Reiz hin erfolgt, nennt man einen *Reflex*. Reflexe können ganz simpel sein: Der Hund kratzt sich, wenn es ihn juckt, oder frißt, wenn er hungrig ist. Oft ist der Zwang, einem Reiz zu gehorchen, so grundlegend, daß der Hund gar nichts davon merkt. Wird ein schlafender Hund von einem Floh gebissen, kratzt er sich, ohne aufzuwachen. In diesem Fall wird das Gehirn gar nicht einbezogen, der ganze Reflex ist unterbewußt, und das Nervensystem, das ihn auslöst, funktioniert rein lokal.

Die meisten Reflexe aber benötigen das Bewußtsein. Hunde können nicht essen, trinken oder beißen, wenn sie schlafen, weil bei diesen Vorgängen das Gehirn beansprucht wird. Ein Großteil des Verhaltens ist aber eine komplizierte Mischung verschiedener Reflexe: Das Kaninchenjagen ist z. B. eine Kombination von Gesichts-, Geruchs- und Gehörreizen mit Bewegung als aktive Beantwortung dieser Reize. Wir unterscheiden *angeborenes* und *angelerntes Verhalten*. Der Wunsch zu essen beispielsweise ist angeboren, wie überhaupt die einfacheren Handlungsweisen angeboren sind: Essen, Trinken, das Markieren des Territoriums usw. Selbst die Intensität dieser Verhaltenskomplexe kann ererbt sein: Dachshunde sind zum Beispiel gefräßig, Setter nicht. Zuweilen wird ein ganzes Verhaltensbild vererbt, genauer: die Fähigkeit, es zu entwickeln. So werden etwa Collies mit der Erbfähigkeit geboren, Schafe zu hüten, aber um diese Anlage voll zu entwickeln, braucht das Tier Übung und Gelegenheit.

Das erlernte Verhalten nennt man auch *erworbene Verhaltensfunktion*. Kein Hund wird mit dem Drang geboren, bei seinem Herrn um Futter zu betteln; wenn er es aber einmal gelernt hat, wird er dieses Verhalten immer wieder zeigen. Dies ist ein Beispiel für eine Assoziation, wenn auch nicht so klassisch wie die bedeutenden Experimente von Pawlow im Zusammenhang mit dem Lernen. Er kombinierte die Fütterung seiner Experimentierhunde mit einem Klingelzeichen. Sobald es ertönte, fingen die Hunde prompt zu speicheln an, denn sie assoziierten das akustische Zeichen mit »Futter«. Auch wenn die Tiere nichts erhielten, löste das Klingelzeichen bei ihnen Speichelabsonderung aus.

Oft wird irrtümlich angenommen, ein Hund zeige Intelligenz, wenn er in Wirklichkeit nur einen bedingten Reflex an den Tag legt. Gewiß kann ein

Rechts: »Alle viere in der Luft« ist bei jedem Hund eine übliche Spielpose. Und Spielen ist ein wichtiger Teil des Hundeverhaltens und der gesunden Entwicklung.

zusammengesetztes Reflexverhalten mit etwas in Verbindung gebracht werden, das dem Begriff Intelligenz nahekommt, aber man sollte die beiden Begriffe doch getrennt betrachten. »Intelligenz« und Gehirnfunktion des Hundes werden gegen Ende dieses Kapitels behandelt.

Eine weitere Möglichkeit für Mißverständnisse ist dann gegeben, wenn man menschliches Denken auf Hundeverhalten zu projizieren versucht. Es ist ganz natürlich, daß wir versuchen, »in die Haut eines Tieres zu schlüpfen«, das uns nahesteht, und sein Verhalten mit menschlichen Augen zu sehen. Das nennt man *Anthropomorphismus* (Vermenschlichung) – ein Fehler, den Verhaltensforscher streng zu vermeiden trachten. Selbst der Ausdruck »ein Hund hat Knochen gern« ist fragwürdig. Eigentlich müßten wir sagen, er zeigt beim Anblick eines Knochens eine Anzahl Verhaltensreaktionen, die wir als Freude auslegen: Schwanzwedeln, Hochspringen, ungeduldiges Winseln und Bellen.

Die schwerwiegendsten Fehlinterpretationen begehen wir, wenn es ans Beschreiben der Reflexe und Reaktionen geht, die mit Schmerz und Unbehagen zusammenhängen. Die Reaktionen von Hunden auf unangenehme Reize auszulegen, ist für Verhaltensforscher äußerst schwierig.

Hingegen ist für sehr viele Hundebesitzer die Vermenschlichung ein Vergnügen! Sie glauben zu wissen, wie das Gehirn ihres Hundes arbeitet, legen – ganz bewußt – ihre eigenen Gedanken in die Handlungen des Tieres hinein. Zusammen mit der Freude, Rudelführer zu sein und die Un-

Oben: Diese prachtvolle Englische Bulldogge ist offensichtlich von ihrem Anspruch auf ein behagliches Plätzchen überzeugt. So knurrig Bulldoggen auch aussehen mögen, so fügsam und anhänglich sind sie.

Oben: Diese Bulldoggen haben einen so herzhaften Appetit, daß sie getrennte Freßnäpfe brauchen.

Essen und Trinken

Essen und Trinken sind so grundlegende Funktionen, daß man leicht vergißt, wie wichtig die Verhaltensform ist, die mit der Nahrungsaufnahme verknüpft ist.

Sorgen mit ihrer Figur haben Hunde nicht; sie nehmen sich nicht die Zeit, die Nahrung zu kauen oder zu kosten – sie essen einfach drauflos. Im Wildleben sind sie an Fasten und Hungern gewöhnt. Wenn sie ihre Beute – manchmal allein, häufiger im Rudel – getötet haben, dann fressen sie, bis sie vollkommen satt sind. Dieses Verhalten, verfügbare Nahrung bestmöglich auszunutzen, ist typisch für Raubtiere, die ja im Gegensatz zu Pflanzenfressern ihr Futter nicht ständig bereit haben. Die meisten Haushunde haben dieses Verhalten – obwohl sie regelmäßig ernährt werden – beibehalten, und darum muß jeder Hundehalter die Futtermenge regulieren. Hunde halten es auch lange Zeit ohne Essen aus (eine Überlebenszeit von zwei Monaten ohne Nahrung ist belegt) und überstehen längere Fastenzeiten ohne Schaden an ihrer Gesundheit.

Die Futtermenge, die ein Hund aufnimmt, hängt auch von seiner Gesellschaft ab. Der Wettbewerbsgeist an der Futterschüssel ist ausgeprägt; ein langsamer Esser frißt mehr und schneller, wenn er mit andern zusammen gefüttert wird. Selbst ein satter Welpe (oder erwachsener Hund) fängt noch einmal zu essen an, wenn man ihn mit andern vor eine volle Futterschüssel setzt. Merkwürdigerweise bedeutet dieses Gruppenverhalten nicht, daß Meutehunde mehr essen als Einzelhunde: der zusätzliche Anreiz verliert sich nach kurzer Zeit.

Dieses »König an der Futterschüssel«-Verhalten hat sehr viel mit Rudeldominanz und Aggressionsverhalten innerhalb einer Hundegruppe zu tun. Oft ist es der beherrschende Rudelführer, der sich den Hauptteil der Nahrung sichert. Konsequenterweise ist er (oder sie) denn auch das größte und stärkste Tier in der Gruppe, und man muß achtgeben, daß die beherrschten Hunde oder Welpen von den stärkeren nicht dermaßen verdrängt werden, daß sie sich schlecht entwickeln. Es ist darum besser, einer Gruppe von Hunden das Futter in mehreren Schüsseln zu geben.

Auch das Verhalten »Hund und Knochen« ist ein interessantes Beispiel für soziale Rangordnung; es kann so ausgeprägt sein, daß es zur klassischen »Neidhammel-Haltung« wird. Ein beherrschender Hund in der Gruppe wählt sich gewöhnlich seinen Knochen selbst und wehrt mögliche Diebe ab.

Wenn Sie einem Hund einen Knochen geben und er Sie nachher anknurrt, sobald Sie in die Nähe kommen, dann behandelt er Sie genau wie ein anderes Mitglied der Meute. Wichtig ist, daß Sie ihm den Knochen wegnehmen können, wenn Sie wollen. Vertreibt er Sie mit Knurren und Zähnefletschen, dann hat er die Schlacht um die Futterdominanz gewonnen. Das heißt nicht, daß er Sie in allen Belangen beherrscht, aber es kann der Beginn für ein Überlegenheitsgefühl bei ihm sein. Deshalb *müssen* Sie gewinnen und ihm den Knochen wegnehmen; Sie müssen auch bereit sein, ihn zu strafen, falls er zu beißen versucht. Aber tun Sie das nicht immer wieder und necken Sie ihn nicht, nur um Ihre Vorherrschaft zur Schau zu stellen. Wenn Sie zu sehr »aufdrehen«, haben Sie schließlich einen verschüchterten, mutlosen, mißtrauischen Hund.

Welpen und ihre Fütterung

Futtersuche ist praktisch die erste Verhaltensweise eines neugeborenen Hündchens, und hat es erst einmal die Zitze der Mutter gefunden, ist der Drang zu saugen übermächtig. Das ist ein Beispiel für angeborenes Verhalten: Niemand hat das Kleine saugen gelehrt, es gehorcht einem Grundinstinkt, den alle Welpen haben. Aber auch hier gibt es Unterschiede; schwächliche, oft frühgeborene Welpen muß man zuweilen an die Zitze halten und ihnen Zeit geben, sie mit dem Mäulchen zu erfassen und mit dem Saugen zu beginnen. Gewisse Rassen sind eher langsam und zeigen auch keinen starken Nahrungsaufnahmetrieb. Bei robusten Rassen wie dem Labrador hat man kaum je das Problem des »schwachen Essers«, bei einigen Zwergrassen dagegen, zum Beispiel beim Cavalier King Charles, kann es ausgeprägt sein, besonders wenn die Säugeperiode vorbei ist und die Welpen zu lecken beginnen.

Eifriges Saugen ist nicht unbedingt mit vollem Bäuchlein verbunden. Bei Welpen kommt oft ein sogenanntes nicht-nährendes Saugen vor; das heißt, sie lassen die Zitze nicht los, auch wenn sie den Magen voll haben und einschlafen. Rutschen sie im Schlummer von der Zitze, werden sie gleich wach und fangen sofort wieder an zu saugen. Das nicht-nährende Saugen kann zu einer richtigen Untugend werden, so daß Welpen einander am Schwanz oder am Nabel suckeln. Es kann aber auch ein Zeichen sein, daß sie von der Mutter zu wenig Nahrung bekommen, und wenn es nach drei Wochen noch vorkommt, ist zusätzliche Fütterung angezeigt.

Weitere Bewegungen des Welpen beim Saugen sind das rhythmische Bearbeiten der Milchdrüse mit den Vorderpfoten, das periodische Beschnüffeln der Zitze und auch das Zurückziehen des Kopfes, ohne die Zitze loszulassen. Das alles dient zur Steigerung der Milchleistung und zur Anregung des Milchflusses in die Zitze. Im Verlauf von zwei Wochen werden dadurch auch die Hals- und Schultermuskeln des Welpen überaus gestärkt, was sich in einem dicken Hals und einem betonten Wulst im Genick zeigt.

Schon bei neugeborenen Welpen ist der Wettbewerbsgeist vorhanden. Das stärkste der Klei-

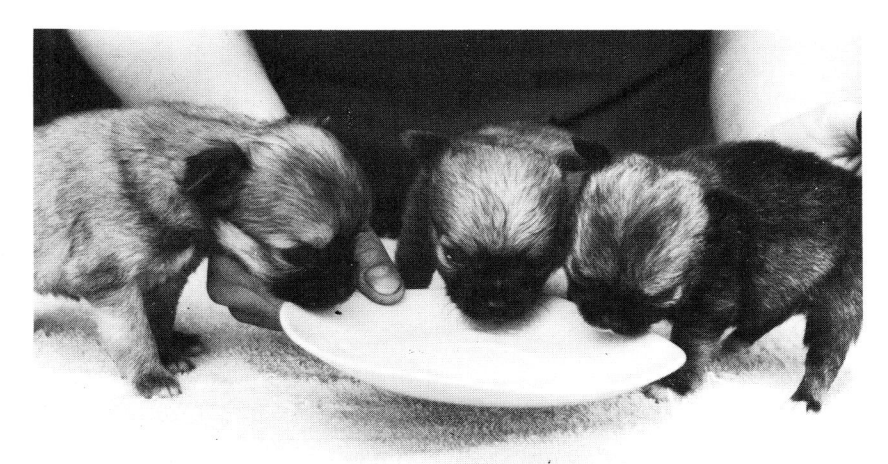

Ganz oben: Gelegentlich müssen Welpen an den Freßnapf geschoben werden, weil sie ängstlich zurückweichen.

Oben: Drei langhaarige Chihuahuas bekommen ihre erste Mahlzeit aus Milch und Getreideflocken.

Unten: Das ungewohnte erste Futter wird dem kleinen Welpen zunächst mit dem Finger nahe gebracht.

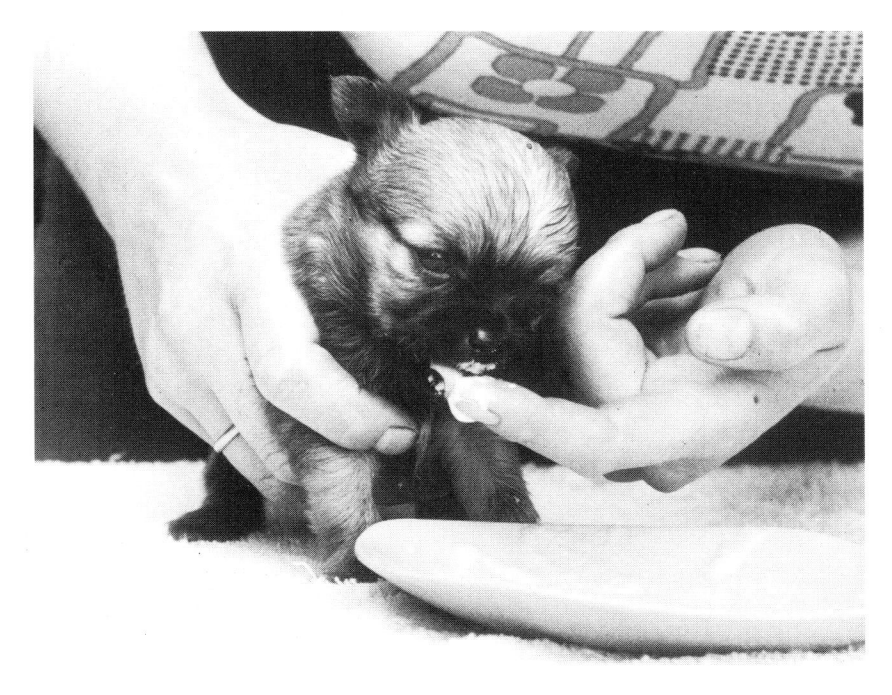

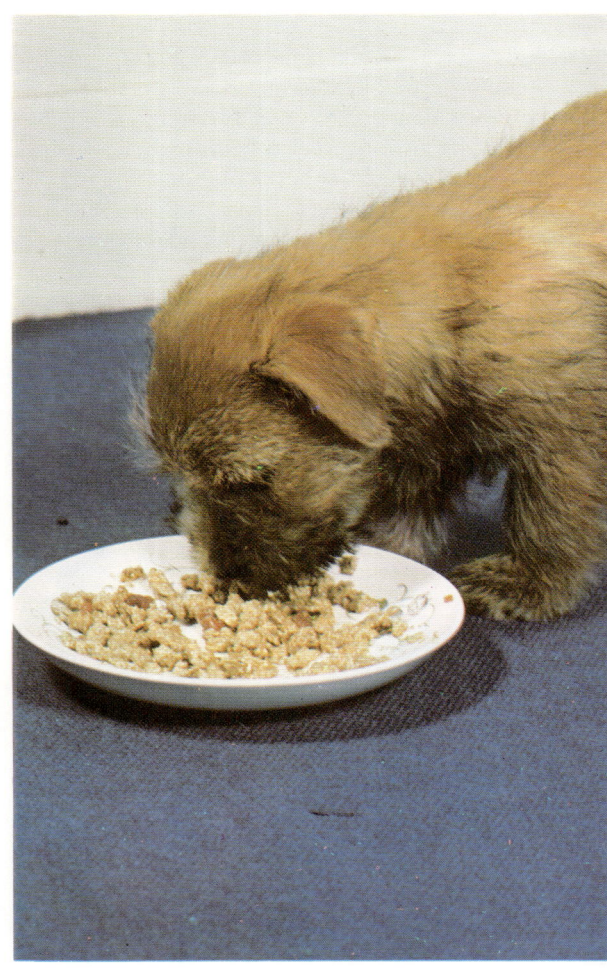

Oben links: Aktive große Hunde wie dieser Deutsche Schäfer brauchen eine Menge Futter.

Oben rechts: Kleinere Hunde brauchen sorgsam abgemessenes Futter, damit sie nicht zu fett werden.

Unten: Auch wenn ein Welpe entwöhnt ist, suckelt er gern noch eine Weile.

nen kämpft um die vollsten Zitzen (oft die hinteren), und findet ein Welpe seine Quelle am Versiegen, so wird er danach trachten, eines seiner Geschwister von einer noch vollen Zitze zu verdrängen. Daß der Stärkere überlebt, ist die erste Regel der Natur.

Das Auflecken scheint kein instinktives Verhalten zu sein; viele Welpen lernen es nur schwer. Der natürliche Stimulus für die Kleinen ist wahrscheinlich das Verhalten der Mutter, vorverdaute Nahrung für die Welpen heraufzugeben. Welpen lecken oft Gesicht und Maul der Hündin, die dann etwas halbfeste, teilverdaute Nahrung abgibt. Die Kleinen strecken die Zunge aus und lekken das Erbrochene auf. Das ist ein völlig anderer Vorgang als das Saugen, bei dem sie die Zunge zum Löffel biegen, bis sie sich fast ganz um die Zitze legt. Manchen Welpen fällt es schwer, Futter auflecken zu lernen; wenn sie mit der Nase die Nahrung berühren, würgt es sie, und sie tauchen unfreiwillig mit Lippen und Nase hinein. Die Futter-»Belohnung« bildet dann den Anreiz, daß sie mit dem Lecken beginnen. Von Natur aus würde wahrscheinlich ein Hungertrieb den Anreiz verstärken; schlechte Schlabberer fänden bald heraus, daß sie die Gewohnheit weiterentwickeln müssen, weil die Milchquelle allmählich versiegt. Aber die Welpen saugen noch eine ganze Weile, nachdem man ihnen zusätzlich halbfeste und feste Nahrung vorsetzt. Das mag zu einem großen

Rechts: Eine Wäscheschüssel aus Plastik ist als Freßgeschirr für diese Deutsche Dogge gerade groß genug. Nach den Zahnspuren zu schließen, dient der Napf auch als Spielzeug.

Unten: Auch wenn Welpen zur Sicherung guter Nahrungsaufnahme einen gesunden Wettbewerbsgeist entwickeln müssen, soll der Freßnapf groß genug sein, jedem Jungtier einen Platz zu bieten. Dieses Freßgeschirr ist zu klein!

Oben: Vergnügt futtert das Hündchen aus der eigenen Schüssel, doch wird es um der Geborgenheit willen auch weiter Muttermilch saugen.

Unten: Knochen zum Nagen beugen nicht nur dem Zahnzerfall vor, sie sind auch wichtige Vitaminspender.

Teil im Wunsch nach Kontakt mit der Hündin begründet liegen, der zum geborgenheitsuchenden Verhalten gehört, auf das wir noch zurückkommen werden. Wenn die Welpen sechs oder sieben Wochen alt sind, mögen die meisten Hündinnen sie nicht mehr saugen lassen, auch nicht für kurze Zeit, und wenn die Kleinen sie bedrängen und die Zitzen suchen, laufen sie oft weg, knurren sie an oder beginnen zu spielen, um sie abzulenken.

Die Welpen benutzen ihr Nahrungsaufnahmeverhalten zur Erforschung ihrer Umgebung. Diese »Essens-Erkundung« geht auch im späteren Leben weiter. Wenn ein erwachsener Hund einen Gegenstand einmal gerochen, gesehen und berührt hat, untersucht er ihn weiter durch Beißen und Schmecken. Es gibt wenig, was Welpen nicht zumindest zu essen versuchen. Man muß darum Giftstoffe von ihnen fernhalten, denn sie können noch nicht unterscheiden, was eßbar ist und was nicht!

Nahrungswahl und abnormes Eßverhalten

Im wesentlichen sind Hunde Fleischesser, obwohl sie auch die verschiedensten anderen Nahrungsmittel mit größtem Genuß verzehren. Die Neigungen scheinen durchaus individuell zu sein und reichen vom Pekingesen, der einen unersättlichen Hang zu Orangen hat, bis zum erdnußliebenden Spaniel. Meist sind es Familien- und Schoßhunde, die solche Vorlieben entwickeln, weil sie Gelegenheit haben, »exotische Speisen« zu erkunden, die auf den Tisch ihrer Herren kommen. Ausgedehntes fleischloses Eßverhalten finden wir jedenfalls bei Jagd- und Gebrauchshunden eher selten. Wie später noch ausgeführt wird, sind Hunde weitgehend Gewohnheitstiere, das erstreckt sich auch auf ihre Mahlzeiten. Sie sind ganz zufrieden, tagaus, tagein dasselbe zu essen. Im allgemeinen ziehen sie Salziges und Würziges Süßem und Saurem vor. Doch es gibt Ausnahmen. Knoblauch und Zwiebeln scheinen für Hunde sehr attraktiv zu sein; es ist immer einen Versuch wert, das Futter eines schwachen Essers damit anzureichern.

Obwohl Hunde ohne weiteres Fleisch zu sich nehmen, das nicht mehr ganz frisch ist, lehnen sie gelegentlich übelriechendes Fleisch ab. Sie scheinen alles Fleisch roh zu mögen, und mit Ausnahme von Leber oder parasitenverseuchtem Fleisch sollen sie es auch ruhig roh essen, da gewisse Vitamine durch das Kochen zerstört werden.

Daß Hunde Dinge essen können und mögen, die für Menschen ekelerregend sind, wirkt auf viele Hundebesitzer abstoßend. Der Hund, der im Abfalleimer wühlt und verdorbene Lebensmittel sucht, der sich an Delikatessen wie verwesenden Vögeln oder Igeln gütlich tut, mit Wonne Schaf- oder Kuhmist und auch Gartenkompost und vermodertes Laub frißt, ist eine so häufige Erscheinung, daß man dieses Verhalten nicht eigentlich als abnorm betrachten kann. Manche Verhaltensforscher haben das so zu erklären versucht, daß der Hund unbewußt merke, wenn ihm ein bestimmtes Mineral oder Spurenelement, das in verrottetem Material durchaus vorhanden ist, fehle. Wissenschaftliche Beweise gibt es dafür nicht. Das Verabreichen roher Leber mildert manchmal die Tendenz, Aas zu fressen. Noch unästhetischer ist es für den Besitzer, wenn sein Hund beharrlich Hundekot frißt – den von andern Hunden oder seinen eigenen. Auch das kann durch das Füttern roher Leber unter Umständen verhindert werden, wenn nicht Langeweile der auslösende Faktor ist; dann muß man den Hund ablenken und beschäftigen.

Die Gewohnheit, Gras zu essen, ist nicht sehr verständlich und schwer zu erklären. Viele Hunde – wilde wie Haushunde – tun es. Der Hinweis, daß der Hund eben besonders domestiziert ist und sein Hundeverhalten verliert, ist als Erklärung absolut falsch. Das Gras passiert den Hund entweder unverdaut oder wird erbrochen, gelegentlich zusammen mit Würmern, was gewisse Fachleute vermuten ließ, das Grasessen sei ein Versuch des Hundes, sich von Würmern zu befreien. Dagegen spricht aber, daß manche parasitenfreien Hunde Gras essen, während viele wurmverseuchte es nie tun.

Trinken

Ungefähr die Hälfte ihres täglichen Wasserbedarfs decken die Hunde mit dem Futter. Den Rest nehmen sie, je nach Wunsch, mit sechs- bis zehnmaligem Trinken zu sich. Mit dem Trinken scheinen nur wenige wichtige Verhaltensmuster verbunden zu sein; diese Funktion hat keinen andern Zweck, als den Wasserverlust durch Urin und Kot, Atem und Schweiß wirksam wettzumachen.

Manche Hunde trinken lieber etwas anderes als Wasser, etwa Tee oder gar Kaffee, wenn ihre Besitzer ihnen diesen Luxus anbieten. Im allgemeinen aber hält ein Hund sich beim Trinken wie beim Essen am liebsten an das Gewohnte.

Die Angewohnheit, statt klarem Wasser auch oder gar bevorzugt abgestandenes Grabenwasser zu trinken, ist unerklärlich. Möglicherweise ist ein gewisser Erdgeschmack dem Hund zuweilen angenehmer als das geruchlose frische Wasser.

Das Ausscheidungsverhalten

Fast ebenso wichtig wie das Verhalten bei der Nahrungsaufnahme ist das Verhalten im Zusammenhang mit der Ausscheidung von Exkrementen und Urin.

Für den Hund ist die Ausscheidung nicht bloß eine Methode, Abfall loszuwerden, sie ist vielmehr zutiefst an Kommunikation gebunden. Mitglieder anderer Meuten erkennen, was für Hunde an einer markierten Stelle vorbeigekommen sind, ob männlich oder weiblich, ja sogar in welchem Abschnitt ihres Geschlechtszyklus sich eine Hündin gerade befindet. Vor allem Rüden markieren ihr Territorium mit Urin und Kot und erhalten Informationen über andere Hunde, indem sie deren Ausscheidungen untersuchen. Dieses Markieren gehört zur Wanderroute der Rüden, die bei ihrem täglichen Ausgang sehr oft einen Kreis absolvieren. Diese täglichen »Rundgänge« sind für sie sehr bedeutungsvoll; für den Streuner sind sie sogar ein Hauptteil des Lebens und Kommunikationssystems: Er trifft dabei andere streunende Rüden, die mit ihm weiterziehen und Pfosten und Pfeiler untersuchen. Der Zweck, den diese Rüdengruppen verfolgen, wird einem bei der Beobachtung sofort klar: Sie können auf ihrer Runde den Duft einer Hündin in Hitze auffangen, worauf sie diese ausfindig zu machen und sich mit ihr zu paaren versuchen. Der vorrangige Grund ist also, bei diesen Rundgängen zu kontrollieren, daß keine hitzige Hündin ungepaart bleibt.

Die Orte, an denen ein Hund seine Geschäfte erledigt, sind nicht beliebig. Das Tier folgt dabei einer festgelegten Routine, und der Hundehalter kann da kräftig mitbestimmen. Sind die Plätze einmal bestimmt, ist ein Hund nur schwer wieder davon abzubringen. Der Geruchssinn spielt bei der Ortswahl eine gewichtige Rolle. Darum ist es wichtig, Welpen in der Zeit, in der sie stubenrein werden sollen, ständig zu überwachen. Man muß sicher sein, daß der gewählte Platz nicht der Wohnzimmerteppich ist, weil der Welpe sonst immer wieder dorthin zurückkehrt und der Duft für Besuchshunde schnell zur Attraktion wird.

Bei erwachsenen Rüden ist das Beinheben beim Urinieren mit dem Markieren des Territoriums verknüpft, denn auf diese Weise kann der Uringeruch auf Nasenhöhe deponiert werden. Die meisten Rüden heben das Bein, einzelne aber tun es nie, auch wenn sie sexuell aktiv sind. Das Verhalten wird weitgehend von den männlichen Geschlechtshormonen bestimmt, ist aber trotzdem ein erlerntes, von andern Hunden abgegucktes. Wird ein normaler, erwachsener, beinhebender Rüde kastriert, kann er die Gewohnheit verlieren, muß aber nicht, was beweist, daß sie nicht einfach ein Sexualmerkmal ist. Bei manchen Hunden ist dieses Verhalten so stark, daß es trotz schwerer Hindernisse beibehalten wird. Man weiß von Hunden, die ein Hinterbein verloren, amputiert oder beschädigt haben und trotzdem stets das *gesunde* Bein heben. Sie sind also gezwungen, eine Art Handstand auszuführen und in dieser Position zu balancieren, während sie urinieren. Denselben Balanceakt hat man bei Hunden gesehen, die ein schweres Rückenleiden haben und kein Hinterbein belasten können. Gelegentlich einmal kommt es vor, daß auch eine Hündin beim Urinieren das Bein hebt; sie braucht aber deswegen keine Hormonprobleme zu haben.

Anreiz für das Beinheben scheint der Uringeruch

Unten: Erst im Alter von mehreren Wochen können Welpen ihre Geschäftchen willkürlich erledigen. Bis dahin werden sie von der Mutter gepflegt. Die Jack Russell Terrier-Hündin im Bild leckt ihr Junges, um es zum Urinieren anzuregen.

Oben: Selbst wenn ein Welpe zehn Wochen alt ist, leckt die Mutter noch gelegentlich seinen Kot auf. Das gehört zum »Säuberungsverhalten« der mütterlichen Aktivität.

eines andern Hundes zu sein; möglicherweise versucht der Hund, indem er selber darauf uriniert, diesen Geruch zu überdecken, um Vorherrschaft zu manifestieren oder sein Territorium zu vergrößern. Hunde bespritzen auch Gegenstände, um sie als ihr Eigentum zu kennzeichnen; das gilt besonders für Futter oder Knochen – oft nässen Hunde ihr Futter, wenn sie nicht alles auf einmal aufessen können, um sicher zu sein, daß kein anderer es anrührt. Rüden geben auch immer nur kleine Mengen Urin ab, weil sie stets eine Reserve für den nächsten Laternenpfahl brauchen.

Hierher gehört auch die Erwähnung eines merkwürdigen, zum Teil unerklärlichen Markierverhaltens, nämlich des Wälzens in Aas, Vogelmist, Tierdung oder gar dem Kot anderer Hunde. In der Regel urinieren Hunde auf oder neben diese Materialien, manchmal aber wälzen sie sich darin, und zwar erwachsene Hunde beiderlei Geschlechts. Warum sie das tun, läßt sich nicht einfach beantworten. Möglicherweise gefallen ihnen diese Gerüche so, daß sie sie mit ihrem Eigengeruch überdecken wollen, um sie zu »besitzen«. Sie wälzen sich ja zuweilen auch auf ihren Spielsachen, um sie als Eigentum zu markieren.

Auf dem Rücken des Hundes befindet sich die sogenannte Schwanzdrüse, ein ovaler Hautbereich mit dicken, steifen Haaren, die aus den Fettdrüsen an ihrer Wurzel eine reichliche gelbe Absonderung heraufleiten. Einzelne Wissenschafter halten diese Sekretion für einen wichtigen Markierungsgeruch. Wir bemerken ihn nicht, aber unser Geruchssinn ist ja weder so gut noch so weitreichend wie der des Hundes.

Andere mit der Ausscheidung zusammenhängende Düfte sind die von den Analdrüsen erzeugten, auf die wir auf S. 177 näher eingehen. Über die Funktionen dieser Drüsen wissen wir nichts Sicheres. Kann sein, daß sie als »Schmiermittel« die Ausscheidung erleichtern, kann sein, daß es reine Duftdrüsen sind. Jedenfalls haben sie mit Emotionen zu tun, denn es kommt vor, daß ein Hund, wenn er erschreckt wird, sie sofort entleert. Möglicherweise hatte der Geruch ursprünglich den gleichen Zweck wie der des Skunks: Feinde zu vertreiben.

Erwachsene Hunde haben ihre Entleerungen sehr gut unter Kontrolle, wenn auch natürlich mit Unterschieden. Ein Hundebesitzer muß die Grenzen seines Tieres kennen und respektieren. Hündinnen können ihren Urin unglaublich lange Zeit zurückhalten, besonders auf fremdem oder gefährlichem Territorium; sechsunddreißig Stunden sind durchaus keine Seltenheit. Diese freiwillige Selbstbeherrschung, verstärkt durch die Einflüsse der menschlichen Erziehung, kann unter bestimmten Umständen verlorengehen. Das klassische Beispiel ist das plötzliche Erschrecken eines Hundes, wobei er oft unwillentlich Wasser oder Kot läßt. Dieses Verhalten gehört zum komplizierten Reflex »Kämpf oder flieh«, der vom unwillkürlichen Teil des Nervensystems gesteuert wird und stärker ist als die Fähigkeit des Hundes, sich zurückzuhalten. Einfach gesagt: Das Nervensystem befiehlt dem Körper, sich der Exkremente zu entledigen, um schneller fliehen oder besser kämpfen zu können.

Bei extremem Unterwerfungsverhalten geht die Kontrolle über die Ausscheidungsfunktionen ebenfalls verloren. Wenn Sie als Boß, als sein Rudelführer sozusagen, den Hund heftig ausschelten, betont er seine Zeichen der Ergebenheit: er rollt sich auf den Rücken, hebt ein Hinterbein und läßt etwas Urin tröpfeln. Das Grausamste, was Sie ihm antun können, ist, ihn nun erst recht zu schelten – damit wird alles nur noch schlimmer. Er wird noch unterwürfiger und tröpfelt noch mehr, und Ihr Benehmen bringt ihn völlig durcheinander. Schließlich hat er doch seine Ergebenheit bewiesen und Ihnen deutlich gemacht, daß er Sie als Rudelführer anerkennt!

Auch große Aufregung bringt die Kontrolle ins Wanken: Ein Hund kann beispielsweise vor freudiger Erregung urinieren, wenn Sie nach längerer Abwesenheit zurückkommen. Auch das ist außerhalb seines Willens. Wenn Sie schimpfen, verwirren Sie den Hund, er unterwirft sich – und uriniert nochmal.

Ferner können die stubenreinsten Hunde die Beherrschung verlieren, wenn sie unter Streß stehen – wenn sie eine unglückliche Stimmung in der Familie oder eine Antipathie gegen sich oder gegen einen Menschen verspüren, den sie kennen. Auch in diesem Fall wäre es grausam und kontraproduktiv, den Hund deswegen anzuschreien.

Ausscheidung bei den Welpen
Neugeborene Welpen haben keine willkürliche Kontrolle über ihre Ausscheidungsfunktionen. Bis zum Alter von etwa 20 Tagen ist es die Hündin, die die Vorgänge stimuliert, indem sie immer wieder die Analgegend der Kleinen leckt. Danach leckt sie auch den Urin und die Exkremente der Welpen auf und hält sie tadellos rein. Dieses wunderbare und (für den Züchter!) praktische Verhalten ist besonders bei Wildhunden wichtig; denn die Ausscheidungen der Welpen wären eine gesundheitliche Gefahr für sie selbst und würden zudem in verräterischer Weise Feinde anlocken. Die Mutter leckt die Kleinen in der Regel, wenn sie wach sind und Milch saugen; in der späteren Welpenzeit bleiben das die klassischen Ausscheidungszeiten (s. S. 158). Mit 20 Tagen ist das Kleine imstande, sich selbst zu erleichtern, aber noch immer macht die Mutter es sauber. Ungefähr 25 Tage nach der Geburt krabbeln die Welpen zu einem bestimmten Platz außerhalb des Nestes und halten auf diese Weise ihr Bett rein.

Welpen beiderlei Geschlechts urinieren in Kauerstellung, aber man sieht schon bald, daß die Rüden weniger tief in die Hocke gehen als die Weibchen.

Unten: Die Hündin verströmt einen Duft, der die Welpen zu den Zitzen lockt. Aber schon in Kürze finden sie den Weg zur Futterquelle selbst.

Das Sexualverhalten

Man kann den Geschlechtstrieb angesichts der ursprünglichen Bedeutung, die er bei allen Tieren hat, als eine »Grundtendenz« bezeichnen.

Das Sexualverhalten ist eng verknüpft mit allen bisher behandelten Verhaltensweisen: dem Ausscheidungsverhalten, der Kommunikation und Rangordnung und natürlich auch dem Mutterverhalten, mit dem wir uns separat auseinandersetzen werden. Es ist unmöglich, uns mit dem Sexualverhalten zu befassen, ohne in Betracht zu ziehen, wie es mit den anderen Verhaltensmustern zusammenhängt.

Der Mensch unternimmt vieles, um das Sexualverhalten seines Hundes, das für ihn teilweise peinlich und lästig ist, zu verändern. Wie sehr dies im allgemeinen mißlingt, zeigt sich in der Häufigkeit, mit der Hündinnen unfruchtbar gemacht und Rüden in ihrer sexuellen Tätigkeit eingeengt werden.

Das Sexualverhalten ist nicht immer eine Sache der Körperhormone des Hundes. Sicher spielen sie beim Beginn des Sexualverhaltens, besonders bei den Welpen, eine Rolle. Ist aber ein Verhaltensmuster erst einmal gebildet, dann bleibt es oft auch dann noch bestehen, wenn die Hormone, die es auslösten, längst verschwunden sind.

Einige Aspekte werden wir später behandeln (S. 183). Zwischen einzelnen Hunden und den verschiedenen Hunderassen gibt es gewaltige Unterschiede im Sexualverhalten, vom sextollen Rüden am einen Ende der Skala bis zur absolut frigiden Hündin am andern! Genau wie bei den Menschen existieren wenige feste Regeln, und es ist nicht immer leicht, eine genaue Linie zwischen normalem und anormalem Sexualverhalten zu ziehen.

Offenkundiges Sexualverhalten beginnt in sehr frühem Alter bei Welpen, die gelegentlich schon mit fünf Wochen Beckenstöße ausführen. Das geschieht bei Männchen wie bei Weibchen, und jedes besteigt wahllos jedes andere. Der Grund für dieses Verhalten läßt sich nur schwer erklären; die Hunde sind zu dieser Zeit ja noch lange nicht fortpflanzungsfähig. Vielleicht ist es nur ein Üben für später – eine Erscheinung, die man allgemein in der Tierbiologie beobachtet; sie soll dafür sorgen, daß die Tiere »verhaltensmäßig erfahren« sind, lange bevor die physiologische Reife da ist. Eine andere Möglichkeit ist, daß das verspielte Besteigen ein Ausdruck der Rangdominanz ist. Im allgemeinen beobachtet man dieses Verhalten bei älteren Welpen im Spiel mit anderen Tieren oder mit Kindern. Es kann sogar im Spiel mit der Mutterhündin vorkommen, was kaum mit der Theorie eines Dominanzversuches zu vereinbaren wäre. Gewöhnlich reagiert die Hündin darauf aggressiv, und Menschen, die von Welpen auf diese Weise »bedrängt« werden, sollten dies ebenfalls tun, sonst prägt sich das Verhalten fest ein, und dann ist es schwer, von der Gewohnheit loszukommen.

Häufig sind die weiblichen Welpen die Partner, die beim Sexspiel bestiegen werden, und mit wachsendem Alter wird ihre passive Rolle immer

Unten: Diese Jack Russell Terrier-Hündin zeigt das normale Beschützerverhalten einer Hundemutter, wenn ihre Jungen in eine ihnen noch unbekannte Umgebung streben.

deutlicher erkennbar. Das Verhalten der Rüden wird dagegen aktiver, und zwischen sechs und zehn Monaten sind die Hunde in der Regel bereits fortpflanzungsfähig. Auch das Alter, in dem bei einer Hündin die erste Hitze einsetzt, variiert erheblich.

Die Rassenunterschiede im Sexualverhalten sind nicht klar und eindeutig, doch gibt es ein paar gültige Verallgemeinerungen. Meuterassen wie Beagles oder Foxhounds zeigen oft früher als Einzelhundrassen ein erwachsenes Sexualverhalten. Möglicherweise ist das Verhalten in der Meute sowieso augenfälliger, und die Möglichkeiten zur Sexualität sind größer, was wiederum die Entwicklung der Geschlechtsdrüsen stimuliert und damit zu früher Fortpflanzungsfähigkeit führt. Es leuchtet ein, daß Welpen, denen ein sexueller Kontakt mit andern Hunden in ihrer frühen Kindheit versagt ist, zur Spätentwicklung neigen.

Bei der Rassenentwicklung wählte der Mensch vorzugsweise Hunde, die früh zur sexuellen Reife gelangen. Frühreife Rassen bringen früher und mehr Junge hervor, also ist die Zucht lohnender! Gewisse Rassen, wie Greyhounds, Chow-Chows und Salukis, sind sexuelle Spätentwickler, die oft erst mit zwei Jahren und mehr sexuell reif sind, die Rüden meist früher als die Hündinnen.

Zuweilen läßt sich die Fähigkeit von Hunden beobachten, einen andern Angehörigen derselben Rasse zu erkennen und ihn bei der Paarung zu bevorzugen. Vielleicht ist das lediglich eine Angelegenheit der Identifikation nach Größe. Biologisch liegt kein Grund vor, daß der Samen eines Chihuahua-Rüden nicht das Ei einer weiblichen Deutschen Dogge befruchten und einen normalen Nachwuchs zeugen könnte, nur ist eine Paarung zwischen diesen beiden Rassen aus naheliegenden Gründen höchst unwahrscheinlich! Es gibt sogar einige wenige erwiesene Fälle, wo Rüden einer bestimmten Haarfarbe sich weigerten, sich mit einer Hündin von anderer Farbe und Rasse zu paaren. Vor allem Salukis sind sehr zurückhaltend und beschränken ihre sexuelle Aufmerksamkeit weitgehend auf Mitglieder ihrer eigenen Rasse.

Hunde, die sich nur ungern paaren, sind ein Problem für jeden Hundezüchter. In manchen Fällen ist dieses Verhalten mit sozialer Vorherrschaft verknüpft: Wenn ein Hund einer fremden hitzigen Hündin zugeführt wird, weiß keines der beiden Tiere, ob es ein ranghöheres oder ein rangniedrigeres Mitglied des Rudels vor sich hat. Sie sind sich sozusagen über den »sozialen Background« ihres Partners im unklaren und brauchen – obwohl sie sich gegenseitig anziehen – eine ganze Weile, um ihre Ordnungen auszumachen, so daß sie den Eindruck erwecken, scheue Paarer zu sein. Möglicherweise geraten vorwiegend unterwürfige Rüden und dominierende Hündinnen in diese Lage. Auf jeden Fall spricht vieles dafür, daß man einem Zuchtpaar Zeit läßt, sich näher kennenzulernen, ehe man den Versuch unternimmt, sie zur Paarung zu veranlassen.

Es kommt vor, daß eine dominante oder sehr erfahrene Hündin bei einem schüchternen oder unerfahrenen Rüden Stoßbewegungen ausführt, sich später aber ganz normal mit ihm paart, fruchtbar ist und eine ausgezeichnete Mutter wird.

Freier- und Paarungsverhalten
Im Wildleben und in einer sich frei bewegenden Meute erfahren die Rüden auf ihren täglichen Runden von sexuell interessanten Hündinnen und erweisen ihnen Aufmerksamkeit, sobald die Hitze einsetzt. Die Hündinnen übermitteln ihre Einladungen ungewollt über chemische Botschaften oder Pheromone, das sind Wirkstoffe, die im Urin ausgeschieden werden. Das Interesse des Rüden kann sich steigern, bis die Hündin den Zeitpunkt der Empfänglichkeit erreicht und den Rüden an sich heranläßt. Diese kurze Spanne heißt Östrus. Eine hitzige Hündin hat zuweilen eine ganze Schar Verehrer, und bevor einer davon sich mit ihr paaren kann, kommt es zu Keilereien um die Rangordnung. Zum Hofieren gehört es, daß ein Rüde die Hündin beschnuppert, ihr schöntut und mit ihr herumtollt, bis sie stillsteht. Dann kriechen sie manchmal mit hocherhobenem Hinterteil und Schwanz aufeinander zu, um unvermittelt aufzuspringen. Dieses Liebesspiel kann sich tagelang hinziehen, bis die Hündin für

Unten: Der Chow-Chow ist hinsichtlich der sexuellen Entwicklung eine der langsamsten Rassen.

den Rüden wirklich bereit ist. Zuletzt bleibt sie mit erhobener – oft auf eine Seite gebogener – Rute stehen und läßt den Rüden ihre Scheidengegend untersuchen. Erst dann kann er sie besteigen, und die eigentliche Paarung beginnt. Gelegentlich beißt der Rüde zu Beginn des Geschlechtsaktes die Hündin ins Genick und nimmt ein Stück ihrer Nackenhaut zwischen die Zähne. Nach der Paarung, die bis zu einer halben Stunde dauert, trennen sich die beiden. Daß sie sich mehrmals vereinigen, kommt vor, aber in einer Meute sozusagen immer mit dem gleichen Partner und ungefähr einem Tag Unterbruch; gelegentlich sind auch häufigere Kopulationen zu beobachten. Mit dem biologischen Aspekt der Paarung befassen wir uns auf S. 147.

Sexuelle Beziehungen
Studien an Wölfen und Wildhunden haben ergeben, daß Paare manchmal ein Leben lang zusammenbleiben. Bei Haushunden ist dies nicht der Fall, obwohl manche Rüden eine starke Vorliebe für bestimmte Hündinnen haben und umgekehrt. Allgemein gilt die Regel, daß der Rüde in sexuellen Beziehungen und im Paarungsverhalten der überlegene Teil ist. Spielt die Hündin ihre Überlegenheit aus, stellt sie sich dem Rüden gegenüber, womit eine Paarung praktisch unmöglich wird. Es gibt in einem Wurf zuweilen Hündinnen, die einige Rüden dominieren, und wenn diese Dominanz im erwachsenen Leben beibehalten wird, kann sie sich als Paarungshindernis erweisen.
Homosexuelles Verhalten ist bei Rüden wie Weibchen eine verbreitete Abweichung und kann z. B. Folge einer besonders engen Beziehung sein. Wenn zwei gleichgeschlechtliche Hunde gemeinsam aufgezogen werden, kann es nicht zu den normalen, vielfältigen gegengeschlechtlichen Annäherungsmustern kommen: diese Hunde haben dann keinen Begriff von männlichen und weiblichen Sexunterschieden. Sie ziehen Hunde des eigenen Geschlechts vor, weil sie eben an diese gewöhnt sind. Dieses Verhalten kann sich verlieren, sogar wenn eine Sozialisierung recht spät erfolgt.
Die Umgebung beeinflußt die sexuelle Tätigkeit sehr. Besonders Rüden sind in bezug auf die Umwelt empfindlich und weigern sich oft, eine Hündin zu decken, bei der sie das erstemal zu Besuch sind. Deshalb werden Hündinnen meist zu den Rüden gebracht; ihnen macht es weniger aus, wo sie sich befinden.
Hypersexualität ist bei den Rüden, besonders bei größeren oder aktiveren Rassen, ziemlich verbreitet, vor allem wenn sie längere Zeit auf begrenztem Raum leben. Der sextolle Labrador oder Boxer ist für viele Züchter ein bekanntes Problem; sie müssen immer wieder die ganze Gegend nach ihrem Hund absuchen. Ein Hauptgrund für diese Hypersexualität ist Langeweile und Mangel an Hundekameradschaften.

Mutterverhalten
Diese natürliche Fortsetzung des Sexualverhaltens ist von Hündin zu Hündin sehr unterschiedlich. Man kann sich vorstellen, daß im Wildleben

Unten: Vizslas sind gleichbleibend freundlich. Diese Hündin genießt eindeutig ihre neue Mutterrolle.

Oben: Der Bernhardiner ist mit seinem ausnehmend gutmütigen Wesen ein wunderbarer Begleithund für Kinder, doch verhindern seine Ausmaße eine weitere Verbreitung. Hier sitzt ein Ausstellungssieger ruhig neben seinem Welpen.

gute Mutterinstinkte lebenswichtig sind. Schlechte Mütter würden ihre Kleinen bald verlieren, und mit ihnen zusammen würde höchstwahrscheinlich auch die Tendenz zu ungenügender Mutterleistung verschwinden. Zumindest nimmt man das an, und die meisten Hundezüchter sind sich wohl einig, daß gutes Mutterverhalten etwas Angeborenes ist.

Auch bei den Haushunden sind gute Mutterinstinkte immer noch sehr wichtig, aber nicht unbedingt entscheidend. Wenn eine Mutter beim Beschützen ihrer Welpen versagt, lauert ja kein Feind, um die Kleinen zu töten. Überläßt sie sie schon früh sich selbst und weigert sich, die Welpen zu säugen, springt der Mensch mit Milch- und Wärmflasche ein. Deshalb hält man zuweilen auch schlechte Mütter als Zuchthündinnen, weil andere Eigenschaften den Mangel wettmachen.

Tragende Hündinnen bleiben gesellig und rennen mit der Meute bis kurz vor der Niederkunft. Auch bei einem Familienhund ist normalerweise keine Veränderung festzustellen, außer daß die Hündin etwas gelassener wird. Zwei, drei Tage vor der Niederkunft sucht sie ein stilles Plätzchen und »nistet«. Das Geburtsverhalten ist auf S.149 im einzelnen nachzulesen.

Nach der Geburt zeigt die Mutter eine sehr enge Bindung zu ihrem Nachwuchs und behütet ihn streng. Meist dürfen nur sehr nahe Bekannte – Menschen wie Hunde – in ihre Nähe kommen, ohne daß sie knurrt, sich schützend um die Kleinen legt, Eindringlinge oft sogar beißt und, wenn sie dauernd gestört wird, die Jungen wegträgt. So-

Unten: Der Deutsche Kurzhaarige Vorstehhund ist ebenso sanft wie gelehrig. Hier leckt die Hündin liebevoll eines ihrer munteren Jungen. Die Rasse wird auch als Jagd- und Apportierhund gehalten.

Oben: Miteinander aufwachsen! So klein dieser Labrador-Welpe noch ist, er zeigt schon deutlich seine Duldsamkeit gegenüber Kindern.

Unten: Hunde und Katzen haben die Fähigkeit, sich mit anderen Tieren zu verständigen und zu vertragen. Die kleinen Cocker Spaniels lassen sich jedenfalls durch den kätzischen Bettgenossen nicht stören.

gar die besten vierbeinigen Freunde können ihr in dieser Zeit höchst unwillkommen sein; in der Regel respektieren sie das Bedürfnis nach Stille und Alleinsein mit den Jungen auch. Ständiges Eingreifen kann dazu führen, daß die Hündin ihren Wurf tötet und auffrißt.

Auch wenn die Kleinen mißgestaltet oder krank sind, kann die Hündin sie töten. Hundemütter scheinen ein feines Gespür für die geringsten Anomalitäten ihrer Welpen zu haben; den Anstoß dazu geben wohl Veränderungen in Gestalt und Verhalten. Man weiß von Hündinnen, die Welpen mit ganz geringfügigen Abweichungen, wie krummen Beinchen, geknickten Schwänzen oder fehlenden Zehen, totgebissen haben. Dieses Verhalten ist ein Beispiel für die strenge Auswahl der Natur.

Vom Säugeverhalten, der Stimulierung der Ausscheidungen und dem Füttern der größeren Welpen war bereits die Rede, aber die Haltung der Mutter den Jungen gegenüber ist nicht einfach die einer Fütterungs- und Reinigungsmaschine. Sie schubst sie zurück, wenn sie sich entfernen wollen, oder sie gibt ein Quäken oder hohes Winseln von sich, das die Jungen wahrscheinlich hören und als Aufforderung zur Rückkehr verstehen. Dieses Fürsorgeverhalten ist bei manchen Rassen, vor allem Meutehunden, sehr ausgeprägt, denn dort kann es notwendig sein, Welpen gegen weniger wohlgesinnte Gruppenangehörige zu beschützen.

Später, wenn die Welpen nicht mehr nahe bei der Mutter schlafen, stellt sie sich manchmal vor sie hin, um auszudrücken, daß sie essen sollen oder daß sie mit ihnen spielen will. Manche Hündinnen teilen ihr eigenes Futter gern mit ihren Jungen, aber nicht alle. Manche knurren oder werden ein bißchen grob, wenn die Kleinen ihnen das Essen stehlen wollen.

Auch wenn die Welpen schon ziemlich groß sind, ist die Hündin noch sehr besorgt, wenn eines quiekt, und oft quiekt sie dann selbst. Sonderbarerweise kommt sie ihm aber nur höchst selten zu Hilfe, und nach kurzer Zeit überhört sie das Quieken einfach.

Man kann nicht viel tun, um eine schlechte Mutter zu »bessern«. Lieber soll man gleich so früh wie möglich mit Zusatznahrung beginnen. Gelegentlich zeigt eine andere Hündin mehr Mutterverhalten und kümmert sich um die Jungen einer nachlässigen Mutter. Gewöhnlich ist dieses »Kindermädchen« selbst eine vorbildliche Mutter und dieses Verhalten ein gutes Zeichen. Sogar der Vater nimmt sich unter Umständen der Jungen an, würgt Nahrung für sie herauf und regt ihre Ausscheidungen an. Es gibt aber auch Rüden, die nicht viel mit den Welpen anfangen können, ja, sogar Angst vor ihnen haben.

Scheinträchtigkeit

Dieses Verhalten ist so verbreitet, daß man es als normal betrachten kann. Wir kommen auf S. 184 darauf zurück. Scheinträchtigkeit ist eine Folge hormonaler Veränderungen, die im wesentlichen mit denen bei einer echten Schwangerschaft identisch sind. Am anfälligsten für dieses Verhalten sind gelangweilte oder zu wenig trainierte Hunde, vor allem Zwergrassen wie Pudel und Spaniels.

Gemeinschaftsverhalten und Kommunikation

Ein wichtiges Merkmal aller Tiere – durch das sie sich beispielsweise von den Pflanzen unterscheiden – ist ihre Möglichkeit zu Gemeinschaft und Kommunikation. Hunde sind da keine Ausnahme, im Gegenteil – sie gehören zu den geselligsten Tieren überhaupt.

Die Stärke eines Hundes hängt weitgehend von seiner Fähigkeit ab, auf andere Hunde zu reagieren und sich gemeinsam mit ihnen zu ernähren, gegen Feinde zu verteidigen und zu jagen.

Für den Menschen ist aber am wichtigsten, daß der Hund imstande ist, sich nicht nur mit seinesgleichen, sondern eben auch mit Menschen zu verständigen und zusammenzuschließen. Das ist eine ungewöhnliche, aber durchaus nicht einzigartige Position im Tierreich; auch Menschenaffen, Pferde und Katzen sind dazu in der Lage.

Hunde leben nicht nur in Rudeln, sie bilden innerhalb dieser Rudel auch das, was man eine Clique nennt. Diese kleinen Untergruppen gehen auf gemeinsame Rundgänge und arbeiten in einer Meute häufig als eigenes Jagdteam. Vermutlich bilden sie, wenn sie groß und reif genug sind, den Kern eines neuen Rudels, nachdem sie sich vom alten gelöst haben. Wir können also bei den Hunden ein komplexeres und wirksameres Gemeinschaftsmuster erkennen als bei vielen anderen Tieren. Wenn beispielsweise der arktische Lemming sich zu einer enormen Herde vermehrt, verursacht allein schon die Zahl der Individuen Nahrungs- und Kommunikationsprobleme. Schließlich gibt es keinen anderen Ausweg mehr als das berühmte Selbstvernichtungsverhalten. Hunde lassen ihre Rudel nur zu einer »regierbaren« Größe anwachsen. Ist dieser Punkt überschritten, splittert sich die Gemeinschaft auf, und ein Teil wandert in eine neue Gegend aus, so daß sich die Gesamtpopulation über ein erweitertes Gebiet verteilt. Auf diese Weise werden Übervölkerungsprobleme vermieden.

Das Gemeinschaftsverhalten kann kooperativ *oder* konkurrierend sein. Beides ist für eine ausgewogene Gemeinschaft notwendig, auch wenn das erstere dem Menschen mehr zusagt, sofern er selber – meist in der Rolle des Anführers – als Gruppenmitglied akzeptiert wird.

Kooperatives Verhalten im Rudel

Die meisten Hundegruppen, ob eine Meute oder einfach mehrere Haushunde, verbringen den Großteil ihrer Zeit gemeinsam. Oft tun sie die gleichen Dinge gleichzeitig; es wäre ungewöhnlich, wenn in einer Zwingergruppe die eine Hälfte der Tiere einen Fremden anbellen und die andere Hälfte schweigen würde. Gelegentlich aber sondern sich ein oder zwei Hunde der Gruppe ab, vielleicht um an einem Knochen zu nagen oder weil sie als Neulinge noch nicht akzeptiert sind und ihr Platz in der Rangordnung nicht festgelegt ist.

Das gleiche Verhalten zur gleichen Zeit hat offensichtliche Vorteile, es kann sich auch gegenseitig ergänzen. Das klassische Beispiel dafür ist das Jagen in der Meute, bei dem nicht alle blindlings hinter dem Wild herrennen, sondern eine Gruppe das Tier einkreist und ihm den Rückweg abschneidet. Das gemeinsame Jagen ist auch dann wichtig, wenn die Beute gefährlich oder größer und stärker ist als die einzelnen Hunde. Deutsche Doggen sind sehr groß im Verhältnis zu andern Hunden; gegen einen Keiler aber hätte eine allein nur geringe Chancen. In der Gruppe ergeben sie ein ausgezeichnetes Team.

Der Wunsch nach Gemeinschaft ist den Hunden wahrscheinlich nicht angeboren, obwohl es schwierig ist, diese Behauptung zu beweisen. Welpen drängen sich aus mancherlei Gründen zusammen, u. a. wegen der Wärme, die sie voneinander und von der Mutter bekommen. Werden Welpen einzeln und abgekapselt aufgezogen, stellt sich ihr Bedürfnis nach Gemeinschaft, wenn sie später mit anderen Hunden zusammenleben, als sehr minimal heraus. Das läßt darauf schließen, daß Hunde deshalb gerne beisammen sind, weil sie miteinander aufgezogen wurden. Da die Gemeinsamkeit sich ihnen in der Jugend eingeprägt hat, dauert das Verlangen danach im späteren Leben an.

Oben: Der edle, freundliche Irish Setter ist wegen seines ausgezeichneten Charakters ein beliebter Familienhund.

Unten: Im allgemeinen kommen Hunde mit den meisten anderen Tieren gut aus, besonders wenn sie sie von Jugend auf kennen.

Oben: Basset Hounds fühlen sich, ebenso wie Beagles, in der Meute ausgesprochen wohl. Trotz ihrer kurzen Beine brauchen sie sehr viel Bewegung.

Links: Ein prächtig aufgeweckter Foxhound

Unten: Springer Spaniels sind Hunden und Menschen gegenüber gleich zutraulich.

Die Frustration, ja schiere Verzweiflung gewisser Hunde, wenn man sie isoliert, ist augenfällig, besonders bei Meutehunden. Beagles sind oft todunglücklich, wenn sie allein gehalten werden, und eignen sich in diesem Falle nicht als Familienhund. Natürlich gibt es Ausnahmen, aber viele Einzel-Beagles schleichen trübsinnig herum, essen entweder zu wenig oder sind unnatürlich gefräßig und richten meist im Hause beträchtlichen Schaden an. Diese Probleme verschwinden, sobald man den Hund in einen großen Zwinger bringt oder aber einen zweiten Beagle dazukauft. Dieses ausgeprägte Bedürfnis nach Hundegesellschaft zeigen auch Foxhounds, Harriers und viele andere Jagdhunde und manche Terrier. Das ist nicht erstaunlich, denn diese Rassen wurden ja ausgewählt und gezüchtet um ihrer Jagdeigenschaften und nicht um ihrer Anhänglichkeit an den Menschen willen. Kein Wunder, daß sie diese Anpassung vermissen lassen und sich buchstäblich zu Tode langweilen, wenn sie in »Hunde-Isolation« gehalten werden.

Sehr stark kann bei Hunden das Bedürfnis nach Anpassung sein. Wenn einer von drei Hunden in einer Familie an einem Knochen nagt, dauert es nicht lange, bis auch die beiden andern sich mit ihrem Knochen beschäftigen. Ist aber nur ein Knochen vorhanden, kann ein Kampf darum entbrennen. Wer den Knochen erringt, ist allerdings mehr Außenseiter als Sieger; nach kurzer Zeit wird er den Knochen leid sein und mit den Kameraden, die keinen haben, herumtollen. Äußerste Frustration kann ein Hund zeigen, dem man die Möglichkeit zum Gruppenverhalten nimmt. Führt man etwa zwei oder drei Dackel zusammen mit einigen großen, schnellen Hunden aus, bewegen sie sich ganz zufrieden im »Rudel«. Sobald jedoch die schnellen Läufer einen Hasen aufspüren und ihm nachsausen, kommen die Dackel natürlich nicht mit und brechen vor Zorn und Enttäuschung in hohes Jaulen aus.

Hunde, die um ihrer Einzelleistung willen gezüchtet wurden, legen nur selten ein starkes Bedürfnis nach Gruppenverhalten an den Tag. Spanielrassen sind gewöhnlich ganz glücklich allein; auch wenn sie in Gruppen gehalten werden, sondern sie sich oft ab, und jeder ist mit sich allein beschäftigt. Dieselbe Neigung zeigen viele der Zwergrassen, die man eigens herausgezüchtet hat, weil sie anscheinend besonders gern in menschlicher Gesellschaft sind.

Wie wichtig der Geruchssinn für die Verständigung ist, wurde bereits erwähnt. Da wir Gerüche aber nicht auf die gleiche Weise wahrnehmen können wie Hunde, haben wir Schwierigkeiten, tiefer in die Geheimnisse der »Hunde-Riechsprache« einzudringen. Dagegen sehen wir ebenso gut wie Hunde (wenn nicht besser) und hören nicht viel schlechter, so daß es uns an Möglichkeiten, die visuellen und hörbaren Signale von Hunden zu interpretieren, nicht fehlt.

Hunde haben – genau wie wir – ihre eigene »Körpersprache«. Wenn wir jemanden treffen, dem wir unsere freundliche Gesinnung zeigen wollen, lächeln wir und drücken ihm die Hand. Hunde bewegen den ganzen Körper oder einen Teil davon, um einander oder einem Menschen ihre Gefühle zu zeigen.

Was wir an der Kommunikation mit Hunden besonders schätzen, ist ihre absolute »Aufrichtigkeit«. (Die Anführungszeichen stehen hier, weil Aufrichtigkeit selbstverständlich in diesem Zusammenhang ein vermenschlichter Begriff ist.) Wenn der Hund die Kammhaare und Ohren aufstellt, meint er Aggression, und das Knurren unterstreicht seine Einstellung. Wenn er drohend auf einen Gegner zuläuft, dann lassen seine Bewegung und Körperform ihn so groß wie irgend möglich erscheinen. Vielleicht duckt er den Vorderleib, aber im allgemeinen steht er hoch erhoben, streckt das Hinterteil empor und macht die Schultern ganz breit. Dazu stellt er die Ohren steif und sträubt die Haare auf der Kammlinie, die sich von Kopf bis Schwanz über seinen Rücken zieht. Mit gebogenem Hals und hoher Rute nähert er sich dem Gegner, möglicherweise mit knurrend entblößten Zähnen. Alle diese Veränderungen an der Gestalt teilen dem andern Hund mit, daß ihm hier keineswegs mit freundschaftlicher Gesinnung begegnet wird!

Oben: Die hochgetragenen Ruten dieser Bassets zeigen deutlich die freudige Erregung angesichts einer gemeinsamen Jagd in der Meute.

Oben: Begegnung zwischen einem Chow-Chow und einem Jack Russell Terrier. Die Haltung des Terriers bedeutet Unterwerfung.

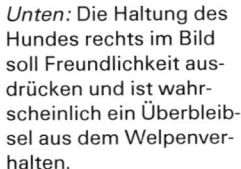

Unten: Die Haltung des Hundes rechts im Bild soll Freundlichkeit ausdrücken und ist wahrscheinlich ein Überbleibsel aus dem Welpenverhalten.

Das genaue Verhaltensgegenteil – totale Unterwerfung – zeigt sich in Haltungsveränderungen, die den Hund kleiner erscheinen lassen: Er kriecht, alle viere gebogen, auf dem Boden, legt den Kopf auf die Pfoten, rollt den Schweif ein und drückt die Ohren an den Kopf. Im äußersten Fall legt er sich auf eine Seite, hebt ein Hinterbein und läßt ein bißchen Urin tröpfeln.

Die meisten dieser Körperhaltungen richten sich sowohl an andere Hunde als auch an Menschen, doch gibt es einige besondere, die der Verständigung mit menschlichen Wesen allein vorbehalten scheinen. Eine davon ist das Auf-den-Rücken-Rollen. Diese Lage mit dem Bauch nach oben dürfte eine Mischung von Unterwerfung, Aufmerksamkeitheischen und Einladung zum Bauchkraulen sein. Manche Hunde tun das überhaupt nie; Rassen, bei denen es allgemein üblich ist, sind Jagdhunde, Terriers und Zwerghunde – gewisse Dakkel scheinen in menschlicher Gesellschaft mehr Zeit auf dem Rücken als auf den Beinen zu verbringen! Allgemein ist diese Haltung ein Zeichen der Freundschaft und des Vertrauens.

Schwanzwedeln wird von den Menschen im allgemeinen als Ausdruck der Freude gewertet. Das ist allerdings eine menschlich-emotive Auslegung des Hundeverhaltens – eine gefährliche sogar, wie wir schon sagten. Hunde zeigen in der Tat Ausdrucksformen, die wir als Zufriedenheit deuten, und das Wedeln gehört zweifellos dazu; während der Hund einen saftigen Knochen zernagt, wedelt er oft langsam mit dem Schwanz. Manche Hunde wedeln bei der Begegnung mit anderen; möglicherweise fächeln sie damit ihre Körpergerüche in die Luft, damit ihr persönlicher Duft vom Artgenossen leichter erkannt wird. Trägt ein Hund den Schwanz sehr hoch, wobei sich die Schwanzspitze schnell und steif hin und her bewegt, deutet das normalerweise auf Aggression hin; das Schwenken der ganzen hochgetragenen Rute wie eine Fahne – Beagles tun das zum Beispiel gern, wenn sie einen Hasen riechen – ist ein Zeichen von Wachsamkeit und freudiger Erregung. Oft wedeln Hunde ohne ersichtlichen Grund – beim Erwachen, beim Spazierengehen oder wenn sie etwas beobachten. In diesen Zusammenhängen ist das Schwanzwedeln wohl einfach Teil einer Haltung, die signalisieren soll, daß der Hund aufmerksam ist und an dem, was vor sich geht, allgemein interessiert. Manche Hunde sind unglaublich heftige Wedler; die meisten Labradors und Spaniels gehören in diese Kategorie. Sogar Rassen mit gestutzter Rute, wie Cocker Spaniels und Boxer, wackeln mit dem Stummel und oft mit der ganzen hinteren Körperhälfte dazu.

Was wir auch immer in das Schwanzwedeln hineininterpretieren mögen, eins ist ziemlich sicher: Wenn es dem Menschen gilt, ist es ein Zeichen friedlicher Absichten und guter Laune.

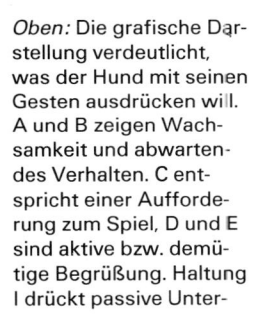

Einladung zum Spiel — Aufmerken — **Aggression**

A, B, C, D, E, F, G, H — AUSDRUCKSVOLLE SOZIALE GESTEN DES HUNDES — Unterwerfung — I, K

Oben: Die grafische Darstellung verdeutlicht, was der Hund mit seinen Gesten ausdrücken will. A und B zeigen Wachsamkeit und abwartendes Verhalten. C entspricht einer Aufforderung zum Spiel, D und E sind aktive bzw. demütige Begrüßung. Haltung I drückt passive Unterwerfung aus. Das gleiche gilt für K; hier hat sich der Hund seitwärts gelegt und zeigt den Genitalbereich – eine Gebärde des Vertrauens. Positionen F–H bedeuten stufenweise Angriffslust bis zu ambivalenten Furcht-, Verteidigungs- und Drohgebärden.

Oben rechts: Wenn sich zwei Hunde begegnen, beschnuppern sie sich zunächst neugierig.

Mitte rechts: Ein drohendes Knurren des größeren Hundes veranlaßt den andern zu unterwürfigem Ducken.

Unten rechts: Der Unterlegene zieht sich mit abgewendeten Augen zurück.

Oben: Glatthaarige Foxterrier blicken gebieterisch und selbstbewußt in die Welt.

Unten: Der kleine Dandie Dinmont-Welpe trägt bereits die typische Selbstsicherheit seiner Rasse zur Schau.

Gesichtsausdruck

Der Gesichtsausdruck eines Hundes kann sehr leicht falsch aufgefaßt werden. Auch hier drücken sich die Tiere ganz anders aus als Menschen, und direkte Vergleiche sind nicht möglich. Das aggressive Grollen mit hochgezogenen Lefzen beispielsweise ist dem schmerzverzogenen Gesicht eines Menschen sehr ähnlich. Das »Lächeln« vieler Hunde verrät nicht etwa menschlichen Humor oder Übermut, sondern ist ein Zeichen der Ergebenheit.

Hunde zeigen nicht nur mit Zähnefletschen Angriffslust, sondern auch mit Naserümpfen, bis die Vorderzähne ebenfalls entblößt sind. Gleichzeitig werden Ohren und Mundwinkel nach vorn gezogen. Das Ergebnis dieses aggressiven Mienenspiels ist nicht unähnlich dem (allerdings freundlich gemeinten) »Begrüßungsgrinsen«, das einige wenige Hunde zur Schau tragen, meistens Dalmatiner, Shetland Sheepdogs, Labradors und Irish Setters. Charles Darwin, der genaue Beobachter unter den Verhaltensforschern, war einer der ersten, die diesen Ausdruck beschrieben. Vermutlich ist die Neigung, bei der Begrüßung zu »schmunzeln«, vererbt; manche Experten glauben, es könnte sich dabei um ein seltenes Beispiel dafür handeln, daß Hunde Menschen nachahmen, denn nur Menschen werden von ihnen so begrüßt.

Das Öffnen des Mauls ist oft ein Zeichen der Wachsamkeit und Spielbereitschaft. Wenn es als Aufforderung zum Spiel gilt, wird es häufig von einem Hochwerfen der Nase begleitet. Allgemein verhalten sich Hunde so, wenn sie mit einem andern Angehörigen der Gruppe spielen wollen; dann pflegen sie die Nase unter das Kinn des erwählten Spielkameraden zu schieben und nach oben zu puffen. Menschen wird die gleiche Behandlung zuteil, wenn ihr Hund spielen will – so manche Tasse Kaffee wurde schon verschüttet, weil der Hund die Nase an Herrchens Ellbogen stieß!

Wir haben bereits angenommen, daß Schwanzwedeln ein allgemeines Zeichen der Zufriedenheit sei; zuweilen ist bei Hunden aber auch ein Gesichtsausdruck der Zufriedenheit zu bemerken. Dieses Mienenspiel ist nicht sehr auffallend, doch aufmerksame Beobachter bemerken die zurückgezogenen Lefzen (wie beim Ausdruck der Ergebenheit), gesenkte Ohren und halbgeschlossene Augen. Am ehesten sehen Sie diesen Ausdruck im Gesicht Ihres Hundes, wenn Sie ihn am Bauch kraulen.

Ein häufiger Fehler ist es, die Form eines Hundegesichtes mit dem Ausdruck zu verwechseln. Sicher kommen uns Bloodhounds »kummervoll« vor, aber dieses Gesicht hatten sie schon immer, das rührt von den Hautfalten her. Ein übermütig spielender und angriffslustiger Bloodhound sieht genauso besorgt drein, wenn er schläft oder futtert. Gleicherweise lassen die heruntergezogenen Mundwinkel eines Boxers oder einer Dogge den Hund traurig erscheinen, auch wenn er ganz glücklich ist, während die weit offenen, glänzenden Augen eines Papillons ihm ein fröhliches Aussehen geben, selbst wenn er vielleicht ganz traurig ist. Diese Gesichtsformen sind übrigens einer der vielen Faktoren, die verschiedene Menschen zu verschiedenen Hunderassen hinziehen – ein ziemlich unglücklicher Faktor, der für die Haltung eines Hundes überhaupt keine Bedeutung hat.

Manche Rassen scheinen nur über wenige Möglichkeiten zu verfügen, um ihrem Gesicht einen Ausdruck zu verleihen. Greyhounds oder Afghanen zum Beispiel zeigen selten eine Veränderung ihrer Miene, und auch die meisten Spanielrassen sind ziemlich ausdruckslos. Wahrscheinlich können sie das auf andere Weise wettmachen.

Die Stimme
Wir haben gesehen, daß die Haltung eines Hundes eine Menge aussagen kann; seine Laute sind dagegen im allgemeinen weniger wichtig und nur eine Ergänzung anderer Kommunikationsformen. Die Lautgebung dient mehr dem Ausdruck seiner Stimmung als etwa dem »Erzählen einer Geschichte«. Was er »sagt«, ist für den Hund weniger wichtig als wie er es »sagt«!

Das Bellen ist eine vokale Reaktion, die viele Botschaften zu übermitteln vermag – allgemeine Wachsamkeit, Aufforderung an andere Meutemitglieder, ebenfalls wachsam zu sein, ein bestimmter Grad der Aggression und der Verteidigungsbereitschaft des Territoriums. Die Lautstärke des Bellens deutet an, wie wichtig die Botschaft ist. Es sieht aus, als gäbe es kein festes Muster beim Bellen, das man auch nur entfernt als einen Code auslegen könnte. Auch wenn Ihr Hund stets in Dreierstrophen bellt, ist das nicht sein bestimmter Ausdruck für »Abendessen bitte«. Das zu glauben, wäre ein billiger Anthropomorphismus.

Bellen aber ist nur *einer* der Kommunikationslaute von Hunden. Darüber hinaus können sie winseln, knurren, jaulen, kläffen, quieken, belfern und anschlagen.

Jaulen ist das schrille Notgeschrei, das Welpen wie auch erwachsene Hunde von sich geben, wenn sie erschreckt oder verletzt werden – oder wenn sie befürchten, sie würden erschreckt oder verletzt. Bei den Welpen wird die Mutter durch das Gejaule sofort alarmiert und prüft die Situation. Jault ein erwachsener Hund, so horchen andere in der Gruppe auf, stehen oder laufen herum und beobachten die Sachlage. Allerdings unternehmen sie nichts und jaulen auch nicht mit. Dasselbe gilt für Welpen: Das Quieken eines einzelnen erregt Interesse, wird jedoch von den übrigen nicht aufgenommen, ganz im Gegensatz zum Bellen, Heulen oder auch Winseln, in das der Rest der Gruppe jeweils einstimmt. Jaulen oder Quieken scheint ein individueller, persönlicher Notruf zu sein.

Das Winseln oder Wimmern dagegen löst oft eine Gruppenantwort aus und ist Ausdruck leichten Unbehagens oder emotionaler Erschütterung. Es kann auch mit Frustrierung oder Einsamkeit zusammenhängen, obwohl diese Gefühle noch andere Laute veranlassen. Welpen wimmern, wenn sie frieren und Hunger haben; solange sie aber warm gehalten werden, wimmern sie kaum je aus Hunger allein. Winseln ist die häufigste Lautäußerung von Welpen bis zum Alter von fünf oder sechs Monaten, obwohl sie, wenn man sie plötzlich stört, schon mit vier Wochen bellen können.

Oben: So traurig, wie seine natürlichen Gesichtsfalten ihn erscheinen lassen, ist der Bloodhound gar nicht.

Unten: Beagles sind glücklicher, wenn sie mit andern Rassegenossen in einer Meute leben dürfen.

Oben: Dieser Lurcher scheint zu lächeln und strahlt mit den halbgeschlossenen Augen und zurückgezogenen Mundwinkeln Zufriedenheit aus. Nicht alle Hunde haben die Fähigkeit zu »lächeln«, aber die, die es können, tun es oft andern Hunden und auch Menschen gegenüber.

Oben: Der kluge, aufgeweckte Ausdruck dieses Drahthaarfoxes läßt seine Bereitschaft erkennen, pfeilschnell in Aktion zu treten, sobald man es ihm befiehlt.

Unten: Golden Retrievers sind im allgemeinen freundlich und gutmütig. Obwohl dieser Hund von dem kleinen Jungen im Spiel ziemlich hart angefaßt wird, wedelt er vergnügt mit dem Schweif. In seinem Gesicht liegt keine Spur von Aggression.

Knurren ist eindeutig ein aggressiver Laut, gelegentlich mit dem Bewachen des Territoriums verbunden. Welpen lernen schon sehr früh zu knurren: mit drei, vier Wochen murren sie, wenn ein fremder Mensch sich ihrem Bett nähert. Auch das scheint ein Laut zu sein, der beim Kampfspiel eines Wurfes erlernt und geübt wird. Knurren ist meist das erste, was ein Hund hören läßt, wenn er Gefahr spürt – später wird ein Bellen daraus. Es ist ein Laut, der aufrüttelnd wirkt und eine Gruppe meist schneller erregt und alarmiert als das Bellen.

Auch das Heulen ist etwas Wesentliches, wenn auch für unsere Ohren in der Regel Unangenehmes. Hunde heulen, wenn sie sich sehr einsam fühlen, wahrscheinlich ist es eine »dringende Bitte um Gesellschaft«. Auch das Geheul wird von einer Gruppe aufgenommen und ist in solchen Fällen häufig ein Mittel der Fernverständigung. Zwingermeuten heulen in der Nacht oder bei Tagesanbruch, wenn große Stille herrscht. Auch wenn wir nicht imstande sind, die Antwort einer anderen, weit entfernten Gruppe zu vernehmen, ist es wahrscheinlich, daß das scharfe Gehör der Hunde diese Antwort auffängt. Das Klangmuster des Geheuls ist immer gleich: Zuerst ein lauter, ziemlich hoher, langgezogener, klarer Ton, der allmählich abfällt und dann von mehreren kurzen, tieferen Rufen gefolgt wird. Wölfe, Kojoten und einige andere Wildhunde zeigen dieses Heulverhalten, wenn sie sich über weite Strecken verständigen wollen. Bei Hunderassen, die in ihrer Ahnenreihe den Wölfen nahe stehen, wie den Siberian Huskies und den Alaskan Malamutes, finden wir das gleiche Verhalten.

Wir hören Hundegeheul oft bei Tieren, die in Zwingern leben, seien es Quarantänezwinger, Meutezwinger oder Zuchtzwinger; bei Familienhunden kommt es selten vor, selbst wenn man sie längere Zeit allein läßt. Wahrscheinlich rührt das daher, daß das Heulen ein stark gemeinschaftsbedingtes Verhalten ist – das heißt, die Reaktion wird verstärkt, weil sich die Hunde in der Gruppe durch den Widerhall dauernd gegenseitig steigern. Es ist außerdem ein Verhaltenszug, den man in der Gemeinschaft erlernt, und Welpen in einem Zwinger haben genug Gelegenheit, es immer neu zu lernen und zu üben.

Geheult wird auch in sexuellen Zusammenhängen. Rüden, die von Hündinnen ferngehalten werden, von denen sie wissen, daß sie läufig sind, können stundenlang heulen, und die Hündin antwortet auf die gleiche Weise. Selbst Zwergrassen, die unter normalen Bedingungen kaum je heulen, reagieren auf gewaltsame Trennung in der Brunstzeit mit Geheul.

Eine Variation des Heulens ist das »Läuten« – das sonore, hohe Bellen von Meutehunden, die erregt ein Wild verfolgen oder auf einen andern starken Reiz reagieren. Aber nur bestimmte Meutehunde

Oben: Shetland-Schäfer – Shelties – sind freundliche Tiere und lassen oft und gern ein Willkommensgrinsen sehen, das nur wenigen Rassen eigen ist. Dieser spezielle Gruß ist aber einzig für Menschen bestimmt.

Oben: Wachsamkeit und Erwartung stehen diesem Golden Retriever ins Gesicht geschrieben: Gleich wird man ihm einen Ball zuwerfen. Wenn er den Ball erwischt hat *(oben rechts)*, wird er einen Augenblick damit herumtollen und dann warten, bis der Meister sich den Ball holt, damit das Spiel von vorn beginnen kann.

schlagen auf diese Weise an, Pointer und Setter beispielsweise nur sehr selten.

Schließlich gibt es noch eine ganze Anzahl von Hundelauten – schnauben, kreischen, grunzen –, von denen keiner eine bestimmte Bedeutung zu haben scheint, obwohl das nasale Schnauben von Boxern offenbar Aufmerksamkeit erheischen will.

Der Grad der Lautgebung variiert stark unter den Rassen. Das typische Beispiel ist der Basenji, der so gut wie stumm ist; bestenfalls gibt er etwas von sich, das jemand als »Jodeln« beschrieben hat, aber etwas, das auch nur entfernt an ein Bellen erinnern würde, bringt er nicht hervor. Eine weitere relativ stille Rasse ist der Greyhound, und überhaupt sind fast alle Windhunde – Whippets, Hirschhunde, Afghanen, Salukis und Barsois – sehr leise, sie bellen oder winseln nur unter extrem provokanten Bedingungen. Der Chow-Chow und manche Spitze sind ebenfalls vergleichsweise ruhige Hunde.

Terrier stehen im Ruf, ausgesprochene Kläffer zu sein; vielleicht drücken sie damit ihre Langeweile aus, wenn sie ihre überschüssige Energie nicht ausleben können.

Körperkontakt

Für viele Hunde ist der Körperkontakt mit rangordnungsmäßig anerkannten Artgenossen und mit Menschen offensichtlich wichtig. Schon im frühesten Alter zeigen die Welpen das Bedürfnis, einander zu berühren, und vieles spricht dafür, daß das »Übereinanderliegen« eines Wurfes eine größere Bedeutung hat als nur Warmhalten. Die Distanz, die ein Hund zum andern einhält, ist ein wichtiger Teil des Sozialisierungsmusters und wird in diesem Zusammenhang später noch erörtert; ist aber die gesellige Freundschaft einmal gegenseitig anerkannt, dann gibt es große Unterschiede in der Wichtigkeit des Körperkontakts.

Einige der Meuterassen, zum Beispiel Beagles, pflegen oft so engen Kontakt, daß ein unsichtbarer biologischer Leim sie zusammenzuhalten scheint. Im Gegensatz dazu sieht es aus, als fänden Spaniels und Chows Berührungen untereinander nicht besonders wichtig, auch wenn das Bedürfnis nach Kontakt mit dem Besitzer sehr stark sein kann.

Viele Familienhunde, die wenig Gelegenheit zu Kontakt mit anderen Hunden haben und in ihrem Verhalten oft recht kindlich sind, legen meist ein extremes Bedürfnis nach Geborgenheit bei ihren Besitzern an den Tag – ob sie ihnen nun ständig auf den Füßen liegen oder auf ihrem Schoß schlafen wollen.

Rangordnung und soziale Dominanz

In jeder Gruppe von Tieren bildet sich eine Hierarchie heraus, die die Beziehungen zwischen den einzelnen Tieren regelt und Kämpfe auf ein Mini-

Links: Dieser Basenji zeigt einen Ausdruck gespannter Wachsamkeit.

Oben: Welpen knäueln sich zusammen, nicht nur um es warm zu haben, sondern auch um ihrem Bedürfnis nach Körperkontakt nachzukommen.

Unten: Elchhunde sind im Verhältnis zu ihrer Beute, dem Elch, klein; sie kreisen das gejagte Tier ein und greifen es rudelweise an.

mum beschränkt. Besonders wichtig ist das bei Raubtieren; sie müssen *abgestimmt* angreifen – und sich verteidigen können, wenn Gefahr im Anzug ist. Hunde haben eine hoch entwickelte Rangordnung und ein vielfältiges, auf die bereits erwähnten Kommunikationsmethoden gestütztes soziales System.

Das Rangordnungssystem setzt schon in frühester Kindheit ein, wenn die Welpen mit etwa fünf Wochen ihre Kampfspiele beginnen. In kurzer Zeit, ungefähr nach einem Monat, hat sich eine Rangordnung entwickelt, die sich allerdings noch erheblich verändern kann, bis die Gruppe sechs oder sieben Monate alt ist. Bei Familienhunden werden die Jungen im allgemeinen im Alter von sechs Monaten getrennt, so daß bei den beieinanderbleibenden Welpen die Möglichkeiten eines Wechsels in der Rangordnung groß sind.

Die Methode, mit der die Jungen ihre Stellung innerhalb der Ordnung bestimmen, ist kompliziert, beruht aber zur Hauptsache auf den Kampfspielen. Die überlegenen Welpen sind jene, die man öfter ihre Geschwister beim Genick packen, auf sie zupreschen und sie über den Haufen werfen sieht. Wenn die andern sich unterwerfen, indem sie sich auf den Rücken drehen, dann fassen die Überlegenen sie in der Regel am Hals und beißen sie. Sie sind auch die ersten an der Futterschüssel, sie besiegen die andern beim Kampf um den Knochen und geben ihn nicht wieder her.

Merkwürdigerweise ist nicht immer der größte, lauteste oder der männliche Welpe der dominierende. Größe und Geschlecht scheinen wenig Einfluß auf die Rangordnung zu haben, bis die Jungen das Erwachsenenalter erreichen.

Bei erwachsenen Hunden dagegen sind Geschlecht und Größe wichtig, meist herrschen die größeren Rüden vor. Komplizierter wird das Muster der Vorherrschaft, wenn Welpen in einer Gruppe aufwachsen: dann ist auch ihr Alter und ihre Familienbeziehung von Bedeutung. Ein weiblicher Welpe beispielsweise, so groß und überlegen er unter seinen Geschwistern sein mag, wird kaum je seine Mutter dominieren, auch wenn er einmal ausgewachsen und körperlich stärker ist. In diesem Fall wird die Dominanz der Mutter, die sie im Spielalter über ihre Jungen ausgeübt hat, bis ins Erwachsenenalter beibehalten.

Ähnliche Überschneidungen kommen vor, wenn verschiedene Rassen oder verschiedene Geschlechter und Altersgruppen in einer Meute beisammen sind. Gewöhnlich herrscht die Erwachsenenregel der Dominanz von Geschlecht und Größe, aber es kommt häufig zu Scheinkämpfen, Aggressionsgehabe und echten Kämpfen, besonders wenn die Rassen von ähnlicher Größe sind. Meist schließen sich die Angehörigen der verschiedenen Rassen zu Splittergruppen innerhalb der Meute zusammen; zweifellos vermögen Hunde ihre eigenen Rassegenossen zu erkennen. Diese Rassegruppen sind aber nicht in allen Belangen völlig fixiert; die Rassentrennung kann durchbrochen werden, wenn es um Futter oder um eine läufige Hündin geht. Dann geraten die Einzelrangordnungen durcheinander, und es werden Kämpfe ausgetragen, um zu einer neuen Ordnung zu kommen.

Im allgemeinen kommen die Hunde der meisten Rassen in einer gemischtrassigen Meute recht gut miteinander aus; Schwierigkeiten gibt es nur bei aggressiven Rassen, also solchen, die andern Hunden gegenüber angriffig sind. Dazu gehören vorwiegend Terrier – Bull Terriers vor allem; Dobermann Pinscher, Deutsche Schäfer und

Doggen können ebenfalls recht unverträglich sein.

Die Rangordnung ist bei nichtaggressiven Rassen wie den Beagles eher einfach. Der dominierende Hund ist immer der, welcher die andern auf der Jagd und auch sonst anführt. Daran wird nicht gerüttelt.

Untersuchungen über die Dominanz bei verschiedenen Rassen haben zum Schluß geführt, daß bei Rassen wie den Basenjis und den Foxterriern die Rangordnung starr ist und die Rüden fast ausnahmslos dominieren. Bei anderen Rassen, wie Spaniels und Beagles, sind nicht immer die männlichen Tiere überlegen. Obwohl die Rangordnung festgelegt ist, wird ein Neuankömmling ziemlich rasch und ohne viele Keilereien akzeptiert, selbst wenn eine Gruppe sehr groß ist.

Aggression
Dieses Verhalten kann man bei einem Hund als die Summe aller individuellen aggressiven Aktionen beschreiben, von denen bereits die Rede war. Steifbeiniges Gehen, das »Aufblähen« des Körpers, Grollen mit entblößten Zähnen, Knurren und schließlich Frontalangriff sind anerkannte Zeichen. Aggressive Hunde richten ihren Blick starr auf den Gegner, der diesem Blick gewöhnlich auszuweichen trachtet – wie unterwürfige Menschen, die sich schuldig fühlen.

Sehr oft genügen diese haltungsmäßigen und vokalen Zeichen, um den Gegner zur Unterwerfung zu veranlassen, ohne daß es zum Kampf kommt; wenn aber die Überlegenheit nicht akzeptiert wird, kann der Kampf ausbrechen, wobei die Zähne die Hauptwaffen sind. Gelegentlich prallt ein Hund dem andern gegen den Hals oder in die Flanke, um ihn zu Fall zu bringen; den größten Schaden aber richten die Bisse an der Halsunterseite, am Bauch, in den Achselhöhlen und, falls einer wegrennen will, am Rücken und an der Schwanzbasis an.

Wenn das Objekt der Aggression sich weigert, die Vorherrschaft seines Gegners anzuerkennen, stellt es sich zuerst dem andern gegenüber und trägt das gleiche Verhalten zur Schau. Vielleicht steht es auch still und läßt den Aggressor um sich herumgehen, wobei es ihn aus den Augenwinkeln beobachtet, bis es ihn nicht mehr sieht. Dann dreht es sich blitzschnell, um ihm wieder gegenüberzustehen. Dieses Umkreisen und Stillstehen geht weiter, bis entweder der eine die Vorherrschaft des andern anerkennt oder der offene Kampf ausbricht.

Der häufigste Grund dieser Machtprobe ist die Verteidigung des Territoriums. Das gilt nicht nur dann, wenn ein anderer Hund als möglicher Eindringling betrachtet wird, sondern auch, wenn andere Tiere oder Menschen die unsichtbare »Heimzone« betreten. Die Stärke der Verteidigungsanstrengungen nimmt mit der wachsenden Entfernung des Eindringlings vom »Nest« oder Heim des Hundes ab. Hunde, die einander auf heimischem Grund aggressiv begegnen, können sich auf fremdem Gebiet sehr wohlgesinnt sein. Das Territorium eines Hundes umfaßt alle Orte, an denen er sich zu Hause fühlt: also auch das Auto, den Wohnwagen und das Zelt, wenn sie sich gerade weit entfernt vom eigentlichen Zuhause befinden. Die Ausmaße des Territoriums scheinen übrigens eine bedeutende Rolle zu spielen: je kleiner die als »Heim« anerkannte Zone ist, desto heftiger ist die Aggression gegen Fremde. Das zeigt sich allgemein bei Hunden, die den Wagen ihres Herrn rasend verteidigen, aber fast keine Abwehr zeigen, wenn sich ein Fremder am Tor des weitläufigen Gartens einfindet. Ein ebenso intensives Verteidigungsverhalten ist manchmal zu beobachten, wenn ein Ausstellungshund seine winzige Box »hütet«. Das Anketten scheint das

Oben: Hunde kämpfen um die Rangordnung, sofern sie nicht von vornherein feststeht.

Unten: Boxer haben einen ausgeprägten Sinn für Territorium und geben ausgezeichnete Wächter ab, doch sind sie im allgemeinen freundlich, sobald sie eine Familie als die ihre anerkannt haben.

Territoriumsgefühl zu verstärken, wahrscheinlich deshalb, weil der Hund dadurch rein körperlich auf eine kleine Zone eingeschränkt ist, was diese psychologisch mehr zum Territorium stempelt, als wenn er frei im Garten herumstreifen kann.

Die Aggression gegenüber Besuchern wird in der Regel fallengelassen, sobald sie eingetreten und vom Hundebesitzer begrüßt worden sind. Wenn regelmäßige Besucher, wie Händler oder Postboten, trotzdem heftig verbellt werden, so vermutlich deshalb, weil sie zwar häufig kommen, aber nur selten vom Wohnungsinhaber begrüßt werden und kaum je die Wohnung betreten – in den Augen des Hundes gelten sie daher stets als potentielle Feinde! Lädt man also den Briefträger oder Milchmann gelegentlich zu einem Kaffee ein, sichert man sich nicht nur eine gute Bedienung, sondern auch einen ruhigeren Hund.

Die Markierung des Territoriums ist eng verknüpft mit der Ausscheidung und dem Geruchssinn und wird nicht nur in weitgesteckten Grenzen, sondern auch im Heim des Besitzers vorgenommen. Ein Hund, der neu in eine Wohnung eingeführt wird, egal, ob schon ein anderer da ist oder nicht, wird im allgemeinen erst einmal auf den Boden urinieren, um sein Zeichen zu hinterlassen. Das ist unangenehm, wenn es im Hause von Freunden geschieht, aber es bleibt der Trost, daß der Hund es nur einmal tut und man am gleichen Ort nicht wieder in dieselbe Verlegenheit gerät.

Neben dem Territoriumsverhalten rund um Haus, Garten und Auto (wir nennen das die *soziale Zone*), betrachtet der Hund auch den engsten Bereich um seinen Körper als etwas sehr Persönliches – als Intimzone sozusagen (wir nennen das die *persönliche Zone*). Manchmal bellt er jemanden an, sträubt die Kammhaare – und wedelt gleichzeitig freundlich mit dem Schwanz. Das heißt, er erfüllt seine Pflichten als Verteidiger und ist zugleich glücklich über den Menschen, der seine »soziale« und »persönliche« Zone betritt.

Manche Hunde scheinen einen Menschen angreifen zu wollen, wenn dieser aber die Aggression ignoriert und auf sie zugeht, weichen sie ein Stück weit zurück, kehren um und zeigen sich erneut aggressiv. Das wiederholt sich, während die Person weiter auf den Hund zugeht. Das Tier greift erst dann an, wenn nach rückwärts keine Fluchtmöglichkeit mehr offen ist und der vordringende Mensch die Intimzone zu verletzen droht. Auch ausgesprochen freundliche, gesellige Hunde haben diese Zone, aber bei einem aggressiven Tier ist die Intimzone *asozial,* während sie bei einem freundlichen Hund ausgesprochen *sozial* ist – der Raum nämlich, in den einzudringen er Ihnen nicht nur erlaubt, sondern Sie ausdrücklich dazu ermutigt. Er ist sogar glücklich, wenn Sie ihm ganz nahe kommen und ihn streicheln.

Die Zonen und unsichtbaren Schranken, die Hunde trennen, sind je nach den Umständen unterschiedlich. Für den Besitzer des Hundes existieren keinerlei Schranken, vielleicht aber für dessen Freunde und ganz bestimmt für dessen Feinde. Zuweilen lassen Hunde uns in ihre soziale Zone, aber wenn wir die Hand ausstrecken, um sie zu streicheln, ziehen sie sich etwas zurück, was bedeutet, daß wir in ihrer Intimzone nicht erwünscht sind. Später, wenn man Platz genommen hat und akzeptiert ist, kommen sie vielleicht von sich aus und reiben sich an uns – dann haben sie die Schranken selber niedergerissen.

Aggressive Tendenzen können bei einem Hund sehr früh beginnen; viel von der nachfolgenden Entwicklung hängt von seiner Umgebung und von seinen sozialen Kontakten ab.

Es läßt sich nicht leugnen, daß bestimmte Rassen von Natur aus aggressiv sind – schließlich sind sie unter diesem Gesichtspunkt gezüchtet worden. Bull Terriers und Staffordshire Terriers sind typisch dafür: man züchtete sie ursprünglich für Hundekämpfe! Dieser abscheuliche Sport wurde in Großbritannien 1835 verboten, doch bleibt die Erbanlage bis zu einem gewissen Grad bestehen, obwohl solche Tendenzen sich nach und nach ab-

Oben: Viele Künstler haben im Laufe der Jahrhunderte Hundeverhalten dargestellt. Diese chinesischen Porzellanfiguren aus dem 18. Jahrhundert zeigen Hunde beim »mündlichen« Gespräch.

Unten: Mit zurückgelegten Ohren und wütendem Gebell verteidigt dieser Deutsche Schäfer sein Territorium bis zum letzten und stellt seine Tüchtigkeit als Wachhund unter Beweis.

schwächen, weil heute die Zuchtwahl sich auf Form und körperliche Entwicklung gründet.

Aggressives Verhalten ist, wie viele andere Verhaltenszüge, etwas eindeutig Ererbtes. Mit dem Herauszüchten der Aggression erzielt man schließlich Hunde mit betont aggressiven Tendenzen, genauso, wie Zuchtwahl im Hinblick auf Kopflänge Hunde mit größerem, längerem Fang hervorbringt.

Die Angriffslust dieser Rassen richtet sich allerdings gegen andere Hunde, nicht gegen andere Tiere oder Menschen.

Terrier sind allgemein etwas streitsüchtig und brechen oft und gern eine Keilerei mit fast jedem anderen Hund vom Zaun. Viele wurden ursprünglich als Ratten- und Kaninchenfänger oder als Stöberhunde für die Jagd gezüchtet und zeigen daher Aggression gegenüber »Kleinwild«, zu dem ohne weiteres ein kleiner Hund gehört! Jagd-Terriers und Jack Russell Terriers sind besonders schnell zum Kampf bereit, wie man an den zahllosen kleinen Narben sieht, die gewöhnlich ihren Fang zieren.

Es ist wichtig, daß sich die Rangordnung in einer Hundegruppe ungestört entwickeln kann. Eine häufige, aber unglückliche Situation ergibt sich, wenn in einem Haushalt zwei Hunde aggressiv gegeneinander sind, ihr Besitzer sie aber die Sache nicht austragen läßt. Je weniger sie zusammentreffen, je eifriger man sie getrennt hält, desto schlimmer wird die Lage, die sich durch die Ängstlichkeit des Hundehalters noch verschärft. Die einzige Lösung liegt darin, daß man das Treffen selbst herbeiführt, womöglich auf neutralem Boden, und es auf einen Kampf ankommen läßt. Ist die Rangordnung erst einmal ausgefochten, so ist das Problem ein für allemal gelöst.

Während ein aggressiver Cairn ein unangenehmer, bösartiger Gegner sein kann, bedeutet er doch von seiner Größe her kaum eine ernsthafte Gefahr für irgend etwas außer einem Kaninchen oder einer Ratte. Von einem Rhodesian Ridgeback oder Deutschen Schäfer, der es sich in den Kopf gesetzt hat, ein Gefecht zu gewinnen, kann man das freilich nicht sagen. Es ist schade, daß so viele große Rassen in den Ruf gekommen sind, aggressiv zu sein. Pro Kopf gibt es wahrscheinlich bei diesen großen Hunden weniger Kämpfe als bei Terriers; da aber der angerichtete Schaden proportional zum Körpergewicht und nicht zum Aggressionsgrad auffällt, ist er hier beachtlicher.

Die Aggression eines Hundes hängt weitgehend von der Aufzucht ab. Wenn man einen Welpen zu früh – mit drei oder vier Wochen – entwöhnt und von seinen Geschwistern trennt, zieht man sich ein Tier mit wenig »Hunde-Gemeinschaftssinn« heran. Der Einfluß, den das auf seine späteren Beziehungen zu anderen Hunden hat, ist unterschiedlich. Wenn er im Alter von etwa sechs Monaten zum erstenmal mit fremden Hunden in Berührung kommt, kann er diesen freundlich begegnen, wahrscheinlicher aber wird er aggressiv sein. Läßt man umgekehrt einen Welpen sehr lange in der Wurfkiste, bei spärlichen menschlichen Kontakten, so wird der Kleine später ziemlich sicher, zumindest am Anfang, sehr aggressiv gegenüber Menschen sein. Solche Hunde fürchten sich oft vor Menschen und werden zu »Angstbeißern«. Sie meiden den Umgang mit Menschen und achten besonders streng auf ihre »soziale« und »private« Zone. Sobald jemand ihre »soziale Zone« durchquert und in die »private« eindringt, greifen sie übertrieben heftig an. Aber natürlich werden nicht alle Hunde, die erst spät mit Menschen in näheren Kontakt kommen, zu Angstbeißern, und ebenso wenig sind die Angstbeißer ausschließlich

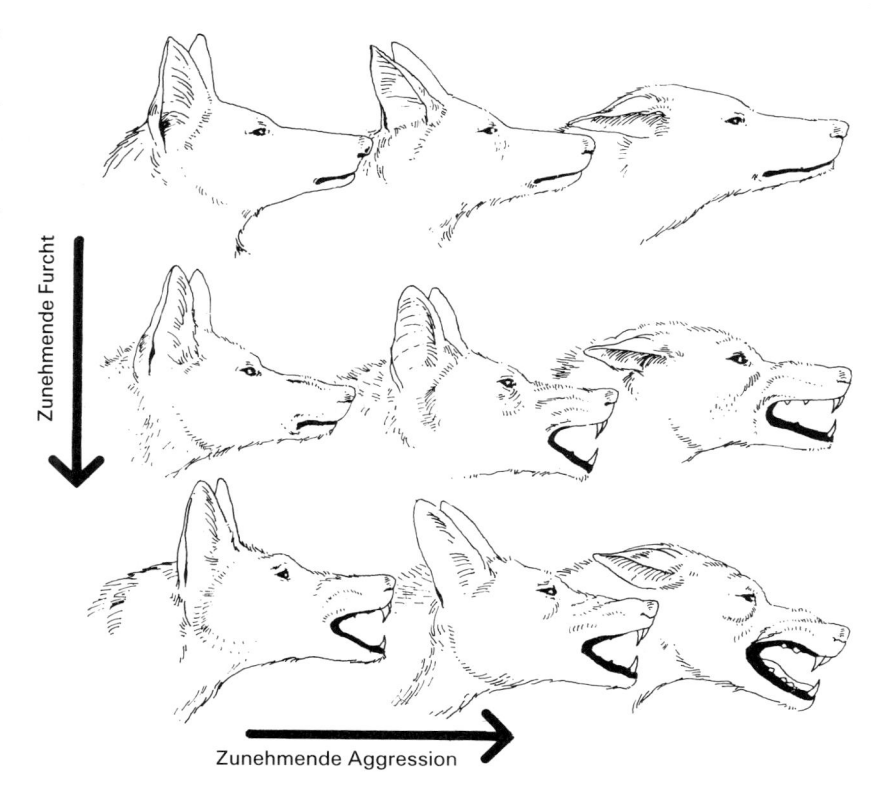

Oben: Der Gesichtsausdruck eines Hundes spiegelt seine Empfindungen aufs genaueste wider. Anders als der Mensch, kann ein Hund seinen Zorn unmöglich verbergen.

Links: Nur der dümmste Eindringling wird versuchen, an diesem drohenden Elchhund vorbeizukommen!

Oben links: Die schwarzen Flecken sind das vornehmste Merkmal des Dalmatiners und können manchmal auch als Tarnung dienen.

Oben rechts: Manchen Leuten sagt der schmale, athletische Wuchs des Whippet nicht zu; seine guten Manieren und seine zarte Anmut aber machen ihn bei anderen überaus beliebt.

Unten: Die Erscheinung der Bulldogge steht ganz im Widerspruch zu ihrem im allgemeinen sehr freundlichen Wesen.

Hunde, die spät zum Menschen kamen. Auf die Gefahr hin, einige Besitzer von Rassehunden zu verärgern, muß hier gesagt werden, daß es einen gewissen, Gott sei Dank kleinen Prozentsatz von Hunden mit einem ausgesprochenen Hang zur Aggression gegenüber Menschen gibt. Bestimmte Stammlinien – keinesfalls alle – von Deutschen Schäfern, Bobtails, Dobermann Pinschern, Airedales, Rottweilern und Rhodesian Ridgebacks haben in den letzten Jahren leider solche Aggressionsprobleme gezeigt. Am besten hilft solchen Tieren eine frühe Gemeinschaft mit Menschen und eine feste Hand ihres Besitzers.

Hunde zeigen unter den gleichen Umständen Angst wie Menschen, das heißt, sie fürchten sich vor Dingen, Hunden und Menschen, von denen sie wissen, daß sie gefährlich werden können, und zuweilen zeigen sie auch Furcht vor dem Unbekannten.

Die Zeichen dafür sind oft dieselben wie das Verhalten bei passiver Verteidigung: Der Hund kriecht oder läuft weg, leckt sich die Lefzen, zieht den Schwanz ein und wendet den Blick von dem »furchterregenden« Gegenstand ab. Er kann sogar vor Angst wie gelähmt sein, sich in Unterwerfungspose auf den Rücken legen und Urin oder Kot lassen. Wenn er davonrennt, sucht er den eigenen Zwinger oder seine Abwehrzone auf, vielleicht drängt er sich an seinen Herrn, um bei ihm Geborgenheit zu suchen.

Furcht entsteht oft durch eine Assoziation: Wenn ein Hund durch eine Person, ein Tier oder einen Gegenstand einmal verletzt oder erschreckt worden ist, assoziiert er bei der nächsten Begegnung Gefahr und reagiert mit Furcht. Auch das Alter spielt dabei eine Rolle. Welpen kennen kaum Angst; erst in einem späteren Entwicklungsstadium, mit zwei oder drei Monaten, beginnen sie, bestimmte Dinge mit Schmerz und Unbehagen in Verbindung zu bringen. Würde einem vierwöchigen Hundekind bei jedem Läuten einer Glocke ein Schmerz zugefügt, so bliebe die Assoziation Glockenläuten – Furcht im späteren Leben also kaum bestehen, es sei denn, der Schmerz-Stimulus würde bis in eine spätere Sozialisierungszeit fortgesetzt. Machte man das Experiment aber bei einem Hund von vier Monaten, ergäbe sich unweigerlich eine Furchtassoziation, die das Tier wahrscheinlich sein Leben lang nicht verlöre. Bei älteren Hunden entstehen Furchtassoziationen langsamer und sind schwerer zu erzeugen. Ganz junge Tiere erschrecken sehr, wenn man sie beispielsweise unvermittelt von hinten, von wo sie einen nicht sehen, hochhebt. Das kann eine hysterische Jaulreaktion auslösen, die nicht verwunderlich ist: Plötzlich schweben sie in der Luft und werden von etwas Fremdem festgehalten, das anders riecht als ihre Geschwister oder Mutter.

Welpen sind überhaupt sehr gehemmt, wenn man sie hochhebt und festhält. Sie werden ganz steif oder fangen an zu zittern. Erst wenn sie schon ein gutes Stück in der Sozialisierungsperiode stecken, etwa mit sieben Wochen, scheinen sie menschlichen Kontakt zu mögen und reagieren mit Lecken. Die Hemmung ist noch ausgeprägter, wenn man den Welpen am Genick faßt, so, wie die Mutter den Kleinen packt, um ihn in Gefahr wegzutragen oder um ihn zu strafen oder ihm ihre Vorherrschaft zu zeigen. Am Genick fassen und schütteln ist sogar bei ausgewachsenen Hunden eine wirksame Strafe. Wenn man eine große Handvoll lose Nackenhaut zu fassen kriegt, kann man den Hund im Notfall auch daran hochheben. Fährt man im Auto, und der Hund will aus dem Fenster, dann ist dieser Griff überaus nützlich; er macht den Hund bewegungslos, was beim Zupacken an einem Bein oder am Schwanz nicht der Fall ist.

Die Anreize, die einem Welpen während der Sozialisierungsperiode begegnen, bestimmen weitgehend, wie das Tier im späteren Leben auf potentiell furchterregende Situationen reagiert. Obwohl, wie wir gesehen haben, unangenehme Reize zu Furchtreaktionen führen können, ist es entscheidend, daß der sich entwickelnde Welpe einer ganzen Reihe solcher Reize ausgesetzt wird, sonst wird er verhätschelt und fürchtet sich später vor all und jedem. Nur muß man darauf achten, daß nicht ein einzelner unangenehmer Reiz zu oft wiederholt wird und sich einprägt.

Eine tiefe Angst vor Veränderungen in der Umgebung oder vor unbekannten Dingen, Tieren oder Menschen kann entstehen, wenn ein Welpe vier, fünf Monate alt ist, also in der Periode zwischen der Sozialphase der Entwicklung und der Reife. Besonders deutlich zeigt sich das bei spätreifen Rassen wie Deutschen Schäfern, Dalmatinern oder Deutschen Doggen und kann sich zu extremen Phobien auswachsen. Furcht vor dem Unbekannten haben viele Hunde mit den Menschen gemein; das läßt sich zuweilen mit sanfter, aber verstärkter Sozialisierung überwinden.

Hunde spüren auch, wenn andere Hunde oder Menschen vor ihnen Angst haben. Schwer zu sagen, was für Zeichen ein Mensch gibt, der sich vor Hunden fürchtet, aber es dürfte eine Mischung sein von unsicherer Haltung, ausweichenden Blicken und möglicherweise Geruchsveränderung. Auch Telepathie mag dabei eine Rolle spielen, doch davon später.

Freundlichkeit

Freundlichkeit gilt allgemein als direktes Gegenteil von Aggression, doch stimmt das nicht genau. Das wirkliche Gegenteil ist *Unterordnung,* und nicht alle untergeordneten Hunde sind freundlich und nicht alle aggressiven und dominanten unfreundlich.

Freundlichkeit zeigt sich bei erwachsenen Hunden auf zwei Arten: erstens durch Spielen und zweitens durch »Betteln um Beachtung«.

Nicht nur Welpen und Junghunde spielen. Genau wie erwachsene Menschen Golf oder Karten spielen, tummeln sich auch erwachsene Hunde. Für den Menschen ist das Spiel ein Kampfersatz: Man schlägt den Gegner auf dem Golfplatz oder am Kartentisch auf verfeinerte, beim Rugby oder Boxen auf weniger feine Art! Hunde haben diese

Oben: Der Bobtail oder Old English Sheepdog ist einer der ansprechendsten Hunde und wird immer populärer.

Unten: Shetland Sheepdogs werden kaum noch als Hütehunde eingesetzt, obwohl sie den Instinkt nicht verloren haben. Ihr Fell erfordert sorgfältige, regelmäßige Pflege.

Verfeinerung nicht entwickelt, und ihr Spiel ist in der Tat ein verhinderter Kampf; aber wenn auch geschnappt und gebissen wird, ernsthafte Verletzungen ergeben sich höchstens aus Versehen.
Wenn Hunde mit einem Stock oder einem Fetzen Stoff Seilziehen spielen, geht es dabei im übertragenen Sinne um ein Beutetier oder Fleischstück, das sie zerreißen oder um dessen Besitz sie kämpfen. Beim Jagen eines Balls oder Suchen eines Stockes handelt es sich um das Jagen und Apportieren einer Beute.
Das Spiel erwachsener Hunde ist ein sicheres Zeichen dafür, daß sie sich freundlich gesinnt sind und die Rangordnung klar ist, andernfalls artet das Spiel in einen richtigen Kampf aus. Ungewiß ist die Beziehung, wenn zwei Hunde nie miteinander spielen, sondern sich mit kühler Höflichkeit begegnen und gegenseitig die »Privatzone« streng meiden.
Ein anderes Hundespiel, das man häufig beobachten kann, geht so: Ein Hund stellt sich vor den andern hin und fordert ihn mit leisem Knurren zum Spiel auf. Dann dreht er sich blitzschnell um und rennt davon, der andere folgt ihm auf den Fersen. So laufen die beiden dichtauf, mit vielen Kehrtwendungen, bis der vordere sich, wie von einem Schuß getroffen, fallen läßt, und dem Verfolger die Unterseite zum spielerischen Angriff darbietet. Dieses Spielverhalten könnte eine simulierte Aggressionsjagd bedeuten - wobei der übergeordnete Hund der Initiator des Spiels und zugleich der Verfolgte ist. Andererseits könnte es eine gespielte Jagd sein, bei der der erste Hund die am Ende »getötete« Beute darstellt.
Beim »Bitte spiel mit mir«-Verhalten dem Menschen gegenüber hängt vieles von der Beziehung zwischen den beiden ab. Meist bringt der Hund einen Ball, einen Stecken oder sonst ein Spielzeug. Manchmal stößt er mit der Pfote ans Bein und gibt freudig erregte Laute von sich, wedelt heftig oder springt hoch und wendet sich schnell ab - immer den Blick auf uns gerichtet. Alle diese Zeichen sind sehr leicht zu verstehen.
Rassenunterschiede sind hier nicht so ausgeprägt wie bei anderen Verhaltens- und Wesenszügen. Alle Hunderassen sind dem Menschen von Natur aus freundlich gesinnt, sonst hätte man sie ja auch kaum gezüchtet. Sogar scharfe Wachhunde sind ihren Besitzern und anderen, nicht als »Grenzübertreter« betrachteten Menschen gegenüber gutmütig. Natürlich sind Zwergrassen ganz besonders liebenswürdig - das einzige Problem ist, daß sie so sehr an einer Person hängen können, daß sie jeder andern gegenüber unfreundlich erscheinen. Bei einigen Rassen ist die Vorliebe für menschliche Gesellschaft besonders ausgeprägt, nämlich bei Setter, Labrador Retriever und Boxer.

Ganz oben und oben: Diese Border Terriers zeigen, wie vergnügt auch erwachsene Hunde spielen können.

Spezialisierung

Einige der einfacheren Hundemerkmale sind nun geschildert worden, aber Hunde sind ja nicht wegen einzelner, sondern wegen einer ganzen Gruppe zusammengefaßter Aktivitäten für den Menschen nützlich. Einige der kompliziertesten zeigen sich im Verhalten von Jagd- und Hütehunden. Sie beruhen auf einer besonderen Eignung der Sinne für eine bestimmte Leistung, und miteinander kombiniert ergeben sie die komplexen Eigenarten und Fähigkeiten dieser Tiere.

Jagdverhalten

Jagen, Töten und Apportieren ist eine der grundlegendsten Spezialisierungen. Hundehalter dürfen nie vergessen, daß sie einen Beutejäger in Obhut haben. Selbst Schoßhündchen und Gebrauchshunde bewahren sich Jagdtriebe, obwohl sie diese in ihrem Alltag nicht weiterentwickeln. Zum Jagen gehören die Verhaltensschemen der Suche und des Angriffs, vermischt mit gewissen Treibereigenschaften. Die Suche schließt das Wittern und Verfolgen ein. Es gibt nur wenige Hunde, die etwas Flüchtiges unbeachtet lassen.
Jagen bedeutet erst einmal die Beute anpirschen und die Richtung aufnehmen, ob es sich um einen Hirsch oder eine Kröte handelt. Dann wird die Beute verfolgt, wobei gewisse Hirtenzüge zum Vorschein kommen. Der Hund rennt am Verfolgten vorbei und schneidet ihm den Rückweg ab. Das Töten selbst kann in zögerndem Zubeißen oder aber in vollem Angriff bestehen, wobei kleine Beutetiere oft totgeschüttelt oder herumgeworfen werden. Spielen mit der Beute, wie es bei Katzen üblich ist, kommt bei einem Hund selten vor. Sein Instinkt geht in Richtung auf sofortiges Töten.
Whippets zeigen ein besonderes Verhalten, wenn sie hinter einer Beute herlaufen: Sie klappen oft die Kiefer auf und zu, als wollten sie ihre Lust aufs Töten schüren.
Häufig trägt ein Hund die geschlagene Beute eine Zeitlang herum. Wenn er sie nicht seinem Herrn bringt, bewacht er sie und verteidigt sie gegen jeden, der sie ihm wegnehmen will.
Das Vergraben von Knochen oder Fleisch ist nicht allen Hunden eigen. Es scheint ein Versuch zur Vorratshaltung zu sein. Wenn ein Hund einen Knochen vergräbt, tut er das vielleicht, damit andere ihn ihm nicht wegnehmen. Das Verhalten ist nicht rassenspezifisch, obwohl viele Gärten voll eingebuddelter Knochen Terrierbesitzern gehören! Die Annahme, Knochen würden durch das Vergraben leichter verdaulich oder schmackhaf-

Oben: Ein Hund aus der herumtollenden Gruppe läßt Anzeichen von Vorherrschaft erkennen, da er die Vorderpfoten auf den Spielgegner zu stellen versucht.

Unten: Moment der Unterwerfung! Man kann aber sicher sein, daß der »Unterhund« nicht lange in dieser Position bleiben wird.

Oben rechts: Ungewohnte Bettgenossen! Argwöhnisch beäugt der glatthaarige Zwergdakkel den Eindringling; er scheint aber keine Lust zu haben, ihn zu verjagen oder sein Bett aufzugeben.

Oben links: Der King Charles Spaniel ist ein feiner Familienhund.

Unten links: Springer Spaniels sind beliebte Jagdhunde, aber auch angenehme Haustiere.

ter, läßt sich nicht beweisen. Übrigens haben viele Hunde in bezug auf den Grabort kein gutes Gedächtnis.

In der Erde zu graben, ist für manche Hunde eine wahre Manie. Das rührt von den Beutetieren her, die in Höhlen wohnen: Kaninchen, Dachse, Füchse, Ratten usw. Bei Terriern ist das Verfolgen der Beute in unterirdische Gänge ein starkes, ererbtes Verhalten, besonders bei Jagdterriern, die ja wegen ihrer Eignung als »Erdhunde« gezüchtet wurden und imstande sind, eine Beute (oft viel größer als sie selbst) in die Enge zu treiben, bis der Jäger kommt. Dachshunde gehören zu den eifrigsten Gräbern; sie schaffen in kürzester Zeit Riesenlöcher. Baumwurzeln, die ihrem Höhlenbau im Weg sind, werden zerkaut, ausgerissen oder untergraben.

Aufspüren und Zusammentreiben

Bei jagenden Hunden gehört das »Spurenlesen« zum Suchen der Beute. Das läßt sich übrigens von Suchhunden wie Bloodhounds oder Bernhardinern, die auch zum Auffinden von Menschen eingesetzt werden, nicht sagen. Ihre Gebärden der Zuneigung gegenüber den Gefundenen beweisen, daß sie sie nicht »gejagt« haben. Der Ursprung dieses Verhaltens liegt wahrscheinlich in der Gewohnheit, beim täglichen Rundgang bestimmten Düften zu folgen.

Das Hüten von Herden ist ein hochkompliziertes Verhalten, eine Mischung von Jagd, Aggression und Territoriumsverteidigung. Gewisse Schäfer- und Hirtenhunde sind vielleicht speziell gezüchtet worden, um Herden in der Nacht zu bewachen; in ihrem Verhalten spielt daher Aggression eine Rolle. Das Zusammentreiben der Tiere in bestimmte Ecken und zwischen Hindernissen hindurch sowie das Aussondern einzelner Tiere ist eine viel höher entwickelte Tätigkeit als das Bewachen. Ihr liegt wohl teilweise das Jagdverhalten zugrunde: Der Hund handelt als Mitglied der Meute, mit dem Herrn als Meutenführer. In diesem Fall ist er bereit, die Befehle des »Chefs« auszuführen, aber das Ende des Jagdverhaltens – das Töten der Beute – ist blockiert.

Hirtenhunde zeigen schon in frühem Alter Pirsch- und Treibtendenzen und können, wenn man sie nicht unter Kontrolle hält, in einer Herde geradezu Amok laufen. Nach richtiger Ausbildung stören diese Hunde die Herde nicht mehr, sondern hemmen die Bewegung der Schafe durch »Augenzeigen«: Sie starren die Tiere wie hypnotisierend an, worauf diese stillstehen. Weniger erfahrene Schäferhunde schnappen den Schafen gelegentlich in die Fersen, um sie voranzutreiben, aber wenn sie ihr Handwerk erst gelernt haben, tun sie nur noch so, als ob – die Wirkung ist dieselbe.

Hirtenhunde, wie z. B. die Corgis, verlassen sich auf die Angst der Herdentiere vor ihnen und halten sie damit in Bewegung. Sie kneifen die Tiere in die Beine und sind klein und beweglich genug, jedem ausschlagenden Fuß auszuweichen. Dieses Verhalten erklärt die Untugend nicht nur von Corgis, sondern auch anderer Hirtenhunde, Kinder, die vor ihnen davonrennen, in die Beine zu beißen und dem Postboten nach den Waden zu schnappen. Viel läßt sich nicht dagegen tun, obwohl ein fester Klaps, verbunden mit einem scharfen Zuruf, manchmal hilft.

Eine seltsame Verirrung des Hirtenverhaltens wurde bei einzelnen Collies und Shetland-Schäfern beobachtet: Sie behandeln Menschen wie Schafe! Sie rennen rund ums Haus und versuchen, jedermann »einzutreiben«, und sind erst zufrieden, wenn alle Mitglieder des Haushalts im selben Raum beisammen sind.

Der Hütetrieb ist angeboren und wird durch Erziehung zu voller Entfaltung gebracht. Gelegentlich erweisen sich auch Hunde, die nicht zu den Schäfer- und Viehtreiberrassen gehören, als ausgezeichnete Hirten, doch das ist ungewöhnlich.

Aktivität

Hunde scheinen beträchtliche Energiereserven zu haben. Natürlich hängt das weitgehend von ihrer Fitneß ab, doch die meisten sind in Bewegung, bis sie buchstäblich umfallen. Beim Bedürfnis

Oben: Der Greyhound ist eine uralte Rasse. Obwohl für Jagd und Rennen gezüchtet, gibt er auch einen ausgezeichneten Familienhund ab.

Links: Terrier, wie dieser Jack Russell, sind überaus lebhafte und kräftige Tiere.

nach Bewegung wie auch bei der Art der Bewegung gibt es erhebliche Unterschiede nach Rassen. Manche Hunde toben sich aus, indem sie mehrere Tage hintereinander zwölf Stunden lang herumrennen. Dann scheinen sie diesen Energieausbruch wettmachen zu wollen und verschlafen die folgenden Tage. Möglicherweise hat das mit der natürlichen Tendenz des Hundes zu tun, so lange zu jagen, bis die Beute erlegt ist, sich dann den Bauch vollzuschlagen und zu schlafen, bis der Hunger sich erneut meldet.

Wenn sie müde sind und einen ruhigen Platz haben, schlafen Hunde sehr tief. Studien der Augenbewegungen haben ergeben, daß sie unter den geschlossenen Lidern die Augen genauso bewegen wie der Mensch. Das deutet darauf hin, daß sie im Schlaf das Hirn ebenso »abschalten« und zweifellos auch träumen. Aus Traumphasen wachen sie nur langsam auf. Im Gegensatz zu uns verbringen Hunde aber viel Zeit im Halbschlaf, aus dem sie sehr schnell erwachen. Sie sind dann sofort imstande, sich oder ihr Territorium zu verteidigen – auch das ist eine wichtige Anpassung an das Wildleben. Oft sieht es aus, als dösten Haushunde den größten Teil des Tages, und doch sind sie sehr leicht zu aktivieren. Vermutlich brauchen sie etwa gleich viel Schlaf wie wir, kompensieren aber kurzen Tiefschlaf mit längeren Halbschlafperioden.

Die Verhaltensentwicklung bei Welpen

Genauso, wie neugeborene Welpen unfertig in Form und Funktion sind, sind auch ihr Verhalten und Temperament noch unausgebildet. Wie sie sich entwickeln, hängt stark von ihrer Umgebung ab. Um zu charakterlich ausgewogenen Hunden mit voll realisierten Rassenanlagen heranzuwachsen, benötigen sie die richtige Mischung von sozialen Kontakten: mit Hunden, andern Tieren und Menschen. Ein kurzer Einblick in die Verhaltensentwicklung erlaubt ein besseres Verständnis für das Wesen des erwachsenen Hundes und für die vielen Probleme, die sich aus seinem Verhalten ergeben können.

Verhaltensforscher erkennen vier Abschnitte der Entwicklung, die aber natürlich in einen fortlaufenden Prozeß verschmelzen. Das *Neugeborenenstadium* dauert von der Geburt bis etwa zum 15. Tag. In dieser Zeit zeigen sich nur erste Ansätze von Verhaltensschemen; das Junge bleibt bei der Mutter und kann sich nicht allein fortbewegen. Das folgende *Übergangsstadium* zwischen zwei und drei Wochen bringt eine rapide Entwicklung der Sinne und die Fähigkeit der selbständigen Bewegung mit sich. Am Ende dieser Periode sieht, hört, riecht und bewegt sich der Welpe schon ganz gut. Im dritten Abschnitt beginnt er auf Umgebung und Geschwister zu reagieren und zeigt ziemlich komplexe Verhaltensmuster. Dieses *Sozialisierungsstadium* dauert bis zur Entwöhnung, die gewöhnlich zwischen der achten und zehnten Lebenswoche geschieht. Der

Oben: Der Jack Russell ist als selbständige Rasse noch nicht anerkannt.

Unten links: Eine sehr alte Viehtreiberrasse ist der Welsh Corgi.

Unten rechts: Das Hüten von Schafen ist die Hauptbeschäftigung des Border Collie.

letzte Abschnitt ist die *Jugendperiode* von der Entwöhnung bis zur sozialen Reife.

In den ersten drei Wochen des Welpenlebens ist das Verhalten auf Grundbedürfnisse beschränkt: Das Junge sucht Wärme, Kontakt und Nahrung, und der wichtigste Reflex ist der »Verwurzelungsreflex«, eine kriechende Bewegung, bei der der Hals sich in die Richtung der mütterlichen Zitzen streckt. Urin und Kot werden nur als Reaktion auf das Lecken der Mutter gelöst, das Junge bleibt dabei reglos. Bis zum Alter von drei Wochen suchen Welpen nur die Wärme von Mutter und Geschwistern, sonst zeigen sie keinerlei Kommunikationsverhalten, und soziale Kontakte bedeuten ihnen wenig oder gar nichts.

Von da an nimmt der Welpe seine Mutter und Geschwister zunehmend wahr. Bald wagt er sich aus der Gruppe weg und beginnt, seine Umgebung und die Reaktionen auf seine Kontaktnahme zu ergründen. Mit vier Wochen kann er gehen, erkennt seine Mutter und versucht, ihr nachzulaufen. Die totale Wachzeit wächst, kurze Spielperioden nach der Fütterung werden allmählich länger, bis zu drei Stunden täglich bei einem achtwöchigen Welpen.

Das Spiel ist, genau wie bei Menschenkindern, ein wichtiger Teil der Entwicklung. Dazu gehört das Forschen und das Herausfinden, wie fremde Dinge riechen, sich anfühlen, aussehen und schmecken, sei es ein Pflanzenblatt oder die Füße der Geschwister. Nimmt man ihnen diese Erforschungsmöglichkeiten, so fangen die Welpen nicht nur an, sich zu langweilen und verwenden ihre ganze Energie auf Streiten oder Jammern, sondern sie reagieren später, wenn sie »die große weite Welt« dann doch kennenlernen, übermäßig empfindlich und schreckhaft auf fremde Reize und bleiben unter Umständen bis weit ins Erwachsenenalter hinein scheu und ängstlich.

Spielen ist mehr als nur an einem Zweig nagen. Dazu gehört auch, daß man sich um den Zweig balgt, ihn vorwärts und rückwärts zieht und ihm mit den andern in der Gruppe nachrennt, wenn es dem Anführer gelungen ist, sich nach dem Kampf seiner zu bemächtigen. Beim Kampfspiel simulieren die Kleinen das Anpirschen, Jagen, Treiben, Beißen und Töten der Beute mit Kopfschütteln und Beinschnappen. Alle Geräusche des Verfolgens und Tötens begleiten den Scheinkampf: das Anschlagen, Knurren, Bellen und, wenn die Sache etwas derb wird, ein Winseln der Unterwerfung. Ebenso wichtig wie das Gewinnen ist das Verlieren, und ein Welpe lernt rasch, nicht zu lange herumzutrödeln, wenn alle anderen sich zu einer plötzlichen Attacke entschließen. Ein koordinierter Angriff ist kaum je bös gemeint, aber bei gewissen Terrierrassen kommt es während dieser Spiele doch zu ernsthaften Verletzungen.

Wie wichtig Kontakt und Positur sind, weiß jeder, der schon einen Wurf Welpen bei der Sozialisierung beobachtet hat. Anstoßen mit der Pfote heißt gewöhnlich »Spiel mit mir!«, weiches Mäulchenstupsen scheint Begrüßung zu sein, hartes Schnauzenpuffen und Beißen ist offensichtlich als Kampf gemeint. Beschnuppert einer des andern Bauch, hält der Beschnupperte still wie die Mutter, wenn sie die Jungen saugen läßt. Dieses betreuungsheischende Gebaren wird manchmal auch im späteren Leben beibehalten.

Schon mit vier bis fünf Wochen zeigen die Jungen gemeinsam recht komplizierte Verhaltensmuster wie das Jagen nach einem Ball oder das Verfolgen des Kameraden, der den einzigen Knochen beansprucht. Sie sind bereits eine Meute und können nicht nur gleichzeitig essen, schlafen und spielen, sondern auch individuell Einzelhandlungen ausführen und miteinander koordinieren. Sie lernen gemeinsam jagen und forschen und bereiten sich damit auf den täglichen Rundgang ihrer Erwachsenenzeit vor. Sie versuchen deutlich, ihr Territorium zu verteidigen, und zeigen koordinierte Aggression, indem sie unbekannte Geräusche oder Tiere anknurren oder anbellen.

Unten: Das Apportieren, eine Verhaltensweise der Stöberhunde, will schon von früher Jugend an gelernt sein. Dieser Labrador ist im Garten seines Besitzers in die Apportierkunst eingeführt worden.

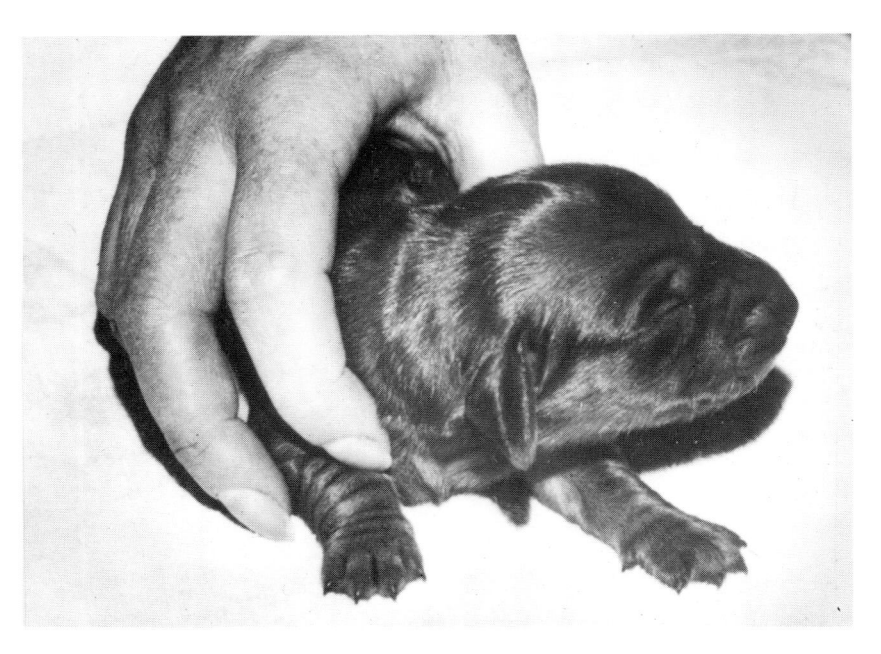

Oben: Neugeborene Welpen sind blind; durch Ausstrecken des Köpfchens und langsames Vorwärtskriechen – ein Instinktverhalten – suchen sie die Mutter.

Unten: Mit aller Kraft versucht dieses fünf Tage alte Hündchen, auf seinen Beinen zu stehen.

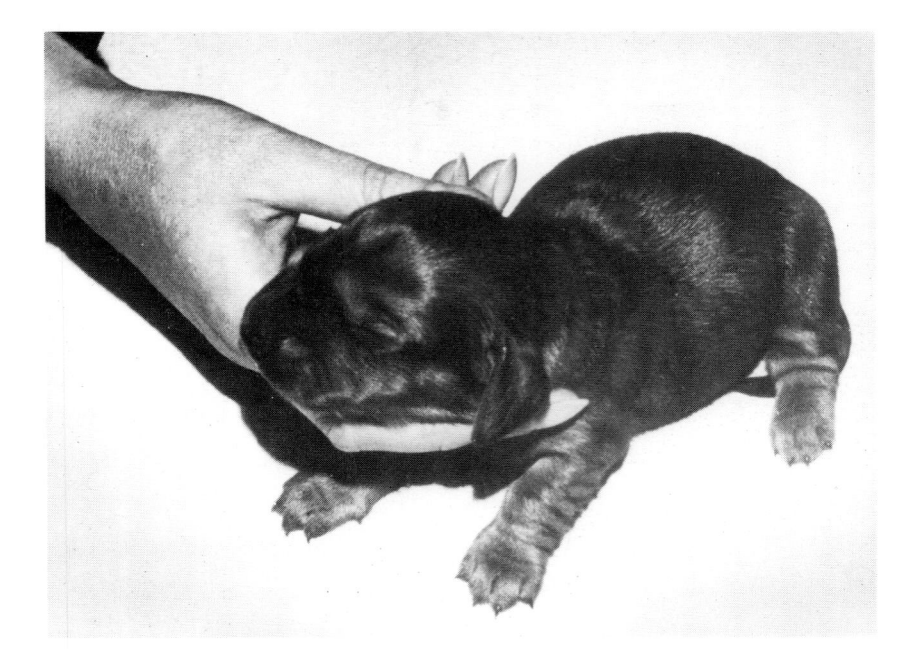

Welpen kommen zwar mit allen Grundelementen des Nervensystems zur Welt, doch die Entwicklung des Gehirns und Zentralnervensystems dauert bis in die Reifezeit hin. Das Großhirn ist bei der Geburt vorhanden, aber seine Oberfläche bekommt während der ersten drei Monate immer mehr Windungen und Furchen. Dadurch wird die Gesamtoberfläche größer und das ganze System leistungsfähiger.

In dieser Sozialisierungsperiode beginnt das Hundejunge, auch den Menschen kennenzulernen. Rasch merkt es sich sein Aussehen und seinen Geruch und weiß, dies ist das »Tier«, das Futter bringt, das streichelt, aufhebt und auch gewisse Anzeichen von Vorherrschaft erkennen läßt. Diese frühe Gemeinschaft mit dem Menschen ist lebenswichtig, und wenn Welpen in ihrer ersten Sozialisierungszeit nicht mit Menschen zusammentreffen, wird es ihnen schwer, wenn nicht unmöglich, sich später richtig an sie zu gewöhnen und als Familienhund anhänglich und glücklich zu sein.

Die Erfahrung hat die meisten Hundezüchter gelehrt, daß die beste Zeit, einen Welpen von den Geschwistern zu trennen, um die achte Woche herum liegt. Es gibt Abweichungen, auf die wir später noch eingehen werden, aber in diesem Alter hat das Kleine genügend geschwisterlichen Kontakt erlebt, um später mühelos mit andern Hunden zurechtzukommen, und ist doch noch im richtigen Stadium der Sozialisierungsperiode für den Kontakt mit Menschen.

Das Gleichgewicht des Kontakts zwischen Hund und Mensch ist recht heikel, doch können kurz vor oder nach diesem Acht-Wochen-Punkt allfällige Fehler noch ausgebügelt werden. Ist beispielsweise ein Welpe mit fünf statt acht Wochen schon entwöhnt worden, so dürfte er ungenügend »hundesozialisiert« sein. Wenn man ihm dann aber gelegentlich die Gesellschaft anderer Hunde verschafft, wird er sich in Bezug auf Artgenossen dennoch zu einem ausgeglichenen Tier entwickeln. Auch eine sehr späte Entwöhnung, zum Beispiel erst mit zwölf Wochen, muß sich nicht schlimm auswirken. Sofern es genügend Menschen sieht, die es aufnehmen, mit ihm spielen und ihm »den Meister zeigen«, kann es auch hier ausreichend sozialisiert werden.

Kontakt ist an sich ein sehr wichtiger Teil der Sozialisierung, wichtiger als z. B. das Füttern. Mit einer kleinen Gruppe Versuchshunde wurde ein Experiment durchgeführt, zu dem eine tägliche Blutentnahme gehörte. Dabei besorgte stets dieselbe Person die Blutentnahme; eine andere fütterte die Hunde und säuberte die Boxen, berührte indessen die Hunde kaum. Obwohl der tägliche Kontakt mit dem einen Menschen einen Schmerzreiz einschloß – den Stich in die Vene eines Vorderbeins –, war bald zu beobachten, daß die Hunde an ihm hingen: sie wedelten, sprangen hoch und bellten freudig, wenn er sich näherte. An dem, der sie fütterte, zeigten sie dagegen kaum Interesse. Bei Hunden geht die Liebe also nicht nur durch den Magen – sie bringen einem Menschen aus vielen anderen Gründen Zuneigung entgegen!

Bei Hunden mit verspäteter Gewöhnung an Menschen können sich Probleme einstellen, wenn sie später speziell ausgebildet werden sollen. Künftige Blindenführhunde werden deswegen sehr früh entwöhnt und dann mit vielen Menschen zusammengebracht, damit sie sich nicht an einen einzelnen hängen. Ihre Sozialisierung mit Hunden wird bewußt vernachlässigt. Nur so kann eine Gewähr dafür geboten werden, daß sie nicht eines Tages um einer Hundebekanntschaft willen ihren blinden Schützling im Stich lassen und eine Straße überqueren. Die Sterilisation sorgt dafür, daß auch eine läufige Hündin oder ein liebestoller Rüde sie nicht von ihrem Meister weglocken kann.

Welpen befreunden sich im allgemeinen ohne weiteres mit anderen Tieren, zum Beispiel mit Katzen oder Kaninchen. Vollziehen sich ihre sozialen Kontakte aber ausschließlich mit ihnen, so ziehen sie den »fremden« Umgang manchmal dem mit Artgenossen vor.

Die Beziehung Hund–Mensch ist im Grunde eine Beziehung zwischen zwei Tierarten. Die besondere Hinwendung des Hundes zum Menschen beruht auf dessen Fähigkeit, Meuteführer zu werden, und der Selektion von Stammlinien innerhalb einzelner Rassen, die eine ausgeprägtere Fähigkeit zur Sozialisierung aufweisen.

Verhaltensprobleme

Verhaltensprobleme können bei der Hundehaltung wichtiger sein als medizinische. Zu wissen, daß der eigene Hund ein Angstbeißer ist oder die Wohnung demoliert, sobald man ihn mehr als eine Stunde allein läßt, kann die Hausgemeinschaft mit ihm zum Alptraum machen.

Die meisten dieser Probleme sind durch Menschen, das heißt durch falsche Aufzucht verursacht. Aber auch die Abstammung spielt eine gewisse Rolle; es gibt Hunde, die trotz beispielhafter Aufzucht bissig oder zerstörerisch sind. Wenn bei der Zuchtwahl nur auf Äußerlichkeiten, auf Farbe oder Schrittlänge geachtet wird, dann sind Charakterprobleme fast unvermeidlich. Die Ausstellungsrichter kümmert es wenig, ob der herrliche Boxer, dem sie einen Preis verleihen, eben erst die Katze des Nachbarn umgebracht hat; die Erscheinung des Hundes und sein Verhalten im Ring verraten davon nichts. Große Bedeutung erhalten solche Charakterfehler erst, wenn sie mit den Genen des Hundes weitergegeben werden, wenn man mit ihm züchtet. Eine einzelne Unart, wie das Zerstören der Wohnung, wird dabei kaum vererbt, wohl aber Aggression oder übertriebene Schüchternheit. Die Vererbungsgesetze des angeborenen Verhaltens sind äußerst kompliziert; nur wenige Veranlagungen können einfach als dominant oder rezessiv bezeichnet werden. Im allgemeinen aber sollte ein bösartiges Temperament aus einem Zuchtprogramm ausgeschieden werden, selbst wenn dabei einige Pluspunkte verlorengehen. Die Schönheit eines Hundes ist schließlich weniger wichtig als sein soziales Verhalten.

Verhaltensstörungen sind heutzutage ein weitverbreitetes Problem bei Hunden. Sie rühren daher, daß der normale Verhaltensdrang gehemmt ist, und kommen zum Ausbruch, wenn ein Tier sich sehr langweilt oder sehr aufregt. Der gelangweilte Deutsche Schäfer würde gern durch die Felder streifen, da er aber in einer kleinen Küche eingesperrt ist, kaut er eben ein Loch in den Boden. Der Terrier, der allein in seinem winzigen Zwinger hockt, möchte selbstverständlich in ein Rattenloch sausen oder mit Gefährten balgen und nicht stundenlang in seinem Käfig hin und her laufen. Wenn er dann aber für kurze Zeit raus darf, gebärdet er sich natürlich wie ein Wahnsinniger, und es kommt dann vor, daß er in Erregung auch nach seinem Herrn schnappt. Die beste Therapie ist immer, den Hund beschäftigt zu halten.

Einen übermäßigen Sexualtrieb findet man ebenfalls häufig, besonders unter größeren Rassen.

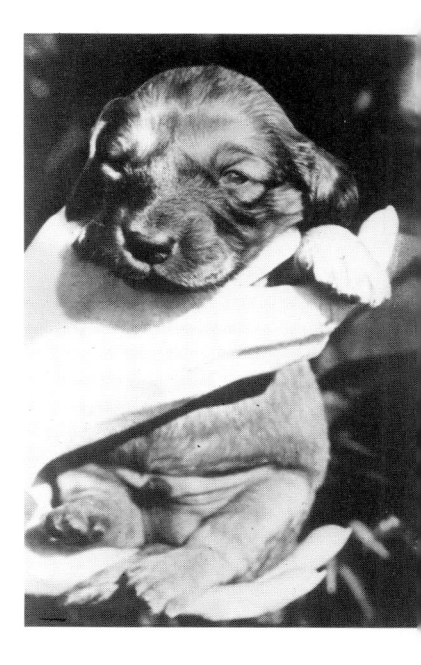

Oben: Zwölf Tage alt ist das Kleine; seine Augen sind jetzt offen, aber die Hornhaut ist noch nicht klar.

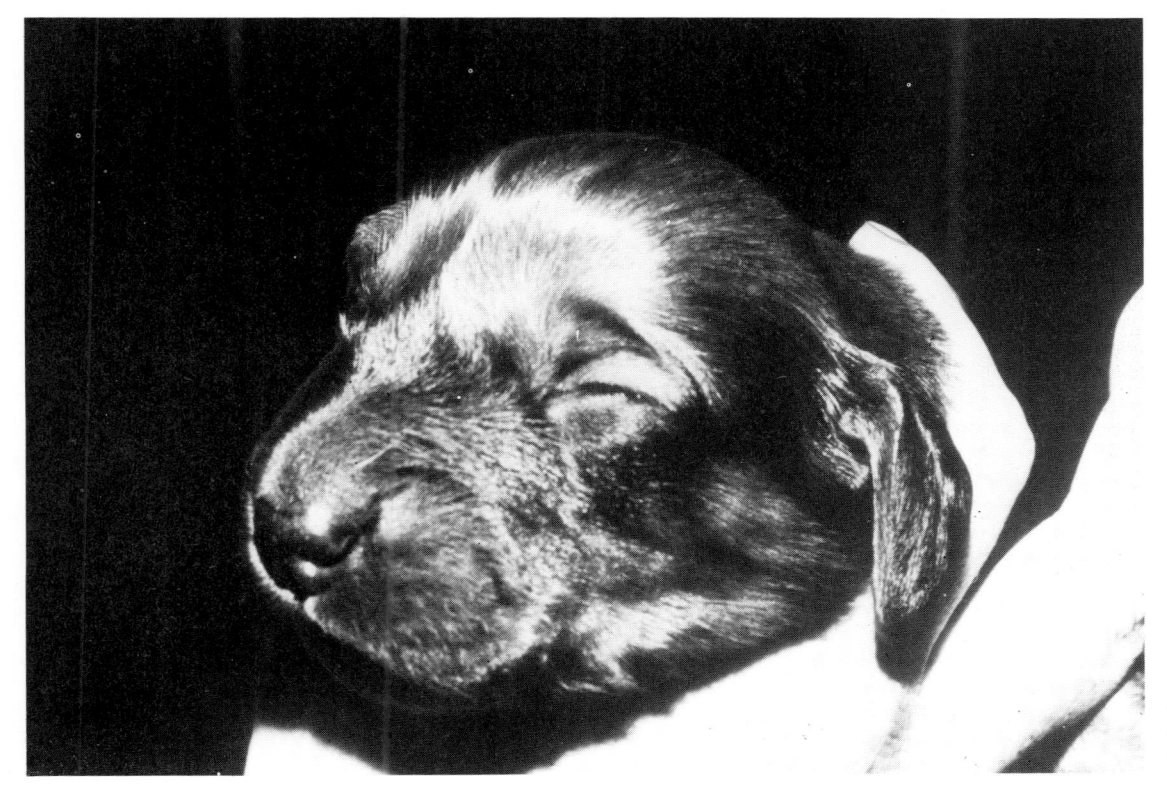

Links: Fünf Tage nach der Geburt des Hundes sind seine Ohrmuscheln schon deutlich zu sehen.

Bei einzelnen Stämmen von Labradors, Retrievern und anderen Stöber- und Apportierhunden ist manchmal eine Kastration notwendig, um den Hund umgänglich zu machen.

Einige eher schüchterne Rassen, wie Toy Spaniels, Zwerg- und Toy Pudel, Pekingesen, Kleinspitze, aber auch gewisse Afghanen und Collies sind oft übertrieben anhänglich und menschenabhängig. Dann wird ein Hund überaus nervös und unglücklich, wenn er von seinem Besitzer getrennt ist oder eine Trennung auch nur droht. Diese Tiere sterben fast vor Kummer, wenn man sie allein läßt, oder sie zeigen sich wild und bissig gegenüber jedermann, der sich ihrem Herrchen auch nur nähert. Diese Tiere sind in ihrer Einstellung zu allen Hunden und Menschen infantil geblieben. Eine Heilung ist schwierig, aber durch stufenweise Einführung in einen immer fremderen Kreis von Dingen, Menschen und Tieren gelingt es manchmal, daß sie manierlicher werden.

Manche Hundetypen neigen zum Dominieren, und wenn man sie zu sehr gewähren läßt, werden sie leicht aggressiv und herrschsüchtig. Häufig findet man solche Exemplare bei großen Rassen, wie zum Beispiel Deutschen Doggen und Pyrenäenhunden, aber auch fast alle Terrier-Rassen, viele Jagdhunde und sogar Kleinhunde, beispielsweise Rauhhaardackel, sind sehr eigensinnig, und es braucht einen starken Willen, sie zu meistern. Glücklicherweise läßt sich das fast immer mit festen Worten und einem gelegentlichen Klaps bewerkstelligen; daß man einen Hund nicht »gefügig schlagen« darf, muß man einem Hundefreund ja wohl nicht sagen. Es genügt, dem Tier ein für allemal beizubringen, daß man der Meuteführer ist.

Unten: Ganz junge Hündchen fühlen sich unglücklich und hilflos, wenn man sie auf den Rücken legt; jämmerlich quiekend versuchen sie, sich umzudrehen.

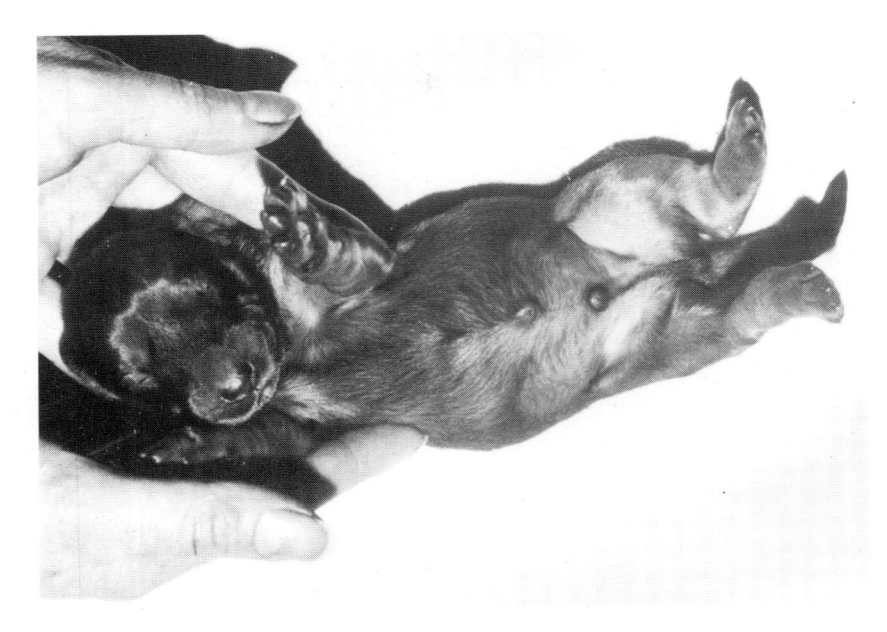

Die Intelligenz der Hunde

Daß das Hundegehirn sehr aktiv arbeitet, ist unbestritten. Es weist indessen wenig oder nichts darauf hin, daß der Hund auch in der Lage ist, zu denken. Geistige Fähigkeiten sind wie ein Kunstwerk: Schönheit, Form und Ausdruck wechseln, je nachdem, wer es betrachtet. Whippets und Beagles fangen Hasen besser als ein Mensch. Ein einzelner Collie hütet eine Schafherde auch ohne die Befehle des Schäfers besser als zehn Männer. Sherlock Holmes ist verglichen mit einem Bloodhound beim »Spurenlesen« ein Stümper. Man kann alle diese Fähigkeiten Instinkt nennen; im weitesten Sinne sind sie aber doch geistige Leistungen.

Engt man den Begriff »geistige Fähigkeit« auf etwas ein, das dem menschlichen Denken ähnelt, dann bleibt der Hund natürlich weit zurück. Hunde lernen leicht, indem sie verschiedene Reize mit bestimmten Aktionen in Verbindung bringen. Dabei sind manche Einzeltiere und manche Rassen besser als andere. Meutehunde zum Beispiel sind allgemein nicht schnell im Lernen und deshalb schwierig abzurichten. Deswegen brauchen sie nicht weniger intelligent zu sein als ein leicht zu dressierender Collie. Das hängt sehr vom Maß ab, das man anlegt. Ein Hund hat vielleicht die bessere Spürnase als ein anderer, der möglicherweise besser sieht als ein dritter, der wiederum ein besserer Schaftreiber ist als der erste... und so weiter. Wie soll man messen und vergleichen? Es kommt zu sehr auf die Spezialfähigkeit in den verschiedenen Verhaltensbereichen an.

Vorausgesetzt, Lernfähigkeit sei in gewisser Hinsicht der menschlichen Intelligenz verwandt, – können wir dann sagen, daß Gehorsam ein Maß für Intelligenz ist? Nein! Ein Hund kann etwas erlernt haben und imstande sein, es gut auszuführen, und trotzdem dem Befehl nicht gehorchen. Manche Terriers lernen sehr schnell und agieren auf Befehl; im allgemeinen aber sind sie »bockig« und führen ihr Kunststück nur vor, wenn *sie* wollen.

Die Lernfähigkeit wird auch vom Temperament beeinflußt. Scheue, untergeordnete Hunde lernen oft zögernd und erforschen ungern neue Dinge. Ein hauptsächlich hunde-orientiertes Tier läßt sich vielleicht sehr schlecht von Menschen lenken, und doch wäre es unfair, es als »unintelligent« zu bezeichnen. Seine Fähigkeit zur Ausbildung läßt sich bloß nie ganz ausschöpfen.

Ebenfalls von Einfluß ist die Umgebung. Neuere wissenschaftliche Untersuchungen haben ergeben, daß die Intelligenz beim Menschen durchschnittlich zu 51 Prozent von Vererbung und zu 49 Prozent von der Umwelt abhängt. Das bedeutet, daß hochintelligente Eltern bei genau gleichen Umweltbedingungen eine etwas größere Chance auf intelligenten Nachwuchs haben als weniger gescheite. Würden die Kinder der dummen Eltern in der Schule stark gefördert, großen

Oben: Tapsig geht der Kleine seine Mutter an, um sie zu einem Spielchen anzustacheln.

Rechts: Wenn es sehr heiß ist, liegen Welpen zuweilen nebeneinander. Sonst drängen sie sich gern zusammen, um Wärme und Kontakt zu finden. Eine mit Zeitungen ausgelegte Kiste gibt ein angenehmes Bett für diese Cairn Terriers ab.

Oben: Viele Leute wollen keinen Bastard als Familienhund; dabei ist dieses muntere Kerlchen mit den klugen Augen sicher ein idealer Hausgenosse.

Unten: Gründliches Erforschen der Umgebung ist ein wichtiger Teil des Selbständigwerdens. Alle Welpen sind von Natur aus neugierig.

geistigen Anstrengungen und intelligenter Gesellschaft ausgesetzt, dann wären sie mit sechzehn Jahren durchschnittlich intelligenter als die gleichaltrigen Sprößlinge der klugen Eltern, denen solche geistigen Übungen erspart geblieben wären. Das gilt vermutlich auch für Hunde. Bei bestimmten Aufgaben haben die Angehörigen der Rasse, die für diese Aufgabe gezüchtet wurde, einen ererbten Vorteil. Ein Collie kann also von vornherein besser Schafe hüten als ein Boxer! Aber wenn man es dem Boxer vom Entwöhnungsalter an beibrächte, könnte er es wahrscheinlich auch ganz ordentlich.

Oft wird das Gedächtnis als Maßstab für Intelligenz genommen, aber wir wissen, daß das falsch ist. Auch bei den Menschen können sogar geistig zurückgebliebene Leute ein phänomenales Gedächtnis haben. Vielleicht besitzen sie, weil sie ihren Kopf nicht brauchen, um ihn sich über Politik oder höhere Mathematik zu zerbrechen, mehr geistige Reserven für die Speicherung von Dingen. Ein Hund kann sich an etwas erinnern, das ihn stark reizte, auch wenn der Reiz weit zurückliegt. Er kann beispielsweise nach langer Abwesenheit ein Haus betreten und schnurstracks in das Zimmer laufen, in dem er vor fünf Jahren Biskuits am Boden fand. Vermenschlichend nehmen wir in einem solchen Fall gern an, er sei »intelligent«, aber das stimmt nicht ganz. Wir erinnern uns ja auch an das Zimmer, ohne daß wir durch Geruch und Geschmack dafür belohnt wurden, und wir hatten in den Jahren seither an sehr viel mehr zu denken als der Hund.

Über die Möglichkeit, daß Hunde einen »sechsten Sinn« oder die Fähigkeit außersinnlicher Wahrnehmung haben, wird immer wieder geredet. Daß sie einen viel feineren Geruchssinn haben als Menschen, mag einen Teil der oft unglaublichen Geschichten von Spuren- oder Heimwegfinden erklären. Es kann auch sein, daß Hunde die magnetischen Kräfte der Erde wahrnehmen und dadurch einen zusätzlichen »Navigations-Sinn« haben. Wahrscheinlich aber sind der Sonnenstand, Steine mit bestimmten Gerüchen oder bestimmten Formen und ähnliche Faktoren dabei ausschlaggebender. Immerhin brauchen wir in bezug auf einen sechsten Sinn nicht allzu skeptisch sein; Zugvögel und Fische haben phantastische Orientierungsfähigkeiten, die der Mensch nicht zu erklären vermag, und warum sollten Hunde sie in bescheidenerem Maße nicht auch besitzen?

Auch über Telepathie wird oft diskutiert. Die im allgemeinen schärferen Sinneswahrnehmungen des Hundes bieten eine Erklärung für einiges, was man sich über telepathische Verständigung zwischen Hunden und Menschen erzählt. Vielleicht merken wir es nicht, aber es wäre doch möglich, daß wir einen andern Körpergeruch verströmen oder uns ein bißchen anders bewegen, wenn wir etwas Bestimmtes im Sinn haben. Hunde könnten diese winzigen Veränderungen wahrnehmen und darauf reagieren. Unbegreiflicher sind die Fälle von Verständigung über weite Distanzen. Doch auch hier wäre es voreilig, an Telepathie zu glauben und zu sehr an der Möglichkeit zu zweifeln, daß Hunde über Sinne verfügen, die uns unbekannt sind.

Um auf unseren Ausgangspunkt zurückzukommen, müssen wir versuchen, herauszubekommen, ob Hunde auf die gleiche Art denken wie Menschen. Denken sie die ganze Zeit ans Essen oder an läufige Hündinnen? Wahrscheinlich nicht. Wohl weil sie größere Wahrnehmungsfähigkeiten haben als der Mensch, verbringen sie mehr Zeit mit der gewissenhaften Erforschung ihrer Umgebung, auch wenn sie nicht unablässig schnüffeln. Wir sind uns meist gar nicht bewußt, wie unsere Umgebung riecht, weil die Gerüche nicht stark genug sind, um unsere Bewußtseins-

Unten: Der Saluki, eine altehrwürdige Rasse, ist sanft und anhänglich. Er ist ein echter Augenhund, d. h., er gebraucht für die Jagd fast ausschließlich seinen ausgezeichneten Gesichtssinn.

ebene zu erreichen. Wäre unser Geruchssinn so scharf wie der eines Hundes, würden wir vielleicht auch mehr Geist auf die ständige Analyse unserer Umwelt verwenden. Das ist nur *ein* Beispiel.

Es ist nicht anzunehmen, daß Hunde die meiste Zeit an etwas denken oder daß ihr Gehirn ständig in Denkprozesse verwickelt ist. Fast alles weist darauf hin, daß sie nicht imstande sind, Gedanken zu erzeugen, ohne daß sie dazu stimuliert werden. Der Geruch von Fleisch veranlaßt den Hund, aufzustehen und seine Futterschüssel zu suchen; Hunger kann das gleiche auslösen. Der Mensch hingegen ist fähig zu einer Gedankenkette, an deren Anfang kein äußerer Stimulus zu stehen braucht.

Mensch und Hund

Warum sind Hunde bei den Menschen so beliebt? Eigentlich geht es in unserem ganzen Buch um diese Frage, und die Antwort darauf ist vielschichtiger, als man im ersten Moment denken mag. Zweifellos waren es in erster Linie die praktischen Fähigkeiten des Hundes, die ihn so beliebt machten. Ein Gefährte, der beim Hüten und Jagen hilft und auch noch das Haus bewacht, bringt

Oben: Daß Pudel einst Gebrauchshunde waren, vergißt man leicht. Später wurden für den engen Umgang mit Menschen geeignete Schläge wie diese Zwergpudel herausgezüchtet.

Rechts: Jahrhundertelang war die Hasenjagd ein populärer Sport. Überall in Europa wurden spezielle Hunderassen dafür gezüchtet. Der Jura-Laufhund ist eine Züchtung aus der Schweiz und ein ausgesprochener »Hasenspezialist«.

alle Voraussetzungen mit, geschätzt zu werden. Obwohl sich in der modernen Industriegesellschaft neue Tätigkeitsbereiche für den Hund gefunden haben – vom Weltraumfahrer bis zum Polizeihund, der nach Rauschgift sucht – sind die Gründe für seine (sogar wachsende) Beliebtheit heute weniger praktischer als mehr psychologischer Natur. In einer anonymen Massengesellschaft, in der immer mehr Menschen unter Kommunikationsschwierigkeiten, Frustration und Streß leiden, ist der Hund ein schlichter, unkomplizierter Kamerad, auf dessen Treue man sich fest verlassen kann und der einem außerdem noch ein Überlegenheitsgefühl verschafft.

Hunde scheinen zu den wenigen Tieren mit offener Sozialstruktur zu gehören, d. h., ihr Drang, nur mit Artgenossen Gemeinschaft zu haben, ist nicht stark; auch andere Wesen haben in der Welt des Hundes Platz. Der Unterschied zu anderen Tieren ist ähnlich wie der zwischen einer offenen und einer geschlossenen menschlichen Gesellschaft.

Außerdem ist das Bedürfnis, gefällig zu sein, offenbar eine artspezifische Eigenschaft; Hunde sind immer glücklich, einen Meuteführer zu haben. Kein Wunder also, daß manche Leute sagen: »Seit ich die Menschen kenne, schätze ich die Hunde!« Ob man ein termingeplagter Erfolgsmensch ist oder ein Versager, der eine Schlappe nach der anderen einsteckt, dem Hund ist das völlig gleichgültig: Auf jeden Fall begrüßt er seinen Herrn mit stürmischer Freude.

Oben: In der Welt des Hundes haben auch andere Wesen als Hunde ihren Platz. Diese Dackelhündin stört es nicht im geringsten, daß ihre »Adoptivkinder« Katzen sind.

Rechts: Der Irish Water Spaniel ist eine ziemlich seltene Rasse. Sein eigenartig gelocktes Fell ist vollkommen wasserdicht.

Jagd- und Rennhunde

Hunde sind von Natur aus Lauftiere. Wenige können der Versuchung widerstehen, einer Fährte nachzuschnüffeln, ein Kaninchen zu jagen oder bei einem Spaziergang meilenweit vorauszulaufen. Alle Hundesportarten, besonders aber Jagd und Rennsport, sind mit diesem Instinkt verbunden.

Viele Leute finden die Jagd, vor allem mit Hilfe von Tieren, verwerflich; auf dem europäischen Kontinent sind Treibjagden denn auch weitgehend abgeschafft, aber in England spielen sie noch eine große Rolle. Die andere Meinungsrichtung nämlich sagt, die Jagd als Nahrungsbeschaffung sei für Mensch und Tier etwas vollkommen Natürliches, ebenso die Befreiung der Landschaft von unerwünschten Raubtieren und Schädlingen. Die Diskussion für oder gegen den Jagdsport wird wohl noch lange geführt. Wir wollen uns an ihr nicht beteiligen. Das Thema interessiert uns nur insoweit, als es für den Gegenstand unseres Buches von Bedeutung ist. Daß dabei weitgehend von britischen Verhältnissen ausgegangen wird, sei hier noch einmal ausdrücklich erwähnt.

Unten: Der Hundemeister trainiert die Meute den Sommer über in der Koppel, damit die Tiere für die Jagdsaison fit sind.

Oben: Diese Meutehunde werden am frühen Morgen aus ihrem Zwinger gelassen. Bald danach geht es fort zur Jagd.

Die Jagd

Es ist unmöglich, die Raubtierinstinkte von Hunden zu verleugnen. Alle Welpen tragen Scheinkämpfe aus; das beweist, daß sie mit dem Impuls «töten, um zu essen» geboren werden. Das zu mißachten, hieße dem Hund die Achtung versagen, die er als einer der erfolgreichsten Beutefänger in der Entwicklungsgeschichte verdient.

Die Hilfe des Hundes bei der Jagd ist dem Menschen von jeher wichtig gewesen. Innerhalb aller Hundegruppen gibt es Rassen, die entweder bei der modernen Jagd oder in der Jagdgeschichte eine Rolle spielen. Seit Erfindung der Schußwaffe haben sich die Jagdmethoden allerdings stark verändert, und auch der Hund mußte sich dieser Entwicklung anpassen. Heute ist die Jagd mit Hunden hauptsächlich auf Tiere beschränkt, die man dezimieren will, also auf Füchse, Ratten und Hasen. Bei allem, was man dagegen einwenden mag, erscheint es doch irgendwie »normaler«, daß die Beutetiere von Hunden als ihren natürlichen Feinden gejagt und getötet werden als von Menschen mit Fallen und Gewehren. Die Jagdhunde im eigentlichen Sinn wurden in den letzten Jahrhunderten vorwiegend in Verbindung mit Schußwaffen eingesetzt; auf sie kommen wir später zurück.

Für die Treibjagd wurden ihres Jagdverhaltens wegen nur Rassen der Windhund- und Erdhundgruppen gezüchtet. Innerhalb dieser Gruppen werden heute aber nur noch ganz wenige Rassen ausschließlich für die Jagd gebraucht. Obwohl alle Angehörigen dieser Gruppen nach wie vor eine starke Jagdbegabung haben, werden sie doch hauptsächlich als Ausstellungs- und Familienhunde gehalten. Diese Akzentverschiebung ist so extrem geworden, daß, wenn man einen solchen Hund allein für die Jagd haben will, es fast unmöglich ist, ein geeignetes reinrassiges Exemplar zu finden; man muß schon zu Kreuzungen Zuflucht nehmen, um zu dem gewünschten Exemplar zu kommen. Der verhältnismäßig neue Sport der Waschbärenjagd in Amerika hat beispielsweise zur Entwicklung des Amerikanischen Coonhound geführt, der eine Kreuzung ist, wenn auch zu achtzig Prozent Foxhound. Reinrassige Foxhounds hätten für die Waschbärenjagd nicht getaugt. Der Coonhound ist vom American Kennel Club noch nicht anerkannt.

Ähnlich verhält es sich mit dem tüchtigen Jack Russell Terrier. Trotz einiger Ausnahmen sind die meisten Foxterrier und andere anerkannte Terrierrassen einfach nicht geeignet, mit einem Fuchs fertig zu werden, wenn dieser am Boden ist. Schon zu Beginn dieses Jahrhunderts hatte die Forderung, sich an Rassestandards zu halten, auch die Foxterrier erfaßt. Trotzdem wollten einige Leute lieber Terrier von weniger perfektem Aussehen, dafür aber mit mehr »Schneid«. Einer von ihnen war Pfarrer Jack Russell, ein »Master of Foxhounds«. Er benutzte für seine De-von-Jagd jeden Typ eines drahthaarigen Foxterriers, der ihm gefiel. Daraus entwickelte sich ein ganz bestimmter Jack Russell-Terriertyp, der zwar immer noch unterschiedlich in Größe und Gestalt, aber allgemein viel glatter und kleiner ist als die Hunde, die der Pfarrer hielt. Und wegen dieser Unterschiede wird der Jack Russell Terrier vom Kennel Club noch nicht als Rasse anerkannt.

Schon früh wurden Jagdhunde entweder ihres Riech- oder Sehvermögens wegen ausgesucht. Diese Merkmale sind immer noch ausschlagge-

Oben: Während die Jäger über Taktik diskutieren, warten die Foxhounds geduldig auf Anweisungen.

Unten: Nach einem anstrengenden Jagdtag werden die Hunde zur Koppel zurücktransportiert und ausreichend gefüttert.

Oben: Die Meute wandert geduldig über Land und wartet darauf, die Spur des Fuchses aufnehmen zu können.

Unten: Diese Foxhounds arbeiten als Meute, aber innerhalb der Gruppe ist die soziale Rangordnung festgelegt.

bend. Das Aussehen von Windhunden und Terriern ist im großen ganzen vielleicht weniger wichtig als ihre Fähigkeiten und – davon abhängend – die Art, wie sie eingesetzt werden können.

Foxhounds und Fuchsjagd

Der Wurf bei Foxhounds ist im allgemeinen groß, es wurden schon 21 Junge gezählt! In der Regel werden sechs oder sieben aufgezogen. Die Welpen werden im Jagdzwinger geboren und unter der Aufsicht des Zwingerpersonals von der Mutter betreut. Mit etwa sechs Wochen werden sie entwöhnt, mit etwa zwölf beginnt die Ausbildung: Der Welpe wird dann dem »Geher« anvertraut. Das ist ein Landwirt, ein Mitglied der Jagdgesellschaft oder sonst eine interessierte Person, die den (oder auch mehrere) Welpen für einige Monate »adoptiert«. In dieser Zeit lernt der junge Hund, an der Leine zu gehen, sich unter Menschen und andere Hunde zu mischen und sich an Hoftiere zu gewöhnen. Daß er dabei so wenig wie möglich auf Hoftiere, Katzen und fremde Hunde reagiert, ist einer der wichtigsten Trainingspunkte.

Dann wird er für die »Welpenschau«, ein wichtiges Ereignis im Jagdkalender, an den Zwinger zurückgegeben. Alle Jungtiere nehmen mit ihren Gehern an diesem Wettbewerb teil, und der besterzogene Welpe wird prämiert.

Zurück im Zwinger, passen sich die jungen Hunde nun an die älteren und erfahrenen an und ordnen sich in das Meuteleben ein. Für Unterrichtsstunden koppelt man das Halsband eines jungen mit dem eines älteren Hundes zusammen, damit der junge am Beispiel des alten Hundes die Befehle des Jägers verstehen und befolgen lernt.

Die Jagdsaison dauert von November bis März. Ihr geht eine zwei- bis dreimonatige Periode voraus, in der Jagden auf Jungfüchse stattfinden, um den Fuchsbestand zu vermindern. In dieser Zeit sammelt der junge Hund seine ersten Jagderfahrungen.

Wenn der »Hundemeister« von den Jagdhunden spricht, zählt er sie nicht einzeln, sondern erwähnt sie stets nur als Paar. Allerdings kennt er jeden einzelnen bis in alle Details des Charakters und der Erscheinung – bemerkenswert, wenn man bedenkt, daß er zwischen vierzig und fünfzig Paare, oft auch noch mehr, betreut. Jeder Hund hat seinen Namen und hört auch darauf.

Im Zusammenhang mit der Fuchsjagd gibt es eine Menge besonderer Ausdrücke, wie ja überhaupt die Jägersprache für den Außenstehenden oft nur schwer verständlich ist. Daß der Hund keinen Schwanz, sondern eine »Rute« hat, ist bei Kynologen allgemein üblich, aber ein englischer Deckrüde zum Beispiel heißt in der Jägersprache merkwürdigerweise »Hengst«. Die Fuchsspur ist eine »Schnur« – man sagt auch, der Fuchs »schnürt« durch den Wald –, usw. Es gibt eine Fülle solcher Ausdrücke.

Das Leben in der Meute ist streng planmäßig. Das Fütterungsschema beispielsweise wird genau eingehalten, ob die Meute nun auf der Jagd ist oder nicht. Mit vollem Magen würde ein Jagdhund nicht gut arbeiten, daher bekommt die Meute unmittelbar vor der Jagd keine reiche Mahlzeit. Das Essen besteht gewöhnlich aus einer Mischung von gekochtem Fleisch, Getreideflocken, Kleie und Fleischsauce, und diese puddingähnliche Masse wird in Trögen verfüttert, aber nicht à discrétion. Der Hundemeister nimmt die schüchternen Esser zuerst aus ihren Boxen, damit jeder einen gerechten Anteil erhält. Das Fleisch für die Meute kommt meist von Hoftieren, die an einer ungefährlichen Krankheit oder durch einen Unfall eingegangen sind. Es wird vom Zwingerpersonal auf den umliegenden Bauernhöfen eingesammelt, entweder gratis oder für einen symbolischen Preis.

Rechts: Die Hunde strecken ihre Nasen aus dem Trailer, mit dem sie zum Jagdtreffen gebracht werden, und wittern nach vorüberziehenden Gerüchen.

Unten: Diese Foxhound-Welpen sollen später in eine Meute aufgenommen werden und schon bald eifrig Fuchsfährten wittern.

In der Saison geht die Meute zwei-, dreimal in der Woche auf die Jagd, und jedesmal werden dafür fünfzehn bis zwanzig Paare ausgewählt.
Wenn die Hündinnen in Hitze sind, werden sie von der Meute getrennt, allein gefüttert und ausgeführt und nicht mit auf die Jagd genommen. Entschließt man sich zur Zucht, läßt man die Hündin von einem Rüden der eigenen oder einer fremden Meute decken, je nachdem, was für Eigenschaften besonders erwünscht sind. Die Qualität der Meute hängt von sorgfältiger Zuchtwahl ab.

Die trächtige Hündin wird nach den ersten paar Wochen der Schwangerschaft ebenfalls nicht mehr zum Jagen mitgenommen, lebt aber in der Meute bis ungefähr einen Monat vor der Niederkunft. Dann kommt sie in einen eigenen Zwinger und genießt besonders viel Freiheit, bis die Welpen da sind. Erst nach der Entwöhnung kehrt sie in die Meute zurück.

Ein uralter Sport ist die Fuchsjagd übrigens nicht. Ursprünglich waren es Hirsche, die auf diese Weise gejagt wurden; erst in der Mitte des achtzehnten Jahrhunderts wurde die Jagd auf Füchse Mode.

Der Foxhound selbst ist dagegen von sehr alter Abkunft. Wahrscheinlich wurde er von den Normannen, die die Hirschjagd liebten, aus Frankreich nach Großbritannien mitgebracht. Von diesen schweren St. Hubertushunden, die auch die Ahnen der Bloodhounds sind, hat der Meutehund seine »feine Nase«.

Schon früh wurde die Zucht kontrolliert und registriert: Das Foxhound Kennel-Stammbuch wurde im Jahre 1800 angefangen und seither ununterbrochen veröffentlicht. Die Fuchsjagd selbst untersteht der *Masters of Foxhounds Association* (MFA), die 1881 vom Herzog von Beaufort gegründet wurde. Sie stellt strenge Regeln auf, an die sich alle Jäger zu halten haben.

Die meisten Leute sind, wenn sie zum erstenmal einen Foxhound sehen, erstaunt über seine Größe. Es ist ein kräftiges Tier mit festen, geraden Beinen. Das starke Knochengerüst, in sichtbar volle Muskeln verpackt, bildet eine fabelhafte »Jagdmaschine« mit Schnelligkeit und Ausdauer. Eine Meute läuft mühelos eine 64-km-Strecke, was bedeutet, daß der einzelne Hund gut 160 km zurücklegt. Foxhounds sind von edler Erschei-

Oben: Foxhound-Weibchen werden, solange sie hitzig sind, von den Rüden der Meute getrennt.

Unten: Jagen macht Durst!

einen Ausnahme natürlich! Sie sind zur Fuchsjagd abgerichtet, und jede Bösartigkeit Menschen oder andern Tieren gegenüber wird vom Hundemeister streng bestraft. Bei einem Jagdtreffen werden die Jäger von der Meute, besonders von den Hündinnen, mit großem Getue begrüßt, und bei Kindern sind Foxhounds überaus beliebt.

Trotz Anerkennung der Rasse gibt es große Unterschiede in Größe, Gewicht, Farbe und Gestalt. Je nach dem Jagdgelände suchen sich verschiedene Jäger auch verschiedene Hunde aus. Die größeren, langbeinigen und besonders schnellen werden zur Hauptsache für weites, offenes Land gezüchtet, während sich die kleineren, eher kurzbeinigen mit besonders starkem Riechvermögen ideal für hügeliges Waldland eignen.

Der »klassische« Foxhound ist dreifarbig: Er hat meist weiße Beine, lohfarbene Ohren und ein ebensolches Gesicht mit weißer Schnauze und Blesse sowie einen schwarz und lohfarben gefleckten Körper; aber auch andere Farben kommen vor. In Schottland und Irland sieht man oft schwarz-und-lohfarbene, aber auch völlig weiße sind keine Seltenheit. *Badger pied* heißen im Englischen helle Hunde mit grau gestichelten Flecken.

Beagles

Der Beagle ist insofern eine Rarität unter den Jagdhunden, als er die Aufgabe, für die er ursprünglich gezüchtet wurde, noch immer erfüllt: in England die Hasen-, in Amerika die Wildkaninchen-Jagd. Die Geschichte dieses Laufhundes läßt sich bis ins 15. Jahrhundert zurückverfolgen, und es gibt Hinweise, daß die Rasse schon im 3. Jahrhundert v.Chr. in Giechenland existierte.

Der europäische Beagle des 19. Jahrhunderts wurde kleiner gezüchtet als heute. Man nannte ihn »Taschen-Beagle«, weil er in den – allerdings geräumigen – Jackentaschen der Jäger Platz hatte. Seine Schulterhöhe betrug damals nur 25 cm, während der Standard heute 32,5–40 cm vorschreibt. Beagles sind in allen Jagdhundefarben zu finden, am beliebtesten sind wohl die dreifarbigen, also schwarz-weiß-lohbraun, aber auch gelb- und-weiß, dachsfarben, lohbraun mit weiß und viele andere Farben und Fleckungen kommen vor. Auf den ersten Blick gleichen die Beagles kurzbeinigen Foxhounds, aber sie haben eine gewölbtere Stirn und eine noch edlere Haltung.

Beagles gehören in England zu den jährlich registrierten 25 beliebtesten Rassen – vielleicht weil sie so adrett, handlich und fröhlich sind. Ihr Temperament ist ausgeglichen, und sie kommen gut mit Kindern und anderen Hunden aus. Trotzdem haben sie als Familienhunde gewisse Nachteile: Sie können störrisch und launisch, gelegentlich sogar zerstörungswütig sein, und ihr Bedürfnis, herumzustreifen, ist naturgemäß groß – es legt sich etwas, wenn sie mit anderen Hunden zusammen gehalten werden.

nung. Der breite, leicht gewölbte Schädel mit dem kräftigen stumpfen Fang gibt ihm etwas Aristokratisches, ist aber vor allem das beste Werkzeug zum Verfolgen von Fährten, zum Verbellen und schließlich Töten der Beute.

Daß Foxhounds hinterhältig sind, ist eine falsche Behauptung, die aus Unkenntnis kommt. Sie sind allen Geschöpfen gegenüber gutartig, mit der

Hasenjagd

Jahrhundertelang war die Hasenjagd ein populärer Sport. Heute kommt er in Großbritannien wieder sehr in Mode, und in Amerika haben Beagle-Prüfungen einen enormen Zulauf. Die klassische Hasenjagdsaison dauert in England von September bis April und mit Trainingsrennen auch den Sommer über. Jagdpartien sind über die Wochenenden besonders beliebt. Die Häufigkeit hängt von dem zur Verfügung stehenden Gelände und von der Anzahl der Teilnehmer ab. Mehr als zwei-, höchstens dreimal pro Saison soll ein Landstück nicht bejagt werden. »Hasengebiet« ist meist offenes Weide- und Ackerland. Die Größe der Meute ist unterschiedlich; zwölf bis fünfzehn Paare gelten als gut lenkbar.

Die Kosten für Reitpferde und deren Unterhalt fallen bei der Hasenjagd zwar weg, aber es bleiben trotzdem noch beträchtliche Spesen: Die Hunde müssen gefüttert werden, die Löhne des Hundemeisters und des Zwingerpersonals sind zu zahlen, für Transport und tierärztliche Betreuung usw. muß gesorgt sein.

Meute-Beagles werden ganz ähnlich gehalten wie Foxhounds. Sie leben in eigens gebauten Zwingern mit Futtertrögen und Auslauf. Zur Jagd nimmt man sie meist in Lastwagen oder kleineren Transportern mit. Wie bei der Fuchsjagd ist der Start gewöhnlich bei einem öffentlichen Gebäude, einem Bauernhof oder sonst einem Haus, dessen Besitzer dem Sport wohlgesonnen ist. Der Master geht voraus, ihm folgen die Hunde, dann kommen die Hundeführer und schließlich das Teilnehmerfeld.

Im eigentlichen Jagdgebiet schwärmen die Hunde aus und suchen die Hasenfährte, und die Jäger haben alle Mühe, mit ihnen Schritt zu halten. Man muß schon außerordentlich fit sein, um jeden Weg und Umweg der Meute mitzumachen. Von Natur aus folgen die Beagles *jedem* Geruch, aber eine gute Meute soll »spurfest« sein (d.h., den Geruch von Füchsen, Katzen, Wieseln usw. ignorieren und nur die Spur des Hasen aufnehmen, auch wenn sie »kalt« ist).

Auf der Spurensuche sind die Hunde meist still, aber sobald sie eine Fährte ausgemacht haben, »geben sie Laut«. Je heißer die Spur wird, desto aufgeregter, lauter und eindrücklicher ist ihr »Geläut«. Nun müssen die Hundeführer und das Feld sofort aufschließen, und einer der Hundeführer signalisiert durch einen lauten Ruf, daß er die Beute gesichtet hat.

Zuletzt gilt es, den Hasen einzuholen und zu erlegen. Keine leichte Aufgabe, wenn man bedenkt, wie schnell und geschickt ein Hase ist und wie er mit den Kreisen, die er zieht, die Hunde in Verwirrung bringen kann.

Haben die Hunde einen Hasen getötet, werden sie auf ein anderes Gelände gebracht, um eine neue Spur zu suchen. Nicht selten aber vergeht ein ganzer Jagdtag »blind«.

Wenn die Beliebtheit der Hasenjagd weiter so zunimmt, wird es auch immer mehr Beagle-Meuten geben. In England bestehen einige »altehrwürdige«, teilweise mit Schulen, Universitäten, öffentlichen und privaten Institutionen und Gesellschaf-

Ganz oben: Es kommt vor, daß Beagles auf der Jagd nach Hasen die Fährte verlieren. Man nennt das einen »Check«.

Oben: Eine Gruppe Laufhunde wartet auf den nächsten Befehl des Jägers.

Unten: Vor dem »Los!« bemächtigt sich gespannte Erregung der ganzen Meute.

Oben: Der schwere Basset Hound wird für die Hasenjagd verwendet; die Jäger folgen zu Fuß.

Unten: Der Basenji stammt ursprünglich aus Afrika. Auch heute noch brauchen ihn die Sudanesen für die Antilopenjagd und zum Aufstöbern von Großwild.

ten verbundene Zwinger. In Amerika wird mit Beagles außer dem bereits erwähnten Wildkaninchen auch zuweilen der Europäische Hase, der Eselshase oder der Schneehase gejagt.

Hundeproben in den USA und Kanada

Hundeproben mit Beagles sind in Nordamerika ein beliebter Sport, zahlreicher als alle übrigen Hundeprüfungen zusammen. Die Proben dauern mehrere Tage; oft nehmen an einem einzelnen Wettkampf mehr als 200 Hunde teil.
Die Beagles werden nach Geschlecht getrennt und nach Größe in Gruppen aufgeteilt. Das Wildkaninchen wird paarweise, der Hase im Pack gejagt. Die berittenen Richter geben Punkte für Stil, Schnelligkeit und Ausdauer. Alles wikkelt sich nach strengen Regeln ab, aber diese Hundeproben sind für Zuschauer, Hundebesitzer und die Tiere selbst interessant und vergnüglich.

Beagle-Ausstellungen

Wie bei den Foxhounds, ist eine Schau von Beagles bei der Arbeit vorwiegend etwas für die Meutebesitzer und Jäger. Sie wird in Großbritannien nach den Vorschriften der *Association of Masters of Harriers and Beagles* und in den Vereinigten Staaten durch den *National Beagle-Club* durchgeführt. Bei bedeutenden Ausstellungen dieser Art werden die Hunde im Ring nach ihrer Verfassung und der Geschmeidigkeit ihrer Bewegungen beurteilt.

Harriers

Harriers hat man für die Hasenjagd immer besonders gern genommen. Früher folgte man ihnen zu Fuß, heute reitet das Feld der Meute nach. Harriers haben eine Schulterhöhe von 47–52 cm und stehen im Aussehen ziemlich genau in der Mitte zwischen Foxhound und Beagle, abgesehen vom schmaleren Gesicht. Infolge des Aufkommens der Fuchsjagden sind Harriermeuten aber selten geworden.

Basset Hounds

Wie bei so vielen Jagdhunden, ist auch beim Basset die Abstammung nicht völlig klar, obwohl die Ursprungsländer mit Sicherheit Frankreich und Belgien sind. Vermutlich entstand der Basset durch Selektivzucht vom französischen St. Hubertushund in Richtung auf einen niedrigeren, schweren, ausdauernden Hund, der sich hinter Wildschweinen, Hirschen, Wölfen oder auch Hasen her einen Weg durch Gestrüpp und Unterholz brechen konnte. Bassets haben zwei hervorstechende Eigenschaften: einen fabelhaften »Riecher«, der es sogar mit dem des Bloodhound aufnimmt (bestimmt sind auch Bloodhounds in die Rasse eingekreuzt worden), und ein besonders melodisches »Geläut«.
Trotz ihrer Massigkeit bewegen sich Bassets erstaunlich flink, wenn der Jäger auch leichter mit ihnen Schritt halten kann als mit Beagles. In England jagen einige wenige Meuten unter der Herrschaft der *Masters of Basset Hounds Association,* die 1959 auch für die Aufnahme des English Basset Hound – des Produkts einer Einkreuzung in der ersten Hälfte dieses Jahrhunderts – ins Stammbuch sorgte.
Auch bei dieser Rasse gibt es einen ziemlichen Unterschied zwischen dem Ausstellungs-Basset und dem jagenden English Basset. In Amerika gibt es Hundeproben für Bassets, die denen für Beagles ähneln.
Die Gesichtsfalten und langen Ohren der Rasse verleiten oft zur irrigen Meinung, diese Hunde seien besonders trübselig. In Wirklichkeit sind es

unternehmungslustige, fröhliche Tiere, die kaum Charakterfehler aufweisen, aber viel Aufmerksamkeit und viel Bewegung brauchen.

Die Hetzjagd

Der heutige Hunderennsport soll aus dem Nahen Osten stammen. Bei Jagdrennen hetzen und töten Windhunde wie Salukis, Afghanen und Greyhounds Kleinhirsche, Gazellen und Hasen. Heute benutzt man fast nur noch Greyhounds, und Beutetiere sind Hasen. Gelegentlich hetzen auch Whippets, Deerhounds und Salukis hinter der Beute her.

Die Hunde werden in Sichtweite der Beute losgelassen und beim Versuch, die Beute zu fangen und zu töten, nach Geschicklichkeit und Stil beurteilt. Wir sagen »Versuch«, denn es wird durchschnittlich nur einer von vier Hasen tatsächlich erwischt. Die Hetzjagden wurden in England 1776 fest eingeführt, als Lord Orford den ersten Rennklub namens *The Swaffham* gründete. Die Saison dauert von Mitte September bis Mitte März. Bei diesen Hetzrennen verleihen die Richter Punkte für Schnelligkeit, für das Überholen des Partners (die Hunde laufen paarweise), für das Geschick, den Hasen von seinem Fluchtweg abzubringen, und andere Stilaspekte. In den letzten Jahren gerieten die Hetzjagden aber unter Beschuß von seiten der Gegner blutiger Sportarten, auch in England.

In Amerika steht dieser Sport nach wie vor in Blüte mit hochentwickelten Regeln. Gefangene Eselshasen werden in einer 410 Meter langen eingezäunten Bahn losgelassen und bekommen 27 Meter Vorsprung vor dem Hundepaar, das versuchen muß, sie vor den Durchschlupflöchern am Ende der Bahn zu erwischen. Dabei wird eifrig gewettet.

Waschbärenjagd, Prüfungen und Rennen

Der verhältnismäßig junge Sport der Waschbärenjagd in Amerika verlangt eine Menge vom American Coonhound. Dieser »Waschbärhund« wurde aus Foxhounds und Bloodhounds entwickelt. Da der Waschbär nachtaktiv ist, finden die Jagden gewöhnlich nachts statt, und die Hunde müssen bei der Verfolgung der Beute oft Sümpfe durchschwimmen.

Zu den konzessionierten nächtlichen Prüfungen gehören Jagdpartien im Wald, bei denen die Hunde freigelassen werden, um eine Waschbärenfährte zu suchen. Jeder Besitzer erkennt seinen Hund beim Aufnehmen der Spur an der Stimme und beobachtet zusammen mit dem Richter das Verhalten des Tieres bei der Verfolgung der Beute, bis diese schließlich in die Sicherheit eines Baumes entkommt.

Auch bei Tag werden Rennen durchgeführt. Dabei werden die Hunde in einem Wasserlauf gestartet und müssen auf eine Kiste zuschwimmen, in der der Waschbär auf dem Wasser treibt. Während sich die Hunde nähern, wird die Kiste an einem Seil ans Ufer und zu einem Baum gezogen. Sieger ist, wer als erster den Baum erreicht.

Vorsteh- und Apportierhunde

Wenn man an die Arbeit der Vorsteh- und Apportierhunde denkt, drängt sich unwillkürlich das Bild von Moor, nassem Heidekraut, Tweedhosen, Jägermützen und Doppelflinten auf, von schimmernden Federn toter Vögel in den Fängen edler, dampfender Spaniels und Retriever. Zu

Oben: Obwohl in erster Linie Gebrauchstiere, dürfen Jagdhunde ab und zu auch im Ausstellungsring glänzen.

Unten: Terrier sind oft Schwerarbeiter. Diese beiden sind typische Gebrauchsjagdhunde.

Oben: Die allerletzte Jagd des Jahres für diese Cambridgeshire Hounds! Außerhalb der Saison werden Meutehunde regelmäßig trainiert, damit sie für ihre Arbeit fit bleiben.

Unten: Der Schiedsrichter ist bei der Hasenjagd immer beritten, um einen guten Überblick über das Geschehen zu haben.

dem Bild gehört ein bestimmter sozialer Hintergrund und ein romanhafter viktorianischer Pomp. Natürlich ist das ein völlig überholtes Bild, das wenig mit der Wirklichkeit zu tun hat. Zwar gibt es in England noch organisierte Jagden im alten Stil für Aristokraten in kostspieliger Aufmachung. Ein hoher Prozentsatz der gut ausgebildeten Hunde aber gehört Kleinbauern, landwirtschaftlichen Angestellten oder sonst jemandem, der gern mit einem Gewehr durch die Landschaft streift und hofft, einmal ein Kaninchen, eine Taube oder gar einen Fasan erlegen zu können. Manchmal gehören diese Hunde sogar Leuten, die überhaupt nicht schießen, aber mit ihren Tieren arbeiten und an den Wettbewerben teilnehmen, von denen später noch die Rede sein wird.

Über die Ursprünge dieser Hunderassen wurde bereits berichtet; es sei nur nochmals wiederholt, daß die Zusammenarbeit mit dem Jäger natürlich nicht älter ist als die Erfindung des Gewehrs. In ihrer Entwicklung zum heutigen Stand hin waren die meisten dieser Hunde aber schon weit vorgeschritten, lange bevor man Gewehre für die Jagd auf Federwild benutzte.

In Amerika umfaßt die »Sporting Group« genannte Abteilung des American Kennel Clubs die Pointer, Setter, Spaniels und Retriever. Im British Kennel Club figurieren sie alle unter »Gundogs«. Es ist allerdings irrig, zu glauben, daß *nur* diese Rassen gute Vorsteh- und Apportierhunde abgeben. Viele Bastarde, Kreuzungen, Gebrauchshunde und sogar Zwerghunde betätigen sich als erfolgreiche Stöberhunde (d. h., sie stöbern das Versteck eines Vogels oder Kaninchens auf und zwingen das Tier, aufzufliegen bzw. davonzurennen). Einige Hirtenhunde lassen sich zu hervorragenden Apportierhunden erziehen. Schließlich ist der Jagdtrieb – und der steckt ja hinter den verfeinerten Leistungen eines Vorsteh- oder Apportierhundes – ein grundlegendes Verhaltensmerkmal aller Hunde.

Zusammenarbeit mit dem Jäger

Die Arbeit der Vorsteh- und Apportierhunde läßt sich in drei Stufen einteilen: Erstens, sie stöbern die Beute auf und melden dem Jäger den Standort; zweitens, sie scheuchen sie auf, und drittens, sie bringen dem Jäger das erlegte Tier. Das Stöbern und Melden ist die große Stärke der Pointer und Setter und besonders wichtig in weitem Ge-

Oben: Otter Hounds sind heutzutage recht selten. Die großen, zottigen Tiere sind berühmt für ihr schönes »Geläut« und ihr hervorragendes Riechvermögen.

Rechts: Zwei schön assortierte Beagles. Wie die Foxhounds, werden auch Beagles in Paaren gezählt, zur Jagd gehalten und ausgestellt.

Oben: Der English Springer Spaniel ist ein anpassungsfähiger Jagdhund mit guter Eignung zum Apportieren.

Unten links: Der Deutsch Kurzhaar ist als Jäger ein »Hansdampf in allen Gassen«.

Unten rechts: Zwei Vorstehhunde bei der Arbeit im Moor. Die Hündin »steht«, der Rüde deckt ihr den Rücken.

lände, vor allem in Moorgebieten, wo das Versteck der Vögel erst einmal angezeigt werden muß. Würden die Vögel gleich aufgescheucht, so wären sie meist noch viel zu weit vom Schuß.

Die Hunde laufen weit voraus, suchen mit ihren feinen Nasen in der Luft nach dem Geruch der Vögel. Sobald ein Vogel an seinem Platz entdeckt ist, bleibt der Hund mit hochgerecktem Kopf und, das ist die klassische Haltung, erhobener Vorderpfote wie erstarrt stehen. Er befindet sich wenige Meter von der Beute entfernt, die sich, hypnotisiert von der Anwesenheit des Hundes, ebenfalls reglos verhält. Der Jäger hat jetzt aufgeschlossen. Auf sein leises Kommando hin prescht der Hund vor und scheucht den Vogel auf, der damit dem Jäger ein gutes Ziel bietet.

Pointer und Setter sind für diese Arbeit bestens geeignet. Sie sind ruhig – geräuschvolle Hunde würden die Jagd verderben – und verstehen es, sich zu beherrschen und dem leisesten Wink ihres Herrn zu folgen. Sie müssen außerdem sehr ausdauernd sein, denn ein Tag im Moor, kreuz und quer über schweren Boden, bedeutet das Zurücklegen weiter Strecken. Der Pointer ist das Musterbeispiel eines feinen »Vogelriechers«, obwohl die drei Setterrassen diese Eigenschaft heute ebenfalls besitzen. Am populärsten ist der zähe, aber anmutige English Setter. Der Gordon Setter von schottischer Abkunft ist etwas schwerer, und der Irish Setter ist der schöne Rote mit dem leichten, hohen Bau. Zwei schwere Fehler können bei Pointern wie bei Settern vorkommen: daß sie die Vögel nämlich umkreisen und damit die Jäger in Gefahr bringen, aufeinander oder auf die Hunde zu schießen, oder daß sie »falsch anzeigen« und einen Vogel melden, der längst nicht mehr da ist. Beides kommt oft bei Hunden vor, die nicht zu den Vorstehrassen gehören.

Der Deutsch Kurzhaar und seine lang- und drahthaarigen Vettern sind nicht nur sehr brauchbare Vorstehhunde, sie sind überhaupt der »Hans Dampf in allen Gassen« der Jägerei. Das gleiche gilt für die Weimaraner, die ebenfalls sowohl vorstehen als auch stöbern und apportieren können. Ganz andere Voraussetzungen verlangt die Jagd in unübersichtlichem Gelände mit Unterholz oder Wald. Dafür braucht man einen derberen, niedrigeren Hund mit starken Beinen und breiter Brust, der aber trotzdem die feine Nase eines Jagdhunds haben muß.

Man stelle sich eine dichte Hecke mit einem Graben zu beiden Seiten vor, die sich über ein langes Wiesengelände zieht. Das könnte das Versteck ganzer Familien von Fasanen, Rebhühnern und anderem Federwild, aber auch von Wildkaninchen sein. Nur ein kräftiger, niedriggebauter Hund, der den starken Wunsch und die Fähigkeit hat, diese Tiere durch Dickicht, Gräben und Wiesen zu verfolgen, kann dafür sorgen, daß die potentielle Beute nicht verlorengeht. Das ist die Domäne einer ganzen Reihe von Rassen: Spaniels, Retriever, Deutsche Vorstehhunde, ungarische Vizslas, Weimaraner usw.

Der englische Springer hat sich auf diesem Gebiet bestens bewährt und ist in der ganzen Welt bekannt geworden. Ursprünglich wurde die Ras-

Rechts: Die Ausdauer des Labradors ist legendär. Die Rasse stammt von der kanadischen Ostküste und wurde im frühen 19. Jahrhundert bei den englischen Jägern sehr beliebt. Heute sind Labradors überall zu Hause, wo gute Jagdhunde geschätzt werden.

Unten: Obwohl die Retriever in Farbe und Größe unterschiedlich sein können, haben sie eines gemeinsam: Sie bringen dem Jäger die Beute, ohne sie zu beschädigen. Von links nach rechts: Labrador, Glatthaariger, Golden und Kraushaariger Retriever.

se gezüchtet, um Federwild ins Netz zu treiben, aber die leberbraunen, roten oder schwarz-und-weißen Hunde sind auch gute Apportierer. Der etwas kleinere Welsh Springer mit der schmaleren Schnauze verrichtet die gleiche Arbeit. Der Cocker Spaniel mit den langen Ohren und dem üppigen Haarkleid wiegt rund 13 Kilo. Er ist heute ein erfolgreicher Ausstellungshund. Clumbers sind viel schwerer, bis zu 32 Kilo. Sie sind knochig, muskulös und ausdauernd, aber weniger energisch und weniger populär als der Cocker. Der seltene Field Spaniel, der aussieht wie eine Kreuzung zwischen einem Springer und einem Cocker, sowie der Sussex Spaniel kommen wirklich nur vereinzelt vor, ebenso der Irish Water Spaniel, der fast einem Pudel gleicht. Er ist langbeiniger, und sein dichtes, öliges Fell hängt in Ringellöckchen herab.

Eine interessante, verfeinerte Einzelheit dieser Jagdform ist das »Über-den-Hund-Schießen«: Ob Pointer, Setter, Springer oder Spaniel, der Hund wird dazu erzogen, sobald er das Wild aufgestöbert oder aufgescheucht hat und der Jäger schußbereit ist, sich zu Boden fallen zu lassen, um das Ziel freizugeben. Noch raffinierter ist der Hund, der danach den Kopf hebt, um zu sehen, wo der Vogel herunterfällt, um ihn schnell und akkurat bringen zu können.

Ein Stöberhund kann manchen Fehler zeigen; ein häufiger ist das »Lautgeben«, wenn die Beute noch weit entfernt ist, ein anderer das ungenaue Durchsuchen des Unterholzes nach der Beute. Während Spaniels und andere sowohl stöbern als auch apportieren, ist in den letzten Jahren das Einbringen des geschossenen Federwildes die Hauptfähigkeit der Retriever geworden. Dazu gehört Schnelligkeit, Präzision und Behutsamkeit. Niemand mag einen vom Apportierhund zerfetzten Fasan essen oder eine verletzte Ente leidend wegflattern sehen, während der Hund

Oben: Der Sussex Spaniel ist leider sehr rar. Er wurde gezüchtet, um bei der Jagd durch Dorngestrüpp vorstoßen zu können.

Links: Durch Zuchtwahl ist der Field Spaniel Ende des 19. Jahrhunderts beinahe zugrunde gerichtet worden.

Unten: Vom Irish Water Spaniel weiß man mit Sicherheit nur, daß er zu den ältesten Hunderassen gehört.

ganz anderswo einen Graben durchsucht. Alle Retriever-Arten sind nicht nur gute Bringer, sondern auch leistungsfähige Stöberhunde. Deshalb sind sie in den letzten 50 Jahren zu Lieblingsbegleitern der Jäger geworden. Dieser Aufstieg ist bemerkenswert, weil sie nicht nur die altbekannten Stöberhunde weitgehend verdrängt haben, sondern selbst ursprünglich gar nicht für diese Arbeit gezüchtet wurden. Das spricht für ihre Anpassungsfähigkeit, dank derer sie auch zu Familienhunden, zu Spürhunden bei Polizei und Militär und zu ausgezeichneten Blindenhunden wurden.

Der bekannteste Retriever ist der Labrador, der schwarz, gelb oder – seltener – schokoladenbraun sein kann. Dieser feine und doch kräftige Hund braucht kaum beschrieben zu werden, denn er ist in der ganzen Welt beliebt und wird überall gehalten.

Der Golden Retriever ist ein bißchen leichter gebaut, hat jedoch den gleichen gutartigen Charakter und auch dieselben hervorragenden Jagdeigenschaften. Das dichte, sanftgewellte Fell braucht nur ein Minimum an Pflege. Die glatthaarigen Retriever haben noch leichtere Knochen und einen etwas längeren Fang als Labrador und Golden, sind aber viel seltener, und das ist schade, denn sie sind die gleichen großartigen Könner wie die kraushaarigen, die Curly-coated Retriever, die sich besonders für die Arbeit im Wasser eignen. Und schließlich ist da noch der Chesapeake Bay Retriever, der Wasser-Retriever par excellence, der aber nicht sehr verbreitet ist.

Die Ausbildung

Vorsteh- und Apportierhunde erben ihr Talent, wie so viele andere Aspekte ihres Verhaltens auch, von den Eltern. Welpen von guten Jagdhundeeltern sind solchen aus mittelmäßiger Familie von Anfang an überlegen. Aufgezogen werden sie im allgemeinen wie andere junge Hunde: viel Kontakt mit Menschen, Sozialisierung mit andern Hunden und Tieren und Gelegenheit zu »Forschungsreisen«. Diese Streifzüge sollten immer durch das Gebiet führen, in dem der Hund später arbeiten wird. Es ist kein Vorteil, einen jungen Spaniel erst spät zu einem Lauf durchs Gestrüpp oder einen Retriever zum Planschen in einem Bach mitzunehmen, obwohl einige altväterische Jäger behaupten, Welpen sollten bis zum Alter von acht Monaten von der Jagd ferngehalten werden.

Wenn der Welpe drei Monate alt ist, kann man ihm schon einfache Kommandos beibringen und ihn lehren, auf den Ton der Trillerpfeife zu kommen; dabei wird er jeweils mit einem Häppchen belohnt, wenn er richtig pariert, um die Assoziation Futter–Pfeife herzustellen. Auf Pfeifsignal stehenzubleiben, wird oft in Verbindung mit Armbewegungen des Lehrmeisters eintrainiert, so daß der Hund jederzeit sogar im vollen Lauf gestoppt werden kann. Das Befolgen einfacher Be-

Rechts: Cocker Spaniels gehören zu den beliebtesten Familienhunden. Obwohl ursprünglich für die Jagd gezüchtet, werden sie heute nur noch wenig für diese Aufgabe eingesetzt.

Unten: Selbst im Ruhezustand zeigen die Pointer Wachsamkeit und Einsatzbereitschaft.

fehle wie *Sitz!* und *Platz!* ist lebenswichtig, aber für ein junges Hündchen, das seinem Meister am liebsten immer an der Ferse bleibt, nicht leicht zu begreifen.

Das Bringen ist vielen Hunderassen angeboren, doch ist ein guter Apportierer einiges mehr als einfach ein Hund, der alles anschleppt, was er findet. Er muß den geschossenen Vogel genau sichten, nur auf Kommando holen, schnell bringen und abliefern. Ein junger Hund lernt das meist mit einem Stück Holz, wenn möglich mit Leder oder Federbalg überzogen, später mit einem toten Vogel oder ausgestopften Kaninchen. Es gibt auch raffinierte Ausrüstungen, bei denen die Attrappe weggeschleudert wird und zugleich etwas wie ein Gewehrknall ertönt. Bei sanfter, geduldiger Abrichtung lernt der Hund apportieren, ohne grobe Fehler zu machen, wie etwa den Vogel zu verlieren, aufzufressen, durch scharfes Zubeißen zu beschädigen oder gar, was am ärgerlichsten ist, in einiger Entfernung vom Jäger stehenzubleiben und die Ablieferung zu verweigern. Ganz allmählich werden junge Hunde an Schüsse gewöhnt, indem man erst in der Ferne, dann immer näher ein Gewehr abfeuert. Das ganze kann einige Wochen dauern; wichtig ist, daß der Hund beim Knall ruhig bleibt und nicht »schußscheu« wird.

Die ganze Ausbildung ist für Hund und Betreuer eine lange, anspruchsvolle Aufgabe. Sie verlangt einiges Spezialwissen und dazu, wie übrigens jedes Hundetraining, eine gute Portion gesunden Menschenverstand. Heute gibt es Ausbilder, die eigentliche Schulen für die Abrichtung von Vorsteh- und Apportierhunden unterhalten.

Hundeproben
In Großbritannien sind Hundeproben vom Kennel Club anerkannt und strengen Regeln unterworfen. Den Titel eines *Field Trial Champion* erhält ein Hund, der eine bestimmte Zahl offener Wettbewerbe gewonnen hat. Es gibt drei Hauptsektionen – Spaniels, Retriever, Pointer und Setter – und eine Untersektion für Deutsch Kurzhaar und andere Allround-Jagdhunde. Die Prüfungen finden unter normalen Jagdbedingungen statt, und zwar mit echten, nicht »aufgepflanzten« Vögeln. Die Prüfung ist für die Hunde also sozusagen ein gewöhnlicher Arbeitstag, nur daß Richter anwesend sind. Allerdings gibt es für jede Sektion gewisse Besonderheiten. Pointer- und Setterprüfungen werden außerhalb der normalen Saison abgehalten, denn die Vögel werden *nicht* abgeschossen. Es wird nur geknallt, um den Hunden das Gefühl vollbrachter Leistung zu geben. Die Hunde suchen paarweise die Vögel im Moor. Der erste Hund steht vor, und sein Betreuer hebt die Hand; dann bringt er den Richter an die Stelle, der zweite Hund steht in gleicher Haltung hinter dem ersten, der erste scheucht den Vogel auf, und dann werfen sich beide zu Boden, während der blinde Schuß über ihren Köpfen knallt. Das Los entscheidet, welche Hunde auf welche weiteren Runden gehen. Weil aber ein Hund Pech haben und ein wildarmes Feld erwischen kann, entscheiden die Richter über die erste, zweite, dritte und die Reserverunde.

Spanielprüfungen finden mit verschiedenem Wild, aber allgemein in Gelände mit viel Gestrüpp und Unterholz statt. Die Hunde werden nach ihrem Geschick im Aufstöbern und ihrer Ausdauer, ihrer Fähigkeit zu warten, bis sie zum Bringen aufgefordert werden, und ihrem guten Apportieren beurteilt. Dabei wird jeder Hund von zwei Richtern begutachtet.

Retrieverprüfungen werden auch während der Jagdsaison durchgeführt. Drei oder vier Richter achten auf die Fähigkeit der Hunde, bei Fuß zu bleiben und zu warten, bis die Vögel geschossen sind. Dann muß der Betreuer seinen Hund losschicken, und die Punkte werden je nach Schnelligkeit und Behutsamkeit der Ablieferung vergeben. Fehler, zum Beispiel ungeduldiges Winseln, Wasserscheu oder zu festes Packen der Beute, werden bestraft, dagegen ist der »Stil« natürlich subjektiv und schwierig zu benoten.

Die Allgemeinprüfungen für Vorsteh- *und* Apportierhunde wie Deutsch Kurzhaar usw. schließen beide Disziplinen ein. Das zu verfolgende Wild ist lebendig, wird aber nicht geschossen.

Ein Champion der Hundeproben ist also ein echter Spezialist, dessen Tüchtigkeit bei der gewöhnlichen Jagdarbeit feststeht.

Die amerikanischen Hundeproben sind ganz anders, aber sehr populär. Sie umfassen Abteilungen für Pointer und Setter, Retriever und Spaniels, und zwar mit abweichenden Regeln für verschiedene Rassen innerhalb dieser Abteilungen. Die Regeln hat der American Kennel Club aufgestellt.

Unten: Der Labrador überbringt seinem Herrn das gejagte Federwild, ohne es mit den Zähnen zu beschädigen.

Links: English Setters sind zäh, aber anmutig. Sie haben eine feine Nase und sind gute Vorstehhunde. Als Haushunde brauchen sie viel Auslauf; sie eignen sich daher besonders gut für Familien mit lebhaften, unternehmungslustigen Kindern.

Oben: Golden Retrievers sind sehr kinderlieb, und außerdem ausgezeichnete Jagdhunde. Sie haben eine unglaubliche Ausdauer und viel praktischen Verstand.

Rechts: Der Afghane ist ein typisches Beispiel für die Eleganz der Windhunde. Die Rasse ist in Europa relativ neu. Die ersten Exemplare wurden um 1890 aus dem Mittleren Osten nach England gebracht.

105

Pointer und Setter werden nach ihrer Arbeit mit Vögeln bewertet, die ins Feld »gesetzt« worden sind. Retriever und andere Apportierhunde müssen »gesetzte« Enten und Fasane bringen. Bei den Spanielprüfungen, deren Teilnehmer fast ausnahmslos English Springer Spaniels sind, werden »gesetzte« Fasane gejagt, aufgescheucht, von »offiziellen Jägern« geschossen und von den Hunden apportiert. Diese amerikanischen Prüfungen sind streng, haben aber wenig zu tun mit normalen Jagdbedingungen.

In Großbritannien werden »Arbeitsprüfungen« für Jagdhunde immer populärer, um so mehr, als die Gelegenheiten für Hundeproben seltener werden und deren Kosten steigen. Die Techniken unterscheiden sich dabei um einiges von denen bei den Hundeproben. Es wird mit Attrappen oder toten Vögeln gearbeitet. Die ganze Prozedur hat etwas Künstliches und kann nur mit Retrievern oder Spaniels durchgeführt werden, da ja tote Vögel oder Attrappen von Pointern und Settern nicht »aufgescheucht« werden können. Obwohl diese Arbeitsprüfungen nicht offiziell anerkannt sind, werden sie von Zuchtvereinen befürwortet. Glück und Zufall sind dabei ausgeschaltet, da die Bahnen vorbereitet und vorbestimmt sind. Die Attrappen wirft oder »setzt« man irgendwohin, auch ins Wasser, wo der Hund sie zu holen hat.

Auch wenn sie die Hundeproben niemals ersetzen, bieten diese Arbeitsprüfungen doch einen zusätzlichen Wettbewerb und eine ausgezeichnete Erfahrung für Neulinge – Hunde wie Halter.

Rennhunde

Hunderennen sind eigentlich eine humanisierte Form der Hetzjagd, und alle Rennhunde sind im Grunde Jagdhunde; die besten Windhunde, wie Greyhound, Whippet, Barsoi und Saluki, sind Hetzhunde, die dafür gezüchtet wurden, ihre Beute auf Sicht über flaches Land zu verfolgen, im Gegensatz zu den Spürhunden, die – wie etwa der Foxhound und der Basset – mit der Nase am Boden eilig die Spur der Beute aufrollen. Die Schnelligkeit der Windhunde ist erstaunlich. Im Verhältnis zum Körpergewicht ist der Greyhound auf kurze Distanz mindestens zwölfmal so schnell wie ein Rennpferd. Bei einem 1930 in Hooton Park in Cheshire durchgeführten Rennen zwischen einem Rudge-Motorrad, einem Lea Francis-Sportwagen, einem Rennpferd und einem Whippet war der Whippet die längste Zeit vorneweg, und der Motorradfahrer schaffte es nur knapp, das Rennen zu gewinnen.

Greyhound-Rennen

Der Hunderennsport ist wahrscheinlich so alt wie die Verbindung des Menschen mit dem Hund, aber organisierte Hunderennen sind verhältnismäßig neu. 1876 wurde auf einer Wiese bei London ein Schaurennen abgehalten, bei dem Greyhounds hinter einem ausgestopften Hasen auf einem Schienenwagen herliefen. Der Sport weckte zuerst wenig Begeisterung, weder in London noch bei ähnlichen Veranstaltungen in Miami, Florida. Erst 1909 begann eine Hunde-Rennbahn in Tucson, Arizona, die Massen anzulocken. Bald verhalfen weitere Bahnen und Stadien in Houston, Tulsa und im englischen Manchester dem Sport zu Popularität.

Heute sind Greyhound-Rennen in Großbritannien, den Vereinigten Staaten und Australien eine blühende Industrie. Organisationen wie der *National Greyhound Racing Club* und die *National Coursing Association of America* betreiben den Sport mit strengen Regeln für den Wettbetrieb.

Oben: In manchen Teilen Englands werden Jagdhunde-Wettbewerbe abgehalten. Man stellt den Hunden dabei Aufgaben, wie sie sie auch bei der Jagd lösen müssen. Hier studieren Teilnehmer mit ihren Retrievern die Wasserprüfung.

Oben links: Border Terrier sind klug und geschickt und als Familienhunde geradezu ideal.

Oben rechts: Wahrscheinlich wurde der Australian Terrier speziell für die Ratten- und Kaninchenjagd gezüchtet; er ist daher ein besonders beliebter Farmhund.

Unten: Whippets sind pfeilschnelle Läufer und lieben nichts so sehr wie eine Kaninchenjagd auf offenem Feld.

In Großbritannien gibt es sowohl Rennen unter der Ägide des National Greyhound Racing Club als auch in freien Bahnen ohne Lizenz. Die Hunde müssen nach den NGRC-Vorschriften mindestens 15 Monate alt und registriert sein – Farbe und Abzeichen sind bei den Offiziellen hinterlegt, und die Identität wird streng überprüft, damit keine Fälschungen eingeschmuggelt werden können.

Windhunde können auf der Bahn selbst oder aber privat trainiert werden. Das Training auf der Bahn bringt einen leichten Vorteil, wenn der Hund später auf dieser speziellen Bahn an einem Rennen teilnimmt, aber eher einen Nachteil, wenn er anderswo laufen muß. Zum Training gehört viel Marsch- und Laufarbeit, auch auf der Straße (damit die Füße stark und die Krallen kurz bleiben). Bei Prüfungen (Trial-Rennen) auf der Bahn sind als Zuschauer nur Besitzer und Trainer zugelassen, aber die Zeiten werden genau gestoppt. Mit Nahrung und Training wird ein bißchen Geheimniskrämerei getrieben – wie bei allen Rennsportarten. Traditionell wird in den Greyhound-Küchen die Mahlzeit aus gekochtem Fleisch, Haferflocken und verschiedenen »geheimen Zusätzen« zusammengestellt, wobei die Ernährung und medizinische Betreuung der Hunde heute etwas wissenschaftlicher ist als früher. Die wöchentlichen Rationen von Schwefeltabletten sind fast ganz verschwunden – und die Hunde sind glücklicher und gesünder.

Der Instinkt der Greyhounds, einen Hasen zu jagen, ist angeboren, auch wenn die Beute eine künstliche, elektrisch angetriebene Attrappe ist. Außerdem haben diese Hunde einen unersättlichen Wettkampfgeist. Die Flachstrecken variieren in der Länge zwischen 210 und 1100 Metern; die meisten sind ungefähr 457 Meter (500 Yards) lang. Das Greyhound-Derby geht über 480 Meter. An einem Flachrennen nehmen höchstens sechs Hunde auf einmal teil, an einem Hürdenrennen nicht mehr als fünf.

Die Hunde werden vor dem abendlichen Rennen veterinärmedizinisch untersucht. Vor oder nach dem Rennen werden auch Dopingkontrollen durchgeführt. Läufige Hündinnen dürfen nicht an Rennen teilnehmen. Dann wird dem Hund die Renndecke und ein leichter Maulkorb übergestreift, und man führt ihn in die Startbox. Wenn der »Hase« vorbeisurrt, werden die Lichter im Stadion gedämpft. Sobald er etwa 11 Meter vor den Boxen ist, geht das Gate auf, und die Hunde kommen herausgesaust. Der erfahrene Hasenlenker hält das Lockmittel immer knapp vor dem schnellsten Hund.

Das Tempo ist groß. Ein 480-Meter-Rennen dauert etwa 29 Sekunden, und nur Sekundenbruchteile liegen zwischen dem schnellsten und dem langsamsten Greyhound. Aber nicht die Schnelligkeit allein macht den Sieger oder Verlierer aus, sondern die Geschicklichkeit in den Kurven und die Fähigkeit, einen führenden Hund herauszufordern und zu stellen. Es werden Geschwindigkeiten von etwa 16 Metern in der Sekunde erreicht. Zur Festlegung der Positionen ist jedesmal ein Foto-Finish notwendig.

Alle Greyhounds sind großartige Renner – manche aber sind geradezu phantastisch. Der legendäre Mick the Miller zum Beispiel gewann das Greyhound-Derby von 1929 und 1930. Außerdem gewann er auch das 640 Meter lange Saint-Leger für junge Hunde, obwohl er schon sechs Jahre alt war, und hatte am Ende seiner Rennkarriere von 48 Rennen 36 gewonnen. Sein einbalsamierter Körper ruht im Londoner Naturhistorischen Museum.

In der Bundesrepublik, Österreich und der Schweiz sind Wetten bei Windhundrennen fast ausnahmslos verboten. Darum gibt es hier keine Greyhound-Profis. Aber auch die kontinentalen Windhundrennen, an denen Whippets, Greyhounds, Afghanen, Barsois und Salukis, vereinzelt auch Windspiele, Sloughis und Deerhounds teilnehmen, erfreuen sich steigender Beliebtheit.

Whippets und Rag-racing
Die zerbrechliche Erscheinung des Whippets ist irreführend, vor allem seine Angewohnheit, gelegentlich zu zittern. In Wirklichkeit ist der Whippet ein kräftiges Tier, außerdem sehr schnell – in längeren Rennen ist nur der Greyhound schneller.

Whippets sind eine recht moderne Rasse. Sie wurden in den Bergwerks- und Fabrikbezirken Nordenglands aus Greyhounds und möglicherweise Italienischen Windspielen gezüchtet, ursprünglich für das Snap-racing (Kaninchen-Hetzjagd), bei dem die Hunde auf einem geschlossenen Platz auf Kaninchen losgelassen wurden. Als dieser Sport wegen Grausamkeit gesetzlich verboten wurde, war er ohnehin ein Tummelfeld betrügerischer Machenschaften und Wetten geworden.

Dafür gab es nun das Rag-racing (Tüchleinrennen), und die Whippets gewöhnten sich rasch daran. Die Besitzer (oder Trainer) standen in ca. 180 m Entfernung vor ihren Hunden und schwenkten ein Stück Stoff, um die Tiere zum Rennen aufzufordern. »Slippers« ließen die Hunde los, sobald der Startschuß abgefeuert wurde, und dann raste jedes Tier auf sein Fähnchen zu und traf es zuweilen im Sprung hoch in der Luft. Die aufkommenden Greyhoundrennen verdrängten die Rag-races, bis in den fünfziger Jahren der Sport in Nordengland wieder aufgenommen wurde. Am meisten Anhänger findet er noch immer im Norden und in den Midlands. Heute werden Startboxen verwendet, aber am Ende der Strecke

Oben: Dieser fünfzehn Monate alte Greyhound wird von seiner Besitzerin im Hürdenspringen trainiert.

Unten: In Nord-England werden mancherorts Terrier-Rennen veranstaltet.

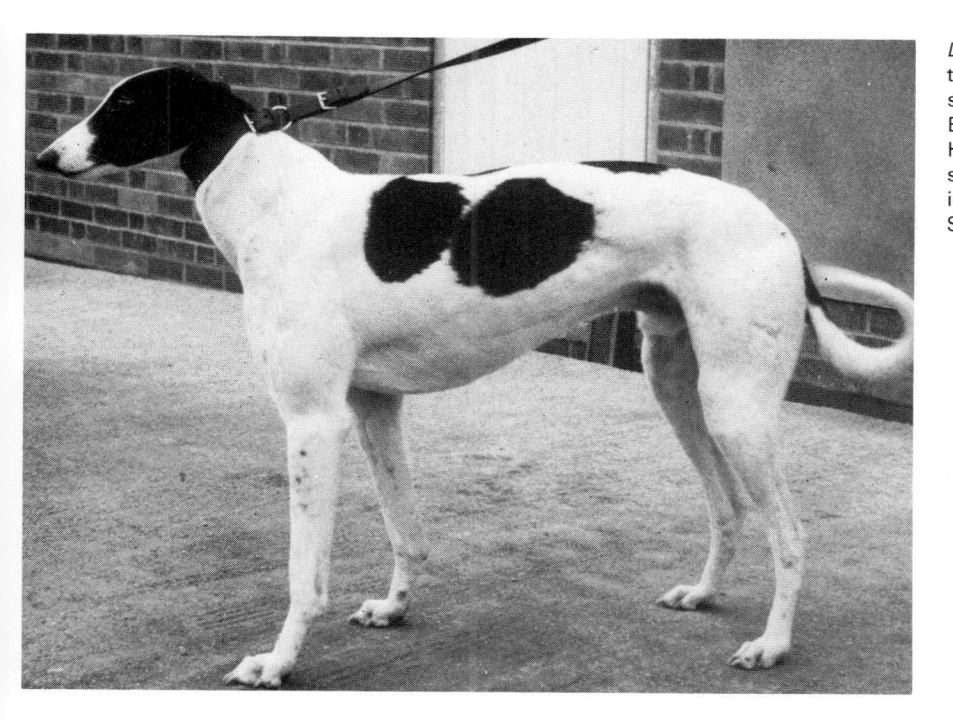

Links: Bei einem gut trainierten Greyhound sind die Muskeln an Brust, Schultern und Hinterbeinen besonders stark entwickelt – der ideale Bau für den Sprint.

winken noch immer die Besitzer und Trainer mit ihren Tüchlein.

Nach wie vor ist der Whippet ein instinktiver Jäger. Schon mancher geruhsame Abendspaziergang, der an einer Hecke vorbeiführte, zahlte sich – nach einigen unerfreulichen Aufregungen – für den Besitzer eines Whippets mit einem unerwarteten Kaninchenbraten aus.

Terrier-Rennen

Spaßeshalber hat man unlängst in England auch Terrier-Rennen gestartet. Alle Terrier-Rassen dürfen teilnehmen, und es herrscht jeweils Hochstimmung. Der neue Sport scheint sich zu etablieren. Es werden ebenfalls Startboxen verwendet.

Schlittenhunderennen

Der Schlittenhundesport darf nicht mit der »sehr ernsthaften« Arbeit der Schlittenhunde in arktischen Gebieten verwechselt werden. Es ist ein moderner nordamerikanischer Sport, der sich auch in europäischen Berggebieten steigender Beliebtheit erfreut. Schlittenhunderennen können überall durchgeführt werden, wo es genügend Schnee gibt. Eingesetzt werden die klassischen Schlittenhunde: Alaskan Malamute, Siberian Husky, Samojede, Eskimohund, in Nordamerika gelegentlich auch andere Rassen, zum Beispiel der Border Collie.

Zu einem Gespann gehören sieben bis fünfzehn Hunde.

Das Großereignis des Jahres ist die Weltmeisterschaft in Anchorage in Alaska, wo an drei aufeinanderfolgenden Tagen je drei 40-km-Rennen durchgeführt werden. Die Geschwindigkeit ist je nach den Voraussetzungen verschieden; eine gute Gesamtzeit für die 120 Kilometer liegt bei 330–340 Minuten (ca. 5½ Stunden). Der Sport scheint Zukunft zu haben, obwohl die Gelegenheiten dazu regional begrenzt sind.

Links: Der siegreiche Besitzer hat bestimmt auf seinen Hund gewettet!

Hunde im Dienst des Menschen

Zur Gruppe der Gebrauchshunde gehören hauptsächlich Hütehunde, Wachhunde, Rettungshunde und eine kleine Untergruppe von Zug- oder Schlittenhunden. Es werden um die 40 Rassen dazugezählt, aber im weiteren Sinne dienen noch viel mehr Hunde dem Menschen. Sie leisten die unterschiedlichsten Arbeiten: hüten Schafe und Rinder, bewachen Haus und Habe, führen Blinde, retten Menschen aus Lebensgefahr, werden für die medizinische Forschung gebraucht, und sie helfen ihren Herren als zuverlässige Gefährten, die Einsamkeit und Härte des modernen Lebens zu ertragen.

Hütehunde

Der »Beruf« des Hundes als Treiber, Einsammler und Bewacher der Herde ist uralt. Heute gibt es überall in der Welt Hütehunde, aber ursprünglich wurden sie in Europa und Westasien gezüchtet, wo man Schafe und Rinder in großen Herden hielt.

Der Deutsche Schäfer ist der bekannteste aller Schäferhunde, obwohl er kaum mehr für diese Tätigkeit gebraucht wird, sondern hauptsächlich für polizeiliche und militärische Zwecke eingesetzt wird. Er ist hochintelligent und gelehrig, hat aber eine verhältnismäßig kurze Geschichte: Standardrasse wurde er erst um 1900. Heute ist er ein

Oben: Vor nicht allzu langer Zeit waren die Bearded Collies vom Aussterben bedroht. Ihre Rasse konnte zwar erhalten bleiben, doch sind diese treuen und anhänglichen Hunde, die auch bei der Arbeit tüchtig sind, noch immer rar.

bißchen größer und um einiges schwerer als früher. Als eigentliche Hütehunde sind Collies heute gebräuchlicher als Schäferhunde. Sie stammen aus Schottland, sind aber, obwohl man sie noch immer als Schottische Schäfer bezeichnet, längst überall auf der Welt zu Hause. Die Angehörigen der Collie-Gruppe sind mittelgroß, widerstandsfähig, sehen und hören gut und haben einen angeborenen Arbeitsdrang. Der größte ist der Rough Collie, der bis 30 Kilo wiegt. Berühmtester Vertreter dieser Rasse war der Filmhund Lassie. Die Bearded Collies sind fast ebenso groß, und Border Collies werden bis 20 Kilo schwer.

Wie so manche Gebrauchshunderassen, sind auch die Collies allein im Hinblick auf ihren »Job« gezüchtet worden, ohne viel Rücksicht auf den Standard in Größe, Form und Farbe zu nehmen. Deshalb haben sich nur wenige Rassen langsam herauskristallisiert und gefestigt. Der Border Collie, wohl der beste britische Schäferhund überhaupt, wurde im eigenen Land erst in neuerer Zeit anerkannt. Dagegen hängt die Eintragung im Stammbuch der *International Sheepdog Society* weitgehend vom in Arbeitsprüfungen beurteilten Können ab. Border Collies, die heute typischen Schäferhunde, sind sehr kompakt, am Körper hauptsächlich schwarz oder grau, wenn auch oft mit weißer Brust, weißer Blesse auf der Schnauze und weißen Füßen. Der Hund, international bekannt und in die ganze Welt exportiert, war in Australien besonders erfolgreich, wo Kreuzungen mit anderen Hunden und mit Dingos zwei neue Rassen hervorgebracht haben, den Kelpie und den Australian Cattle Dog, beide stark verbreitet.

Der Rough Collie dagegen ist schon seit längerer Zeit anerkannt. Und mit der Anerkennung kamen Änderungen in Aussehen und Können, die gewöhnlich mit dem Ruhm einhergehen. Die uralte Rasse wurde im schottischen Hochland fleißig gezüchtet, war aber praktisch unbekannt bis zur Mitte des 19. Jahrhunderts, als sie bei Hundeschauen Aufsehen erregte. Das dicke, oft etwas fettige Fell kann prachtvoll aussehen, wenn es gepflegt und ausgebürstet wird. Der Hund ist ziemlich hoch und dürr, wirkt aber im vollen Haarkleid mächtiger, als er ist. Der extrem lange Kopf und das reiche Fell sind seine Erkennungszeichen, und er wird heute eher seines Aussehens als seiner Tüchtigkeit wegen geschätzt.

Ein seltenerer Vetter ist der Bearded Collie – den man oft aus Unkenntnis für irgendeinen Collie-Mischling hält. Die uralte Hochlandrasse wurde wahrscheinlich früher für Schaf- wie Rinderherden verwendet und erst in neuerer Zeit von Leuten in Beschlag genommen, die ihn ausstellen wollen. Das »Bärtig« im Namen ist bildhaft. Auffallend ist jedoch die Ähnlichkeit mit dem Old English Sheepdog, dem Bobtail – manches weist darauf hin, daß die beiden Rassen um die Jahrhundertwende gekreuzt wurden.

Der Smooth Collie, ebenso rar wie der »Bärtige«,

Rechts: Italienische Schäferhunde sind ziemlich selten. Sie wurden zum Hüten von Schafherden gezüchtet.

Unten: Ein Border Collie. Die Rasse wurde erst vor kurzem vom britischen Kennel Club anerkannt.

ist gleich wie der Rough, nur ohne dessen Haarpracht. Vermutlich war er ursprünglich ein Viehtreiber. Als Schauhund ist er gegenwärtig nicht populär, dagegen hält er sich in Gehorsamsprüfungen sehr gut und ist an Ausgeglichenheit manchen Rough Collies um einige Punkte voraus.

Der Shetland Sheepdog, obwohl dem Namen nach kein Collie, kommt dieser Gruppe in Gestalt und Wesen sehr nahe. Heute gleicht der Sheltie – wie er allgemein genannt wird – dem Rough Collie sehr; seine von den Shetland-Inseln stammenden Vorfahren waren viel plumper: wetterharte kleine Schafhüter, rauh wie ihre Heimatinseln. Um die Jahrhundertwende tauchte die Rasse auf dem britischen Festland auf und wurde schnell von Züchtern in Beschlag genommen, die einen »Shetland Collie Club« gründeten. Das paßte aber den Collie-Anhängern nicht. Als »Shetland Sheepdog« wurde die Rasse dann 1914 anerkannt. Arbeitende Shelties gibt es kaum mehr, nicht einmal auf den Shetland-Inseln. Abgesehen von den Teilnehmern an Gehorsamsprüfungen, führen diese geselligen, gutmütigen Tiere ein geordnetes Leben als Familienhunde.

Im Vergleich zu mancher anderen Rasse sind die Old English Sheepdogs oder Bobtails wohl gar nicht so alt, aber es sind die einzigen englischen Schäfer. Der Rassestandard ist erst in neuerer Zeit von Bedeutung, und die Abstammung ist ungewiß. Der Bobtail ist ein relativ großer Treib- und Hütehund, widerstandsfähig und fügsam. Die Größe (ca. 56 cm Schulterhöhe) erwies sich beim Bewachen einer Schafherde als günstig; das Hirtenverhalten schimmert auch bei den modernen Vertretern der Rasse durch. Sie sind aber sehr beweglich und können weite Strecken kreuz und quer über Land traben. Der Bobtail ist ein feiner Begleithund für jemanden, der das Geld hat, ihn zu ernähren, und genügend Zeit und Platz, ihn in Bewegung zu halten. Züchter müssen dabei auf das unzuverlässige Temperament achten, das bei einzelnen Exemplaren durchbricht.

Zwei weitere Schäfer sind zu erwähnen, bevor wir die britischen Rassen verlassen: der Cardigan und Pembroke Welsh Corgi. Die Herkunft beider ist umstritten. Die einen behaupten, der Cardigan stamme schon aus römischer Zeit, und der Pembroke sei mit den flämischen Webern im 12. Jahrhundert eingewandert. Wahrscheinlicher ist, daß sie einen gemeinsamen Stamm haben, und in neuerer Zeit wurden sie auch gemeinsam gezüchtet. Jedenfalls haben die langen, niedrigen, zähen und beweglichen Hunde sich als Viehtreiber in Wales ausgezeichnet bewährt. Sie kneifen die Rinder in die Beine, um sie anzutreiben, und wei-

Unten: Schäfer und Hund sind beim Zusammentreiben der Herde ganz aufeinander eingespielt.

Ganz unten: Wenn der Hund seitlich neben der Herde läuft, bedeutet das: Lauft weiter!

Oben links: Ein erfahrener Hirtenhund läuft hin- und her, um sie von einem losen Zaun wegzujagen.

Oben Mitte: Ist die Herde zusammengetrieben, zeigt der Hund »Auge«. Das hält die Tiere zusammen, bis es Zeit ist, weiterzuwandern.

Oben rechts: Der Hund hat die Schafe an einem sicheren Zaun »zusammengepfercht«.

chen dann den ausschlagenden Hufen aus, indem sie sich flachlegen. Heute sind sie vorwiegend Familienhunde. Der Name »Corgi« entstammt wahrscheinlich der walisischen Sprache und bedeutet »kleiner Hund«. Pembroke Corgi-Welpen kommen zuweilen schwanzlos zur Welt; der Cardigan dagegen hat einen ziemlich langen »Fuchsschweif«.

Praktisch jedes Land in Europa hat seine eigenen Schäferrassen. Die meisten europäischen sind größer und aggressiver als die britischen, weil sie noch vor nicht allzu langer Zeit oft mit Wölfen kämpfen mußten.

Die Belgischen Schäfer beispielsweise, eingeteilt in Groenendael, Malinois und Tervueren, gleichen alle einem starkknochigen Rough Collie oder einem leichten Deutschen Schäfer. Malinois und Groenendael sind vorwiegend schwarz oder doch schwarzköpfig, während der Tervueren gewöhnlich rehbraun oder mahagonirot mit schwarzer Wölkung ist.

Der Schäfer Frankreichs ist der Briard, der bis 68 cm Schulterhöhe erreicht und bei der Spitz/Doggen-Abkunft der Schäferhunde stark auf die Doggenseite neigt. Er weist Ähnlichkeiten mit den ungarischen Komondor und Puli auf und könnte mit ihnen gemeinsame Ahnen haben. Der Briard ist eine intelligente, nützliche Rasse, die in den letzten europäischen Kriegen als Militärhund gute Dienste leistete.

Der Bouvier des Flandres ist ein großer belgischer Hirtenhund, der, wie der Briard, heute vor allem als Diensthund verwendet wird. Er ist 62 cm hoch, drahthaarig und einem übergroßen Airedale nicht unähnlich.

Eine weitere ungewöhnliche Hirtenhunderasse ist der Maremmen-Schäferhund aus Italien, der mit dem Pyrenäenhund nahe verwandt sein dürfte, auch wenn er nicht ganz so massig ist.

Von allen Schäferhunden der Welt ist der australische Kelpie wohl der härteste Arbeiter. Er ist ein zähes Tier, ähnlich einem Smooth Collie, und hat die Aufgabe, jedes verirrte Schaf zu finden und zur Herde zurückzutreiben. Kelpies sind für australische Schäfer eine unschätzbare Hilfe, und man erzählt sich von ihnen die tollsten Geschichten. Es ist für die Hunde nichts Außergewöhnliches, über die Rücken einer eingepferchten Herde zu gehen und dann eine kleine Gruppe abzusondern. Oft arbeiten sie ganz selbständig, ohne irgendwelche Zeichen von ihrem Meister.

Australien hat ferner seinen Australian Cattle Dog, auch Queensland Heeler genannt, eine wetterharte, von Smooth Collies abstammende Ras-

Rechts: Die Arbeit ist getan, der Hund hat eine Atempause verdient.

Oben: Geduld ist die Stärke eines guten Schäferhundes. Diese beiden Collies warten bei einer Prüfung auf ihren glanzvollen Auftritt.

Unten: Der Berner Sennenhund ist u. a. Abkömmling einer Rasse, die einst als Zughund für Korbmacherwagen gebraucht wurde.

se, die Viehherden durch kräftige Bisse in die Unterbeine *(heeling)* vorantreiben. Kein Wunder, daß Australien den Import von Deutschen Schäfern verbietet, hat es doch seine eigene, großartige Rasse, die mit Rindern, Schafen und einer rauhen Umwelt fertig wird.

Die Ausbildung der Hütehunde

Voraussetzung für die Ausbildung ist eine gute Erbmasse des Hundes, denn das Training besteht aus der Nutzung und Entwicklung seiner positiven Anlagen und der Unterdrückung unerwünschter Tendenzen. Manche Leute glauben fälschlicherweise, eine formelle Ausbildung sei gar nicht notwendig, man brauche den jungen Hund nur mit Schafen zusammenzubringen und ihn einem erfahrenen Hund bei der Arbeit zusehen zu lassen. In Wirklichkeit kommt bei dieser Methode jedoch nichts Gutes heraus: Die Befehle und das Gerenne des älteren Hundes verwirren den jungen bloß, und außerdem wird er dem älteren gegenüber entweder unterwürfig oder versucht, ihn zu beherrschen. Falls aber die Partnerschaft funktioniert, ist der jüngere Hund unter Umständen später unfähig, ohne den älteren zu arbeiten. Zum Training eines jungen Schäferhundes gehört, daß man ihn unabhängig von anderen Hunden unterrichtet und ihn auf jeden Fall als Einzelwesen behandelt.

Die Ausbildung beginnt im Alter von ungefähr sechs Monaten mit dem üblichen »Fuß!« und »Sitz!«. Dann wird der junge Hund in einer kleinen Koppel, meist an der Leine, mit Schafen zusammengebracht und aufgefordert, sie sanft in Bewegung zu bringen. Sobald er die Tendenz zeigt, grob zu den Tieren zu sein, wird er an der Leine zurückgerissen und gescholten. Später darf er die Herde umkreisen und zum Schäfer zurückkommen. Es kann etliche Wochen dauern, bis diese Stufe erreicht ist. Als nächstes lernt der Hund, beim Kommando »Weg!« auf die rechte und beim Kommando »Hierher!« auf die linke Seite der Herde zu gehen. Beherrscht der Hund das ruhige Umkreisen, wird ihm mit dem Befehl »Platz!« das Innehalten auf halber Strecke beigebracht, dabei steht die Herde zwischen ihm und dem Schäfer. Als letztes lernt der Hund, auf Kommando hin die Herde auf den Schäfer zuzutreiben.

Mit diesen wenigen Befehlen muß ein Hütehund imstande sein, die Schafe in jeder Richtung zu bewegen; bald kann man ihn dann lehren, sie durch Lücken und Tore und in Pferche zu treiben. Oft werden die Kommandos mit einer Pfeife gegeben – Länge, Lautstärke oder Höhe des Tons geben die Bedeutung an. Jeder Schäfer hat seine eigenen Signale, die durch Armzeichen verstärkt werden können.

Die Schafe bewegen sich, weil sie den Hund spüren und Angst vor seinem Kneifen haben – beißen ist verpönt und wird bei Prüfungen als schwerer Fehler bestraft. »Auge zeigen« ist viel wichti-

Rechts: Der wachsame, majestätische Langhaar-Collie ist als Schottischer Schäferhund weltbekannt.

Unten: Diese langhaarigen Collie-Welpen werden, wenn sie groß sind, genauso tüchtig arbeiten wie ihre Mutter.

ger; Schäferhunde können eine ganze Herde durch dieses hypnotisierende Fixieren zum Anhalten und reglosen Stillstehen bringen. Und das ist für den Schäfer noch nützlicher als das geschickte Vorwärtstreiben.

Ein oder mehrere Schafe von der Herde abzusondern, ist ebenfalls eine wichtige und bei fast allen Hunden instinktiv vorhandene Fähigkeit. Sie geht auf das auch bei Wölfen bekannte Verhaltensschema zurück, ein Beutetier von der Herde zu trennen, um es besser angreifen zu können – oft in Zusammenarbeit mit Rudelgefährten. Jeder, der einen Schäferhund oder einen Hund mit Hüteinstinkt besitzt (und sehr wenige Hunde sind ganz ohne diesen Instinkt), muß daran denken, daß der Hund sich diese latente Fähigkeit und den Wunsch, Schafe zum Laufen zu bringen, bewahrt hat. Deshalb sind falsch erzogene Schäferhunde eine ernste Gefahr für Viehherden. Wenn der Hund dem Bedürfnis, ein Tier »abzuschneiden« oder eine Herde zu scheuchen, einmal nachgegeben hat, dann verstärkt sich das Verhalten, und das Herdenjagen wird zur unangenehmen Angewohnheit. Schäferrassen benötigen sorgfältige Ausbildung, eine feste Hand und klare Befehle, außerdem genügend zu tun, denn gerade ein gelangweilter Hund wird gern zur Herdenplage.

Schäferhundeprüfungen

Obwohl als Schauveranstaltungen berühmt, erfüllen die Prüfungen für Schäferhunde in erster Linie den Zweck eines ernsthaften Wettbewerbs, der viel zur Erhaltung des hohen Standards der Schäfertätigkeit und der Schäferhundezucht beiträgt.

Der Prüfungsablauf ist im Prinzip immer gleich. Es wird beispielsweise vom Hund verlangt, daß er vom Schäfer wegläuft und in der hinteren Ecke des Feldes 5 Schafe holt. Die muß er dann zwischen zwei in der Mitte des Feldes aufgestellte Hürden treiben und hinter dem Hirten vorbei durch eine weitere Hürdenlücke. Danach trennt er zwei vorausbestimmte Schafe ab. Das geht so: Der Schäfer hält das Tor eines Pferchs mit Hilfe eines Seiles fest, der Hund treibt alle Schafe in die Pferche, holt sie nachher wieder heraus und sondert schließlich ein oder zwei mit einem Band markierte Tiere aus. Das alles muß mit einem Minimum an Aufwand innerhalb von 15 Minuten erledigt werden.

Bei einer anderen Aufgabe gilt es, zwei Gruppen von je 10 Schafen zusammenzubringen und zuletzt fünf gekennzeichnete auszusortieren. Die Hunde werden dabei nicht nach Geschwindigkeit, sondern nach Geschick beurteilt; eigentlich sind es Stilnoten: größtmögliche Wirkung mit kleinstmöglichem Aufwand.

Gelegenheit für Hobbyfarmer, ihre Hunde Kunststücke vorführen zu lassen, sind diese Veranstaltungen nicht. Es sind reine, schwere Arbeitsprüfungen für Schäfer und ihre Hunde, ein Spiegelbild dessen, was sie im Alltag leisten müssen. Ohne Schäferhunde müßten die Schaffarmer auf der ganzen Welt komplizierte Schutz- und Wacheinrichtungen anschaffen und könnten zweifellos nicht so effizient arbeiten.

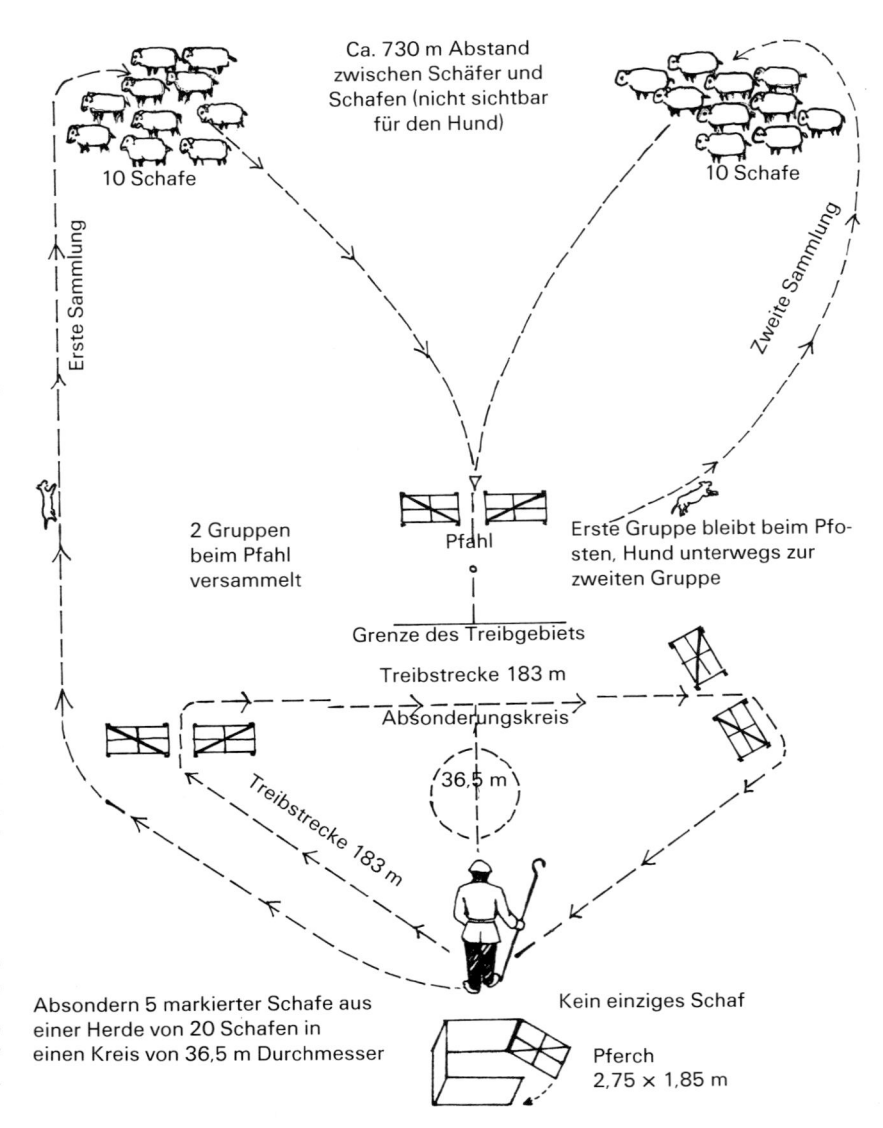

Rettung aus Bergnot

Automatisch denkt man dabei an den St. Bernhardshund oder Bernhardiner; aber heute wird auch eine ganze Reihe anderer Suchhunderassen für solche Aufgaben eingesetzt, vor allem Deutsche Schäfer. Der Bernhardiner ist sagenumwoben; beliebt ist die Vorstellung, der Hund lege sich dicht zu einem im Schnee aufgefundenen Menschen, um ihn an seiner Körperwärme teilhaben zu lassen. Ebenso langlebig – und genauso unwahr! – ist die Geschichte, daß die Bernhardiner *stets* ein Fäßchen mit Schnaps am Hals tragen, um die gerettete Seele mit einem aufmunternden Schluck zu laben. Das war früher einmal so und hat heute allenfalls folkloristische Bedeutung.

Viele Bergrettungsorganisationen in den europä-

Oben: Schäferhunde-Prüfungen sind in den letzten Jahren ein immer populärerer Schausport geworden. Geduldiges Üben ist erforderlich, bis die Hunde imstande sind, die oben skizzierte Aufgabe auszuführen.

ischen Alpen, in Kanada, Amerika und anderen Gebirgsländern haben für Suchhunde die Ausbildung der Militär- und Polizeihunde modifiziert. Für die Lawinenrettung sind Hunde besonders geeignet, nicht nur wegen ihres Spürsinns und ihrer Fähigkeit, zu graben, sondern auch, weil sie sich mühelos auf einer Oberfläche bewegen können, die für Menschen nur schwer und für Fahrzeuge überhaupt nicht zugänglich ist.

Blindenführhunde

»Der Hund ist des Menschen bester Freund.« Wenn dieser Satz stimmt, dann gilt er wohl in ganz besonderem Maße für das Verhältnis von Sehbehinderten zu ihren Hunden.

Blindenhunde wurden erstmals nach dem Ersten Weltkrieg als Hilfe für kriegsblinde Soldaten eingesetzt. In allen Ländern der Welt sind seither Gesellschaften für Blindenhunde gegründet worden, die sich mit der Auswahl der Tiere, ihrer Ausbildung und Weitergabe an die Sehbehinderten beschäftigen.

Die Anzahl der als Führhunde geeigneten Rassen ist beschränkt. Ein entscheidender Faktor ist dabei die Größe: Der geführte Mensch muß mit dem Arbeitsgeschirr des Hundes an der Hand bequem gehen können. Ein weiterer wichtiger Aspekt ist das Temperament. Und in der Natur der Arbeit liegt es, daß der Hund intelligent, anpassungsfähig, freundlich, aber nicht zu überschwenglich sein muß. Er darf nicht nervös, bissig und schreckhaft sein, denn Unvorhergesehenes darf ihn nicht aus der Ruhe bringen.

Bevorzugte Rassen

Am meisten verbreitet als Führhunde sind heute Labradors, Golden Retriever und eine Retriever/Labrador-Kreuzung. Deutsche Schäfer, einige Collie-Typen und wenige andere Rassen kommen auch, aber seltener zum Einsatz. Labradors und Retriever sind wunderbar sanft und passen sich bereitwillig jedem Betreuer an, was sehr wichtig ist. Die Neigung des Deutschen Schäfers, ein »Einmann-Hund« zu sein, kann sich bei der Ausbildung zum Blindenhund hindernd auswirken.

Die Dauer der Lehrzeit ist von Hund zu Hund verschieden, sie kann 5-6 Monate, aber auch ein Jahr oder mehr betragen. Auf die spätere Fähigkeit oder Verläßlichkeit des Hundes hat das keinen Einfluß.

Da sich die Arbeit mit kastrierten Tieren als zufriedenstellender erwiesen hat, werden heute die ausgewählten Hunde beiderlei Geschlechts operiert. In der Ausbildung wird ihnen ohnehin beigebracht, bei der Arbeit ihre Artgenossen zu ignorieren; da ist es für den Trainer, den späteren Halter und den Hund selbst einfacher, wenn das Interesse am andern Geschlecht von vornherein gering ist. Bei Hündinnen werden so zudem noch jene Wochen gewonnen, in denen sie, weil hitzig,

Oben: Sowohl der Pembroke *(links)* als auch der Cardigan Welsh Corgi *(rechts)* waren einst »Heelers«, d.h. Viehtreiberhunde.

Unten: Dieser Bernhardiner wird so präsentiert, wie man sich ihn als Retter in der Not gern vorstellt.

als Führer nicht arbeiten könnten. Für den Halter eines Familienhundes fällt die Unannehmlichkeit, die eine läufige Hündin bereitet, wenig ins Gewicht, aber wenn jemand für den täglichen Gang zum Einkaufen, ins Büro, zum Bahnhof oder auch nur zum Spazierengehen auf den Hund als »Auge« angewiesen ist, wäre der jährlich zweimalige Ausfall von rund drei Wochen ein Problem und außerdem wegen des unvermeidlichen Andrangs von Rüden auch ein Unsicherheitsfaktor.

Der Hund, dem wir auf der Straße als Führer eines Sehbehinderten begegnen, hat einen langen Ausbildungsgang hinter sich, seit eine speziell ausgewählte Hündin ihn geworfen hat. Früher wurden die Tiere oft von Züchtern oder von Leuten, die sie aus irgendeinem Grund nicht behalten konnten, oder von wohltätigen Organisationen »für den guten Zweck« gespendet. Heute kommt das nur noch selten vor. Es wird vielmehr selektiv gezüchtet, auch aus wirtschaftlichen Gründen, denn die Ausbildung eines Führhundes ist kostspielig, und bei Welpen aus besonderer Zucht ist das Risiko eines späteren Ausfalls kleiner.

Die Zuchthündinnen leben in der Regel bei einer Familie als Haushund, bleiben aber Eigentum der Organisation, die die Führhunde ausbildet und vermittelt. Die Familie betreut dann jeweils auch den Wurf, bis die Welpen im Alter von sechs bis acht Wochen entwöhnt und entweder als Fami-

Oben: Dieser prächtige schokoladenbraune Labrador Retriever hat ein kurzhaariges, dichtes, glattes und wasserabstoßendes Fell. Der Kopf ist rassetypisch breit.

Ganz oben: Ein schwarzer Labrador Retriever. Man beachte den hübschen »Otterschwenz«, ein typisches Merkmal der Rasse.

Oben: Gelb ist gegenwärtig die beliebteste Farbe für Labradors.

Oben rechts: Ein Golden Retriever mit langhaarigem Prachtfell.

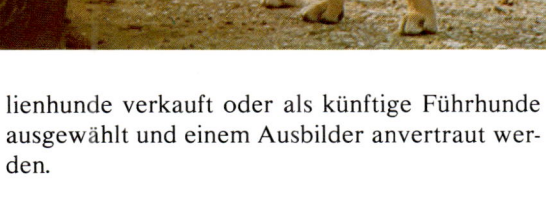

lienhunde verkauft oder als künftige Führhunde ausgewählt und einem Ausbilder anvertraut werden.

Die Feststellung der Tauglichkeit

Der sechs- bis achtwöchige Welpe wird zuerst der normalen, aber erschwerten Grunddressur unterzogen: Er muß lernen, an Halsband und Leine zu gehen. Erschwert ist die Dressur insofern, als das Tier von Anfang an immer links vom Menschen und eine halbe Körperlänge voraus (die übliche Position des Führhundes) zu gehen hat. Danach lernt es den wichtigsten Befehlen zu gehorchen: Fuß!, Sitz! usw. Sehr wichtig ist, daß der Hund, sobald er alt genug ist, auf lebhafte, über-

füllte Straßen, in Bahnhöfe und in den Stoßverkehr mitgenommen wird – er muß schon jetzt alle Situationen kennenlernen, die er später im Dienst meistern soll. Er hat sich auch an Kinder, an fremde Leute, Artgenossen und andere Tiere zu gewöhnen. Das ist für den Ausbilder besonders belastend, denn wem macht es schon Freude, ein junges Hündchen in Situationen zu bringen, die es erst einmal erschrecken und ängstigen? Doch leider ist es notwendig, denn ein guter Führhund muß auch tapfer sein.

Mit ungefähr dreizehn Monaten legt der junge Hund eine Tauglichkeitsprüfung ab. Dabei werden unter anderem seine Reaktionen bei Lärm und Verkehr getestet.

Oben: Führhunde müssen lernen, dem »Charme« anderer Hunde zu widerstehen, wenn sie einen Blinden leiten. Damit er sich an Streuner und Haushunde gewöhnt, geht man mit dem jungen Führhund durch eine Gegend, wo er auf jeden Fall andere Vierbeiner trifft.

Rechts: Viele Hunde erschrecken beim Lärm eines einfahrenden Zuges; ein Führhund aber muß ruhig sitzenbleiben, bis der Blinde gefahrlos weitergehen kann.

Ganz rechts: Der Besitzer dieses Hundes kann gewiß sein, daß sein Gefährte ihn um alle Hindernisse herum sicher ans Ziel führen wird.

Die Verantwortlichen halten bei dieser Gelegenheit nicht nur nach den besten künftigen Führhunden, sondern auch nach geeigneten Zuchthündinnen bzw. Zuchtrüden Ausschau. Ein Hund, der für keine der beiden Kategorien die Voraussetzungen ganz erfüllt, wird als Familienhund verkauft.

Die Ausbildung zum Blindenführhund

Die Ausbildung des Führhundes läßt sich in drei Stufen einteilen.

Wenn der Hund ins Ausbildungszentrum kommt, hat er das Basistraining bereits hinter sich. Ein wichtiger Punkt, den ein Normalsichtiger meist gar nicht beachtet, ist, daß der Hund an der Leine oder später am Geschirr immer genau geradeaus gehen muß, es sei denn, ein Hindernis stünde im Weg. Dieses Basistraining ist von großer Bedeutung, und wenn der »Welpenlehrer« ganze Arbeit geleistet hat, ist für die Gesamtausbildung schon viel Zeit gewonnen.

Die zweite Stufe umfaßt die Grundschule des Führens. Dazu gehört unter anderem der »Randsteindrill« – d. h. das Anhalten und Niedersetzen an jeder Bordsteinkante vor dem Überqueren der Straße. Außerdem wird das Befolgen von Kommandos vervollkommnet und schließlich das Arbeitsgeschirr eingeführt. Der Hund muß sich nicht nur an das Geschirr gewöhnen, er muß es auch mit dem Begriff »Arbeit« in Verbindung bringen.

In der obersten Ausbildungsstufe wird das Führen vervollkommnet. Der Ausbilder bringt dem Hund das Gefühl für Höhe und Breite bei. Ein Hund läuft selbstverständlich nicht in etwas hinein, das niedriger ist als er selbst; nun muß er aber lernen, nirgendwo durchzugehen, wo sich ein erwachsener Mensch den Kopf anschlägt. Dasselbe gilt für die Breite: Beim Umgehen eines Hindernisses muß der Hund darauf achten, daß für ihn *und* seinen Schützling genug Platz da ist. Schließlich muß er lernen, den Verkehr zu berücksichtigen, das heißt, niemals eine Straße zu überqueren, solange sich Fahrzeuge darauf bewegen.

Das Geheimnis des Erfolges liegt in der ständigen Wiederholung. Der Hund durchläuft jede einzelne Situation so viele Male, daß seine Reaktionen schließlich völlig automatisch sind. Ein intelligentes Tier, dem es ein Bedürfnis ist, seinen Lehrer zufriedenzustellen, merkt sehr schnell, was von ihm erwartet wird.

Wenn alle drei Stufen durchlaufen sind, ist der Hund für seine Tätigkeit als Führer bereit.

Oben links: Führhunde müssen sich daran gewöhnen, anstelle von Halsband und Leine ein Geschirr zu tragen.

Oben rechts: Autos würden für Blinde eine große Gefahr sein, wären nicht die Führhunde abgerichtet, ihren Herrn erst dann über die Straße zu geleiten, wenn sie verkehrsfrei ist.

Rechts: Der Deutsche Schäfer ist ein unglaublich vielseitiger Hund, der fast allen Aufgaben gewachsen ist, für die man Hunde überhaupt gebrauchen kann. Hier z. B. bewährt sich ein Deutscher Schäfer bei der Lawinenrettung.

Während der ganzen Zeit achtet der Ausbilder immer wieder auf das Temperament des Tieres. Ein guter, zuverlässiger Führhund darf keinerlei Charaktermängel aufweisen und muß jederzeit richtig reagieren, da die Sicherheit eines Blinden oder Sehbehinderten davon abhängt. Das alles sieht nach Perfektionismus aus, und in der Tat, was am Ende erreicht wird, ist nahezu perfekt.

Nicht jede blinde oder sehbehinderte Person ist geeignet, einen Führhund zu halten, sei es wegen einer persönlichen Abneigung gegen Hunde, sei es wegen körperlichen Unzulänglichkeiten. Den besonderen Bedürfnissen des Anwärters wird dann so gut wie möglich Rechnung getragen, und für jeden wird mit aller Sorgfalt der passende Hund ausgesucht. Schließlich nimmt der Anwärter auf einen Blindenhund an einem mehrwöchigen Trainingskurs teil, in dessen Verlauf der Führhund mit seinem zukünftigen Besitzer zusammengebracht wird und die beiden lernen, gemeinsam zu arbeiten.

Die Voraussetzungen sind verschieden: Einige Anwärter haben vielleicht schon einen Blindenhund gehabt, manche sind an Hunde gewöhnt, andere haben keine Ahnung von Hunden, einige fürchten sich gar ein wenig vor ihnen. Die Probleme, die es in dieser kurzen Zeit zu lösen gilt, sind in jedem Fall groß. In den ersten Tagen wird der Sehbehinderte über die Ausbildung der Hunde orientiert, dann macht man ihn mit dem Arbeitsgeschirr vertraut und lehrt ihn, es richtig zu halten. Erst jetzt wird er mit seinem Hund bekannt gemacht, und von nun an sind die beiden Partner. Der Halter sorgt in jeder Hinsicht selber für den Hund: Er bürstet ihn, sorgt für Bewegung und füttert ihn. Wenn irgend möglich, schläft der Hund im Zimmer des Blinden. Dieses Intensivtraining hat den Sinn, daß Mensch und Hund sich so rasch als möglich kennenlernen und der Hund seine Anhänglichkeit und Treue dem künftigen Herrn zuwendet.

Das gemeinsame Training findet gewöhnlich auf einem speziell ausgebauten Parcours im Ausbildungszentrum statt. Ist dort einige Sicherheit gewonnen, wird die Übungstätigkeit in ein stilles Wohnquartier verlegt, wo die beiden realistische Gegebenheiten wie Fahrverkehr, geparkte Fahrzeuge, Straßenarbeiten und Kreuzungen vorfinden. Dem Sehbehinderten wird eine bestimmte Route vorgeschrieben, und er muß nun dem Hund die jeweils richtigen Befehle geben.

Die letzte Stufe ist die Arbeit in der belebten Innenstadt, wo es mit Menschenmassen, vielbefahrenen Straßen und allen damit zusammenhängenden Problemen fertig zu werden gilt.

Der Kurs ist eine harte Zeit für den Menschen, der sich voll und ganz dem Hund anvertrauen muß, aber auch für den Hund, der bislang stets von geübten Trainern kommandiert worden ist und es nun plötzlich mit einer zaudernden, unsicheren Person zu tun hat. Am Ende des Kurses aber hat der Blinde gelernt, seinem »Führer« zu vertrauen und dessen großes Können zu schätzen.

Die Ausbilder haben eine doppelte Aufgabe: Einerseits müssen sie den Schülern den Umgang mit einem geübten Hund beibringen und ihnen helfen, gewisse Ängstlichkeiten zu überwinden, andererseits den Hund lehren, mit einem anfänglich zaghaften Schützling zusammenzuarbeiten.

Nach Abschluß des Kurses, wenn der neue Besitzer seinen Hund mit nach Hause nimmt, wird er aufgefordert, die verschiedenen Trainingspunkte immer wieder zu üben, auch jene, die er persönlich nur selten braucht.

Die Dienstzeit eines Führhundes kann so lange dauern, wie er bei guter Gesundheit ist. Wird er zu alt für seine Aufgabe, kann er bei seinem Hal-

Unten: Gegen Ende seiner Ausbildung lernt der Führhund seinen zukünftigen Besitzer kennen. Dieser Hund übt gerade »Randstein-Drill«, d. h. Anhalten am Straßenrand.

Oben: Ein Führhund ist nicht ständig »im Dienst«. Er verbringt mit seinem Herrn auch viele gemütliche Freistunden.

ter bleiben, sofern dieser es wünscht, oder er findet bei einem der Helfer der Organisation ein Altersplätzchen.

Führhunde für Hörbehinderte

Etwas weniger schwierig als bei Blindenhunden ist die Ausbildung von Führhunden für Hörbehinderte. Taube sind ständigen Problemen ausgesetzt: Sie hören keine Alarmsignale, kein plötzlich auftauchendes Auto, kein Telefonläuten, keine Türglocke, keinen Kinderschrei. Sie sind dem Risiko eines Brandes oder eines Einbruchs hilflos ausgesetzt. Bei richtiger Ausbildung können Hunde ihre Halter in all diesen Situationen aufmerksam machen, zum Beispiel, indem sie zu ihnen laufen, sie anstoßen oder am Hosenbein zupfen.
Sicher steckt dieses Ausbildungsschema noch in den Kinderschuhen, aber es macht beträchtliche Fortschritte, vor allem in den Vereinigten Staaten.
Zu den bevorzugten Rassen gehören Deutsche Schäfer und Dobermann Pinscher. Das Training des Hundes sollte, das ist besonders wichtig, möglichst früh beginnen. Die kleinen Hindernisse im Alltag eines Tauben oder Taubstummen, etwa das Nichthörenkönnen des Weckers, sind zu überwinden, wenn der Tag damit beginnt, daß eine rauhe Hundezunge oder eine freundlich mahnende Pfote die Hand des Schläfers berührt.

Hunde in der Forschung

Ob man nun aus moralischen Gründen mit Experimenten an lebenden Tieren einverstanden ist oder nicht, tatsächlich wird eine nicht unerhebliche Anzahl von Hunden für Forschungszwecke gebraucht. Die ganze Frage ist von starken Emotionen begleitet, und wir wollen an dieser Stelle nur versuchen, auf einige der Faktoren hinzuweisen, die bei der Entscheidung pro oder contra Hundeexperiment eine Rolle spielen.
Hunde werden aus mehreren Gründen für Forschungsarbeiten verwendet. In erster Linie sind sie umgängliche, zahme Säugetiere, die sich im allgemeinen einer Versuchssituation mühelos anpassen. Man stelle sich vor, wie man mit einem wildlebenden Tier, einem Fuchs oder einer Antilope etwa, auch nur eine Futterprobe durchführen könnte.
Ein beliebter Forschungshund ist der Beagle. Beagles sind relativ kleine Meutehunde, gewöhnlich alle ungefähr gleich groß, und sie reagieren gut auf Tests. Die meisten werden im Hinblick auf ihre Verwendung im Labor in besonderen, völlig seuchenfreien Kolonien aufgezogen. Der Hund ist ein intensiv erforschtes Tier: Wir wissen eine Menge über seine Struktur, sein Blut und seine Gewebe. Über Fortpflanzung und Krankheiten von Hunden – z. B. Krebs, der bei jedem Hund spontan auftreten kann – wurden schon viele Bücher geschrieben. Dank diesen genauen Kennt-

Oben: Die Hunde der Royal Air Force sind so gut trainiert, daß sie unbeirrt durch Feuerbogen laufen.

Links: Als Abschreckungsmittel gegen terroristische Anschläge setzte die westdeutsche Polizei bei den Fußball-WM 1974 Deutsche Schäferhunde ein.

Unten: Die britische Armee richtet Hunde für das Aufspüren von Waffen und Munition ab.

nissen sind die Forscher in der Lage, bei jeder auftretenden Veränderung deren Grad und Bedeutung sofort richtig einschätzen zu können. Letztlich bedeutet das, daß für ein bestimmtes Experiment weniger Individuen gebraucht werden, als das bei einer anderen Tierart der Fall wäre.

Obwohl man immer mehr andere Möglichkeiten sucht, um die biologische Forschung von Experimenten mit höheren Tieren unabhängig zu machen, gibt es doch viele Situationen, in denen nur ein Tier helfen kann. Außerdem sind viele Forschungsergebnisse nicht zuletzt für die Hunde selbst wichtig: zum Beispiel Erkenntnisse zur Bekämpfung von Hundestaupe und Tollwut. Ein großer Anteil der Hundeexperimente besteht übrigens aus Ernährungsversuchen, bei denen die Hunde weder Krankheiten noch irgendwelche körperlichen Eingriffe zu erdulden haben. Dann gibt es eine große Zahl von sogenannten »Kontrollhunden«, die ein völlig normales Leben führen und nur zu Vergleichszwecken in bezug auf die Wirkung eines Tests oder Experiments bei einem Versuchstier herangezogen werden.

Die meisten Länder haben strenge Tierschutzgesetze mit begrenzten Bewilligungen für Tierexperimente und genauen Vorschriften für deren Kontrolle. Trotzdem gibt es immer noch Experimente, bei denen Hunde auch getötet werden. Aber hier wäre die einzige Alternative das Experiment am Menschen selber. Auf jeden Fall haben wir diesen Tieren viel zu verdanken.

Militär- und Polizeihunde

Man könnte sich vorstellen, daß bei der zunehmenden Kompliziertheit militärischer Funktionen und polizeilicher Aufgaben die Bedeutung der Hunde auf diesen Gebieten schwindet. Das Gegenteil ist der Fall. Hunde ergänzen die ausgeklügelte Technologie auf ideale Weise und dürfen ihre Rolle in unseren Verteidigungs- und Ordnungskräften noch lange weiterspielen. Das Zutrauen in die Fähigkeiten der Vierbeiner kommt in der Bedeutung zum Ausdruck, die dem Training und der Erforschung der Hunde bei Militär und Polizei beigemessen wird.

Beim Militär ist es zum Beispiel billiger, bestimmte Funktionen von Hunden ausüben zu lassen. Mit Wachhunden lassen sich auf Luftwaffenbasen große Areale wirkungsvoll abpatrouillieren; dabei leistet ein Hund die Arbeit von mindestens zwei zusätzlichen Männern – was das finanziell bedeutet, leuchtet ein. Hunde laufen schneller als Menschen, führen einen unbewaffneten Angriff gründlicher und wirksamer durch und nötigen einem Angreifer oder Kriminellen meistens mehr Respekt ab. Sie können an Orte gelangen, wo ein Mensch nicht hinkommt, und riechen und hören Dinge, die außerhalb der Reichweite menschlicher Sinne liegen und oft auch mit Hilfe technischer Apparate nicht entdeckt werden. Hunde

Rechts: Bei der Suche nach Verbrechern und Ausbrechern nehmen Polizeikräfte auf ihren Helikopterflügen zuweilen Hunde mit. Ist der Gesuchte entdeckt, landet der Hubschrauber, und der Polizeihund kann rasch auf den Flüchtigen angesetzt werden.

Unten: Diese Hunde werden eingesetzt, um versteckten Sprengstoff zu erschnüffeln.

Ganz unten: Im Kampf gegen Rauschgiftschmuggel spielen Hunde eine entscheidende Rolle.

sind nicht von Stromzufuhr oder Treibstoff abhängig und benötigen kein Aufladen von Batterien. Nimmt man das alles zusammen, so fällt die Bedeutung der Hunde noch mehr in die Augen. Eine Maschine, die einen Menschen in stockfinsterer Nacht in 45 m Entfernung aufspürt, ihn über Drahtzäune, durch Wasser und Gestrüpp verfolgt und festhält, bis Verstärkung eintrifft, müßte erst noch erfunden werden!

Hunde sind keine unberechenbaren Geschöpfe, und bei korrektem Training handeln sie kaum falsch. Es kam schon oft vor, daß Suchhunde der Polizei eine Spur aufnahmen, die den Hundeführern zuerst ganz verkehrt erschien, dann aber doch zum Ziel führte. Hunde sind außerdem sehr anpassungsfähig, und besonders bei der Polizei wird sehr darauf geachtet, daß die Tiere im Training all ihre Fähigkeiten voll ausnützen können. So sehen wir Polizeihunde, die nicht nur eine Menge verschiedenster Kommandos beherrschen, sondern auch Spuren suchen, Wachdienst leisten, jemanden furchtlos angreifen oder längere Zeit festhalten können.

Bevorzugte Rassen

In allen Armeen wurden verschiedene Hunderassen ausprobiert, und überall werden auch bestimmte Rassen für bestimmte Aufgaben eingesetzt. Wenn es jedoch darum geht, nur eine einzige Rasse zu haben, müssen bei ihrer Wahl eine ganze Anzahl Kriterien berücksichtigt werden. Erstens muß der Hund groß und kräftig genug sein, um den verschiedenen Aufgaben gewachsen zu sein. Damit scheiden schon viele Rassen aus. Wenn die Größe nicht so ausschlaggebend wäre, würden wahrscheinlich Rassen wie der Border Collie bevorzugt. Für Spezialaufgaben werden auch tatsächlich solche Hunde eingesetzt, aber insgesamt sind sie zu klein. Zum zweiten muß der Hund »intelligent« sein. Die Schwierigkeit, diesen Begriff auf Hunde anzuwenden, haben wir bereits erwähnt; in diesem Zusammenhang muß er noch durch die Eigenschaftswörter »besonders gelehrig, fügsam und dienstfreudig« ergänzt werden. Damit fallen viele weitere Rassen weg, einschließlich der großen Windhunde. Drittens braucht der Hund eine zähe Konstitution, die Fähigkeit, extreme Wetterbedingungen auszuhalten, und ein wasserfestes Fell. Dieses Kriterium schließt manche Kurzhaarrassen aus sowie einige mit übermäßig schwerem, dichtem Haarkleid, in dem sie bei heißem oder feuchtem Klima leiden würden.

Schließlich muß der Hund respektiert, wenn nicht gar gefürchtet werden und in der Lage sein, jemanden kontrolliert anzugreifen. Nimmt man all das zusammen, ist die Wahl eng begrenzt. Der Deutsche Schäfer ist eine der ganz wenigen Rassen, die alle diese Eigenschaften besitzt, und dominiert darum auch im Militär- und Polizeidienst. Doch ist seine Vorherrschaft nicht absolut: Belgische Schäfer, Rottweiler, Dobermann-Pinscher, Airedales und Labrador Retriever wurden neben vereinzelten anderen Rassen alle schon verwendet. Für reine Such- und Spüraufgaben behaupten Bloodhounds und Labrador Retriever das Feld.

Daß der Deutsche Schäfer ein so universeller Polizei- und Militärhund geworden ist, wirkt sich für die Rasse nicht nur segensreich aus, denn diese Art Arbeit ist Ehre und Brandmal zugleich. In den zwanziger Jahren war die Rasse die zahlenmäßig verbreitetste. Mehrere spektakuläre Unfälle mit Deutschen Schäfern, dann aber auch das Nazi-Image, das die Rasse in den dreißiger Jahren bekam, beeinträchtigten ihren Ruf und ihre Beliebtheit schwer. In den fünfziger und sechziger Jahren kam dann aber erneut ein Aufschwung, und heute gehört der Deutsche Schäfer wieder zu den Top-Hunden. Dank öffentlicher Aufklärung haben viele Leute eingesehen, daß ein so bemerkenswertes und schönes Tier nicht dafür verantwortlich gemacht werden kann, wenn seine hervorragenden Fähigkeiten von Menschen mißbraucht werden.

Die Abrichtung von Diensthunden

Ein Ausbildungsziel bei der Abrichtung von Diensthunden, egal, ob sie für Polizei, Militär, Sanität oder Zoll trainiert werden, ist immer gleich: Der Hund muß lernen, eine Aufgabe *seinem Herrn zuliebe* zu erfüllen. Das ist wesentlich. Sobald Gewalt oder Furcht in der Verständigung zwischen Hund und Betreuer eine Rolle spielen, ist die Beziehung gestört und das Resultat wird unberechenbar. Die Abrichtung erfolgt daher nach dem Grundsatz Aufgabe – Belohnung, wobei die Belohnung aus etwas Eßbarem oder einem Lob des Betreuers bestehen kann.

Fast immer werden Welpen für die Grundschulung einem Betreuer einzeln anvertraut, ganz ähnlich wie die Blindenhunde oder Meutehunde.

Unten: Diensthunde absolvieren ein umfassendes Training, zu dem oft zirkusreife Leistungen gehören.

Oben: Rottweiler sind vielseitige Hunde und ausgezeichnete Wächter. Sie werden deshalb als Diensthunde in der ganzen Welt besonders geschätzt.

Dadurch gewöhnt sich das Junge an Menschen und hat zugleich Zeit, die üblichen Grundbefehle zu erlernen. Im Alter von ungefähr einem Jahr kommen die Hunde dann zu einem Ausbilder, der ihnen alle Grundbegriffe des Gehorchens wie Sitzen, Abliegen, Warten, Herankommen und Losrennen auf Kommando beibringt. Von da an variiert die Schulung je nach der späteren Aufgabe des Hundes.

Selektivzucht

In manchen Ländern züchten Polizei und Militär ihre Diensthunde heute bereits selber, und zwar mit ausgewählten Zuchttieren aus eigenen Beständen; man kennt deren Anlagen bereits und weiß bis zu einem gewissen Grade im voraus, was bei einem Wurf zu erwarten ist. Selbstverständlich werden aber immer wieder vielversprechende Junghunde von privaten Züchtern dazuerworben.

Polizeipatrouillen

Die Arbeit der Polizeihunde, die für Patrouillen bestimmt sind, umfaßt drei Hauptaufgaben: 1) das sogenannte Streifen oder *Revieren,* zu dem auch das Suchen, Stellen und Festhalten eines Verdächtigen gehört; 2) *Fährtenarbeit* zum Auffinden von Verdächtigen oder Vermißten; 3) das *Auffinden* und Wiederbringen von Gegenständen. Alle Polizeihunde beherrschen diese Bereiche. Die entsprechenden Befehle lauten: Fuß! (der Hund kommt zum Betreuer, neben dessen linken Fuß); Sitz!; Gib Laut! (der Hund schlägt an); Platz! (er legt sich mit untergezogenen Hinterbeinen hin); Wart! oder Bleib!; Steh!; Apport! (er holt einen Gegenstand); Gib! oder Aus! (er läßt ihn fallen); Sprung! (er soll ein Hindernis überspringen); Nein! oder Pfui! (er läßt etwas los oder hört mit etwas auf); Ruhig!; Faß! (er verfolgt und stellt einen Verdächtigen und hält ihn fest). Alle diese Befehle sind einfach, aber wesentlich.

Links: Ein Diensthund springt aus dem Helikopter, um gleich die Verfolgung eines von der Polizei Gesuchten aufzunehmen.

Rechts: Dobermann Pinscher sind ebenfalls eine bei Polizei und Militär vielfach im Einsatz stehende Rasse. In manchen Ländern werden den Hunden die Ohren gestutzt.

Die dazugehörigen Trainingsmethoden im einzelnen zu schildern, würde zu weit führen. Hier soll nur ein Beispiel gegeben werden: nämlich das Training, das es braucht, bis der Hund das Kommando Faß! versteht. Der Ausbilder hält den Hund an der Leine, und ein Helfer gibt dem Hund einen leichten Schlag mit einem Sack. Der Hundeführer fordert nun das Tier auf, zuzubeißen. Sobald der Hund gehorcht, wird er gelobt. Allmählich lernt er, den Sack auch zu beißen, wenn der Helfer ihn um den Arm gewickelt trägt, und zuletzt packt er auf Kommando den Arm des Helfers. Der Hund wird dabei stets an einer langen Leine gehalten, und Rückrufe wie Nein! oder Kehrt! hindern ihn an weiterem Vorgehen. Bald wird er nur noch den Gestellten am Ärmel fassen und herumdrehen. Ein bösartiger Angriff ist niemals erlaubt und wird von einem Polizeihund auch nie verlangt. Ein Rückruf muß stets und sofort befolgt werden. Später lernt der Hund, bei dem Befehl Such! jemanden in einem Gebäude, im Unterholz oder einem anderen Versteck aufzuspüren und zu stellen.

Das Element der »beherrschten Aggression« wird jedem Polizeihund beigebracht. Die Polizei weiß, daß nicht jeder Verdächtige ein Krimineller ist – ein harmloser Landstreicher in einem verlassenen Haus, der von einem Polizeihund gebissen würde, wäre nicht dazu angetan, für die Polizei Reklame und Polizeihunde beliebt zu machen! Ein verfolgter Verdächtiger, der stillsteht, wird lediglich verbellt; nur wer Widerstand leistet, wird vom Hund angegriffen.

Fährtenarbeit
Jeder Diensthund muß auch ein Fährtenhund sein. Das Grundverhalten ist dabei dem Hund leicht anzutrainieren. Das übliche Sechsstufentraining beginnt immer mit der Suche nach einer vom Ausbilder »verlorenen« Dienstmütze. Dem Hund wird für diese Arbeit ein Brustgeschirr angelegt, und er wird mit einem langgezogenen »Suuuch!« aufgefordert, die Fährte aufzunehmen.

Später muß er über eine gewundene Fährte und über ein »Fährtenkreuz« einen Fremden finden und schließlich dessen Fährte aus den Spuren verschiedener Leute herausfinden. Bis diese Lektionen perfekt sitzen, vergehen ein bis zwei Jahre. Armeehunde lernen in geduldigem, ständig wiederholtem Training, Sprengstoffe oder Schußwaffen aufzuspüren. Suchhunde werden auch speziell ausgebildet, vergrabene Gegenstände, etwa Munition, zu finden. Sie sind oft imstande, etwas gerade erst Vergrabenes ausfindig zu machen, das sonst niemals entdeckt würde.

Auch für die Sucharbeit sind die Deutschen Schäfer geeignet; daneben benutzt die Polizei aber für sehr heikle »Riechaufgaben«, beispielsweise das Auffinden raffiniert versteckter Rauschgifte, auch Labrador Retriever.

Rotkreuz- und Katastrophenhunde sind eigens für das Aufspüren verletzter Menschen ausgebildet. Ihr Geruchssinn ist überaus fein, und wenn sie ein Opfer gewittert haben, kehren sie sofort zum Betreuer zurück und fordern ihn durch Hinsetzen auf, ihnen zu folgen.

Die Suchhunde der Polizei haben ganz ähnliche Aufgaben wie diejenigen der Armee; die Schulung ist denn auch weitgehend dieselbe.

Der Hund in der Armee
Die wichtigsten Arbeiten eines Militärhundes haben wir bereits erwähnt, aber es gibt noch Sonderaufgaben, zum Beispiel Kurierdienste. Während des Ersten Weltkrieges wurden in der französischen Armee Hunde erstmals regelmäßig dafür eingesetzt, obwohl ihre Ausbildung recht zeitraubend war. Sie beruht darauf, daß der Hund zwischen seinem Betreuer und einer zweiten Vertrauensperson hin und her geht. Ein Unsicherheitsfaktor ist dabei, daß jeder der beiden zu einem plötzlichen Ortswechsel gezwungen sein kann. Der Hund muß also lernen, sich an eine Spur zu halten, die extra für ihn »gelegt« wird, falls einer der Männer seine Position wechselt. Funkverkehr und andere Kommunikationsme-

Rechts: Der Weimaraner wurde im 19. Jahrhundert als Jagdrasse am Hof von Weimar gezüchtet. Heute ist er in Europa und Amerika ein beliebter Polizei- und Armeehund.

thoden haben den Kurierhund zwar weitgehend überflüssig gemacht, aber gelegentlich, vor allem in Notfällen, werden seine Dienste doch noch gebraucht.

Im Gegensatz zu den Polizeihunden dürfen oder sollen Armeehunde aus naheliegenden Gründen voll angreifen, nicht nur bewachen. Das Apportieren wird ihnen dagegen niemals beigebracht: Das Herbeitragen einer Granate beispielsweise könnte zu einer Katastrophe führen.

Die Grundausbildung von Armeehunden dauert oft nur wenige Wochen. Sobald sich bei einem Hund die besondere Eignung für eine bestimmte Aufgabe zeigt – Schutzdienst oder Fährtenarbeit usw. –, kommt er ins Spezialtraining.

Armeehunde sind jederzeit in der Lage, für zusätzliche und spezialisierte Aufgaben eingesetzt zu werden, denn ihr Können wird ständig weiterentwickelt. Außerdem hat ihre Anwesenheit immer eine große moralische Wirkung auf die Soldaten.

Leistungsprüfungen

Die Leistungsprüfungen für Dienst-, Schutz- und Begleithunde sind wie bei den Schäferhunden (s. S.116) mit der täglichen Arbeit der Tiere so eng verbunden, daß sie hier ebenfalls Erwähnung verdienen.

Die Prüfungen sind von Land zu Land verschieden, aber allgemein ganz nach praktischen Gesichtspunkten ausgerichtet. Sie umfassen in der Regel Gehorsamstests, aber auch Spezialaufgaben wie Fährtensuchen, Bewachen, Mannarbeit usw.

Die Prüfungen, meist von Zucht- oder Hundesportvereinen organisiert, erfreuen sich zunehmender Beliebtheit und haben sicherlich eine große Zukunft.

Arktis und Antarktis

Nirgendwo sind Mensch und Hund so stark aufeinander angewiesen wie in der Arktis. Jahrhundertelang waren die nomadisierenden Eskimos total von den Huskies abhängig, um überleben zu können. Die Hunde sorgten für die einzige Transportmöglichkeit, und die Eskimos versorgten dafür die Hunde mit Essen. An keinem anderen Beispiel läßt sich die Zusammenarbeit von Hund und Mensch so gut demonstrieren wie am Schlittengespann. In der Arktis läßt sich auch beobachten, wie gut sich der Hund seiner Umwelt anzupassen vermag. Der Eskimo hält die Kälte aus, indem er sich in Pelze hüllt und Iglus baut. Der Hund ist noch viel besser ausgerüstet: Er hat ein dichtes Fell mit dicker Unterwolle, dazu ein System der Blutzirkulation, bei dem Blut aus äußeren in tiefere Gewebeschichten abgezogen werden kann, was den Wärmeverlust auf ein Minimum reduziert.

»Husky« heißen hier alle Schlittenhunde. Es ist keine Rassenbezeichnung, sondern eine Ableitung des Slang-Wortes »Esky« für Eskimo, das bei weißen Reisenden in Gebrauch war. Alle Eskimohunde gehören zum Typ der Spitze. Mit ihren schräggestellten Augen haben sie etwas unverkennbar Wölfisches; sie heulen auch mehr, als daß sie bellen, und vieles weist bei ihnen auf eine Einkreuzung des Timberwolfes hin.

Vier Huskies lassen sich deutlich unterscheiden: der Eskimo Husky, der Samojede, der Alaskan Malamute und der Siberian Husky. Sie alle wurden nach dem Völkerstamm benannt, der sie überwiegend benutzte. Canadian Eskimo Dog und Grönlandhund sind die Hunde der kanadischen und grönländischen Eskimos. Sie dienten vermutlich schon vor tausend Jahren als Schlittenhunde. Die Samojeden wurden nach dem sibirischen Volksstamm gleichen Namens benannt. Samojede ist das russische Wort für »Kannibale« und nimmt Bezug auf die früheren Eßgewohnheiten der *Menschen,* nicht der Hunde. Malamutes wurden von den Malamut-Eskimos der Seward-Halbinsel herangezüchtet, und es ist möglich, daß in den Adern dieser Hunde einiges Dingoblut fließt. Der Siberian Husky wurde von den Tschuktschi-Nomaden im nordöstlichen Sibirien gehalten.

Obwohl sich die vier Rassen klar unterscheiden,

Unten: Diensthunde haben während ihres ganzen Arbeitslebens den gleichen Meister.

Oben: Ein Team von Huskies bei der harten Arbeit in einem Eskimo-Fächergespann. Einer ist der Leithund, und das Meuteverhalten innerhalb der Gruppe ist genau geordnet.

sind Kreuzungen untereinander und Zufuhr neuen Blutes durchaus üblich.

Anerkennung gebührt dem Schlittenhund vor allem für sein ungeheures Durchstehvermögen und seine Fähigkeit, Temperaturen von 60-70 Grad unter Null auszuhalten. Der schwerste Husky wiegt bis 45 Kilo, und Hunde dieses Gewichts sind für Gespanne am beliebtesten.

Trotz seiner Härte hat der Schlittenhund ein gutes Verhältnis zum Menschen. Selbst in der Meute zeigt er Respekt und Zuneigung, wenn er gut behandelt wird. Bei schlechter Behandlung allerdings wird er mürrisch und böse.

Die Achtung, die fast alle Polarforscher vor Schlittenhunden empfanden, drückte der Norweger Hansen aus, einer der Begleiter Amundsens zum Südpol:

»Sie sind Helfer und Freunde. Ein Haustier aus einem Schlittenhund zu machen, das ist nicht möglich; diese Hunde sind sehr viel mehr wert. Ich sah in meiner Hündin eine vertraute Gefährtin, treuer und verläßlicher als ein Mensch.«

Eskimos verwenden Schlittenhunde auch zur Jagd auf Eisbären und Moschusochsen. Im Sommer dienen sie überdies als Lasttiere. Sie können bis zu 20 Kilo in Packsätteln mit Taschen auf beiden Seiten tragen.

Motorgetriebene Kanus und Toboggans haben in den letzten Jahrzehnten die Bedeutung der Schlittenhunde zwar gemindert, doch werden sie niemals gänzlich ersetzen können.

In den Südpolzonen sind keine Hunde heimisch; sie wurden von Forschungsreisenden dorthin mitgebracht. Bis vor kurzer Zeit war die Südpolforschung, was den Transport anbelangt, fast ganz auf Hunde angewiesen; der Erfolg von Amundsens Reise 1911 beruhte weitgehend auf den gutorganisierten Schlittengespannen. Auch die von der British Antarctic Survey durchgeführten wissenschaftlichen Untersuchungen waren stark von den Hundeschlitten als Transportmittel abhängig. Noch 1966 befanden sich in den fünf Basen der Organisation 152 Hunde, und zwar ein Schlag von Grönland-Eskimohund und Labrador, der mit seinem kurzen dicken Haarkleid und den ziemlich langen Beinen gut durch den hohen Schnee kommt. Andere Länder haben andere Rassen eingeführt. Die Argentinier versuchten es mit Husky/Bernhardinerkreuzungen, und die japanische Antarktis-Forschungsexpedition verwendete Sachalin-Hunde. Alle Tiere werden in den wissenschaftlichen Stationen gehalten. Sie könnten ohne den Menschen nicht überleben, und wenn, dann wären die Auswirkungen auf das Wildleben der Antarktis wohl katastrophal.

Hunde, Schlitten und Expeditionen

Nomadisierende Eskimos halten auch heute noch Schlittenhunde. Alle Polarforscher haben übrigens von ihnen die Arbeit mit den Hunden und die Verwendung von Gespannen gelernt. Die

Oben links: Bei einer Expedition durch die Arktis wurde das Klima selbst für die Huskies zu rauh. Expeditionsteilnehmer gruben den Hunden deshalb einen Schutztunnel ins Eis.

Oben rechts: In Halley Bay können die Hunde wegen den extrem tiefen Temperaturen nachts nie im Freien gelassen werden. Nach der Tagesarbeit »wohnen« sie in einem besonderen Hundetunnel.

Links: Bei der Vogeljagd ist der Finnenspitz wohl kaum zu übertreffen. Aus seiner Heimat ist er an Kälte und tiefen Schnee gewöhnt.

Oben: Schlittenhunderennen ist ein moderner Sport, der aus Nordamerika stammt und auch in den alpinen Gebieten immer mehr Freunde gewinnt.

Unten: Fütterungszeit! Die Hunde warten ungeduldig auf ihren Meister und aufs Fressen.

nördlichen Eskimos benutzten das sogenannte Fächergespann, bei dem jeder Hund einzeln an einem Seil aus Seehundleder am Schlitten angebunden war. Dieses einfache System bewährt sich, wenn die fächerförmig nebeneinander laufenden Hunde den Schlitten über ebene Flächen ziehen; auf unebenem Boden oder in weichem Schnee ist das Doppel- oder Amerikanergespann besser und wird heute von den Forschern oder Inspektoren meist verwendet. Bei diesem System ziehen die Hunde (paarweise oder abwechselnd links und rechts) über einen kurzen Zugstrang an einer Zentralleine. Die Geschirre sind Einzelanfertigungen aus weichem Lampendochtmaterial, das nicht scheuert und kaum je friert. Ist der Schnee klumpig oder völlig verharscht oder gilt es, über bloßes Eis zu laufen, werden den Hunden oft Lederschuhe über die Pfoten gezogen.

Im Vergleich zu Motorschlitten sind Hundeschlitten langsam, aber immerhin konnte ein Gespann mit leichter Ladung und auf hartem Schnee in 24 Stunden 160 km schaffen. Bei modernen Inspektionsreisen rechnet man durchschnittlich ungefähr 16 km pro Tag, da in der Regel einer von drei Tagen wegen schlechter Witterung verlorengeht. Schwierige Bedingungen erfordern regelmäßige Rastpausen, aber solange die Hunde bei Laune gehalten werden, laufen sie fröhlich mehrere Stunden hintereinander, ohne wirklich zu ermüden.

Auf langen, öden Fahrten über eintönige Schnee- oder Eisflächen langweilen sich die Hunde leicht. Ein Mann, der auf Skiern vorausfährt, und das gelegentliche Auswechseln des Leithundes verschaffen ihnen bei der Fahrt ein wenig Abwechslung. Peitschenknallen wirkt weniger. Die Peitsche wird eigentlich nur während der Ausbildung oder als Signal einer Richtungsänderung benutzt. Sollte ausnahmsweise eine Bestrafung notwendig werden, dient dafür meist ein kurzes Seil. Die wenigen und einfachen Befehlsrufe werden ohne weiteres befolgt. Auf OK, YUP! reagieren die Hunde mit Starten; RRR! heißt links, AUK! rechts abbiegen, und ein sanftes AARRH! bedeutet Anhalten. Auch der Klang der Stimme ist nicht ohne Bedeutung.

Wie bei vielen Team- oder Meutehunden, lernen auch die Neulinge im Schlittengespann viel vom Beispiel der älteren, erfahreneren Gefährten. Schlittenhunde ziehen schon von Natur aus, aber immer ein bißchen aufs Geratewohl; deshalb bekommen die Jungtiere, die man im Alter von 9–12 Monaten ins Training nimmt, einen Platz dicht vor dem Schlitten, wo sie unter Kontrolle sind. Nach modernem Grundsatz bildet man in jedem Team mindestens zwei Hunde als Leithunde aus. Die Leithunde sind erfahrene, ältere Tiere, oft

Hündinnen, die mit wahrer Begeisterung arbeiten.

In den meisten Teams hält man auf ungefähr sechs Rüden eine Hündin; diese Zusammensetzung gilt auch für die ganze Kolonie. Das Arbeitsleben eines Schlittenhundes dauert unterschiedlich lange, in der Regel etwa sieben Jahre. In dieser Zeit legt das Tier wohl gegen 13 000 Kilometer zurück. Gegen Ende der Dienstzeit werden die Hunde oft anfällig für Arthritis, aber auch diese älteren und langsameren Tiere haben noch ihre Aufgaben: Sie tragen leichte Lasten oder bringen den Welpen »die Anfangsgründe des Berufes« bei.

Gezüchtet wird unter diesen Verhältnissen ohne strenge Rassenunterscheidung nur auf die gewünschten Eigenschaften hin: Paarungen läßt man erst zu, wenn Rüde und Hündin sich bewährt haben, und von den Welpen werden nur die besten aufgezogen. Die Welpensterblichkeit liegt bei 40 Prozent. Eskimohündinnen haben im Vergleich zu ihren Artgenossinnen in gemäßigten Regionen kurze Hitzeperioden. In dieser Zeit werden sie von den andern ferngehalten. Wird eine Hündin während großer Fahrt läufig, muß der Schlittenführer sehen, wie er mit der Situation fertig wird. Ausgetragen wird der Wurf in der Regel im Basislager, weil unterwegs geborene Welpen auf dem Schlitten mitgeführt oder getötet werden müßten. Es kommt ausnahmsweise tatsächlich vor, daß Hündinnen im Geschirr Junge werfen. In diesem Falle werden die Kleinen auf dem Schlitten versorgt, während die Hündin ohne strenge Arbeit nebenherläuft. Der Umgang mit Menschen schon im zartesten Alter festigt die Beziehung der Welpen zum Menschen, ebenso die Entwöhnung von der Mutter nach nur vier Wochen. Mit sechs Wochen werden die Kleinen mit Milchersatz und geschabtem Robbenfleisch ernährt, und die Mutter geht wieder ins Geschirr. Das Wichtigste bei der Ernährung der Schlittenhunde ist, daß sie viel Energie zur Verfügung stellt, also reich an Proteinen und Fetten ist. Robbenfleisch ist eine ausgezeichnete Energiequelle, hauptsächlich wegen des fetten Specks. In den letzten Jahren wurden auch hervorragende Fertigfutter zusammengestellt, die bis zu 46 Prozent Fett enthalten, dazu bekömmlich und leicht sind – ein Vorteil auf der Reise. Wasservorräte mitzuschleppen, ist nicht nötig, da die Hunde es gewöhnt sind, Schnee zu essen. Manche lernen es in ihrem ganzen Leben nicht, Flüssigkeiten mit der Zunge aufzulecken.

Im allgemeinen sind Hunde und Menschen in Polargebieten sehr gesund. Hundestaupe kannte man hier nicht, bis die Krankheit von Forschungsreisenden, die vereinzelt Hunde mitbrachten, eingeschleppt wurde. Damals hatten die Huskies keine natürlichen Abwehrstoffe dagegen, und es kam zu einem Massensterben. In

Oben: Ältere Huskies dienen zuweilen als Lastenträger. Diese ungewöhnlichen Transportmittel werden während des arktischen Sommers eingesetzt.

Oben: Die Hunde werden entweder entlang einer Hauptzugleine oder aber – wie hier – in Fächerform vor den Schlitten gespannt.

Unten: Nach einem Treck durch den Schnee wird den Schlittenhunden Rast gegönnt, damit sie für den nächsten Reiseabschnitt wieder frisch sind.

neuerer Zeit konnte die Krankheit durch strenge Impfvorschriften unter Kontrolle gebracht werden. Abszesse, Risse und Bißwunden kommen unter Schlittenhunden schon einmal vor, aber die Hauptursache des Ausscheidens aus dem Team ist Knochen- und Gelenkentzündung. Diese Krankheit befällt schwer arbeitende Hunde schon früh; bei älteren ist sie fast allgemein und äußert sich darin, daß die Tiere lahmen und nicht mehr mithalten können. Ursache ist offenbar die mechanische Überbeanspruchung der Gelenkoberflächen.

In einer Forschungsbasis haben die Hunde gewöhnlich eine Unterkunft, im Felde aber werden sie über Nacht an leichte Drahtverhaue gekettet. Ein Obdach braucht es nicht, denn die Hunde schlafen zufrieden in Schnee und Eis. In der Halley Bay Basis der British Antarctic Survey baute man in einem besonders kalten Winter geschützte Schneetunnels für die Hunde.

Die Rolle der Schlittenhunde bei der Erforschung, Vermessung und Entwicklung der Polargebiete kann gar nicht hoch genug eingeschätzt werden. Die Aufzeichnungen Amundsens geben einen Begriff vom harten Leben der Polarforscher zu Beginn unseres Jahrhunderts. Seine Südpolexpedition mit fünf Mann, zweiundfünfzig Hunden und vier Schlitten verließ am 19. Oktober 1911 mit einer Last von über 1500 Kilo das Basislager. Viele Hunde kamen schon auf dem Weg zum Pol um. Einige wurden auch geschlachtet und an die anderen verfüttert. Auf der Rückreise wurden weitere sechs getötet, und einer ging verloren. Die restlichen elf Hunde kehrten am 17. Januar 1912 zurück: Sie hatten in 99 Tagen 2576 km zurückgelegt.

Heute sind solche Strapazen und Verluste kaum mehr nötig. Nachschubflugzeuge werfen Lebensmittel für Hunde und Leute – und sogar Ersatzhunde ab! Außerdem werden längere Reisen jetzt öfter mit motorisierten Transportmitteln unternommen. Die Hundegespanne dienen vorwiegend für kürzere Fahrten im Umkreis der Basislager, gelten aber nach wie vor als sicherstes Transportmittel. Wenn ein Motor versagt oder der Treibstoff ausgeht, kann man in der Eiswüste nicht viel machen. Kommt ein Hund unterwegs ums Leben, können er und seine Futterration von den übrigen Hunden verzehrt werden, und die Fahrt geht weiter.

Maschinen sind auch nicht imstande, Gefahren wie dünnes Eis oder Gletscherspalten aufzuspüren. Sir Vivian Fuchs bemerkte, wie bei seinen Expeditionen der Leithund »Darkie« jeweils solchen Gefahren auswich und dabei nie mehr als zwei Grad vom Kurs abwich. Auch viele andere Schlittenführer konnten sich in dieser Hinsicht auf ihre besten Leithunde blindlings verlassen.

Heute gibt es zahlenmäßig zwar weniger Schlittenhunde, doch haben sie noch immer eine große Bedeutung. In isolierten Forschungsstationen werden Hunde in beschränkter Zahl gehalten, damit die Moral der Männer nicht leidet, wenn sie während langer Monate mit der Hauptbasis fast keine Kontakte haben.

Als Ergänzung der ziemlich gräßlichen Aufzeichnungen Amundsens wollen wir hier die Grabschrift von Peary für die Hunde wiedergeben, die mit ihm am 6. April 1909 zum Nordpol aufbrachen:

»Und niemals waren Hunde oder Menschen treuer als diese armen Tiere.
Tag um Tag kämpften sie sich zurück
durch die schreckliche eisige Öde,
ringend um ihr Leben und das unsere;
Tag um Tag arbeiteten sie,
bis die letzte Unze Kraft
von ihnen ging
und sie ohne einen Laut
tot in ihre eignen Spuren fielen.
Einundvierzig von den zweiundvierzig,
mit denen ich das ›letzte Lager‹ verließ.«

Haus-Gebrauchshunde

Auf den vorangegangenen Seiten haben wir Hunde vorgestellt, die eine bestimmte Aufgabe erfüllen und dafür eigens gezüchtet, ausgesucht und geschult worden sind. Das ist das klassische Bild des Gebrauchshundes. Faßt man den Begriff aber etwas weiter, so könnte man alle Hunde dazurechnen, deren Arbeit das Leben eines Menschen ein wenig besser, leichter und glücklicher macht. Und ersetzen wir das Wort »Arbeit« durch das Wort »Dasein«, eröffnet sich ein noch viel weiteres Feld.

Hunde in der Psychotherapie

Oft erweist es sich als positiv, einen Hund in das Leben eines Menschen einzufügen, um dem Menschen zu helfen. Ein wichtiges Beispiel ist der Hund als »Mitarbeiter« in Nervenheilanstalten. In den letzten Jahren spielen Hunde in der Psychotherapie solcher Anstalten eine immer größere Rolle. Eine Untersuchung zum Beispiel befaßte sich mit einer Gruppe von 30 geisteskranken Patienten, die man mit Hunden zusammenbrachte und über längere Zeit beobachtete. 28 machten

Oben links: Grausame Strafe? Nein! Der Husky wird nur gewogen, um Gesundheit und Fitness zu prüfen.

Oben rechts: Dieses Gespann geht paarweise an einer Hauptzugleine; andere Arbeitsteams werden zuweilen einzeln in fächerförmiger Anordnung vor den Schlitten gespannt.

Fortschritte, 5 davon sogar auffallende. Die beiden Kranken, bei denen sich keine Besserung zeigte, hatten sich geweigert, einen Hund als persönlichen Begleiter anzunehmen. Die meisten der Kranken waren fast hoffnungslos vom Personal abhängig und in ihrer Haltung ganz infantil; als sie die Hunde bekamen, verloren sie allmählich etwas von ihrer Unselbständigkeit. Sie übernahmen die Verantwortung für das Wohlergehen eines anderen Lebewesens, gingen mit ihm spazieren, sprachen mit ihm, ernährten es. Nach und nach waren sie weniger in sich gekehrt, nahmen Kontakt mit anderen Leuten auf, gewannen wieder Selbstachtung und erlebten Freude.

Ein wichtiger Punkt dabei ist, daß Hunde ohne weiteres Menschen mit absonderlichem Verhalten akzeptieren – was die meisten Menschen nicht fertigbringen. Der Patient fühlt sich also vom Hund nicht »abgelehnt« und sieht in ihm einen vertrauenswürdigen Gefährten. In einem Fall brachte man einen schwer depressiven Neunzehnjährigen, der die meiste Zeit reglos auf seinem Bett lag, mit einem aggressiv-freundlichen Drahthaar-Foxterrier zusammen. Der Junge fühlte sich so angesprochen, daß er aufstand und dem Hund nachging. Schließlich arbeitete er sogar in der Abteilung mit und willigte ein, sich einer Behandlung zu unterziehen. Sein Interesse an Dingen – *auch über den Hund hinaus* – wuchs, und mit der Zeit konnte er entlassen werden. Wie der behandelnde Psychotherapeut bestätigte, war die Begegnung mit dem Hund der Wendepunkt zur Heilung gewesen.

Hinter dieser Therapie steckt die Theorie, daß der Hund durch seine Abhängigkeit dem Patienten eine Verantwortung auflädt, der sich dieser nicht entziehen kann. Das schenkt ihm ein Selbstwertgefühl und einen Daseinszweck und steigert das geistige Wohlbefinden. Ein erster tastender Schritt vorwärts führt so zu zehn sicheren Schritten.

Hunde und Jugendliche
Die gleiche Rolle spielen Hunde auch in Jugendgefängnissen und Erziehungsheimen. Auch hier geht es im wesentlichen darum, daß der Hund Aufmerksamkeit benötigt und abhängig ist. Durch die Liebe und Freundschaft zu einem Hund wird es asozialen Jugendlichen leichter möglich, ein Verantwortungsbewußtsein zu entwickeln, das sie dann vielleicht eines Tages auch gegenüber der Gesellschaft im allgemeinen an den Tag legen.

In Schulen haben die Hunde eine doppelte Aufgabe. Um zur Reife zu gelangen, brauchen Kinder konkrete Möglichkeiten, verantwortlich handeln zu können. Läßt man sie einen Hund ausführen, kämmen und füttern, macht ihnen das nicht nur Spaß, sondern sie lernen auch das grenzenlose Vertrauen kennen, das ein Hund demjenigen beweist, von dessen Fürsorge seine Existenz abhängt. Die zweite Funktion hat mit der völlig un-

Links: Hunde können dem Menschen vieles bedeuten. Dieser Labrador leistet seinem älteren Herrn vor allem Gesellschaft.

Unten: Die Verbundenheit dieser beiden ist so stark, daß der Hund stundenlang geduldig neben seiner strickenden Herrin sitzt.

befangen gezeigten Sexualität des Hundes zu tun. Das kommt bei Kindern sehr gut an – Paarungen, Schwangerschaft und Wochenbett einer Hündin sind Dinge, die Kindern sexuelle Themen auf natürliche Weise und ohne jede Peinlichkeit nahebringen.

Hunde zu Hause
Hunde können ledigen oder verwitweten Menschen Gesellschaft leisten. Oft genug hören Ärzte kranke alte Leute sagen: »Ich darf nicht krank sein, Herr Doktor, ich muß für meinen Hund sorgen, muß sehen, daß er sein Futter bekommt und seine Freude hat!«
Hunde können ein Ersatz für Kinder oder für verlorene Lebensgefährten sein, und hier erfüllen sie die wichtige Aufgabe, Freude in ein »leeres« Leben zu bringen. Allerdings kann dabei das Problem entstehen, daß das Verantwortungsgefühl überwältigend wird. Dann verkehrt sich die Situation, und der Mensch wird abhängig vom Hund.
In kleinen Familien, in denen es nur ein oder zwei Kinder gibt, kann die Rolle des Haushundes gar nicht überschätzt werden. Der Hund ist der Spielkamerad des Kindes. Das Kind sieht, wie einem Tier Disziplin beigebracht wird, und am Resultat, dem wohlerzogenen, ausgeglichenen Hund, erkennt es den Wert von der Disziplin und Selbstbeherrschung. Und schließlich sieht es den Hund alt werden und sterben – eine wichtige Lektion in »Lebenskunde«. Der Hund ist ein letztes Stück Natur in unseren Betonwüsten, und sogar dort, wo er nur via Fernsehen als Lassie oder Rin-Tin-Tin in die Familien kommt, spielt er noch eine positive Rolle, denn in Wohnungen, wo die Haltung von Haustieren verboten oder unmöglich ist, ist ein »Ersatz-Haustier« immer noch besser als gar keines.
Der Mensch liebt es, Tiere in seiner Nähe zu haben, sie zu betreuen und aufwachsen zu sehen. In der modernen Gesellschaft wird er aber immer mehr der Gelegenheit dazu beraubt. Dort, wo es aber noch möglich ist und wo den Bedürfnissen eines Tieres auch Rechnung getragen werden kann, ist die Anschaffung eines Hundes unbedingt zu empfehlen.

Oben: Ein lebhafter Dandie Dinmont auf dem Prüfstand bei einer Ausstellung. Der Name dieser Hunderasse geht auf eine Gestalt aus einem Roman von Sir Walter Scott zurück.

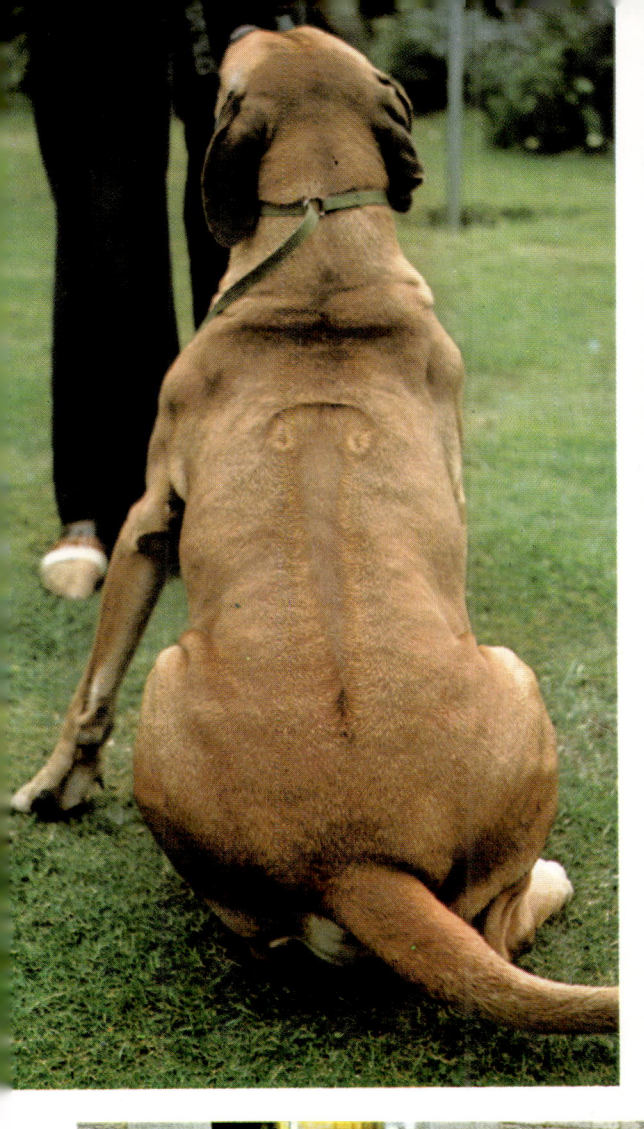

Oben links: Die Zeichnung auf dem Rücken des Hundes erklärt, warum diese Rasse Rhodesian Ridgeback (Furchenrücken) heißt.

Oben rechts: Die Papillons verdanken ihren Namen den dicht befransten Schmetterlingsohren.

Links: So gern sich die Hunde offensichtlich auf das Kaninchen stürzen würden – sie sind zu gut erzogen, es zu tun.

Ausstellen und Züchten

Es gibt eine Menge einleuchtender Gründe für das Halten eines Gebrauchs- oder Begleithundes; wenn jemand indessen Hunde einzig zum Zweck des Ausstellens oder Züchtens hält, gelten andere Maßstäbe und Voraussetzungen.

Das Ausstellen von Hunden ist eigentlich kein Sport; für ein Hobby wiederum ist es zu kostspielig und als bloßer Zeitvertreib zu anspruchsvoll und engagiert. Es ist fast eine Lebensweise, und wen es einmal gepackt hat, der kann der Versuchung, sich weiter am Ausstellungswesen zu beteiligen, selten widerstehen.

Die Gründe sind nicht leicht zu definieren, doch haben sie sicher mit dem tiefverwurzelten Bedürfnis des Menschen zu tun, das Schicksal lebendiger Wesen zu beeinflussen und zu gestalten. Für Aussteller und Züchter ist das oft eine Art Flucht aus dem Alltag, und wer einmal eine Hundeausstellung besucht hat, wird bemerkt haben, daß sich hier ein ganz besonderer Typ Mensch trifft. Meist sind es sehr sympathische, fast immer ein bißchen exzentrische Leute, die nichts Ungewöhnliches dabei sehen, ein halbes Dutzend mächtiger Pyrenäenhunde spazierenzuführen, weite Reisen zu internationalen Ausstellungen zu unternehmen oder ihre Yorkshire Terrier-Hündin unter dem Bett Junge haben zu lassen.

Abgesehen davon, daß Ausstellungen dem natürlichen Wettbewerbsgeist des Menschen entgegenkommen, den er auf seine Tiere ausweitet, entsprechen sie auch dem Bedürfnis nach einem System der Bewertung von Hunden. Natürlich muß niemand seinen Hund ausstellen, und wäre es noch so ein Prachttier, wenn er nicht mag, aber für viele ist die Ausstellung eine Werbung für ihren Zwinger und ihre spezielle Zuchtlinie. Für andere ist es eine amüsante Beschäftigung, der sie so oft wie möglich nachgehen. Die Ausstellertätigkeit überwindet alle Schranken; das gemeinsame Interesse an Hunden verbindet

Unten: Dieser Pembroke Welsh Corgi-Champion ist das perfekte Resultat jahrhundertelanger Zuchtbemühungen. Die Rasse wurde schon im Jahre 920 in den alten Gesetzen von Wales erwähnt.

Oben: Es ist erstaunlich, wie gesittet sich die Hunde trotz des Lärms und Menschengewirrs bei einer internationalen Ausstellung verhalten.

Menschen der verschiedensten Art und Herkunft. Im wesentlichen geht es dabei um die Zurschaustellung der ästhetischen Vorzüge des Hundes, hauptsächlich seiner Gestalt, seiner Farben und Proportionen, aber auch seiner Bewegungen und seines Gebarens – kurz alles dessen, was sich visuell taxieren läßt. Viele Zwerg- und Kleinrassen stellt man dabei auf einen Tisch, so daß man die Bewegung gar nicht sehen kann. Um so wichtiger ist sie bei den größeren Rassen; hier wird der Bewegungsfluß in allen Gangarten geprüft.

Wer als Neuling mitmacht, muß sich auf Wechselbäder gefaßt machen: Er kann bei der einen Schau gewinnen und bei der nächsten weit, weit abgeschlagen hinten auf der Rangliste stehen. Schließlich verlangt man von einem bestimmten Richter eine bestimmte Meinung über einen bestimmten Hund an einem bestimmten Tag. Und die ist immer subjektiv, auch wenn das Urteil natürlich auf der Kenntnis der Rassestandards beruht.

Mit der Erfahrung, die sich im Lauf der Jahre einstellt, weiß der Bewerber genau Bescheid über die Punkte, die von einer Rasse verlangt werden, und worauf ein bestimmter Richter im einzelnen besonders achtet.

Das Ausstellungssystem
Der Zweck der Teilnahme an einer Ausstellung ist es, den Hund mit anderen in Wettbewerb treten zu lassen, um die höchstmöglichen Preise innerhalb der Rasse zu bekommen und auf diese Weise Punkte für die nationalen und internationalen Titel zu sammeln. Wie bei allen Spezialveranstaltungen, herrscht auch hier ein gewisser Fachjargon; die wichtigsten Ausdrücke zu kennen, ist auch für den unbeteiligten Ausstellungsbesucher ein Vorteil.

Die Klassen, innerhalb derer die Hunde bewertet werden, sind im Prinzip die folgenden:
Jüngstenklasse: Welpen von 6–9 Monaten (diese Klasse gibt es in der BRD und in Österreich, nicht aber in der Schweiz).
Jugendklasse: Alter 9–15 Monate (Österreich), 9–18 Monate (BRD) oder 9–24 Monate (Schweiz).
Offene Klasse: Alle erwachsenen Hunde.
Siegerklasse: In dieser Klasse können nur Hunde mit bereits vorhandenen Siegertiteln eingeteilt werden.
Dazu kommen eine **Gebrauchshundeklasse** für Hunde mit Abrichtekennzeichen und dann fallweise eine **Zuchtklasse,** eine **Ehrenklasse,** eine **Veteranenklasse** und eine Klasse **außer Konkurrenz.**

Im Gegensatz etwa zu England darf im Gebiet der FCI (Fédération Cynologique Internationale), der fast alle europäischen Länder angehören, jeder Hund nur in *einer* Klasse angemeldet werden. Umstritten ist eine **Leistungsklasse für Windhunde,** die sich als Rennhunde bereits bewährt haben müssen.

Welche Ausstellungen können »beschickt« werden (wie es in der Fachsprache heißt)? Neben den Spezialschauen der Rassehundeklubs kleinere oder große, vereinzelte oder längst traditionelle nationale Ausstellungen, sodann internationale Rassehundezuchtschauen, in denen die einzelnen Rassen in Sonderschauen gezeigt werden.

1855 fand in England die erste Hundeausstellung statt. Ebenfalls in England wird auch heute alljährlich die berühmte Cruft's Dog Show durchgeführt, eine Spitzenveranstaltung, an der wegen der strengen Quarantänebestimmungen ausländische Hunde allerdings kaum je teilnehmen können.

Oben: Freilicht-Hundeausstellungen ziehen immer viele Teilnehmer an.

Unten: Damit dieser Ausstellungshund nicht das frischgebürstete Fell versabbert, trägt er ein Lätzchen.

Beliebte Programmpunkte, besonders bei den Zuschauern, sind die im Rahmen der Rassehundezuchtschauen durchgeführten **Zuchtgruppenwettbewerbe**. Es werden dabei jeweils mindestens drei Hunde aus einer Zucht vorgeführt, die den vom Züchter angestrebten Typus besonders deutlich und einheitlich zeigen.

In Österreich und der Schweiz erfreut sich der **Altersfrischewettbewerb** für über zehnjährige Hunde, ins Leben gerufen von dem österreichischen Juristen und Tierarzt Emil Hauck, großer Beliebtheit. Hier wird im Grunde belohnt, wer seinen Liebling in jüngeren Jahren besonders gut gepflegt und gehalten hat.

Richter und Noten
Die Beurteilung eines Hundes anläßlich der Ausstellungen nimmt normalerweise der Spezialrichter (für eine einzelne Rasse) vor. Daneben gibt es aber auch Gruppenrichter (für mehrere Rassen), Allroundrichter (für alle Rassen) und Zuchtgruppenrichter.
Bei der Bewertung hat der Richter auf mehrere Dinge zu achten: Gesamterscheinung – Körperbau – Gangwerk – Wesen (ein launischer, matter oder aggressiver Hund kann bei aller Schönheit nicht ausgezeichnet werden), und darüber hinaus Einzelheiten wie Gebiß, Augen, Haarkleid usw. Sicher kann – und muß – sich der Richter am Standard der betreffenden Rasse – von der FCI festgelegt – orientieren, doch spielt, genau wie bei einem Sportler, die jeweilige »Tagesform« eine so große Rolle, daß sich kein Eingeweihter über verschiedene Bewertungen ein und desselben Tieres wundert.
Die zu vergebenden Noten (auch Formwertungen genannt) sind: Vorzüglich (V) – Sehr gut (SG) – Gut (G) – Genügend – Ungenügend. Für die Jugend- und Jüngstenklassen gelten eigene Bezeichnungen.
Den schönsten und besten Tieren winken folgende Titel:
- Anwartschaft auf den Klubsieg (S.A.)
- Klubsieger
- Anwartschaft auf einen Siegertitel (CAC)
- Nationaler Sieger
- Anwartschaft auf das Internationale Schönheitschampionat (CACIB)
- Internationaler Champion

Nur wer das CACIB viermal unter bestimmten

Links: Langhaarige Chihuahuas warten geduldig, bis der Richter sie begutachtet.

Bedingungen erhält, kann internationaler Champion werden.

Vorbereitungen für die Ausstellung

Ehe man sich für die Teilnahme an einer Ausstellung entscheidet, sollte man die Reglements der betreffenden Rasseklubs bzw. nationalen kynologischen Gesellschaften genau studieren. Vernünftig ist es ferner, den Rat eines erfahrenen Ausstellers über die Eignung des Hundes und die für ihn passendste Schau einzuholen.

Die kynologischen Gesellschaften legen den Standard für jede anerkannte Rasse fest, dem ein Ausstellungshund auf jeden Fall zu entsprechen hat. Der Dalmatiner beispielsweise, der statt schwarzer oder leberbrauner Tupfen große zusammenhängende Flecken aufweist, hat keine Chancen, auch wenn er noch so rasserein ist und

Unten: Einem dieser English Setters ist das Warten zu dumm geworden. Er begibt sich selber auf Inspektionstour.

den schönsten Stammbaum besitzt. Denn der Standard schreibt klare Tupfen von ca. 3 cm Durchmesser vor, und alles, was davon abweicht, wird im »Ring« mit Minuspunkten bewertet. Auch ein weißer Boxer oder Deutscher Schäfer entspräche dem Standard nicht, da diese Farbe bei ihnen nicht erlaubt ist.

Mit dem Schautraining sollte man schon früh im Hundeleben beginnen. Gewöhnung an den Menschen und Manieren sind ein guter Anfang; diese Schulung wird an anderer Stelle dieses Buches beschrieben. Ein nervöser oder bissiger Hund taugt nicht für eine Ausstellung, bei der ja unter anderem sein Gebiß untersucht, seine Rute hochgehoben und sein Körper abgetastet wird. Auch das Getümmel von anderen Hunden und von Menschen darf ihn nicht beirren.

Ist einmal entschieden, daß man eine bestimmte Ausstellung beschickt, muß der Hund am Tag der Schau bei guter Gesundheit und schön zurechtgemacht sein. Eine Hündin auszustellen, wenn sie gerade läufig ist, hat wenig Sinn. Es ist zwar nicht verboten, aber ein Ärgernis für die Aussteller von Rüden, besonders von regulären Zuchtrüden. Auch eine hochträchtige Hündin ist kein gutes Schauobjekt.

Für die Reise nehme man sich genügend Zeit. Die Bewertungen beginnen in der Regel pünktlich, und wer für seine Klasse zu spät kommt, hat die Gelegenheit versäumt.

Die spezifischen Punkte, die von einer bestimmten Rasse verlangt werden, kennt nur, wer die betreffende Rasse eingehend studiert. Allerdings gibt es eine Anzahl allgemeiner Faktoren, die der Richter berücksichtigt. Er wird etwa auf einen korrekten Bewegungsablauf und eine gute Gesamterscheinung achten und einen zu dicken oder zu dünnen Hund sicher nicht mit Bestnoten bewerten.

Ein Hund, den man gelehrt hat, sich »auszustellen«, sich von der besten Seite zu zeigen, wird auf jeden Fall einen besseren Eindruck auf den Richter machen als ein widerspenstiges oder apathisches Tier. Es ist deshalb für den Hund wie für den Besitzer gut, das Verhalten im Ring lange vorher zu üben, damit dann bei der ersten Ausstellung die Anforderungen nicht mehr etwas völlig Fremdes sind. Der Sommer ist eine gute Zeit für Ausstellungen – die Hunde sind meist in Zelten untergebracht, während die Benotung draußen im »Ring« stattfindet. Reine Hallenausstellungen werden fast ausschließlich im Spätherbst, Winter oder Frühjahr durchgeführt.

Ausstellungen sind herrliche gesellschaftliche Ereignisse für Hundefreunde: Da können sie nach Herzenslust über Hunde reden und alte Bekanntschaften auffrischen. Die Atmosphäre ist aufgeregt und entspannt zugleich, das Menschengeschwätz übertönt bei weitem die Geräusche der Hunde.

Für Nicht-Autofahrer kann die Hin- und Rückfahrt ein Problem sein, obwohl sich in neuerer Zeit immer mehr Gruppen für Gemeinschaftstransporte zusammenschließen, zumindest zu den größeren Ausstellungen. Es lohnt sich, nach solchen Gelegenheiten zu fragen, denn man hat wirklich mehr von der Ausstellung, wenn das Rennen nach Zug oder Bus, das Erforschen unbekannter Routen und die Heimreise im eigenen Wagen nach einem aufreibenden Tag entfallen. Immerhin ist bei den meisten Ausstellungen für gute Parkmöglichkeiten gesorgt.

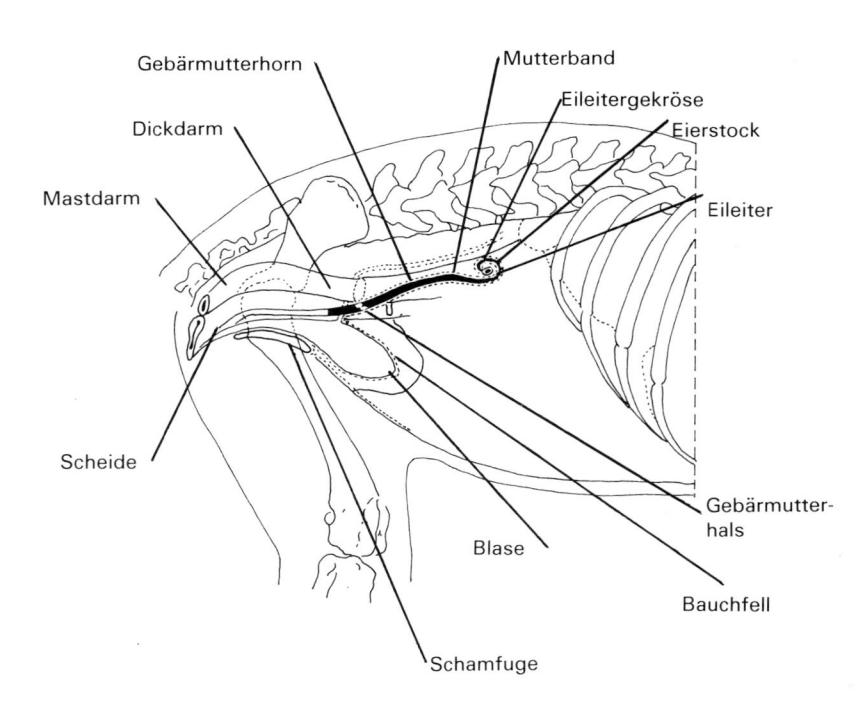

Stammbaum, Zuchtbuch und Anerkennung

Oft sagen Hundebesitzer: »Er hat einen guten Stammbaum *und* ist eingetragen.« Was bedeutet das? Sagt ein Stammbaum wirklich etwas aus? Theoretisch haben ja alle Hunde eine Ahnentafel, aber im heutigen Sprachgebrauch ist ein *Hund mit Stammbaum* ein reinrassiges Tier mit berühmten Eltern und Großeltern.

»Eingetragen« ist ein Hund, wenn er im von den Zuchtbuchämtern der Rassehunde-Zuchtvereine oder von den kynologischen Verbänden geführten Zucht- oder Stammbuch mit Namen, Geschlecht, Abstammung und einer Zuchtnummer eingetragen ist. Auch weitere Angaben zur Identifikation sind hier festgehalten: Farbe, Zwingername, Name und Anschrift des Züchters, Tag und Stückzahl des Wurfes. Die Hundestammbücher, d. h. die Neueintragungen, werden in der Regel alljährlich veröffentlicht, herausgegeben vom na-

Oben: Die Fortpflanzungsorgane der Hündin

Unten: Der Schipperke diente früher als Wachhund auf belgischen Lastkähnen. Meist hat er einen Stummelschwanz, doch die gerollte Rute dieses Hundes zeigt, daß die Rasse zu den Spitzen gehört.

Oben: Ein zurechtgeschnittener Karton kann vorübergehend als Unterkunft für kleine Hunde wie diesen Zwergspitz dienen.

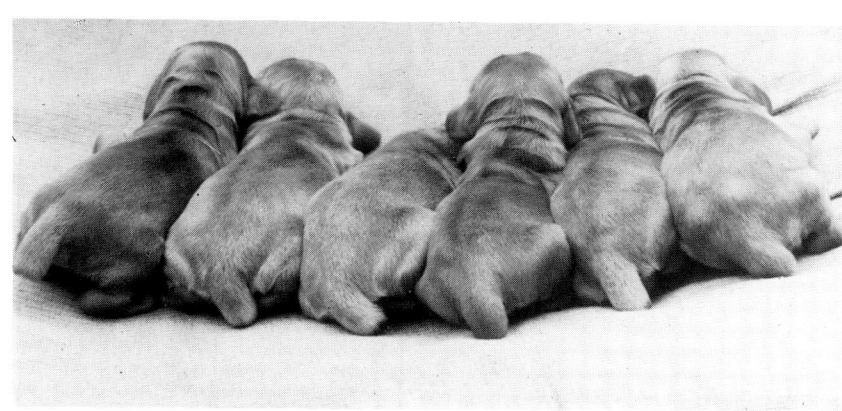

Ganz oben: Die Cocker Spaniel-Welpen mit den noch ungestutzten Ruten sind erst drei Tage alt.

Oben: Die gleiche Hundefamilie ein paar Tage später: Die Hündchen haben jetzt alle Stummelschwänze.

tionalen Verband: dem Kennel Club in Großbritannien, dem American Kennel Club in den USA, dem Verband für das Deutsche Hundewesen (VDH) in der Bundesrepublik, dem Österreichischen Kynologenverband (ÖKV) in Österreich, der Schweizerischen Kynologischen Gesellschaft (SKG) in der Schweiz usw. Obwohl Bestrebungen zur Vereinheitlichung und gegenseitigen Anerkennung im Gange sind, gibt der Eintrag im einen Land noch nicht ohne weiteres die Berechtigung zum Eintrag in einem andern.

Die Formulare für die Eintragung müssen nach den Vorschriften der jeweiligen Zuchtordnung ausgefüllt und in der Regel sowohl vom Besitzer der Hündin als auch vom Besitzer des Deckrüden unterschrieben werden. Jeder Wurf wird vom Züchter dem Spezialzuchtverein oder dem nationalen Verband gemeldet. Ungefähr eine Woche nach der Geburt begutachtet ein Zuchtwart den Wurf und unterschreibt den Wurfmeldeschein mit den offiziellen Namen der Welpen. Aufgrund des Eintrags im Hundestammbuch bekommt jeder Welpe einen Abstammungsnachweis (Stammbaum), auf dem später Auszeichnungen und Titel, die der Hund gewonnen hat, ebenfalls vermerkt werden.

Das alles bietet allerdings keine Garantie dafür, daß der Hund ein *gutes* Exemplar seiner Rasse ist. Selbst ein Stammbaum mit Champions väterlicher- wie mütterlicherseits bedeutet noch lange nicht, daß man es mit einem ausgezeichneten Ausstellungshund zu tun hat, auch wenn die Chancen dazu natürlich größer sind. Leider tauchen immer wieder ungenaue oder gar gefälschte Stammbäume auf. Es ist daher beim Kauf eines Rassehundes wichtig, einen anerkannten, zuverlässigen Züchter zu finden.

Wer selber züchten will, kann beim nationalen Verband einen Zwingernamen beantragen, der dem Namen jedes Welpen hinzugefügt wird und geschützt ist, d. h., kein anderer Züchter darf denselben oder einen allzu ähnlichen Zwingernamen führen.

Züchter

Züchter eines Welpen (Wurfes/Hundes) ist der eingetragene Besitzer der Mutterhündin zur Zeit der Geburt. Wird ein Welpe dann verkauft, geht er mit Übertragungsformularen des Verbandes an den neuen Besitzer über. Handelt es sich um eine Hündin, die später zum Züchten verwendet werden soll, so ist der neue Eigentümer Züchter des nachfolgenden Wurfes. Wird die Hündin aber nicht offiziell transferiert, bleibt der ursprüngliche Besitzer Züchter der Welpen.

Eigentümer

In den Augen des Verbandes ist die Person, die als Besitzer der Mutterhündin zur Zeit der Geburt eines Welpen eingetragen ist, dessen Eigentümer. Wird das Jungtier dann verkauft oder verschenkt, kann das Eigentum auf den neuen Besitzer übertragen werden.

Zuchtrechtsübergabe

Wenn Sie nicht beabsichtigen, den neuerworbenen Welpen später auf Ausstellungen zu schicken oder mit ihm zu züchten, ist die Übertragung des Zuchtrechts eine reine Formsache, auf die Sie ebensogut verzichten können. Andernfalls sollten Sie die Übertragung vornehmen lassen, weil sonst der Hund »offiziell« Eigentum des Züchters bleibt, von dem sie ihn haben. Das kann zu Komplikationen führen, beispielsweise bei der Unterzeichnung des Eintragungsformulars.

Registrierung der Rassen

Nicht alle Rassen sind bei jedem Verband anerkannt; immerhin führt die FCI, der mehr als zwanzig nationale Verbände angeschlossen sind, eine für alle Mitglieder gültige Liste. Manche Rassen gehören schon seit langer Zeit zu den anerkannten Rassen, während andere erst vor wenigen Jahren dazugekommen sind.

Die Anerkennung bedeutet, daß der Verband die betreffende Rasse für genügend gefestigt hält, daß er ihr einen einheitlichen Standard geben kann. So ist beispielsweise der Jack Russell Terrier noch nicht anerkannt: Die Abweichungen der einzelnen Exemplare sind so groß, daß man kein Tier als typisch bezeichnen und nach ihm den Standard erstellen kann.

Der Standard ist nun freilich bloß eine Richtschnur, nicht eine Gußform, in die jeder Hund gepreßt werden muß. Kein Lebewesen ist vollkommen, und keine Hundegruppe, kein Wurf besteht aus lauter identischen Tieren. Es sind ja gerade die leichten Abweichungen, die einen Weg zur Verbesserung aufzeigen und die Arbeit des Züchters so reizvoll und spannend machen.

Das Züchten

Es ist unmöglich, Züchten und Ausstellen streng voneinander zu trennen, da sehr oft das eine der Grund für das andere ist. Es findet sich selten jemand, der Hunde auf Ausstellungen gibt, sie an Rennen oder Arbeitsprüfungen teilnehmen läßt und sich nicht auch für Zucht interessiert.

Wie gesagt, kein Hund ist vollkommen – aber der Nachwuchs der eigenen Zucht *könnte* es sein! Dieser Anreiz bringt die Leute dazu, Hunde zu züchten. Das Ziel ist immer gleich: noch schönere, schnellere, stärkere, geschicktere, gescheitere oder wesensmäßig ausgeglichenere Tiere hervorzubringen. Die heute angewandten Zuchtmethoden unterscheiden sich nicht wesentlich von denen der alten Ägypter oder Chinesen vor Jahrtausenden, aber verbunden mit den Erfahrungen dieser langen Zeit und den Vorteilen, die die modernen Zuchtvereine bieten, haben sich doch erstaunliche Entwicklungen ergeben.

Es gibt viele Fragen, die man sich stellen muß, ehe man sich zum Züchten entschließt. Hat die Hündin oder hat der Rüde eine gute Wesensart? Haben beide Tiere – falls es sich um Stammbaumbesitzer handelt – gute Ausstellungsnoten? Sind sie beide fit und frei von angeborenen Fehlern? Ist die Hündin alt genug? Wären Sie als Züchter bereit, in neun Wochen mit einem Wurf Hunde fertigzuwerden und anschließend noch ungefähr acht Wochen lang sehr angebunden zu sein? Sind Sie sicher, daß Sie die Jungen verkaufen können oder gute Plätze für sie finden? Wenn auch nur eine der Antworten »nein« oder »vielleicht«

Links: Die Zucht nimmt einer Hündin sehr viel Kraft weg; diese Deutsche Dogge wird mehrere Monate brauchen, um für eine Ausstellung wieder in Topform zu sein.

Unten: Ein Pudel mit klassischer Schur, die allerdings sorgfältig ausgeführt werden muß, gibt ein prachtvolles Bild ab.

heißt, sollten Sie es sich noch einmal ernstlich überlegen. Der Rat eines angesehenen Züchters, Vorstandsmitglieds eines Hundeklubs oder Tierarztes dürfte Ihnen die Entscheidung ebenfalls erleichtern.

Nimmt das Ausstellungswesen Sie regelmäßig in Anspruch, dann gilt es, Zuchtpläne doppelt vorsichtig zu erwägen. Haben Sie genügend Platz, um die Hündinnen und ihre Würfe unterzubringen und sich bewegen zu lassen, und sind Sie in der Lage, einige der Welpen bis ins Halbwüchsigenalter zu behalten, um festzustellen, ob sie gute Aussichten auf Auszeichnungen haben? Denn die Basis erfolgreicher Zucht liegt darin, daß Sie Ihre eigenen Hündinnen und gute, womöglich prämierte Zuchtrüden verwenden.

Übrigens: Erwarten Sie nicht, beim Züchten reich zu werden! Die meisten Züchter schaffen es gerade knapp, ihre Unkosten wieder hereinzubekommen. Lassen Sie eine Hündin nicht jede Saison werfen. Seien Sie sehr wählerisch bei den Hunden, die Sie behalten oder kaufen, und verkaufen oder verschenken Sie erbarmungslos jedes Jungtier, das nicht erstklassig ist.

Medizinische Gründe, eine Hündin Junge haben zu lassen, gibt es nicht unbedingt, aber viele Leute sind der Ansicht, es trage zur Reife des Tieres bei, wenn es einen Wurf betreuen muß. Für die Paarung eines Rüden gibt es überhaupt keine praktischen Gründe, außer er habe eine wirklich gute Ahnentafel oder sei ein ausgezeichneter Gebrauchshund. Rüden werden nicht bessere Familienhunde, nachdem man sie als Zuchtrüden eingesetzt hat, im Gegenteil, sie können ganz auf Hündinnen fixiert und »sexverrückt« werden, was meist sehr lästig ist.

Paarung
Wenn Sie zur Züchtung entschlossen sind, bringen Sie Ihre Hündin zum allerbesten Zuchtrüden, den Sie finden können. Erkundigen Sie sich früh genug nach dem Rüden; setzen Sie sich mit dessen Besitzer in Verbindung, sobald Ihre Hündin in Hitze kommt, denn gute Zuchtrüden sind ziemlich ausgebucht!

Der beste Zeitpunkt für die Paarung ist zehn bis vierzehn Tage nach Beginn der Läufigkeit. In der Regel wird die Hündin zum Rüden gebracht, und die meisten Zuchtrüdenbesitzer sind sehr erfahren. Nachdem man dem Paar etwas Zeit gegeben

Oben: Der Mops trägt die Rute über den Rücken geringelt.

Unten: Sowohl der Rauhhaarfox *(links)* als auch der Glatthaarfox *(rechts)* sind schwarz und lohfarben gezeichnet.

hat, einander kennenzulernen (um sich zu vergewissern, daß sie sich nicht etwa völlig zuwider sind), bleibt die Hündin normalerweise stehen, meist mit leicht zur Seite gebogenem Schwanz – ein gutes Zeichen für ihre Paarungsbereitschaft –, und läßt sich vom Rüden bespringen. Er führt den Penis in ihre Scheide ein, und der Penisschwellkörper dehnt sich in der Vulva stark aus, was zum sogenannten »Hängen« führt. Manchmal von sich aus, manchmal mit sanfter Hilfe der Betreuer legt dann der Rüde ein Hinterbein über den Rücken der Hündin und dreht sich um, so daß die beiden voneinander abgewendet stehen. Weder »Hängen« noch »Drehen« sind für eine fruchtbare Paarung unabdingbar, aber man erachtet sie als wünschenswert. Die Vereinigung kann zehn bis dreißig Minuten dauern, dann wird die Hündin unruhig und will weg. Mindestens einer der Hundebesitzer sollte bei der Paarung zugegen sein, um zu helfen, wo es nötig ist, oder einen Streit zu verhindern.

Will die Hündin vom Rüden noch nichts wissen, so versucht man in der Regel, die beiden nach etwa zwei Tagen nochmals zusammenzubringen.

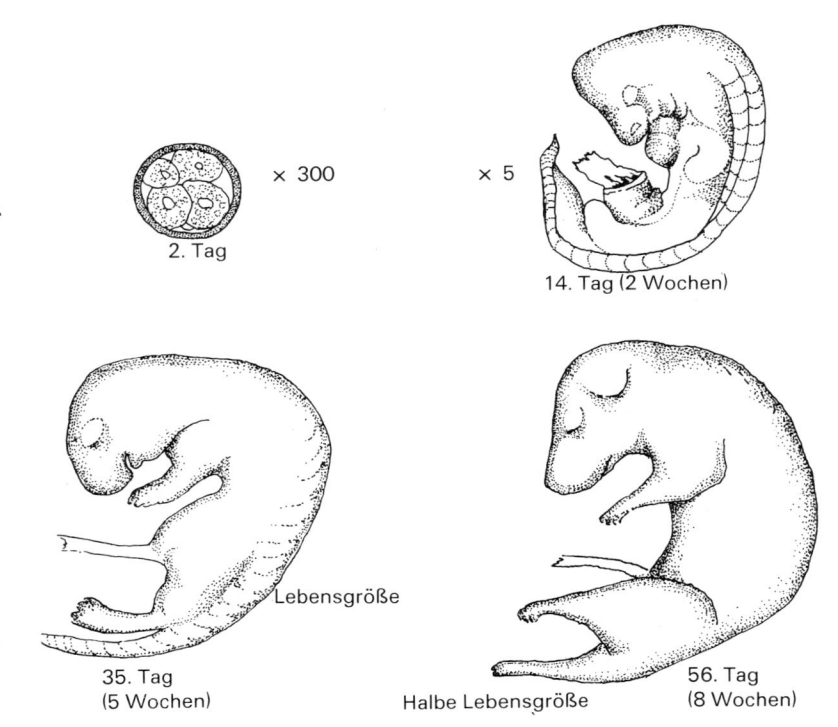

Trächtigkeit
Bald nach der Paarung setzen sich die befruchteten Eier in der Gebärmutterwand fest, entwickeln sich zu Föten und wachsen während der folgenden 63 Tage.

In den ersten 35 Tagen sieht man der Hündin kaum etwas an, aber der Tierarzt kann ungefähr 24–30 Tage nach der Paarung die Schwellungen in der Gebärmutter ertasten. Ungefähr in der fünften Woche wird der Bauch der Hündin deutlich dicker, ihre Zitzen vergrößern sich, und gegen das Ende der Gravidität zeigt sich dort oft ein wäßriger oder milchiger Ausfluß. Häufig werden trächtige Hündinnen eher still; in der zweiten Hälfte der Zeit muß man es beim Ausführen dem Tier selbst überlassen, wie schnell und wie weit es gehen will. Mit ungefähr 42 Tagen, wenn die Gebärmutter sich umbiegt, und dann nochmals ein paar Tage vor dem Geburtstermin scheint sich die Hündin oft unbehaglich zu fühlen. In den letzten 24 Stunden vor der Geburt kann sie sehr mißlaunig, ja, geradezu hysterisch werden. Ihre Vulva schwillt an, ihre Temperatur sinkt um etwa ein Grad (ein Zeichen, daß es gleich soweit ist), und sie beginnt, »ein Nest zu machen«, häufig in den unmöglichsten Verstecken. Kurz vor der Niederkunft verlieren die Hündinnen oft jeden Appetit und müssen sich manchmal gar übergeben.

Während der Trächtigkeit stellt sich ein klebriger, farbloser Scheidenausfluß ein; sollte dieser aber eitrig oder schwärzlichgrün sein, muß unbedingt der Tierarzt beigezogen werden. Fehlgeburten kommen recht selten vor. Eine tierärztliche Routineuntersuchung, etwa 24–30 Tage nach der Paarung, ist auf jeden Fall gut; zu diesem Zeitpunkt kann der Arzt die Embryonen ertasten und somit die Trächtigkeit bestätigen.

Oben: Die Entwicklung des Welpen im Mutterleib. Die Tragzeit beträgt neun Wochen von der Zeugung an.

Unten links: Der Rüde beschnüffelt die Hündin: Er »macht ihr den Hof«.

Unten rechts: Die Hündin wird festgehalten, damit der Rüde sie »decken« kann.

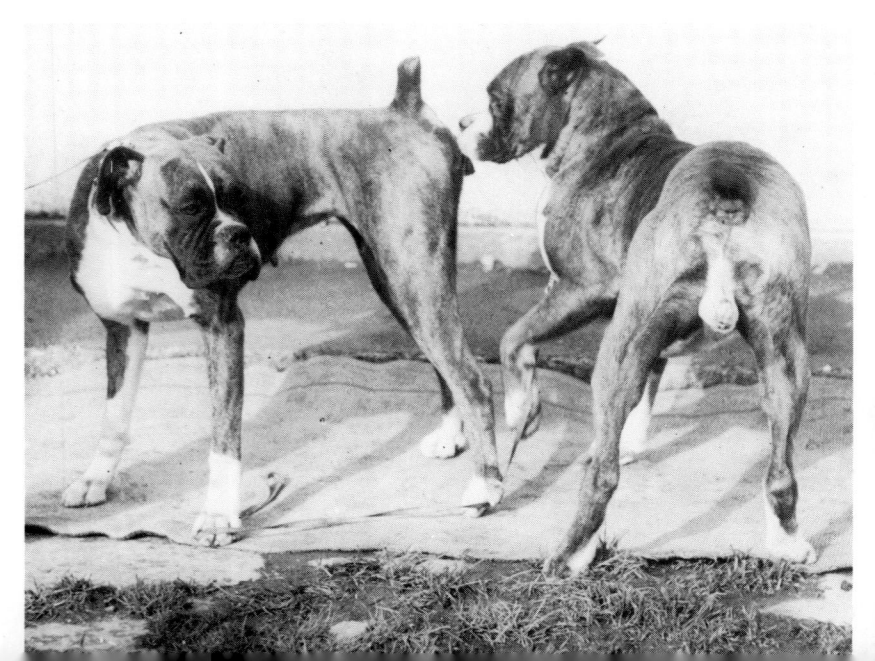

Geburt

Großen Aufwand braucht es für das Wochenbett nicht, nur eine Wurfkiste und ein paar alte Frottiertücher – und sammeln Sie in dieser Zeit sämtliche Zeitungen! Eine gute Wurfkiste kann man leicht herstellen, indem man die Seitenwände eines großen Kartons (lang genug, daß sich die Hündin bequem darin ausstrecken kann) niedriger schneidet. Gewöhnen Sie das Tier daran, schon etwa eine Woche vor der Niederkunft in dieser neuen »Behausung« zu schlafen. Es ist ungeschickt, sie in ihrem normalen Bett werfen zu lassen; die Geburt bringt viel Verunreinigung mit sich, und die Wurfbox kann man später verbrennen. Sie wird selbstverständlich an einem ruhigen Platz, abseits vom Haushaltwirbel und von anderen Haustieren, untergebracht. Die Hündin braucht Wärme – aber nicht Hitze! Also Tücher und Zeitungen, aber keine Heizlampen und ähnliches.

Die Geburt ist nahe, wenn die Hündin anfängt, die Zeitungen zu zerreißen und sich auf ihrem Lager um und um zu drehen. Sie fiept, stöhnt und keucht. Wenn sie sich mit erhobenem Schwanz und geblähten Flanken zusammenkauert, haben die Wehen eingesetzt. An der Vulva kann etwas Schaum austreten, die Preßwehen werden stärker. Die äußere Fruchtblasenhülle und etwas Fruchtwasser werden ausgepreßt. Diese Vorbereitungsphase kann bis 12 Stunden dauern.

Sobald das erste Junge austritt, leckt die Hündin die innere Fruchthülle, die es noch umgibt, bis sie platzt und das Kleine den ersten Atemzug tut. Schon bald danach krabbelt es nach einer Zitze. Oft kommt die grünschwarze Plazenta mit dem Hundebaby zusammen, und in der Regel beißt die Hündin die Nabelschnur durch und ißt die Plazenta auf. Nach einer kleinen Rastpause, während der erste Welpe schon saugt, setzen die Preßwehen abermals ein, und das zweite Junge kommt zur Welt – und so weiter. Die Abstände sind sehr unterschiedlich. Chihuahuas beispielsweise werfen oft alle Welpen innerhalb einer Stunde. Die Nachgeburten kommen manchmal mit dem Jungen zusammen, manchmal mehrere auf einmal eine Weile nach der Geburt. Es ist ratsam, die Plazentas zu zählen, denn bleibt eine im Mutterleib zurück, muß der Tierarzt gerufen werden.

Obwohl sich Hündinnen beim Werfen sehr verschieden verhalten, sind die Geburten im allgemeinen problemlos. Nur nicht in Panik geraten, wenn nicht alles wie vorgesehen abläuft! Der Tierarzt muß nur geholt werden, wenn eine Hündin etwa Preßwehen hat, ohne daß etwas dabei herausschaut, und das Pressen daraufhin aufgibt. Ist sie aber bloß langsam, und es geschieht eine Zeitlang nichts, obwohl Sie noch mehr Junge unterwegs vermuten, dann versuchen Sie sie zu einem kleinen Spaziergang auszuführen. Das hilft manchmal, die Dinge in Gang zu bringen.

Züchterneulinge sollten nicht an der Hündin herumfummeln und Geburtshelfer spielen wollen. Nur wenn der halbe Körper eines Jungen schon herausschaut, ist es erlaubt, sanft ein bißchen zu ziehen. Normalerweise aber kommt, wenn Kopf und Schultern einmal die Scheide passiert haben, der Rest von selber nach. Recht häufig werden Welpen rückwärts geboren, was zwar eine verzögerte, aber dennoch normale Geburt bedeutet. Nur wenn das Kleine »steckenzubleiben« scheint, sollten Sie der Hündin behutsam helfen, denn wenn der Kopf nicht rasch ans Licht befördert wird, könnte das Kleine ersticken.

Manche Hündinnen, besonders erstgebärende, sind etwas ungeschickt und lecken nicht gleich die Fruchthülle auf. Um den Kleinen Luft zu verschaffen, genügt es meist, ihnen mit einem sauberen Tuch ums Mäulchen zu wischen.

Nie soll man der Hündin während des Geburtsvorganges eines der Jungen wegnehmen. Das Saugen regt nämlich nicht nur den Milchfluß an, es veranlaßt auch die Gebärmutter, sich zusammenzuziehen und die weiteren Welpen auszustoßen. Man verhalte sich möglichst ruhig, bringe keine Fremden mit und lasse *auf keinen Fall* andere Tiere in die Nähe. Sonst besteht die Gefahr, daß die Hündin ihre Jungen tötet und auffrißt.

Wenn alle Jungen geboren sind, hören die Preßwehen auf. Jetzt soll man Mutter und Kinder al-

Unten links: Der Rüde dreht sich ab, indem er ein Hinterbein über den Rücken der Hündin schiebt.

Unten rechts: Auch in abgewandter Stellung geht die Paarung weiter; sie dauert oftmals eine halbe Stunde oder länger.

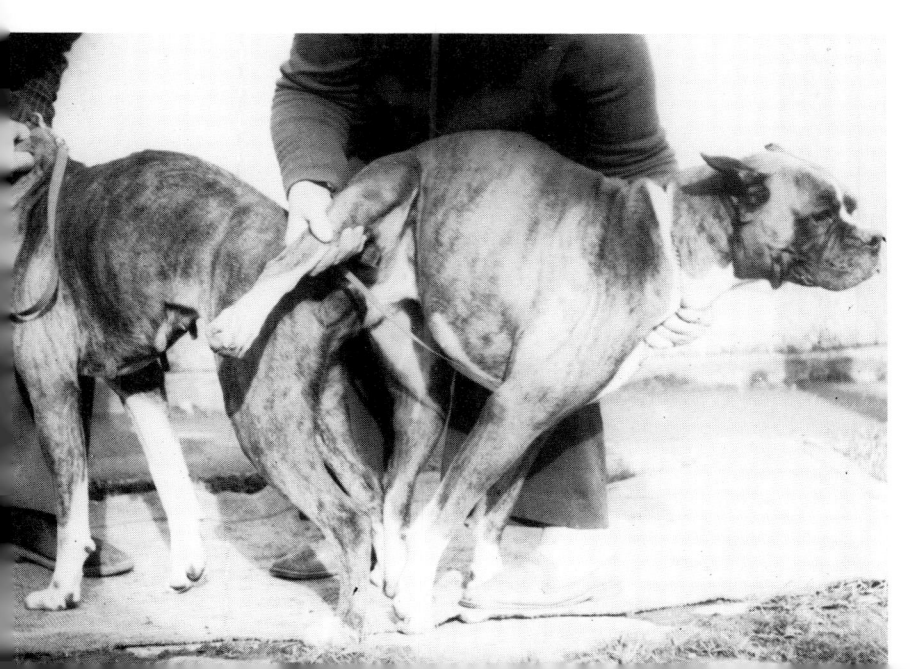

lein lassen. Etwas zu trinken kann man der Hündin anbieten, aber feste Nahrung benötigt sie nicht, weil die hormonreichen Nachgeburten ihren Magen füllen.

Nach der Geburt
Nach der Geburt leiden Hündinnen oft an Durchfall. Das kommt von den aufgegessenen Nachgebürten und geht schnell vorbei. Fremde Menschen und andere Hunde sind in den ersten vier, fünf Tagen immer noch fernzuhalten, dagegen *muß* die Hündin daran gewöhnt werden, daß Sie die Kleinen anfassen. Sie wird ihren Wurf in den ersten paar Tagen kaum je verlassen und ihre Jungen ununterbrochen pflegen.

Streitpunkte sind das Kupieren der Ruten und Entfernen der Afterkrallen bei Welpen. Afterkrallen sind Rudimente der ersten Zehe an der Innenfläche des vorderen, zuweilen auch des hinteren Mittelfußes. Sie sind unschön und können besonders an den Hinterbeinen zu Verletzungen führen. Wenn, dann entfernt man sie sehr früh, vor dem vierten Lebenstag. Dazu ist lediglich ein sauberer Schnitt mit einer sterilisierten Schere nötig, der aber doch am besten vom Tierarzt ausgeführt wird. Später kann der Eingriff nur noch unter Narkose vorgenommen werden. Bei gewissen Rassen, etwa Pyrenäenhunden, gelten die Afterkrallen fälschlicherweise als Reinheitsmerkmal und werden daher nicht entfernt.

Manche Leute betrachten das Kupieren des Schwanzes und der Ohren als barbarische Verstümmelung. Befürworter argumentieren, der Eingriff sei praktisch schmerzlos, und für gewisse Jagdhunde, wie etwa den Cocker Spaniel, wäre eine unkupierte Rute bei der Arbeit hinderlich und sogar eine Gefahr.

Wie immer man darüber denkt, die Rassestandards schreiben vor, welche Rassen an Schwanz oder Ohren zu kupieren sind und auf welche Länge bzw. in welcher Form. Jede Abweichung wirkt sich bei einer Ausstellung in Minuspunkten aus. Wo das Kupieren der Rute notwendig oder erwünscht ist, lasse man es in den ersten vier Lebenstagen des Welpen von einem erfahrenen Operateur oder vom Tierarzt besorgen. Die Regeln sind sehr unterschiedlich: Bei einem Bobtail wird die Rute fast gänzlich entfernt, dem Boxer läßt man einen Stummel, dem Cavalier King Charles Spaniel werden lediglich die äußersten paar Wirbel abgenommen.

Auch beim Stutzen der Ohren (erst in späterem Alter und in Vollnarkose) ist auf die vorgeschriebene Form der betreffenden Rasse zu achten.

Bei Hündinnen kann kurz vor oder nach der Geburt Eklampsie auftreten, die gelegentlich auch bei Scheinträchtigkeit anzutreffen ist. Die Hündin wird dann unruhig, bekommt einen wilden Blick, verfällt gelegentlich in Krämpfe und atmet sehr schnell. In diesem Notfall ist schleunigst der Tierarzt zu rufen, der ein Kalziumpräparat verabreichen wird.

Zum Schluß ist noch ein Wort über Unfruchtbarkeit zu sagen. Bei diesem Thema wird von der vorübergehenden Fortpflanzungsunfähigkeit eines Rüden bis zu Krankheiten, die bei Rüden und Hündinnen zu gänzlicher Unfruchtbarkeit führen, leider alles in einen Topf geworfen und mehr Unsinn verzapft als bei jedem anderen Hundeleiden. Bei einem Verdacht auf Unfruchtbarkeit soll man den Einzelfall vom Tierarzt überprüfen, sich beraten und nicht zu übereilten Entschlüssen hinreißen lassen.

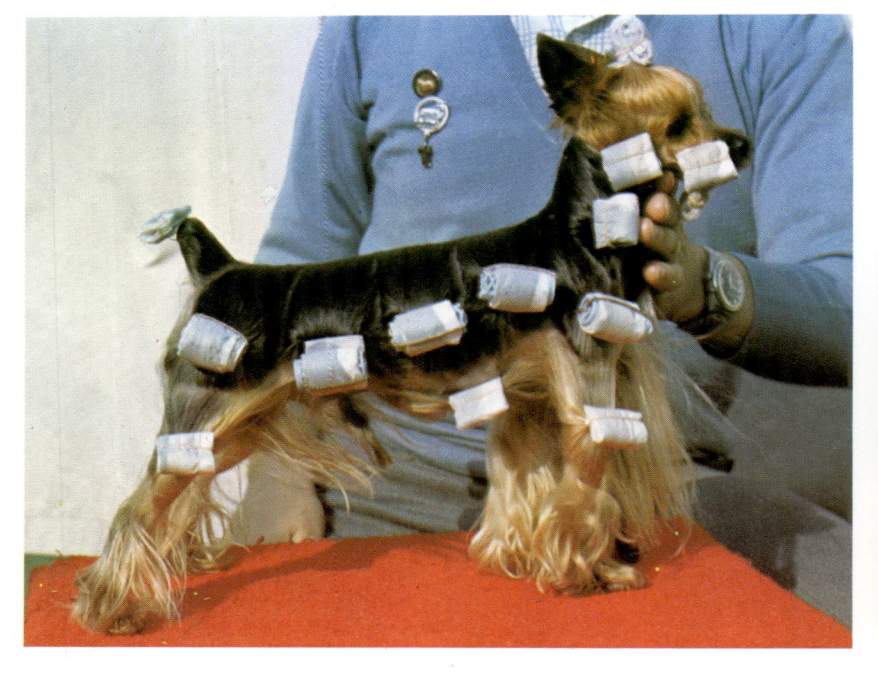

Oben: Hunde werden nach Erscheinung und Geschmeidigkeit beurteilt. Diese Deutschen Schäfer werden an den Richtern vorbeigeführt, die sie in Bewegung begutachten müssen.

Links: Erwartungsvoll hält dieser Airedale nach seinem Herrn Ausschau.

Links und rechts: Alle möglichen Hilfsmittel – von den Lockenwicklern bis zur feinsten Bürste – werden angewendet, um Schauhunde dem Richter von ihrer »allerschönsten Seite« zu präsentieren.

Die Bewertung des Wurfes

Es ist nicht leicht, die Vorzüge eines Wurfes zu begutachten – alle Hundebabys sind reizend! Dennoch ist eine Überprüfung notwendig, und eigentlich sollte sie das ganze Hundeleben hindurch weitergehen. Das Züchten einer bestimmten Linie bedeutet ständigen Wandel in Temperament und Gestalt. Der erfolgreiche Züchter nimmt von diesen Veränderungen Kenntnis und berücksichtigt sie bei seinem weiteren Zuchtvorgehen.

Erfahrene Züchter vermögen gewisse spätere Entwicklungen schon bei einem neugeborenen Welpen abzuschätzen. Die relative Ohrenlänge, Kopfform, die Proportionen von Schwanz und Beinen sind leicht zu erkennen, wenn der Junghund vier oder fünf Wochen alt ist; aber die spätere Länge und genaue Färbung des Haarkleides sind schwerer abzuschätzen. Das wechselt ständig, bis ein Hund im Pubertätsalter ist. Dasselbe gilt für den Charakter.

Im Alter von vier bis fünf Monaten stehen die Körperproportionen und Formmerkmale schon ziemlich fest, Haarfarbe und -länge aber verändern sich immer noch. Diese Einzelheiten sowie die Bewegungsart und das allgemeine Benehmen sind erst ungefähr nach weiteren zwei Jahren voll entwickelt.

Es ist natürlich ebenso wichtig, die Fehler festzustellen wie die Vorzüge. Fehler können das Erbstück *eines* Elternteils, aber auch das kombinierte Erbe von beiden Eltern sein. Bei einzelnen Fehlern – etwa einem Hinterbiß – weiß man genau, von welchem Elternteil er stammt, aber in anderen Fällen tritt der Fehler bei den Eltern gar nicht in Erscheinung, nur beim Nachwuchs; dann ist er rezessiv. Manchmal entsteht ein Fehler auch nach einem ganz komplizierten Vererbungsmuster. Auf alle Fälle sollte man Eltern, die fehlerhaften Nachwuchs hervorbringen, sich nicht wieder paaren lassen.

Wahl und Erziehung eines Hundes

Welche Art Hund soll man halten? Die Entscheidung darf nicht leichthin, übereilt oder ohne eingehende Familiengespräche getroffen werden. Da der Hund in den nächsten zehn, zwölf Jahren ein Teil des Familienlebens sein wird, ist die Wahl von einschneidender Bedeutung.

Nur zu oft wird einem die Entscheidung zu einem Zeitpunkt aufgezwungen, an dem man nicht darauf vorbereitet ist. Ein Nachbarshund hat Junge, und die Kinder möchten unbedingt einen dieser niedlichen Welpen haben; ein Besucher erzählt von einem Hündchen, das getötet werden soll, weil es heimatlos oder unerwünscht ist, oder ein Findling sitzt eines Tages einfach vor der Haustür. Der Versuchung, einen solchen Hund aufzunehmen, darf man nur nachgeben, wenn man wirklich in der Lage ist, ihn zu behalten. Opfer müssen selbst unter den idealsten Bedingungen gebracht werden; ist die Situation nicht optimal, sind sie um so größer und werden womöglich zur schweren Last. In solchen Fällen kommt der Hund mit großer Wahrscheinlichkeit zu kurz oder muß gar wieder weggegeben werden. So oder so ist es das Tier, das am meisten leidet!

Die erste und wichtigste Frage ist: Können Sie überhaupt einen Hund haben? Wenn Sie zum Beispiel mitten in der Großstadt wohnen und an jedem Werktag zehn Stunden fort sind, wäre es nicht nur albern, sich eine Deutsche Dogge anzuschaffen, sondern überhaupt fraglich, ob die Haltung eines Hundes zu rechtfertigen ist. Die modernen Wohnverhältnisse, Geldknappheit, Berufstätigkeit der Frauen und der Modetrend der großen Rassen haben dazu beigetragen, daß es viele unglückliche Hunde mit frustrierten Besitzern gibt. Überlegen Sie es sich also genau, bevor Sie sich entschließen, einen Hund anzuschaffen.

Die Wahl der Rasse

Eine ganze Reihe von Faktoren ist für die richtige Wahl einer Rasse ausschlaggebend. Sie bedingen sich gegenseitig, werden hier aber einzeln erörtert.

Ein wichtiger Punkt ist die Zeit, die man mit seinem Hund verbringen will oder kann. Die größeren Rassen brauchen im allgemeinen nicht nur mehr Bewegung, sondern auch mehr Pflege und Aufmerksamkeit. Ein junger, lebhafter Labrador beispielsweise muß täglich mindestens drei Kilometer laufen oder eine Stunde in einem großen Garten Ball spielen können. Außerdem verlangt er für einen guten Teil des Tages irgendwelche Gesellschaft. Nehmen Sie ihm diese Dinge, so riskieren Sie, daß er sich langweilt und die auf S. 83 erwähnten zerstörerischen Tendenzen entwickelt. Zeit und Aufmerksamkeit, die ein Hund benötigt, hängen jedoch nicht nur von seiner Größe ab. Die meisten Terrier und Jagdhunde verlangen zum Beispiel viel Betreuung. Sie brauchen ja nicht nur Bewegung und Training, sondern ebenso sorgfältige Haarpflege. Auch das reiche Fell eines Shi-Tzu oder Pekingesen muß regelmäßig und gründlich gekämmt und gebürstet werden, was wiederum viel Zeit in Anspruch nimmt.

Wieviel Platz in Haus und Garten zur Verfügung steht, ist bei der Wahl des Hundes ebenfalls in Betracht zu ziehen. Große Rassen sind in der Wohnung meist schwerfällig, und es kommt nur zu oft vor, daß sie mit einem Schweifwedeln niedrige Tischchen abräumen. Will andererseits eine Dogge ihren Knochen im Garten vergraben, kann ein Krater von ansehnlichen Dimensionen entstehen. Und die Menge Kot und Urin, die ein großer Hund ausscheidet, wird dann zum Problem, wenn man einen winzigen Garten besitzt und keine offene Wiese in der Nähe ist.

Oben: Vielleicht gefallen Ihnen alle beide, der Sealyham und der Pyrenäenhund. Ob sie aber für Ihren Lebensstil geeignet sind?

Rechts: Die Deutsche Dogge erreicht eine Schulterhöhe von ca. 80 cm und ein Gewicht von rund 60 kg. Auf den Hinterbeinen stehend, überragt sie ihre Besitzerin.

Potentielle Hundebesitzer geben nicht gern zu, daß ihrer Wahl aufgrund ihrer Finanzen Grenzen gesetzt sind, aber es ist dumm, diesen Aspekt zu mißachten, sowohl was den Kauf als auch die Haltung betrifft. Gepflegte Rassehunde mit gutem Stammbaum sind nicht billig – schließlich hat der Züchter für die Aufzucht viel Geld ausgegeben. Den schönsten Welpen mit der besten Ahnentafel zu kaufen, gibt einem die Chance, vielleicht einmal einen feinen Ausstellungshund zu haben, aber daß man den Kaufpreis später mit Prämien, Deckgeld oder Verkauf von Welpen wieder hereinbringt, kommt praktisch nie vor. Was man für den jungen Hund bezahlt, ist daher als »à fonds perdu« zu betrachten. Die Preise für Welpen sind unterschiedlich und hängen von Rasse, Stammbaum usw. ab. Große Rassen kosten meist mehr – nicht nur die Ernährung des Deckrüden und der trächtigen Hündin, sondern auch die Aufzucht der Jungen läuft bei ihnen viel mehr ins Geld als bei kleinen Rassen. Und wenn Sie auf einer seltenen oder neu eingeführten Rasse bestehen, müssen Sie für dieses »Privileg« natürlich entsprechend bezahlen.

Die Hundesteuer und Impfgebühren mögen sich gleichbleiben, ob Sie sich nun einen Cairn oder einen Bernhardiner anschaffen, viele andere Kosten aber nicht. Ein Hund bescheidener Größe verzehrt im Jahr ca. 150 Kilo Dosenfleisch und dazu halb soviel Trockenfutter oder Biskuits. Bei einem großen Hund kann sich die Futtermenge verdoppeln, bei einem kleinen Terrier um die Hälfte reduzieren. Andere Dinge wie Unterkunft, Halsband, Leine usw. sind für große Hunde ebenfalls teurer. Und auch die ärztliche Betreuung kostet mehr – die benötigten Medikamentenmengen sind höher, und die Unfallgefahr ist größer.

Entscheidend ist auch die Überlegung, was der Hund für Sie tun bzw. für Sie und Ihre Familie sein soll. Sind Sie ein aktiver Mensch und lieben lange Fußmärsche, dann wäre, sofern auch die übrigen Voraussetzungen stimmen, ein lebhafter Hund wie ein Retriever oder Boxer ideal. Sind Sie pensioniert und haben nicht nur viel Zeit, sondern auch eine Schwäche fürs Ästhetische oder Exotische – warum nicht einen Pekingesen oder einen Dandie Dinmont Terrier auswählen?

Die auf S. 26ff. geschilderten Charakteristiken haben Ihnen bestimmt die Wahl erleichtert; wenn Sie aber noch immer unsicher sind, dann reden Sie mit Leuten, die einen Hund besitzen, wie Sie ihn haben möchten. Auch beim betreffenden Rasseklub wird man Sie gern beraten.

Rüde oder Hündin?
Ob Sie sich für einen reinrassigen Welpen oder einen ausgewachsenen Bastard entscheiden, zuletzt bleibt noch die Frage, ob er männlich oder weiblich sein soll. Obwohl es die Kastration gibt und verschiedene Methoden, die lästigen Nebenerscheinungen der Läufigkeit zu vermeiden, sind doch fundamentale Wesensunterschiede vorhan-

den. Im allgemeinen sind Rüden überschwenglicher, widerstandsfähiger und vielleicht ein wenig unabhängiger, außerdem sind sie schwieriger zu erziehen als Hündinnen. Sie haben eine unleugbare Neigung zum Streunen, besonders wenn eine hitzige Hündin in der Nachbarschaft ist. Weibchen sind dagegen im großen und ganzen ruhiger, anhänglicher und folgsamer.

Hündinnen werden normalerweise zweimal jährlich läufig und ziehen dann jeweils eine Woche lang die Rüden an. Viele Leute wollen kein Weibchen, »weil man zweimal im Jahr dieses Theater mit ihnen hat«; diesem Argument ist gegenüberzustellen, daß Rüden das ganze Jahr über in Hitze sind! Für manche Besitzer sind die Hitzeperioden ihrer Hündinnen mit den Blutungen und den zudringlichen Verehrern ein echtes Problem, besonders dann, wenn die Rüden vor dem Gartenzaun nicht Halt machen und Kinder die Haustüren nicht zuverlässig schließen. Die meisten Hundehalter aber werden mit diesen Unannehmlichkeiten leicht fertig und freuen sich dafür am lieben Wesen der Hündin. Dazu kommt der Vorteil, daß man von ihr einmal Junge züchten kann, wenn man will. (Weiteres über Sexualverhalten, Fortpflanzung und Kastration auf S. 183.)

Beim ersten Familienhund muß die Frage, ob männlich oder weiblich, noch nicht von Bedeutung sein, sie wird es aber spätestens dann, wenn bereits ein nichtkastriertes Tier im Hause ist. Es ist zweifellos unklug, unverschnittene Hunde verschiedenen Geschlechts im gleichen Haushalt zusammenzubringen, denn dann werden die Hitzeperioden tatsächlich zur Plage. Hündin und Rüde während dieser Zeit zusammen zu halten, ohne die beiden sich paaren zu lassen, ist grausam; außerdem ist es auch außerordentlich schwierig, sie daran zu hindern. Und das wiederum bringt die Gefahr mit sich, daß der Rüde »oversexed« wird, während andererseits ein Wurf in jeder Saison aus vielen Gründen nicht ratsam ist.

Unten links: Cairns brauchen nicht allzuviel Bewegung, tollen aber gern ein wenig herum.

Unten rechts: Ein Afghanischer Windhund sollte unbedingt die Möglichkeit zu ausgedehnten Läufen haben.

Ganz unten links: Schade, daß Schnauzer nicht mehr Verbreitung finden. Sie sind handlich in der Größe und haben ein ausgeglichenes Temperament.

Ganz unten rechts: Irish Setters sind ideale Begleithunde für eine junge Familie; sie genießen es, wenn man ihnen viel Bewegung verschafft.

Die einzige Lösung dieser Probleme besteht darin, während der Wochen der Hitze jeweils den einen oder andern Hund in ein Tierheim oder zu Bekannten zu geben, was allerdings mit Kosten und Umständen verbunden ist. Hundezüchter kennen das Problem ebenfalls, aber sie halten die läufigen Hündinnen jeweils in einem besonderen Zwinger von den anderen Tieren fern. Zuchtrüden ihrerseits sind besser an die Verlockungen von Hündinnen in Hitze gewöhnt und im allgemeinen disziplinierter als Haushunde, außerdem steht ihnen eine ganze Reihe Hündinnen das Jahr hindurch zur Paarung zur Verfügung.

Erwachsene Hunde
Die Möglichkeit, einen erwachsenen Hund zu kaufen, soll mit großer Vorsicht geprüft werden. Ein wesensfester, zufriedener Hund paßt sich normalerweise mühelos in eine Familie ein, dennoch hat er schon einen ausgeprägten Charakter, den der neue Meister erst im Verlauf der Zeit entdecken kann.

Es gibt viele Gründe, warum ein ausgewachsener Hund an ein gutes Plätzchen zu vergeben ist: Die Besitzer wandern zum Beispiel aus oder müssen den Wohn- bzw. Arbeitsort wechseln und können am neuen Platz keinen Hund mehr halten. Und ein Züchter wird ein erwachsenes Tier verkaufen, wenn es für Ausstellungen oder Zucht nicht mehr geeignet ist. Lassen Sie sich auf jeden Fall die Vorgeschichte erzählen. Aber denken Sie daran: Sie *sehen* zwar, was Sie auswählen, aber Sie *wissen* nicht genau, was Sie bekommen. Da Sie den Hund nicht selber aufgezogen haben, sind Ihnen seine Fehler, Untugenden und Eigenheiten nicht bekannt – Sie müssen sich auf jeden Fall auf einige Überraschungen gefaßt machen.

Zugelaufene erwachsene Hunde sind ein noch größeres Risiko. Viele dieser Tiere sind sicher ausgesetzt worden, ein Teil davon muß aber als Streuner bezeichnet werden. In diesem Fall handelt es sich um extrem unabhängige Tiere, denen wenig am menschlichen Kontakt liegt. Es kann also sein, daß der Hund seinem früheren Besitzer tatsächlich weggelaufen ist. Streunende Rüden neigen übrigens oft zu Übersexualität und sind dann ständig auf der Suche nach läufigen Weibchen. Streunende Hündinnen sind dafür meist trächtig; es gibt leider unverantwortliche Leute, die eine Hündin im Stich lassen, wenn sie merken, daß sie Junge erwartet.

Von der Krankengeschichte eines zugelaufenen Hundes weiß man natürlich nichts – selbst bei einem gekauften Tier ist sie ziemlich vage! In der Regel darf man aber annehmen, daß herrenlose Hunde nicht geimpft sind. Wenn Sie also einem solchen Tier ein neues Heim bieten wollen, müssen Sie es unbedingt für eine gründliche Untersuchung und eine Reihe Impfungen zum Tierarzt bringen. Seien Sie so gut zu ihm, wie Sie nur können, aber machen Sie sich dabei auf das schlimmste Benehmen seinerseits gefaßt. Und passen Sie

Oben: Boxer sind gute Wächter und liebe, aber feuchtschnauzige Familienhunde.

Unten: Größere Hunde brauchen sehr viel Auslauf. Um sie so frei auf der Straße laufen zu lassen, müssen sie allerdings bestens erzogen sein und auf jeden Zuruf sofort parieren.

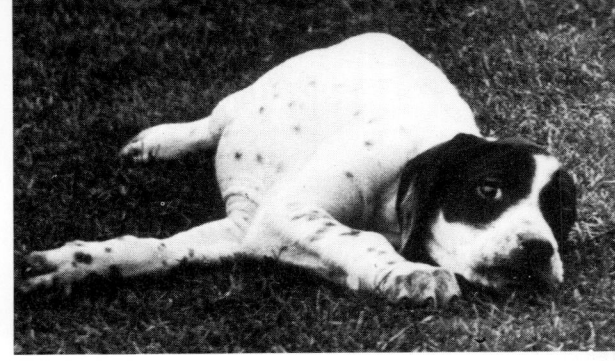

auf, wenn Sie einen zugelaufenen Hund mit Kindern, andern Haustieren und Ihren Möbeln bekannt machen. Manche Streuner sind ausgesprochene Demolierer!

Die Welpenauslese

Wenn Sie sich über Rasse und Geschlecht Ihres künftigen Hausgenossen im klaren sind, gilt es nur noch, den richtigen Welpen zu finden. Vorsicht ist bei Inseraten geboten, in denen Junghunde aller Rassen ausgeschrieben sind! Es handelt sich dabei oft um Tiere aus regelrechten Welpenfarmen, in denen Hündinnen in jeder Saison werfen müssen. Sie können Glück haben und einen guten Hund erwischen, aber die Chance ist nicht groß. Und wenn Sie finden, ein kleiner Bastard sei Ihnen gerade recht, dann fallen Sie lieber nicht auf das süße Hündchen im Schaufenster irgendeiner Tierhandlung herein. Dort bekommen Sie selten genaue Auskunft über die Abstammung, ja, sogar das Alter kann meist nicht angegeben werden. Nehmen Sie lieber mit dem Besitzer einer trächtigen Bastardhündin Kontakt auf – dann wissen Sie wenigstens über einen Elternteil Bescheid. Auch die Tierschutzvereine sind glücklich über neue Plätze für ihre gesunden, gut betreuten Pfleglinge.

Wenn Sie einen rassereinen Welpen wollen, müssen Sie unter Umständen ziemlich viel Zeit und Geld aufwenden, um den richtigen zu finden. Die meisten Züchter sind vertrauenswürdig und werden Ihnen nichts andrehen, denn ihr guter Ruf verpflichtet. Die entsprechenden Adressen finden Sie in den Anzeigen von Hundesport- und Tierzeitschriften, oder Sie bekommen sie bei einer Hundeausstellung oder beim Tierarzt. Haben Sie einen Zwinger ausfindig gemacht, können Sie sich anläßlich eines Besuches einen Begriff vom Typ und Temperament der Elterntiere machen.

Hat der Züchter zur Zeit Ihres Besuches gerade einen Wurf, dann wird er Ihnen sicher die Ahnentafeln der Eltern zeigen und Sie über deren Wesenszüge orientieren. Er erklärt Ihnen auch, wie sich Eigenschaften eines Welpen beim erwachsenen Hund entwickeln können. Kleine Fehler, wie etwa eine leicht falsche Zahnstellung, lassen sich korrigieren, eine geringfügige Schwanzverkrümmung kann sich strecken, und eine unwesentliche Nabelhernie wird verschwinden. Lassen Sie sich von der Farbe des Welpen nicht zu sehr beeindrucken – sie kann noch vollkommen wechseln. Ebenso ändern kann sich die Größe des Hundes: Der Kleinste in einem siebenwöchigen Wurf kann später der Größte von allen sein.

Der Preis der Welpen schwankt beträchtlich und hängt, wie bereits erwähnt, von der Qualität der Abstammung und dem Zustand des einzelnen Tieres ab. Wenn Sie nicht die Absicht haben, mit Ihrem Hund Ausstellungen zu beschicken, wird Ihnen eine nicht ganz vollkommen ausgeprägte Zeichnung oder eine nicht absolut perfekte Figur weniger wichtig sein, im Preis aber werden Sie den Unterschied zu spüren bekommen.

Gehen Sie ruhig nach Hause, um sich den Kauf genau zu überlegen. Echte Züchter nehmen es Ihnen nicht übel, wenn Sie die Tiere später ein zweites Mal anschauen.

Oft wird man von künftigen Hundebesitzern gefragt: »Worauf muß ich beim Kauf eines Welpen achten? Welche Merkmale helfen mir, die richtige Wahl zu treffen?« Es ist praktisch unmöglich, diese Fragen zu beantworten, nicht zuletzt deshalb, weil Welpen in Ausdruck und Verhalten immer wieder anders sind. Einmal entdeckt man in einem Wurf ein besonders lebhaftes Hündchen, das mit seiner Mutter spielt oder unternehmungslustig die Geschwister aufwecken will. Eine halbe Stunde später kann derselbe Welpe der einzige Dösende in der Runde sein, der seine Geschwister anmaunzt, wenn sie mit ihm spielen wollen.

Dazu kommen die gewaltigen Veränderungen in der Zeit zwischen der Entwöhnung und dem Erwachsenenalter, auch wenn der Besitzer diese Entwicklung zu einem guten Teil in der Hand hat (siehe unten). Das aggressive Leittier eines achtwöchigen Wurfes kann sehr wohl zum fast allzu unterwürfigen Familienhund werden.

Am besten ist es, wenn Sie den Welpen wählen, den Sie auf Anhieb mögen und der Ihre Aufmerk-

Oben, von links nach rechts: Die Bekanntschaft mit der Leine ruft oft kräftigen Widerstand hervor. Mit sanfter Überredung erreicht man aber, daß der junge Hund sich bald daran gewöhnt und ganz zufrieden an der Leine geht.

samkeit erregt. Er wird am ehesten Ihre Liebe und Achtung in Beschlag nehmen. Und umgekehrt ist es Ihre Liebe und Achtung, die seine charakterliche Entwicklung am meisten beeinflußt. Drängen Sie den Züchter nicht, Ihnen das Jungtier frühzeitig abzutreten. Davon hat niemand einen Vorteil, am wenigsten der Hund. Im allgemeinen sind Welpen höchst selten zum Verlassen von Mutter und Geschwistern bereit, ehe sie acht Wochen alt sind. Freilich gibt es Abweichungen nach beiden Seiten, aber ein zu frühes Wegnehmen des Tieres bedeutet einen Schock für seinen Stoffwechsel und Kreislauf, ferner hat es noch nicht genügend Zeit gehabt, sich mit seinen Geschwistern zu sozialisieren, kurz, seine ganze Entwicklung wird gehemmt. Nutzen Sie die Zeit zwischen der Wahl und dem Abholen lieber dazu, Ihre Wohnung, Ihre Familie und sich selbst auf den Neuankömmling vorzubereiten.

Die Erziehung des Hundes

Die Erziehung eines Hundes ist ein langsamer, oft langweiliger Vorgang, der die ganze Zeit hindurch viel Geduld, Anteilnahme und Liebe von Ihnen verlangt. Gut erzogene Hunde bringen ihren Meistern aber nicht nur volles Vertrauen entgegen, sie vergelten ihnen diese Geduld, Anteilnahme und Liebe auch.
Die Erziehung beginnt sehr früh; in der Tat hat die Mutter des Welpen bereits damit angefangen, und Sie übernehmen nun teilweise deren Rolle. Vieles geht bei der Erziehung mit der Gesundheitspflege Hand in Hand und ist davon kaum zu trennen (siehe S. 162). Außerdem müssen Sie eine ganze Menge von Hundepsychologie verstehen.

Grunderziehung und Pflege

Sie dürfen nicht vergessen, daß das Hundebaby in den ersten Tagen bei Ihnen zu Hause seine Mutter und Geschwister sehr vermißt. Auf einen Schlag hat es die Quelle seiner Nahrung, Wärme, Behaglichkeit, gute Gerüche, Spiele und Gesellschaft verloren. Das alles müssen Sie ihm ersetzen - oder es zumindest versuchen. Glauben Sie bloß nicht, Erziehung des Hündchens sei nichts weiter, als ihm neue Halsbänder umzulegen, es mit einer zusammengerollten Zeitung auf die Nase zu klapsen und an der Leine nachzuschleifen. Diese Dinge kommen erst später und müssen auf jeden Fall stufenweise eingeführt werden.

Der junge Hund muß sich zuerst an einen bestimmten Platz und eine bestimmte Zusammensetzung von Gerüchen gewöhnen können. Schubst man ihn in den ersten Tagen in etlichen Wohnungen oder verschiedenen Räumen einer Wohnung herum, schadet man ihm nur. Richten Sie es so ein, daß Sie den Welpen an einem Tag nach Hause holen, an dem Sie viel Zeit haben, mit ihm an einem Ort beisammen zu sein, am besten also über ein Wochenende oder während eines kurzen Heimurlaubs. Der Hund braucht sein eigenes Bett, das stets am selben warmen, zugluftgeschützten Platz stehen muß, wo er auch sein eigenes Spielzeug findet. Da junge Tiere oft ihre Betten zerkauen, sollte man ihnen für die ersten Monate lieber eine starke Kartonschachtel mit niedrigen Seitenwänden geben. Später kann man immer noch einen richtigen Schlafkorb anschaffen. Ebenso wichtig wie das eigene Bett ist ein unschädliches, kaubares Spielzeug. Eine alte, mit Lumpen ausgestopfte Socke ist nicht nur praktisch, sondern sicher auch besser als ein alter Pantoffel, weil sonst der Hund leicht alles Schuhwerk mit Spielzeug gleichsetzt - egal, ob neu oder alt! Genaue Ernährungsanweisungen folgen auf S. 169; hier sei nur darauf hingewiesen, wie wichtig es ist, daß ein Welpe regelmäßig gefüttert wird. Gleich nach seiner Ankunft muß er unbedingt dieselbe Nahrung in derselben Menge und Qualität bekommen, wie er sie bisher hatte. Unregelmäßige Mahlzeiten mit fremdem Futter bringen seinen Organismus durcheinander und verursachen Durchfall. Wenn Sie ihn holen, fragen Sie, was und wann er zu essen bekommen hat, und fahren Sie vorerst im gleichen Schema fort.

Unten, von links nach rechts: Gelegentlich sperrt er sich und tut sich selber furchtbar leid, oder er verhaspelt sich gar in der Leine; dann aber entschließt er sich, brav zu sein – bis er wiederum findet: Genug ist genug!

Rechts: Der Zwerg-Bullterrier sollte nicht schwerer als 8 kg sein. Die Rasse ist, trotz ihrer körperlichen Vorzüge, nicht besonders populär.

Unten: Dieser Kleine braucht nicht nur viel Spaß und Spiel, sondern auch eine Menge Schlaf.

Stubenreinheit

Einen jungen Hund an Sauberkeit zu gewöhnen, verlangt einiges Wissen und viel Ausdauer. Achtwöchige Welpen urinieren bis zu zwölfmal täglich und lösen etwa vier- bis fünfmal Kot. Viel davon ist mit dem Verhalten verknüpft; wenn Sie einmal den »Dreh« heraus haben, wird die Sache mit der Stubenreinheit einfach. Ein junger Hund »muß« fast immer, wenn er erwacht. Machen Sie es sich zur Gewohnheit, ihn in diesem Augenblick blitzschnell hinauszubefördern, dann wird er sehr schnell das Aufwachen mit Draußen-Urinieren in Verbindung bringen. Sobald er das gelernt hat, wird er auch sonst zu diesem Zweck den Garten aufsuchen, besonders, wenn Sie ihn jedesmal dafür loben.

Manche Leute erziehen Welpen dazu, auf Zeitungen zu urinieren. Das mag angehen, solange sie klein sind, soll aber nicht allzu lange beibehalten werden, denn später lassen sich die Tiere nur schwer umgewöhnen. Immerhin kann ein bißchen »Zeitungsgespür« dem erwachsenen Hund einmal nützlich sein, beispielsweise wenn er an Durchfall leidet.

Der richtige Zeitpunkt für das Kotlösen, den man abpassen muß, liegt nach dem Essen. Die meisten Hündchen wandern nach der Futteraufnahme eine Weile herum, und wenn sie ein Plätzchen gefunden haben, das ihnen paßt, verrichten sie ihr Geschäft. Sie nach jeder Mahlzeit einfach ins Freie zu bringen, führt zwangsläufig zum gewünschten Ergebnis. Wenn man also das Kleine anfänglich bei jedem Erwachen und nach jeder Mahlzeit hinausträgt, sind die meisten Gelegenheiten bereits »bereinigt«. Gelegentlich passieren noch kleine Zwischenfälle, aber schon bald behagt es dem Welpen selbst nicht mehr, in der Wohnung zu koten oder zu nässen. Das bedeutet natürlich, daß der Besitzer eine Zeitlang sehr aufmerksam sein muß, doch das ist ein kleiner Preis für rasche Stubenreinheit.

Es kann auch von Nutzen sein, dem Hund jedesmal ein Kommando zu geben. Wenn man vor jeder Ausscheidung im gleichen Ton Worte wie etwa »mach schnell« oder »beeil dich« sagt, dann kotet der Welpe nach kurzer Zeit sozusagen auf Kommando. Das kann im Erwachsenenalter einem zaudernden oder scheuen Hund zugute kommen, der Hemmungen hat, an einem fremden Ort sein Geschäft zu verrichten. Auf den Wortlaut kommt es dabei nicht an, wichtig ist nur, daß er sich gleichbleibt.

Rechts: Mit einem bequemen Halsband und einer richtigen Leine fühlt sich dieser Welsh Springer Spaniel absolut wohl.

Ganz rechts: Ein schlecht sitzendes Halsband und eine ungeeignete Leine erschweren die Erziehungsarbeit mit dem jungen Hund. Die Beschläge am Halsband sind vollkommen unnötig.

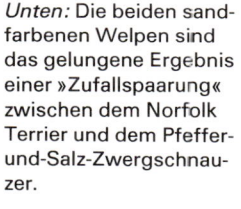

Unten: Die beiden sandfarbenen Welpen sind das gelungene Ergebnis einer »Zufallspaarung« zwischen dem Norfolk Terrier und dem Pfeffer-und-Salz-Zwergschnauzer.

Im Durchschnitt sollte ein Welpe mit drei bis vier Monaten einigermaßen, mit sechs Monaten zuverlässig reinlich sein.

Spiel und Betätigung

Die physiologische und entwicklungsmäßige Bedeutung von Spiel, Bewegung und Betätigung ist schon auf S. 80 erwähnt worden, aber diese Dinge sind so wichtig, daß wir hier noch näher darauf eingehen möchten.

Spielen ist wesentlich für die ausgewogene Entwicklung von Körper und Geist eines Welpen. Ohne Spiel wird er introvertiert, matt und möglicherweise auch aggressiv. Das Spiel gibt Gelegenheit für athletische Bewegungen und Körpergeschick und lehrt somit den Welpen, wie er einem Gegenstand ausweichen, wie er etwas stoßen oder abwehren kann. Verhaltensmäßig lernt der junge Hund im Spiel, auf Berührungen zu reagieren, *kontrolliert* angriffig zu sein und eine Niederlage hinzunehmen. Spielverweigerung und demzufolge Langeweile können die künftige Entwicklung stark beeinträchtigen. Andererseits muß der Hund auch lernen, wie weit er bei seinen Scheinkämpfen gehen darf. Früher haben seine Geschwister dafür gesorgt, jetzt ist es an Ihnen, ihm Einhalt zu gebieten. Das bedeutet, daß Sie dem Welpen erlauben dürfen, Ihnen sanft in die Hand zu beißen. Sobald sein Biß zu kräftig wird, müssen Sie zum Gegenangriff übergehen, indem Sie ihn – wie es ein Wurfgefährte tun würde – in den Unterkiefer kneifen oder an der losen Nackenhaut fassen und sachte schütteln. Einfach die Hand wegzuziehen, ist *falsch,* denn dann hat der Hund nicht nur den Kampf gewonnen, er hat bewiesen, daß er Sie dominiert, und wird immer wieder versuchen, sich gegen Sie zu behaupten.

Welpen lernen schnell, mit eigenen Sachen zu spielen, und die erwähnte Socke erweist sich als besonders gutes Spielzeug: Der Hund kann sie »totschütteln«, fortschleudern, herumkollern und sie zum Schein sexuell bedrängen. Das letztere gehört durchaus zur normalen Entwicklung, darf aber, besonders bei älteren Welpen, nicht ausarten. Exzessen gebietet man mit einem Klaps Einhalt.

Hat ein junger Hund seine eigenen Spielsachen und viel Zeit zum Spielen, sollte er an Möbeln nicht viel Schaden anrichten. Einige Kratzer muß man freilich in Kauf nehmen, besonders wenn das Tier längere Zeit allein gelassen oder an einem fremden Ort eingesperrt wird. Versorgen Sie Ihren Hund aber mit seinem Spielzeug, sollte er sich auch während dieser Zeit weitgehend gut verhalten. Richtet er wirklich Unheil an, dann ist es Ihre Schuld; Sie haben ihn nicht beschäftigt genug gehalten, und nachträgliche Schelte wäre sinnlos.

So wichtig das Spielen ist, müssen Sie doch darauf achten, den Welpen nicht zu sehr zu ermüden. Ein zehnwöchiger Hund braucht seine achtzehn bis zwanzig Stunden Schlaf täglich. Sorgen Sie daher für viel Bewegung in der Wachzeit, lassen Sie den Hund aber in Ruhe, sobald er müde wird. Besonders Kinder neigen dazu, dieses Ruhebedürfnis zu mißachten; dann kann es geschehen, daß der Welpe eigensinnig oder gehässig wird.

Abrichtung hat im Leben eines kleinen Welpen nicht viel zu suchen. Besonders schwierig ist die Gewöhnung an Halsband und Leine, und es hat

Oben links: Dieser Bearded Collie ist an einem leicht tragbaren Hundehaken festgebunden.

Oben rechts: Im Geschirr ist der Zwergschnauzer besonders gut unter Kontrolle zu halten.

Oben: Während einer Autofahrt gehört der Hund auf den Rücksitz des Wagens.

Unten: Stationwagen eignen sich besonders gut für den Transport von Hunden.

gar keinen Sinn, zu früh damit anzufangen. Straße oder öffentliche Anlagen sind so oder so keine geeigneten Aufenthaltsorte. Da lauern Krankheiten und Verkehrslärm, fremde Hunde, unbekannte Menschen, und merkwürdige Gegenstände sorgen für ständiges Erschrecken. Ein junger Hund soll auf jeden Fall an ein leichtes Halsband gewöhnt werden, lange bevor man richtig ausgeht. Das Halsband soll passen, aber erweitert werden können. Lassen Sie sich auf keinen Fall dazu verleiten, ein Halsband zu kaufen, das erst dem erwachsenen Hund passen wird.

An der Leine zu gehen, ist eine schwierige Lektion für das junge Tier. Am Anfang wird es heftig rückwärts zerren, den Kopf schütteln und sich hinsetzen. Die Ausgänge sollen kurz und freundlich sein; Welpen ermüden schnell, wenn sie gezwungen sind, in einer bestimmten Richtung zu gehen, und müssen dann getragen werden. Wichtig ist vor allem, daß Sie Geduld haben!

Die einfachen Befehle

Manche Hundebesitzer verwirren ihre Jungtiere mit zu vielen und zu langen Befehlen. Welpen verstehen ja nicht einen bestimmten Wortlaut, und es ist Unsinn, zu sagen: »Sei nicht unartig!« oder »Lauf zu Hannes, der gibt dir zu essen!«

Ein Hund muß lernen, auf seinen Namen zu reagieren. Die ersten Befehle sollen daher alle mit dem Namen des Welpen beginnen, damit er weiß, daß er gemeint ist. Seinen Namen zu rufen und ihn beim Eintreffen mit einem kleinen Leckerbissen zu belohnen, ist eine schnelle Art, ihm das Herkommen beizubringen. Noch besser fügt man dem Namen ein Komm! oder Hier! hinzu, damit er nicht den Namen selbst mit Essen in Verbindung bringt.

In jedem Fall ist eine positive Reaktion stets mit einem freundlichen Wort oder Tätscheln zu belohnen. Eine negative darf aber nicht einfach übergangen werden; das würde ja bedeuten, daß der Hund, wenn er zum Beispiel nicht Platz machen will, es eben bleiben lassen kann. Der Kleine muß unbedingt tun, was man von ihm verlangt, auch wenn man gezwungen ist, nachzuhelfen, in diesem Fall also sein Hinterteil hinunterzudrücken, damit er sitzt. Wenn möglich, gebe man ein Kommando stets im passenden Ton. Komm! soll fröhlich-auffordernd, Nein! oder Pfui! tief und streng klingen.

Pfui! ist überaus wichtig. Es bedeutet: Was du gerade tust – sei es an einem Stuhlbein nagen, die Wade eines Besuchers sexuell bedrängen oder die Katze anknurren –, muß sofort aufhören! Zu Beginn kann ein Klaps auf die Nase mit einer zusammengerollten Zeitung den Befehl begleiten, aber später müssen das Wort und der Tonfall der Stimme genügen.

Das Kommando Wart! oder Bleib da! ist sehr nützlich und sollte so früh wie möglich gelehrt werden. Ins Bett! ist ein wichtiger Befehl, denn auch den geliebtesten Hund kann man nicht jederzeit bei sich haben.

Sitz! braucht man oft bei überschwenglichen Tieren, die an jedem Besucher oder an allen Kindern hochspringen, was bei kleinen Hunden eine lästige, bei großen eine gefährliche Gewohnheit ist.

Autoerziehung und Reisen

Autos gehören nicht nur zu unserem, sondern auch zum Leben unserer Hunde. Leider verliert eine erschreckende Zahl von Hunden das Leben bei Autounfällen, meist weil man sie frei auf den Straßen herumlaufen läßt. Autos sind auch die Ursache für die überwältigende Mehrheit von Knochenbrüchen und anderen Verletzungen bei Hunden.

Ein kleiner Teil der Unfälle rührt daher, daß Hunde hinter Autos oder Fahrrädern herrennen. Es ist nicht einfach, diese Abirrung des natürlichen Jagdtriebes zu unterdrücken. Wenn mündliche Befehle nichts nützen, bleiben nur Kette und

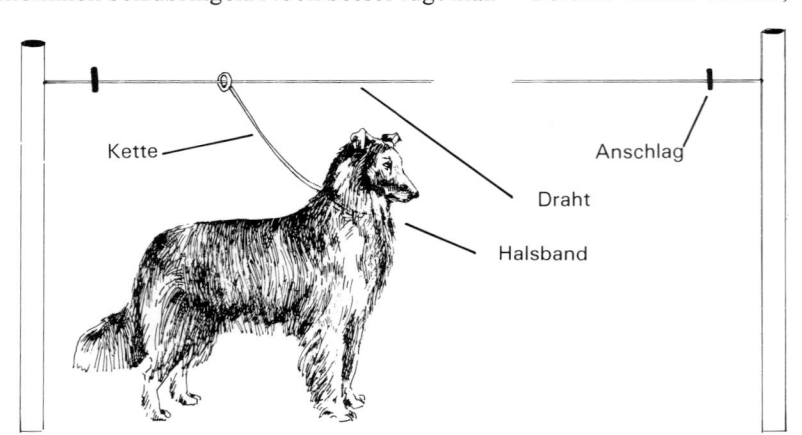

Kette — Anschlag — Draht — Halsband

Links: Große Hunde, die oft über längere Zeit allein sein müssen, gewöhnen sich ohne weiteres an Laufketten. Sie bieten den Tieren recht viel Bewegungs-Spielraum.

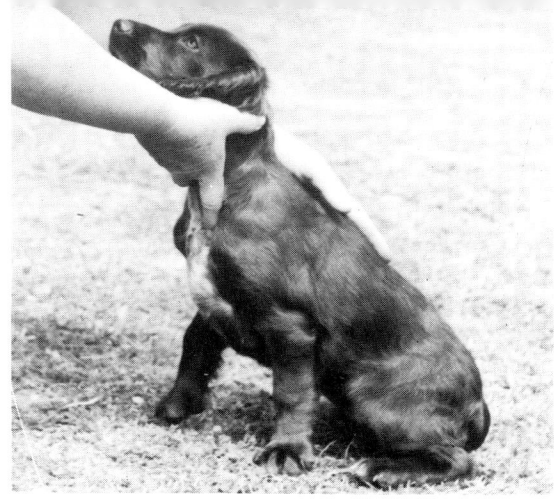

Würgehalsband übrig, an denen man den Hund jedesmal, wenn er lossausen will, zurückreißt.

Einem Hund muß man beibringen, daß er zur Wohnung gehört und darin willkommen ist, daß er nichts beschädigen soll und daß es darin Orte gibt, wo er hingehen und wo er nicht hingehen darf. Genauso muß er lernen, sich im Auto zu verhalten. Den Hund im ganzen Wagen herumspringen zu lassen, ist sehr gefährlich. Der richtige Platz für ihn ist auf dem Rücksitz des Autos bzw. im Gepäckraum des Stationwagens. Wenn man einen Befehl wie »Nach hinten!« regelmäßig benützt, merkt sich der Hund schnell, wo er hingehört. Nie darf er während der Fahrt den Kopf aus dem Fenster strecken; auch das ist für das Tier wie für den Fahrer äußerst gefährlich.

Einen Hund im Wagen zurückzulassen, kann zum Problem werden. Lassen Sie das Fenster wegen der Luftzufuhr immer einen Spalt offen. Das ist für Ihren Schützling *lebenswichtig,* besonders bei warmem Wetter. Hunde vertragen erstaunlich tiefe Temperaturen, aber die Verbindung von Wärme und Kohlendioxyd im geschlossenen Wagen kann für sie tödlich sein. Bei schönem Wetter können Sie die sonnenbeschienene Seite Ihres Wagens mit einem weißen Tuch abdecken, aber lassen Sie im Zweifelsfall Ihren Hund nicht Gefahr laufen, eines gräßlichen Todes zu sterben. Suchen Sie lieber einen schattigen Parkplatz (notfalls in einer Tiefgarage) und stellen Sie Ihrem Hund eine Schale Wasser auf den Boden.

Manche Hunde schlafen, wenn sie allein im Wagen sind, aber junge, ungebärdige Tiere können beträchtlichen Schaden anrichten. Legen Sie Landkarten, Sonnenbrillen usw. ins Handschuhfach und geben Sie dem Hund kaubares Spielzeug, damit ihm nicht langweilig wird. Und wenn er sich allzu problematisch benimmt, lassen Sie ihn anfänglich nur für ganz kurze Zeit allein.

Hindern Sie den Hund von Anfang an, beim Öffnen der Wagentür sofort hinauszuspringen. Gewöhnen Sie ihn daran, den Befehl »Komm!« abzuwarten. Hunde haben nämlich kein Gefühl für Verkehr und können direkt vor ein Fahrzeug laufen.

Leinenführigkeit
Einzig problematisch auf diesem Gebiet ist der Hund, der ständig an der Leine zerrt. Diese Unart scheinen viele Leute – besonders die Besitzer der größeren, stärkeren Rassen – widerspruchslos hinzunehmen, und dabei ist die Sache relativ einfach zu kurieren. Ziehen Sie kurz an der Leine und geben Sie gleichzeitig das Kommando »Fuß!«, um den Hund sanft, aber bestimmt neben Ihr linkes Bein zurückzubeordern. Nützt das nichts, verwenden Sie ein leichtes Kettenhalsband, das beim Zurückziehen sanft würgt, und wiederholen Sie den Befehl. Aber Achtung: Ein brutales Reißen kann dem Hund Halsverletzungen zufügen. Sobald Ihr Vierbeiner begriffen hat, können Sie das Kettenhalsband weglegen.

Nicht schlecht ist auch der Randsteindrill, wie er für Blindenhunde angewendet wird. Zwar mag es für einen sehenden Menschen etwas mühsam sein, wenn der Hund vor jeder Straßenüberquerung am Randstein stehenbleibt. Aber man ist dafür sicher, daß er nicht einfach in den Verkehrsstrom rennt.

Hier drei goldene Regeln für das Ausgehen mit Hunden:

1. *Halten Sie den Hund immer an Halsband und Leine, wenn Sie durch eine öffentliche Straße gehen.* Es ist unrealistisch, zu glauben, in einer stillen, verkehrsarmen Straße sei das Risiko minimal. Gerade hier kann es geschehen, daß der Hund über einen daherbrausenden Wagen erschrickt und womöglich auf die Straße rennt.

2. *Gehen Sie zwischen dem Hund und dem Verkehr.*

3. *Vergewissern Sie sich, daß Halsband und Leine stark genug und gut befestigt sind.*

Wir haben hier von Befehlen und auf S. 26ff. von der Mentalität des Hundes und seiner Beziehung zum Menschen gesprochen. Beide Male ging es uns u. a. darum, zu zeigen, daß der Hund ganz genau wissen muß, wer der Meister ist. Undisziplinierte Hunde sind wie unerzogene Kinder: mühsam, unerfreulich und dazu noch gefährdet. Gewinnt Ihr Hund einmal einen Kampf, wird er den gleichen Trick wieder und wieder versuchen. Mag er knurren und murren, wenn Sie »Ins Bett!« sagen, *muß* er gehen. Mag er maulen, wenn Sie ihm den Knochen wegnehmen, aber er *muß* ihn loslassen. Zeigen Sie ihm Liebe und Achtung, aber fürchten Sie sich nie vor ihm. Die Liebe und Achtung zwischen Ihnen und dem Hund soll gegenseitig sein.

Oben links: Gute Hundebetten sind sowohl bequeme Schlafstätte als auch Zufluchtsort, wenn der Hund allein sein will.

Oben Mitte: Gleichzeitig mit dem Befehl »Sitz!« drückt man das Hinterteil des jungen Hundes sanft nach unten.

Oben rechts: Sitzen ist langweilig!

Unten: Ein Hund, der aus dem Autofenster lehnt, lenkt nicht nur andere Fahrer ab, er ist auch selbst in Gefahr.

Der gesunde und der kranke Hund

Mit einem kranken Hund richtig umgehen kann nur, wer die normalen Funktionen des Tieres kennt. Ein Hundebesitzer muß imstande sein, alle Anzeichen der Gesundheit bei seinem Schützling zu erkennen, damit ihm jede Abweichung rasch auffällt. Nur so kann er, wenn etwas nicht in Ordnung ist, rechtzeitig tierärztliche Hilfe in Anspruch nehmen. Regelmäßige, sorgfältige Pflege spielt bei der Vorbeugung und Entdeckung von Krankheiten und Verletzungen eine wichtige Rolle.

Die äußere Pflege

Das Hauptziel der Pflege ist, Haarkleid, Haut, Pfoten, Ohren und Augen – die ganze Außenseite des Hundes – in bestem Zustand und gesund zu erhalten. Das erfreuliche Nebenresultat ist sein gutes Aussehen. Mit dem Bürsten allein ist auf alle Fälle nicht genug getan.

Zuerst gilt es, ein paar Ammenmärchen auszuräumen wie: »Deutsche Schäfer darf man nie baden!« oder »Bobtails darf man nie mit der Klippschere behandeln, sonst wachsen die Haare nicht nach!«. Bei Ausstellungshunden indessen gilt es, viele wichtige Kriterien zu beachten; für die entsprechenden Vorbereitungen sollte man sich schon von einem Experten beraten lassen.

Langhaarige Rassen beanspruchen im allgemeinen mehr Pflege als kurzhaarige. Viele Terrier müssen gerupft, das heißt von zu vielen und vor allem von abgestorbenen Haaren befreit werden. In den meisten übrigen Fällen genügen das Bürsten und Kämmen, ein gelegentliches Bad und regelmäßige Inspektion von Füßen, Ohren, Augen und Analbereich.

Es ist immer noch besser, den Hund nur fünf Minuten täglich zu bürsten, als ihn längere Zeit zu vernachlässigen und dann gründlich zu bearbeiten. Die Entfernung der Verfilzungen, die sich dabei gebildet haben, dauert oft stundenlang und ist für den Hund so schmerzhaft wie für den Besitzer mühselig. Überdies kann ein zweistündiger Kampf mit Knoten, Dreckklumpen, Dornen, Kletten und Grassamen dem Hund das Kämmen dermaßen verleiden, daß er das nächstemal nicht mehr stillhalten wird.

Im allgemeinen sind die meisten Hunde, wenn man mit ihnen sorgfältig umgeht, recht kooperativ. Welpen sollte man so früh wie möglich an die Pflege gewöhnen. Wenn man das Ganze zum Spiel macht – womöglich mit einer Belohnung am Ende der Prozedur –, so wird man es später leicht haben. Man muß nur besonders aufpassen, daß man ihnen nicht mit zu harten Kämmen oder zu kräftigen Bürsten weh tut.

Damit kein Teil der Pflege vergessen wird, hält man am besten eine strikte Reihenfolge ein. Vielleicht mag der Hund die eine oder andere Prozedur nicht besonders gern. Nehmen Sie darauf, so gut es geht, Rücksicht, aber lassen Sie sich nicht von Ihrem Programm abbringen!

Die Ausrüstung

Mit Ausnahme einiger Spezialinstrumente (z. B. elektrische Klippscheren, die für manche Rassen vorteilhaft sind) ist die Ausrüstung einfach und billig. Achten Sie aber darauf, daß alle Instrumente von bester Qualität sind, gut verchromte Metallteile aufweisen und leicht zu waschen und zu desinfizieren sind.

Wichtigstes Requisit ist eine nicht zu steife Bürste – mit langen Borsten für langhaariges und mit kurzen Borsten für kurzhaariges Fell.

Außerdem brauchen Sie einen Kamm – einen feinen für die glatthaarigen Rassen und einen mit weiter auseinanderstehenden Zähnen für Hunde mit langem oder besonders dichtem Fell. Wichtig ist ferner eine spitze, sehr gut geschliffene Schere (mit ihr richten Sie weniger Schaden an als mit einer stumpfen!). Auch eine Nagelkneife muß vorhanden sein – empfehlenswert ist der sogenannte Guillotine-Typ. Lediglich für Hunde mit sehr dicken Krallen braucht man die großen, scherenartigen Klipper.

Ein paar alte Frottiertücher sollten bereitliegen, mit denen man die nassen Füße des Hundes oder das Tier nach dem Bad trockenreiben kann. Trockene Tücher dienen auch dazu, das kurzhaarige Fell eines Hundes zu »polieren«.

Bürsten und Kämmen

Bürsten und Kämmen sind das A und O der Fellpflege. Dieser Arbeitsvorgang variiert vom zwei-

Oben links: Verklebte Haarbüschel, die entfernt werden sollen, reibt man mit etwas Kreide ein und zieht sie dann mit Daumen und Zeigefinger heraus.

Oben rechts: Verflechtungen und Schmutz bürstet man mit kurzen, kräftigen Abwärtsbewegungen aus dem Fell.

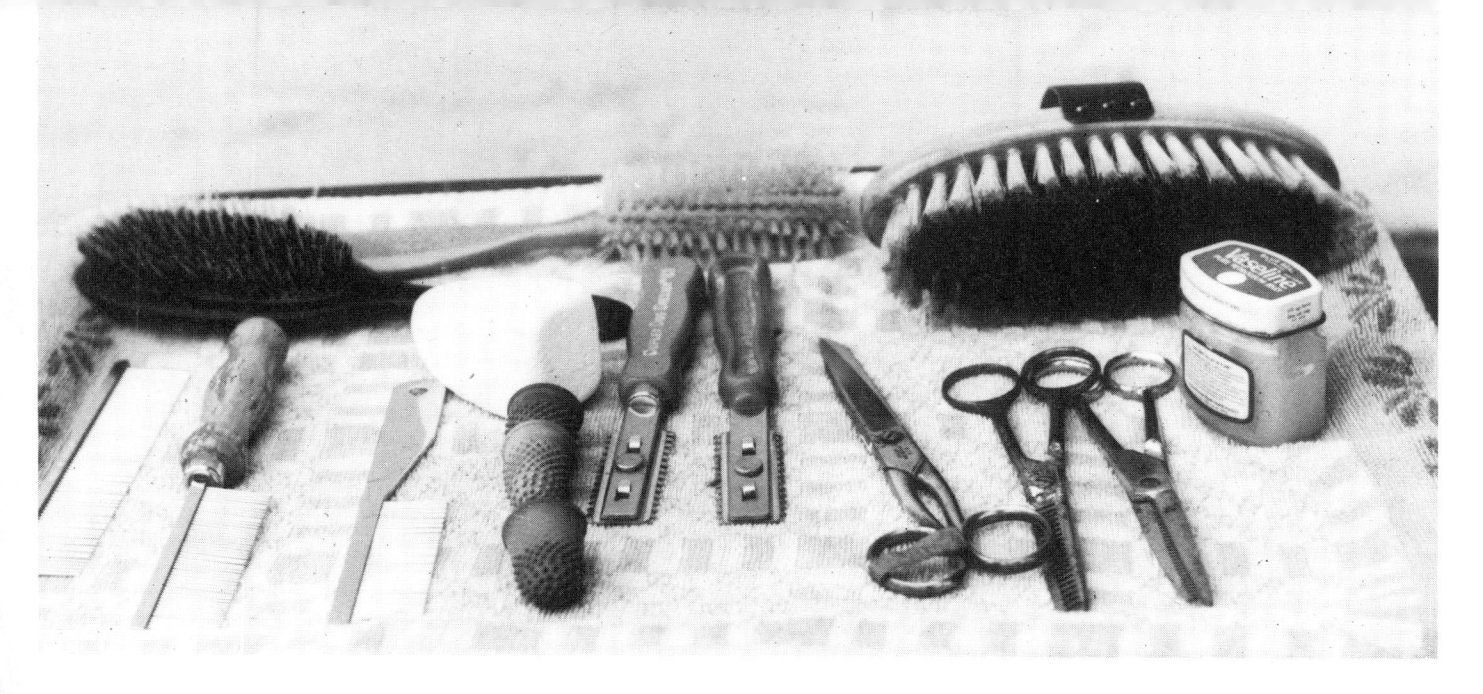

minütigen Abbürsten einer Kurzhaarrasse bis zur langwierigen täglichen Routine etwa bei einem Malteser.
Ziel der Fellpflege ist, Fremdkörper wie z. B. Grassamen zu entfernen, die einzelnen Haare parallel zu legen, das natürliche Haarfett gut zu verteilen und nicht zuletzt mögliche Parasiten zu entdecken.

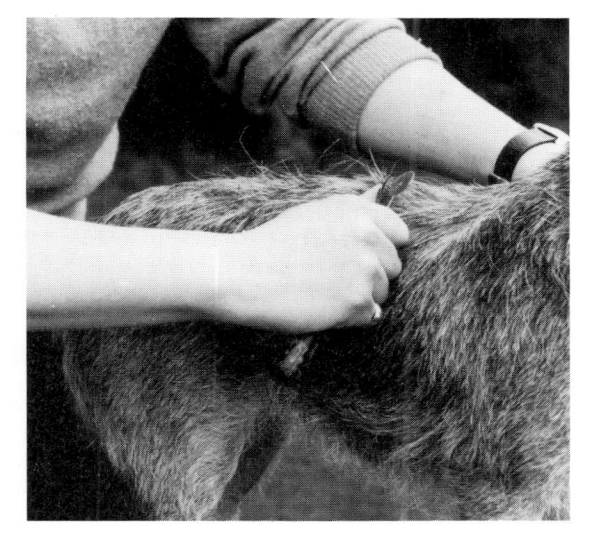

Gekämmt werden vorwiegend lang- und drahthaarige Hunde, um verfilzte und verknotete Stellen im Haar zu entfernen. Der Kamm muß das Fell ganz durchdringen, darf aber, besonders wenn er feine Zähne hat, die Haut unter keinen Umständen verletzen.
Bei kurzhaarigen Hunden kann man oft auf den Kamm verzichten, die Bürste aber braucht man für alle Haartypen. Man bürstet immer in Richtung der Haarlage, ausgenommen bei sehr lang- und dichthaarigen Rassen wie den Collies, bei denen man unmöglich bis auf den Grund des Felles gelangt. Bei diesen Rassen nimmt man sich das Fell sektionenweise vor und bürstet es zuerst gegen den Strich – das macht es luftig.
Ob mit Kamm oder Bürste oder beidem, auf jeden Fall muß der ganze Körper behandelt werden und nicht nur die am leichtesten zugänglichen Partien. Besondere Aufmerksamkeit gilt den Stellen, an denen sich gerne Knoten bilden: hinter den Ohren, am Schwanz, unterm Bauch und im dichten Gefieder auf der Rückseite der Hinterbeine.

Rupfen, Trimmen und Klippen
Alle diese Methoden dienen der Fellverfeinerung

Oben: Eine Auswahl der wichtigsten Hundepflegegeräte.

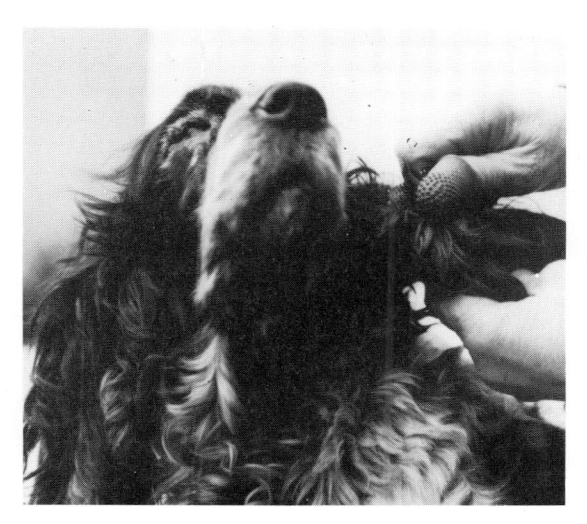

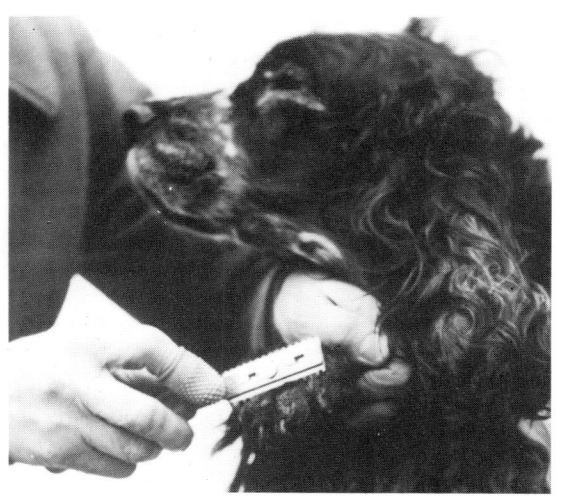

Links: Trimm-Messer sind praktisch für das Lichten rauhhaariger Felle.

Ganz links: Spaniels brauchen besonders sorgfältige Haarpflege, vor allem an den Ohren.

Links: Auch die Pfoten müssen gebürstet und gesäubert werden, damit der Hund in guter Kondition bleibt.

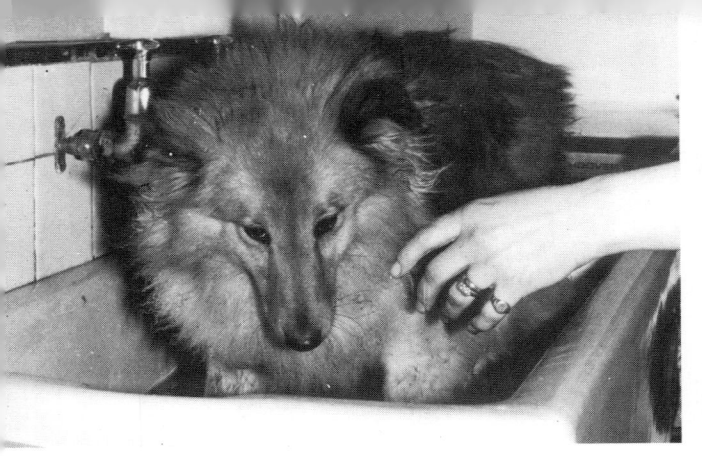

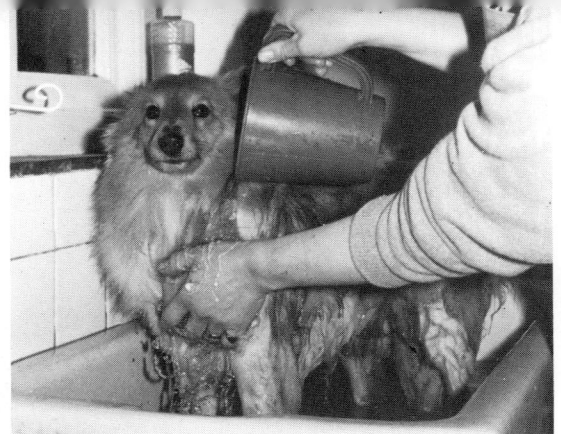

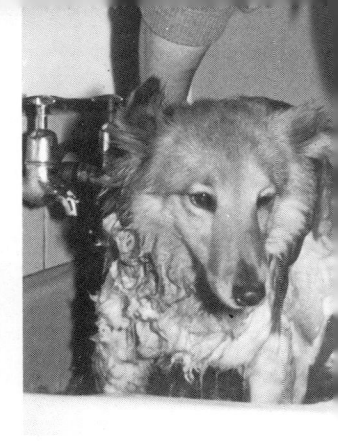

und finden bei gewissen lang- oder stockhaarigen Rassen Anwendung. Soll der Hund ausgestellt werden, so ist dieser Prozedur die größte Aufmerksamkeit zu widmen und notfalls der Rat eines Züchters oder einer Hundepflegerin einzuholen. Was zuviel weggeschnitten ist, wächst nur langsam wieder nach!

Das Rupfen oder Trimmen dient der Entfernung überschüssiger Haare oder abgestorbener Unterwolle. Im ersten Fall werden die Haare mit den bloßen Fingerspitzen weggerubbelt, im zweiten Fall benutzt man ein Trimmesser oder eine Trimmschere. Beide Methoden verlangen ziemlich viel Übung, will man ein gutes Resultat erzielen und dem Hund nicht weh tun.

Beim Klippen oder Stutzen wird langes Haar gekürzt. Das ist ein wichtiger Teil der Fellpflege bei wolligen Hunden wie Pudeln oder einigen Terrier-Rassen, wird aber gelegentlich auch bei andern Rassen nötig, sei es, um dem Ausstellungsstandard Genüge zu tun oder den Hund frischer und besser aussehen zu lassen. Die Arbeit kann mit der Schere ausgeführt werden, aber elektrische Schermaschinen besorgen das schneller und besser. Auch hier ist ein Fachmann notwendig, denn was ein Amateur zustande bringt, kann katastrophal sein.

Während regelmäßige Fellpflege eine undurchdringliche Verfilzung der Haare verhindert, kann es passieren, daß infolge falscher Behandlung oder Vernachlässigung einem Haarkleid später weder mit Kamm noch mit Bürste beizukommen ist. Hier hilft nur radikales Abschneiden! Die elektrische Schermaschine ist dann unerläßlich, und oft – besonders bei sich heftig zur Wehr setzenden Hunden – muß der Tierarzt eine solche »Operation« unter Narkose vornehmen. Genieren Sie sich nicht, zuzugeben, daß Sie allein nicht mehr zurechtkommen. Wenn Sie die Sache verschleppen, leidet der Hund nur noch mehr.

Baden

Hören Sie nicht hin, wenn Ihnen jemand sagt, Hunde brauchten nie gebadet zu werden oder sind ungeachtet der Rasse zweimal jährlich zu baden. Feste Regeln gibt es nicht, und wie häufig der Hund in die Badewanne muß, hängt von vielen Faktoren ab. Ausschlaggebend ist, wieviel Schmutz sich im Fell sammelt, wie fettig das Haar ist, ob der Hund sich besonders gern in unappetitlichen Dingen wälzt und ob Hautparasiten oder Hautkrankheiten vorliegen.

Wenn regelmäßiges Bürsten das Fell sichtlich sauber und gesund erhält, ist Baden nicht notwendig. Die meisten Hunde können es sowieso nicht ausstehen, auch wenn sie von sich aus vergnügt im schlammigsten Wasser umherschwimmen. Heftiges Zittern im Bad will nicht unbedingt heißen, daß der Hund friert. Immerhin beugt man mit warmem (nicht heißem) Wasser möglichen Erkältungen vor, und es ist aus demselben Grund ratsam, den Hund im Haus zu baden oder, wenn es draußen sein muß, einen warmen Tag abzuwarten. Für das Hundebad braucht man ein genügend großes Becken, warmes Wasser, Shampoo, Frottiertücher und für sich selbst eine Plastikschürze oder einen Kittel.

Es gibt viele Hundeshampoos im Handel, die alle etwa gleich gut sind. Das eigene Shampoo reicht für den Zweck aber auch und ist vielleicht billiger. Bei Flöhen und anderen Parasiten ist ein Spezialshampoo angezeigt, das man sich am besten vom Tierarzt empfehlen läßt. Auf keinen Fall soll man für das Hundebad ein Abwasch- oder ein Desinfektionsmittel verwenden!

Dem Hund vor dem Baden die Ohren mit Watte zu verstopfen und die Augen einzusalben, ist nicht nötig. Die einzige Vorbereitung ist bei langhaarigen Rassen das Auskämmen. Das Fell soll gänzlich naß gemacht werden, dann wäscht man mit dem Shampoo kräftig durch und spült mit viel

Oben, von links nach rechts: Der Hund wird zum Baden in einen Trog oder in die Badewanne gestellt, mit warmem Wasser übergossen und danach mit festen, aber nicht groben Bewegungen einshampooniert. Die Pfoten, in denen sich der Schmutz festsetzen kann, müssen besonders gut gereinigt werden. Dann wird gründlich, aber sanft gespült.

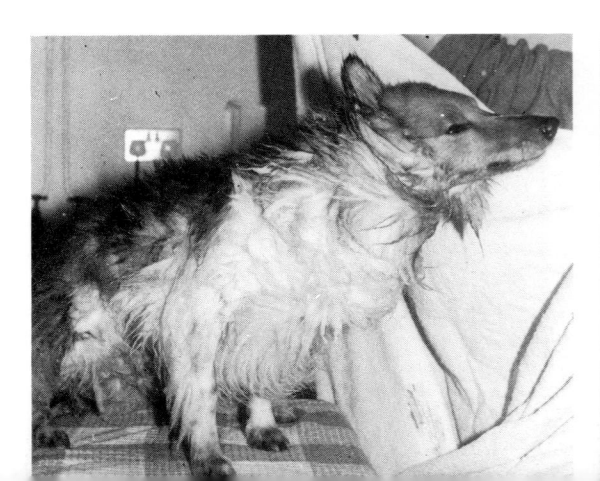

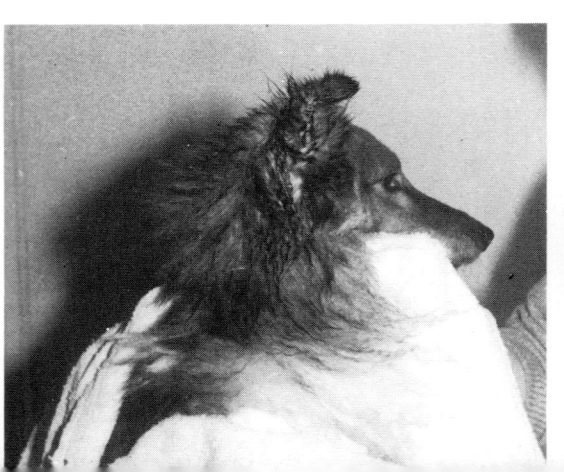

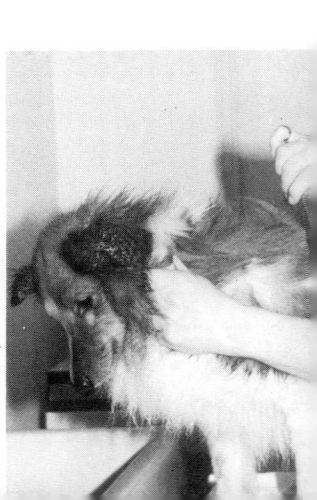

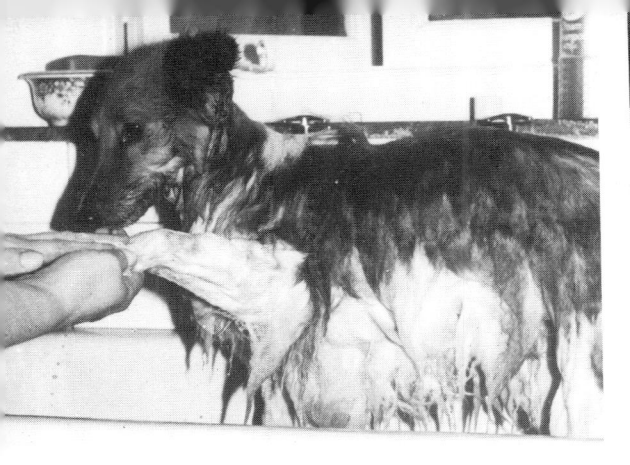

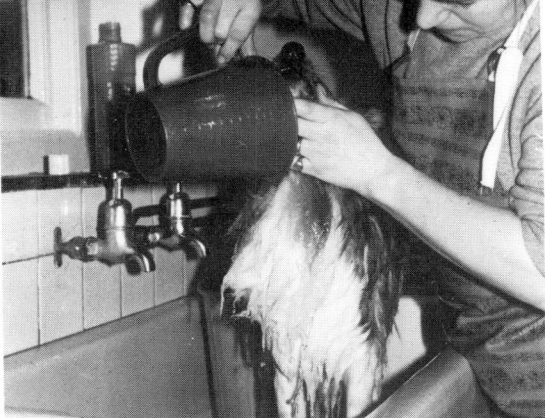

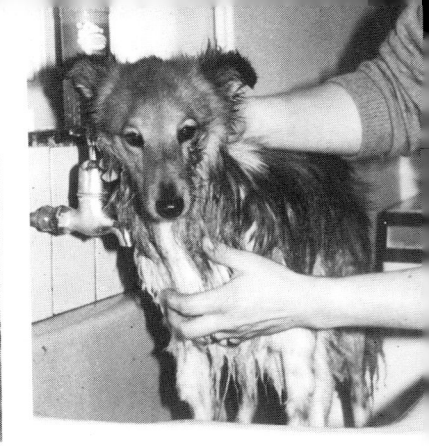

sauberem, warmem Wasser gründlich nach. Medizinalshampoos muß man vor dem Spülen meist etwas einwirken lassen.

Besonders sorgfältig geht man beim Waschen im Anal- und Genitalbereich vor und achtet darauf, daß auch die weniger zugänglichen Stellen, wie etwa der Unterbauch, gut abgeseift werden. Es sollte kein Seifenwasser in Augen und Ohren gelangen. Wenn man das Wasser sanft von oben über den Kopf schüttet, dringt es selbst bei Stehohren kaum ins Ohrinnere. Nach dem Spülen drückt man das Wasser mit der Hand aus dem Fell, läßt den Hund sich tüchtig schütteln und reibt ihn schließlich mit Frottiertüchern gründlich ab. Sehr oft trocknet das Haar von selber nach, aber bei besonders langem oder dichtem Fell sollte man mit dem Fön nachhelfen.

Nicht selten sieht man einen Hund nach dem Bade mit der Nase am Boden herumlaufen, was meist bedeutet, daß er Wasser in den Ohren hat. Achtung: Viele Hunde wälzen sich, frisch gebadet, leidenschaftlich gern im Dreck – wahrscheinlich um den Hautgeruch, den man ihnen abgewaschen hat, zu ersetzen!

Fußpflege

Manche Hunde haben zuviel Haar an den Pfoten. Es wächst ihnen zwischen den Fußballen, wuchert zwischen den Zehen herauf und hinten über die Sohlen herunter. Wenn man diese Büschel nicht abschneidet, werden sie durch Straßenschmutz verfilzt und verklebt. Dann können sich Grassamen und ähnliche Dinge einbohren, und die Krallen werden am Abschleifen gehindert. Außerdem schleppen die Tiere ständig Dreck ins Auto oder auf den Wohnzimmerteppich.

Bei einigen Rassen, etwa dem Cavalier King Charles, ist die Befederung der Pfoten Teil des Standards. Handelt es sich um einen Ausstellungshund, muß man die Büschel stehenlassen. Sonst aber schneidet man sie auf der Unterseite auf Ballenhöhe und auf der Oberseite auf Zehenlänge ab.

Die Fuß- und Zehenballen benötigen keine besondere Pflege, nur sollten sie nach Streifzügen über Land auf Risse und eingedrungene Steinchen oder Dornen untersucht werden. Weniger laufgewohnte Hunde haben oft empfindliche Füße, die von Nesseln oder Disteln gereizt werden. In der Folge scharrt der Hund heftig oder nagt an seinen Pfoten. Nach etwa einer Stunde verschwindet das Mißbehagen von selbst.

Hunde, die regelmäßig und streng arbeiten, nutzen ihre Krallen in der Regel auf normale Kürze ab. Den meisten Familienhunden aber muß man sie stutzen – wie oft, das hängt von der Aktivität des einzelnen Tieres ab. Zu lange Krallen verursachen arge Probleme. Sie können sich verfan-

Unten, von links nach rechts: Nach dem Bad schüttelt der Hund das Wasser aus dem Fell, das mit einem großen Frottiertuch nachgetrocknet wird. Anschließend kämmt und bürstet man das Fell, bis es glänzt.

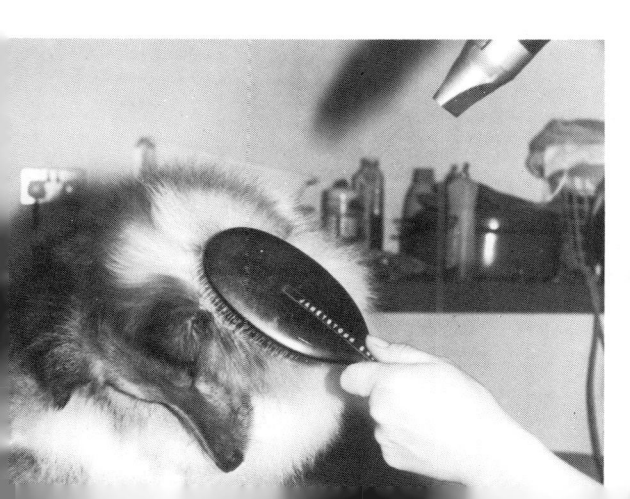

Oben: Die ideale Methode, die Haare an der Unterseite einer Hundepfote zu stutzen.

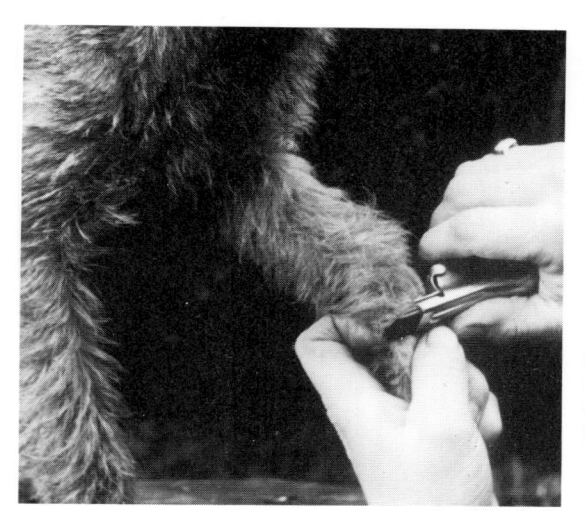

Links: Sind die Krallen schwarz, so daß der »lebendige« Teil nicht zu erkennen ist, müssen die Nägel besonders vorsichtig geschnitten werden, damit das empfindliche Gewebe der Nagelwurzel nicht verletzt wird und es nicht zu Blutungen kommt.

Rechts: Sachgemäßes Schneiden der Krallen bereitet dem Hund weder Schmerzen noch Unbehagen.

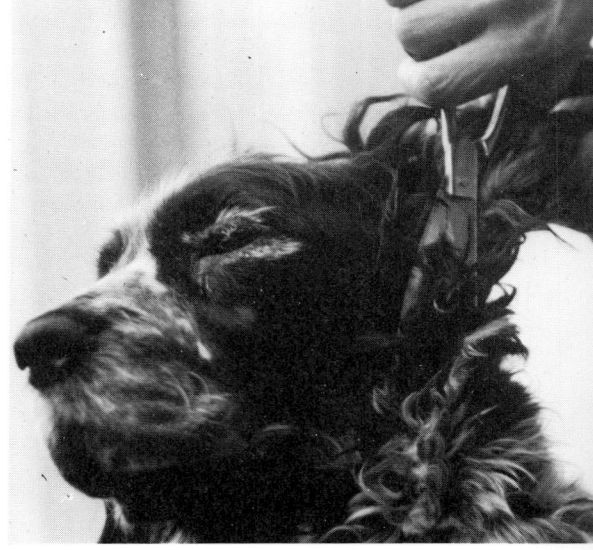

Rechts: Langhaarige Hunde müssen rund um die Ohren besonders behutsam getrimmt werden. Wenn man die Ohren nach hinten zieht und mit der Schere sanft zu Werk geht, tut das Trimmen nicht weh.

Unten: Manche Hunde neigen zu Ohrbeschwerden, die aber bei regelmäßigen Kontrollen rechtzeitig zu erkennen sind.

gen und abgerissen werden. Sie können sich umbiegen und einwachsen, was zu Infektionen und zum Lahmen führt.

Das Nägelschneiden ist an sich einfach, aber man läßt es sich zuerst doch besser von einem erfahrenen Hundebesitzer oder Tierarzt zeigen. Auch mit dieser Prozedur sollte man schon beim jungen Hund beginnen. Achten Sie ganz besonders darauf, ihm nicht weh zu tun, weil er sich sonst jedesmal zur Wehr setzen wird.

Der Nagel soll leicht schräg, aber nur bis knapp einen halben Zentimeter vor dem »Lebendigen« abgekniffen werden. Bei unpigmentierten Krallen sieht man diesen empfindlichen Bereich als rosige Zone, bei dunklen Krallen ist er unsichtbar. Da schneidet man besser zuerst nur die äußerste Spitze ab und arbeitet sich allmählich vor. Ein bißchen zuviel stehen zu lassen, ist jedenfalls weniger schlimm, als eine Blutung zu riskieren. Haben Sie trotz aller Vorsicht einmal ins »Lebendige« geschnitten, stillen Sie das Blut am besten mit einem aufgedrückten Wattebausch.

Auch die Afterkrallen, falls vorhanden, können zu lang werden und sind dann ebenfalls zu kürzen.

Ohren

Die Ohren sollten regelmäßig nachgesehen werden, verlangen aber im allgemeinen wenig Pflege. Sehen sie normal aus und zeigt der Hund nicht durch häufiges Kopfschütteln oder Kratzen Ohrenprobleme, dann *lassen Sie die Finger davon!* Auf keinen Fall dürfen Sie mit irgendeinem Gegenstand im Ohr herumstochern. Angesammelten Schmutz oder übermäßiges Ohrenschmalz können Sie allerdings mit einem feuchten Wattebausch aus der äußeren Ohrmuschel wischen. Manchen Hunden, besonders Pudeln und einigen Terrier-Rassen, wachsen zu viele Haare im oberen Ohrenkanal. Das ist weiter nicht schlimm, kann aber gelegentlich zu schlechter Luftzufuhr und zu Schmalzansammlungen führen. In diesen Fällen zupft man die Haare sorgfältig aus.

Ohrenkrankheiten, die sich durch Geruch oder durch Kratzen bzw. Kopfschütteln des Hundes bemerkbar machen, sind gefährlich und müssen sofort vom Tierarzt behandelt werden.

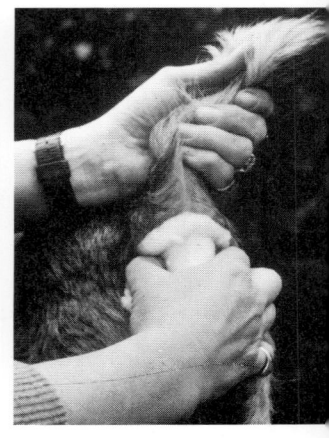

Anal- und Genitalbereich

Die meisten Hunde halten den Anal- und Genitalbereich bemerkenswert sauber, aber bei jenen mit dichtem Fell und starker Befederung der Hinterseite läßt sich eine Verschmutzung dieses Kör-

Oben: Zur Reinigung der Anal- und Genitalgegend hebt man mit einer Hand die Rute und wischt den Bereich mit einem feuchten Wattebausch sauber.

perteils nicht vermeiden. Durchfall, Blasenstörungen oder Erkrankungen der Geschlechtsorgane, Alter und Gebrechlichkeit verschlimmern das Problem.

In diesen Fällen muß der Besitzer helfen, das Tier, das ja von Natur aus reinlich ist und unter der Verschmutzung leidet, sauberzuhalten. Diese unangenehme Aufgabe muß regelmäßig, vielleicht sogar täglich erledigt werden, sonst könnten sich Hautkrankheiten oder gar Maden einstellen.

Unter Umständen ist es notwendig, die Haare rund um den Genitalbereich abzuschneiden, um das Sauberhalten zu erleichtern. Die verschmutzten Zonen sollen sanft abgewaschen, gespült, getrocknet und wenn möglich mit Vaseline eingestrichen werden, um Schorf- und Geschwürbildung zu verhindern. Ist aber eine Krankheit die Ursache der Verschmutzung, gehört der Hund auf jeden Fall zum Tierarzt.

Maul und Gebiß

Auf die Zahnpflege kommen wir später zurück, aber die Haut rund um den Mund erfordert bei den Rassen mit tiefen Hautfalten, wie gewissen Spaniels, Bobtails und Bloodhounds, besondere Aufmerksamkeit. Manchmal kommt es in diesen Hautfalten durch Speichelansammlung zu Entzündungen, die einen üblen Geruch verbreiten. Dagegen hilft regelmäßiges, sanftes Auswaschen und Trocknen und, wenn möglich, Auftragen einer Salbe. In schweren Fällen müssen die Falten operativ vermindert werden.

Augen

Während der Fellpflege sollte man stets die Haut rund um die Augen genauer ansehen. Sie ist erstaunlich widerstandsfähig, aber bei manchen Hunden – wahrscheinlich durch die Form der Augäpfel und der sie umgebenden Knochen – läuft ständig Augenwasser über und kann in diesem Bereich Hautreizungen auslösen. Bei solchen Hunden soll man mindestens einmal täglich die Zone rund um die Augen abwischen und dort, wo sich getrocknete Tränen anzusammeln pflegen, etwas Vaseline auftragen. Wenn das Tränen längere Zeit allzu stark ist, sollte man sich an den Tierarzt wenden.

Zeichen der Gesundheit

Erfahrene Hundebesitzer und Züchter dürften es schwierig finden, die Anzeichen der Gesundheit bei einem Hund genau zu definieren, und doch erkennen sie die kleinsten Veränderungen im Aussehen und Verhalten des Tieres, die auf ein Problem hinweisen. Die oft genannten Zeichen – klare Augen, glänzendes Fell und kühle, feuchte Nase – werden ein wenig hochgespielt und sind denn doch allzu simpel, um für den kritischen Hundehalter ausschlaggebend zu sein.

Allgemeines Aussehen und Verhalten

Gesunde Hunde schütteln sich ab und zu, um ihr Fell zu ordnen, ein Vorgang, der besonders nach dem Aufwachen von einem Gähnen begleitet wird. An Schlaf bringen normale Hunde täglich bis zu sechzehn Stunden hinter sich. Junge und ganz alte Hunde schlafen noch mehr.

Bei allen gewaltigen Unterschieden von einem Tier zum andern sind Hunde im großen ganzen lebhaft, spielfreudig und allzeit bereit, Freunde zu begrüßen und Feinde zu vertreiben. Träge Bewegungen, keine Lust zum Spazierengehen und allgemeine Mattigkeit sind oft der erste Hinweis auf irgendeine Störung.

Zittern ist bei manchen Rassen, vor allem Zwerghunden, völlig normal und kann ein Zeichen der Erregung oder Furcht sein. Ferner zittern Hunde, wenn sie frieren, manchmal bei erhöhter Temperatur oder aber aufgrund eines Nervenleidens wie zum Beispiel Staupe.

Alle Hunde kratzen sich gelegentlich, aber unaufhörliches Kratzen und Hautbeißen deutet meist auf eine Haut- oder Ohrenkrankheit hin.

Das Lecken spielt eine wichtige Rolle im Hundeverhalten. Nur wenn es im Übermaß geschieht, ist es abnorm.

Eßgewohnheiten liefern nützliche Hinweise auf die Gesundheit eines Hundes; im allgemeinen haben die Tiere einen ausgezeichneten Appetit. Wo dieser verlorengeht, ist eine Krankheit meist nicht fern. Natürlich gibt es auch zimperliche Esser, und eine scheinträchtige oder hochträchtige Hündin mag oft nicht soviel verzehren wie sonst. Im Gewichtsverhältnis zum Menschen trinken gesunde Hunde übrigens wenig Wasser.

Wie häufig ein Hund uriniert, hängt weitgehend von seinem Verhalten ab. Hündinnen lösen manchmal nur ein- bis zweimal täglich Wasser, Rüden drei- bis viermal. Mindestens einmal im Tag scheidet jeder Hund Kot von kittähnlicher Konsistenz aus. Auch hier gibt es von Hund zu Hund Unterschiede, aber auffallend häufiges Koten, Verstopfung und allzu harter oder allzu flüssiger Kot sind eindeutig nicht in Ordnung.

Die Atmung variiert sehr stark, je nach Temperatur, Bewegung, Rasse (kleine Hunde atmen

Oben: Dieser Labrador leidet an einer fortschreitenden Netzhaut-Atrophie. Die offene Pupille versucht, soviel Licht wie nur möglich einzufangen.

Unten: Solche »Glasaugen« sind die Folge eines Pigmentmangels, beeinträchtigen das Sehvermögen aber nicht.

Unten: Zahnstein ist ein häufiger Grund für Zahnfleischentzündungen und schlechten Atem.

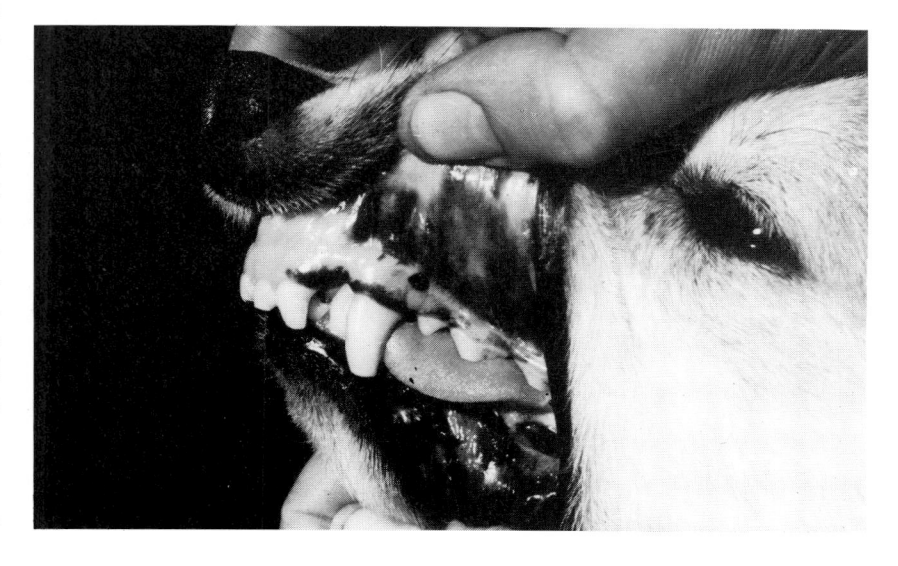

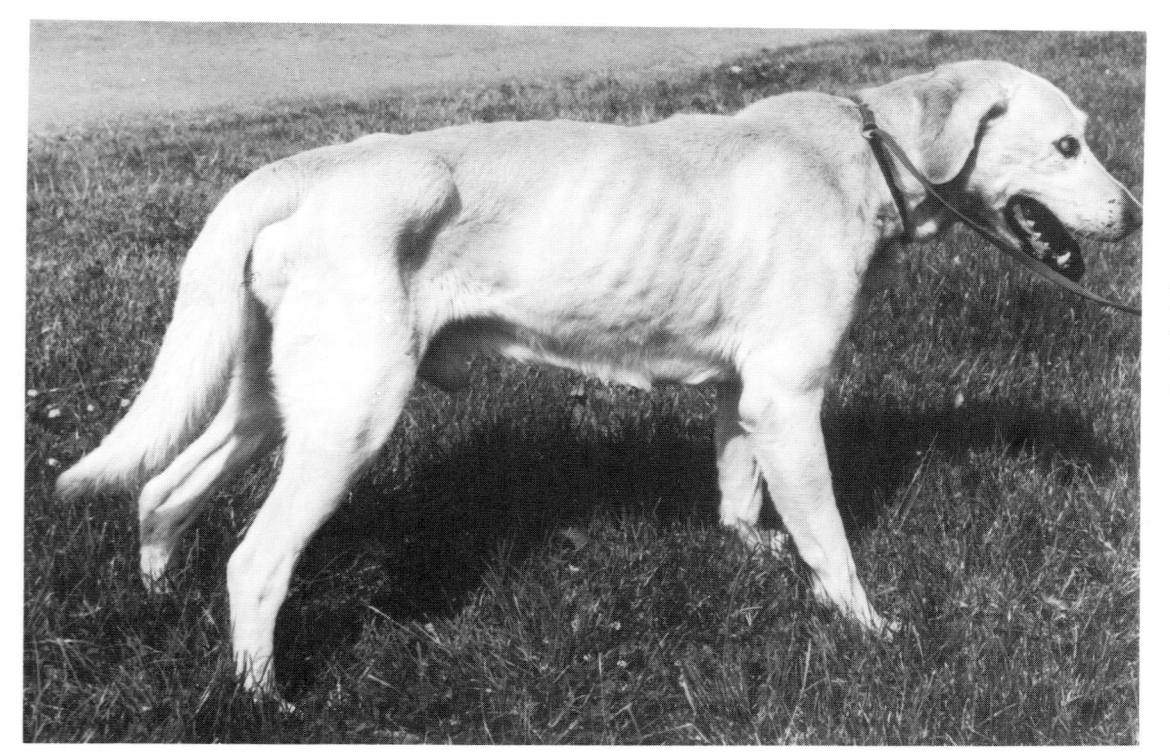

Links: Es besteht ein großer Unterschied zwischen einem schlanken, gesunden Hund und diesem blinden Streuner, den man fast abgezehrt nennen muß. Manchen Leuten tun streunende Hunde leid; sie möchten sie bei sich aufnehmen, vergessen aber, daß die Tiere oft an Wandertrieb, Übersexualität und fehlender Beziehung zum Menschen leiden.

schneller) und allgemeiner Betätigung. Im Ruhezustand aber sind 15-20 Atemzüge in der Minute normal.

Die Temperatur freudig erregter, in Bewegung befindlicher Hunde ist meist etwas erhöht. Im Ruhezustand liegt die Normaltemperatur bei ungefähr 38 Grad. Wenn sie höher ist, kann eine gesundheitliche Störung vorliegen. Übrigens soll man die Temperatur bei einem Hund immer im After messen. Man führt ein eingecremtes Fieberthermometer mit sanft drehender Bewegung ein, bis noch etwa die halbe Länge herausragt. Wenn Sie unsicher sind, lassen Sie es sich von einem Tierarzt zeigen. Fiebermessen gehört zwar nicht zur täglichen Routine, ist aber bei einem Verdacht das erste, was Sie tun sollten.

Gesunde Hunde haben einen geruchlosen Atem und saubere weiße Zähne; Gaumen, Zahnfleisch usw. sind rosig, nur die Zunge hat bei einzelnen Rassen, wie etwa dem Chow-Chow, eine blauschwarze Oberfläche. Gewiß haben gesunde Hunde in der Regel eine feuchtkühle Nasenspitze; sie kann aber ebensogut trocken sein, wenn der Hund an der Sonne oder am Kaminfeuer liegt. Manche Hunde haben sogar immer eine trockene Nase. Im Gegensatz zum Volksglauben ist das also kein Zeichen von schlechter Gesundheit.

Figur und Spannkraft sind von Hund zu Hund verschieden, aber jedes gesunde Tier sollte athletisch wirken und harte, klar sich abzeichnende Muskeln haben. Die Haut muß geschmeidig und über den Muskeln frei beweglich sein. Das Haarkleid soll immer glänzen, auch wenn das bei rauhhaarigen Rassen nicht so klar ersichtlich ist. Trockene, spröde oder übermäßig fettige Haare können mit Stoffwechselstörungen oder Hautkrankheiten zusammenhängen.

Gesunde Hunde riechen nicht. Wahrnehmbare unangenehme Gerüche können verschiedene Ursachen haben: Hautinfektionen, schlechte Zähne, Störungen im Anal- und Genitalbereich oder auch ernste innere Erkrankungen. Stark riechende Hunde sollten zum Tierarzt zur Untersuchung gebracht werden. Bei regelmäßiger Haarpflege fällt die Verschmutzung des Fells als Quelle übler Gerüche weg.

Körperbau und Körperfunktionen

Ob Chihuahua oder Bernhardiner, Bau und Funktionsweise des Körpers bleiben sich gleich. Die Unterschiede beschränken sich auf die äußere Form und Größe. So haben Bernhardiner genau gleich viele Rückenwirbel wie Chihuahuas, nur sind bei ihnen die einzelnen Knochen größer. Zwergdackel haben sehr kurze Beine – aber diese zählen nicht einen Knochen weniger als jene der Greyhounds.

Hunde besitzen neben den allgemeinen Merkmalen aller Tiere noch einige Besonderheiten, die von Bedeutung sind und zum Teil bereits auf S. 26ff. erwähnt wurden.

Im wesentlichen ist der Hund eine perfekt eingerichtete »Maschine« zum Jagen nach Sicht und Geruch, zum Fangen, Töten und Verzehren der Beute. Wer je gesehen hat, wie ein Whippet ein Kaninchen jagt und tötet, dem wird klar, wie perfekt diese Maschine funktioniert.

Als Zehengänger sind Hunde in der Lage, die ganze Länge ihrer Extremitäten im Lauf auszunützen. Dafür haben sie die Fähigkeit eingebüßt, feine Greifbewegungen auszuführen. Was etwa

Scheitelbein
(bedeckt das Gehirn)

Augenhöhle

Nasenbein
(bedeckt die
Nasenmuschel)

Oberkiefer

Schneidezähne

Fangzahn

Vordere Backenzähne

Hintere Backenzähne

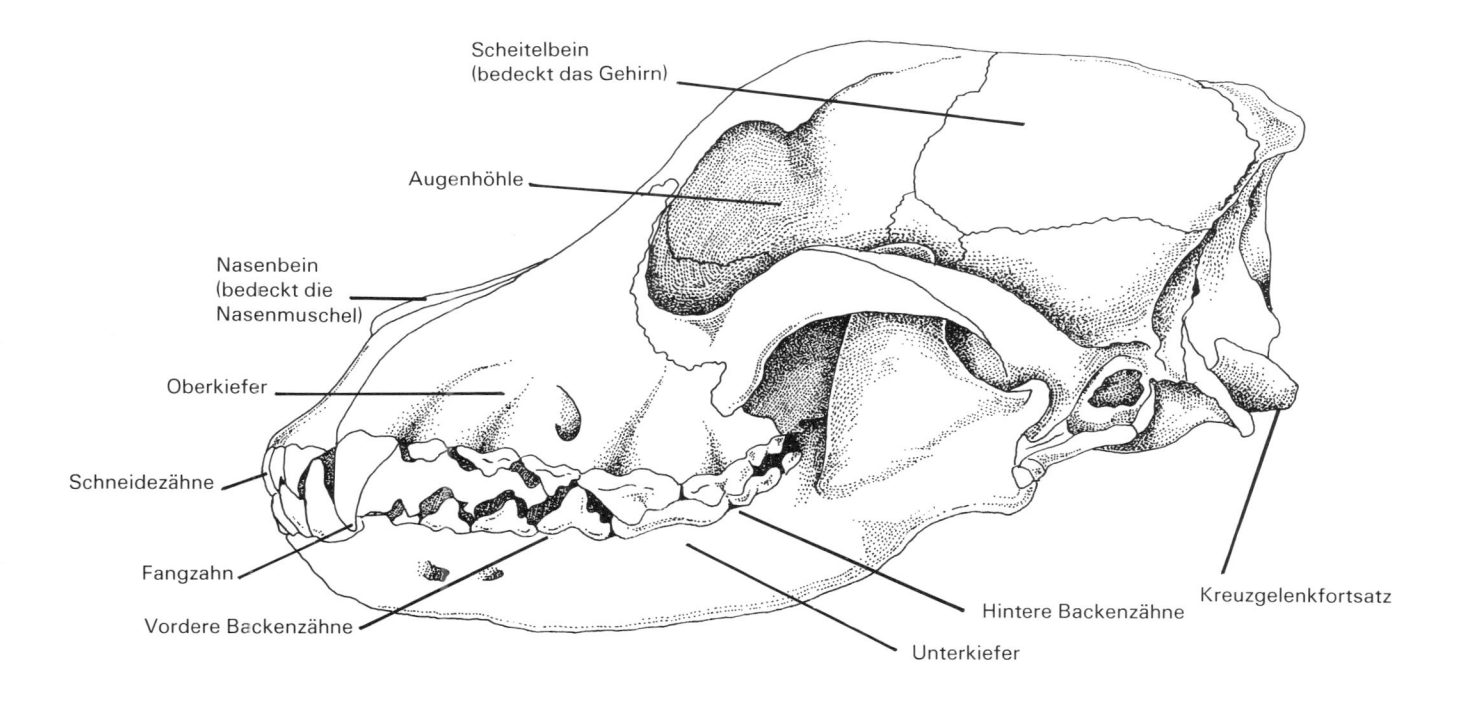

Kreuzgelenkfortsatz

Unterkiefer

Oben: Der Schädel eines normalen Hundes

Unten: Glänzende Augen und ein wacher Ausdruck sind ein fast untrügliches Zeichen, daß ein Hund gesund ist. Dieser Border Terrier ist in blendender Verfassung.

wir Menschen mit unseren Händen tun, müssen die Hunde mit dem Maul schaffen: Nahrung zerkleinern, graben, die Jungen herumtragen usw.
Wie die Illustrationen zeigen, ist der Schädel des Hundes sehr gut entwickelt. Die Schneidezähne vorn sind zum Nagen, die vier Fangzähne dahinter zum Töten der Beute und Zerreißen des Fleisches, die vorderen Backenzähne sind zum Zerkauen großer Brocken und Knochen, die Backenzähne schließlich zum Fertigkauen und Zermahlen der Nahrung vor dem Hinunterschlucken.

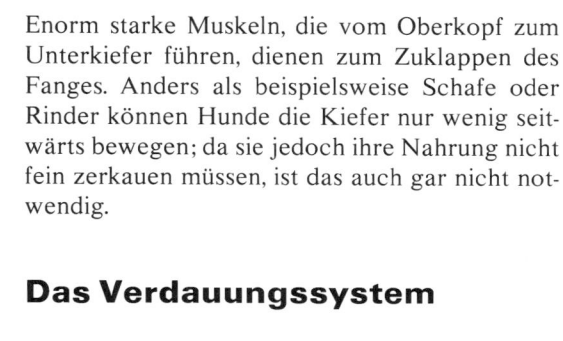

Enorm starke Muskeln, die vom Oberkopf zum Unterkiefer führen, dienen zum Zuklappen des Fanges. Anders als beispielsweise Schafe oder Rinder können Hunde die Kiefer nur wenig seitwärts bewegen; da sie jedoch ihre Nahrung nicht fein zerkauen müssen, ist das auch gar nicht notwendig.

Das Verdauungssystem

Das Verdauungssystem des Hundes ist das eines typischen Fleischfressers. Der Magen ist groß und dehnbar und damit imstande, große Futtermengen in kurzer Zeit aufzunehmen. Im Magen wird die Nahrung vermischt, und hier beginnt auch die chemische Aufspaltung. Dann gelangt die Nahrung in den Dünndarm, wo der Hauptteil der Verdauung vor sich geht. Die Därme sind kurz – ungefähr viermal so lang wie der Hund – und dickwandig, so daß sie von Knochensplittern nicht ohne weiteres beschädigt werden. (Fleisch ist schneller verdaut als Grünzeug, deshalb ist der Darm des Hundes kürzer als der eines Pflanzenfressers.) Im Dickdarm wird aus der verdauten Nahrung Wasser absorbiert.
Die von der Verdauung insgesamt beanspruchte Zeit ist unterschiedlich; manchmal sind es nicht mehr als 36 Stunden.

Diät und Ernährung

Daß Hunde Fleischfresser sind, bedeutet keineswegs, daß wir ihnen nichts als Fleisch vorsetzen sollen. Studien an Wildhunden und deren entwicklungsmäßig nächsten Verwandten haben ergeben, daß sie den ganzen Kadaver ihrer Beute verzehren und eine Menge anderer Dinge dazu. Das heißt, das erbeutete Tier wird nicht nur mit Haut und Haaren verschlungen, sondern auch mit den Knochen, dem Magen und den Därmen samt den darin enthaltenen pflanzlichen Stoffen. Hunde fressen oft von sich aus Gras und andere Pflanzen, und gelegentlich machen sie auch vor Beeren und Äpfeln nicht Halt. Einen Haushund also ausschließlich mit Fleisch zu füttern, wäre nicht nur kostspielig, sondern vom Ernährungsstandpunkt her auch falsch.

Im allgemeinen benötigen erwachsene Hunde nur eine Mahlzeit täglich, wenn auch gewisse sehr kleine Rassen lieber zwei kleinere Mahlzeiten zu sich nehmen. Welpen sowie alte und kranke Tiere brauchen häufiger zu essen. Da und dort, etwa in Foxhound-Zwingern, werden die Hunde in der Regel nur fünf- oder sechsmal in der Woche gefüttert, was sich gut bewährt.

Wieviel Futter eine bestimmte Rasse benötigt, ist unmöglich zu sagen. Das hängt nicht allein von der Größe des Hundes ab, sondern auch davon, wieviel er sich bewegt, wie die Außentemperatur ist, ob es sich um eine trächtige oder säugende Hündin handelt, ob das Tier noch wächst und ob es fit oder alt und gebrechlich ist. Nicht zuletzt kommt es auf den individuellen Ernährungscharakter eines jeden Hundes an. Wie die Menschen neigen auch einzelne Hunde zu Fettansatz, während andere riesige Mengen vertilgen können und trotzdem schlank bleiben. Jeder Hundebesitzer muß bei der Futterbemessung auf diese Eigenheiten Rücksicht nehmen.

Aber selbst wenn wir die benötigte Menge für einen bestimmten Hund wüßten, würde sie sich mit der Qualität des Futters sofort wieder ändern. Daran sind die Unterschiede des Gehalts an Energie, Protein (Eiweiß), Fett, Vitaminen und Mineralien sowie die enormen Abweichungen des Wasseranteils schuld. Feste Regeln gibt es also nicht.

Immerhin, eine Ausgangsbasis muß da sein. Die Nahrung beschafft alle Energie, um die Körperfunktionen in Gang zu halten. Ist der Hund im Wachstum begriffen, setzt er Fett an oder verbraucht er viel Energie durch Muskeltätigkeit, dann muß die Diät Bestandteile enthalten, die mehr Energie freisetzen. Das sind hauptsächlich Kohlehydrate (also Zucker, Stärke usw. in brot- und biskuitartigem Futter) und Fett. Auch Proteine (die Aufbaukomponenten in Fleisch und nahrhaften pflanzlichen Gerichten) schaffen Energie, aber Kohlehydrate und Fette werden vom Körper schneller durch Verbrennung umgesetzt. Liefert das Essen mehr Energie, als der Hund verbraucht, dann setzt er Fettreserven an. Wenn umgekehrt der Energiebedarf von der Nahrung nicht gedeckt wird, verbraucht der Hund zuerst seine Kohlehydratreserven (in der Leber), dann die Fettablagerungen und im extremsten Fall das Protein (Muskelmasse).

Die Nahrungsmittel liefern auch die Komponenten für den körperlichen Aufbau. Selbst ein voll ausgewachsener Hund verliert ständig etwas von den chemischen Stoffen seines Körpers. Ein wenig Protein, Fett und Kohlehydrat wird daher regelmäßig gebraucht, um die unvermeidlichen Verluste zu ersetzen. Es handelt sich um sehr kleine Mengen, die aber zunehmen, wenn ein Hund

Unten links: Der Vater ein West-Highland White Terrier, die Mutter eine Pekingesin – der Welpe scheint die äußeren Merkmale von beiden zu haben.

Unten rechts: Diese Dachshund/Beagle-Kreuzung weist eine lange Dackelschnauze und blasse Beagle-Markierungen auf. Da der Hund die Eigenschaften beider Elternteile erbte, wird er zu einem glücklichen, energischen und eigenwilligen Vierbeiner heranwachsen.

Oben: Der Yorkshire Terrier ist ideal für Leute, die einen anhänglichen Hund haben möchten, der aber nicht sehr viel Bewegung verlangt.

schnell wächst oder hart arbeitet, wenn eine Hündin trächtig ist oder Junge säugt. Alles an chemischen Stoffen wird gebraucht, aber die Proteine sind in diesen Fällen am wichtigsten.

Neben den erwähnten drei Grundbaustoffen benötigt der Hund einige Vitamine und Mineralien. Der Bedarf an Spurenelementen nimmt ebenfalls zu, wenn ein Hund arbeitet, wächst, trächtig ist oder säugt.

Das gesunde Hundefutter muß also Kohlehydrate, Fette, Proteine, Vitamine und Mineralstoffe enthalten.

Die Grundnahrung

Obwohl die Quantität einer Diät, die sich beispielsweise zu gleichen Teilen aus rohem Fleisch und Nährbiskuits zusammensetzt, stark variiert, geben wir Ihnen nachfolgend einige Anhaltspunkte:

Hund	Ungefähres Körpergewicht	Nahrungsaufnahme pro Tag
Pekingese	4,5 kg	0,25 kg
Corgi	11 kg	0,5 kg
Basset	18 kg	0,75 kg
Labrador	27 kg	0,8 kg
Rottweiler	45 kg	1,1 kg

Vorausgesetzt, das Fleisch ist nur wenig fett, würde sich die Mahlzeit ungefähr so zusammensetzen:

Wasser	60%
Kohlehydrate	19%
Protein	12%
Fett	6%
Ballaststoffe	3%

Das wären für die meisten erwachsenen Hunde unter stabilen Bedingungen angemessene Proportionen, obwohl der Proteingehalt einer solchen Diät ziemlich hoch ist. Die meisten Hunde-Ernährungsforscher sind der Meinung, daß ein Hund, der nicht aus bestimmten Gründen einen besonders hohen Eiweißbedarf hat, bei einem Proteinanteil von 6% (in Feuchtnahrung) ausgezeichnet gedeiht.

Ein höherer Getreideanteil im Futter läßt, solange es sich nicht um unmäßige Mengen handelt, den Proteinspiegel nicht in einem gefährlichen Grad absinken, denn auch Zerealien haben einen relativ hohen Proteingehalt. Abgesehen von den hohen Kosten, ist eine einseitige Eiweißdiät (z. B. nur rohes Fleisch) glatte Verschwendung. Da nämlich proteinreiche Lebensmittel vergleichsweise wenig Energiewerte aufweisen, muß man gewichtsmäßig viel mehr Fleisch verabreichen, um das gewünschte Resultat zu erzielen.

Die konzentrierteste Form der Energiezufuhr ist Fett, und durch mehr Zugabe von Fett kann der Kohlehydratanteil der Diät erheblich gesenkt werden. Hunde vertragen enorm fetthaltige Nahrung – der Anteil kann bis zu 30% ausmachen. Das kann Schweineschmalz, Maisöl, Schaf- oder Nierenfett sein; es darf allerdings *auf keinen Fall ranzig* sein, weil sonst Störungen infolge Vitamin A- und E-Mangels auftreten können. Da fettes Futter sehr kalorienreich ist, essen Hunde meist nicht so viel davon. Es ist daher notwendig, den Proteinanteil zu erhöhen. Die Gesamtfuttermenge sollte jedoch reduziert werden, weil Hunde, die zuviel Fett essen, rasch dick werden.

Hunde benötigen in ihrem Essen nicht besonders viel Ballaststoffe. Wenn sie allerdings zu Verstopfung oder Durchfall neigen, kann eine Erhöhung der Ballaststoffe die Verdauung stabilisieren. Daran sollte man besonders bei den Riesenrassen denken (Deutsche Doggen usw.), die gewöhnlich ziemlich dünnen Stuhlgang haben. Geben Sie ihrer Nahrung täglich zwei bis drei Eßlöffel Kleie oder kleiehaltige Getreideflocken bei; das läßt das Futter aufquellen und mildert das Problem. Merkwürdigerweise hilft der gleiche Trick oft bei kleinen Hunden, wie Pudeln und Pekingesen, die meist an Verstopfung leiden. Bei diesen kleinen Rassen ist die Dosis natürlich kleiner.

Mineralstoffe

Die umfangreiche Liste der von Hunden benötigten Mineralien verwirrt und beunruhigt viele Hundehalter. Obwohl die Zahl groß ist, sind die erforderlichen Mengen sehr klein und meist im Normalfutter enthalten. Einige Spurenelemente befinden sich sogar im gewöhnlichen Leitungswasser.

Der erwachsene Hund braucht nur soviel Mineralstoffe, daß sein Körper »läuft«. Eine Hündin, die ihre Jungen mit Milch versorgt, ein überaus aktiver Hund oder ein Tier, das sich von einer Krankheit erholt, benötigen größere Mengen, ebenso junge Hunde, denen die Mineralien auch als Baustoffe für Knochen, Muskeln und Haut dienen müssen.

Aber selbst bei erhöhtem Mineralbedarf kommt es selten vor, daß die normale Nahrung einen diesbezüglichen Mangel aufweist. Knapp können höchstens Kalzium, Magnesium und Phosphor werden, die sogenannten Knochen- und Milchmineralien, die wichtig für schnellwachsende junge Hunde (besonders der größeren Rassen) sowie für säugende und trächtige Hündinnen sind. In diesen Fällen gibt man einen Mineralzusatz ins Futter. Am besten eignet sich sterilisiertes Knochenmehl, in dem Kalzium und Phosphor im richtigen Verhältnis enthalten sind (2 Teile Kalzium, 1 Teil Phosphor). Wenn hinreichend Vitamin D im Futter ist, wird Knochenmehl normalerweise im Darm gut absorbiert. Außerdem ist es billig und vollkommen unschädlich und wird von Hunden jeden Alters ohne weiteres akzeptiert, sofern man es dem übrigen Futter untermischt.

Wie gesagt, fehlen andere Mineralien in einer Normaldiät äußerst selten. Sollten doch einmal Mangelerscheinungen auftreten, werden sie vom Tierarzt bei der nächsten Untersuchung erkannt und lassen sich ohne weiteres beheben.

Vitamine

Auch über die Vitamine sind sich viele Hundehalter im unklaren, aber die wichtigsten Vitamine sind ebenfalls in der täglichen Nahrung enthalten, und Mangelerscheinungen kommen selten vor. Im Gegenteil, wahrscheinlich wird mit Überdosen mehr Schaden angerichtet, als je durch einen Mangel entstehen kann.

Vitamine sind komplexe, natürlich vorkommende Chemikalien, die in unzähligen Lebensmitteln enthalten sind. Man bezeichnet sie mit den Buchstaben A bis K, mit jeweils einigen Unterklassen. Die oben beschriebene Normaldiät aus Fleisch, etwas Fett und Getreideprodukten ist vitaminhaltig genug, und wer noch ein wenig Frischgemüse, Leber, gelegentlich etwas Maisöl und Hefetabletten beifügt, kann sicher sein, daß alles zum besten bestellt ist.

Ein Übermaß an gewissen Vitaminen, wie C und B, schadet nicht besonders, bei den Vitaminen D und A dagegen muß man sich vor einem Zuviel in acht nehmen. Den meisten Hunden tut es ganz gut, wenn man ihnen etwas Lebertran ins Futter träufelt oder ab und zu eine Hefetablette gibt. Bevor Sie weitere Vitamin-Präparate reichen, sollten Sie mit dem Tierarzt sprechen, um sicher zu sein, daß Sie Ihrem Hund nicht schaden und Ihr Geld nicht aus dem Fenster werfen.

Mineral- und Vitaminmangel

Der Bedarf an einzelnen Mineralien und Vitaminen schwankt je nach Alter, Arbeit, Wachstumsquote und Rasse des Hundes. Es ist daher unmöglich, eine entsprechende Liste zu erstellen. Bei Inseraten für Hundefutter, das für jeden Hund das Richtige sein will, ist größte Vorsicht am Platz. Wenngleich bestimmte Mängel zu den entsprechenden (seltenen) Mangelkrankheiten führen können, kommt es viel häufiger vor, daß Hunde krank sind, weil ihnen so gut wie alle Mineralien und Vitamine fehlen. Es handelt sich dabei um absolute Hunger-, um nicht zu sagen Verhungerdiäten, die sich beispielsweise bemerkbar machen, wenn Welpen zu früh entwöhnt werden und nicht genug zu essen bekommen. Die Tiere sind dann wachstumsbehindert und magern ab, was aber nicht nur auf den Mineral- und Vitaminmangel zurückzuführen ist, sondern auch auf ungenügendes Kraftfutter und zu wenig Eiweiß. Wachsende Hunde brauchen qualitativ und quantitativ gutes Futter.

Eine Mangelerscheinung allerdings sieht man sehr oft, auch bei sonst gutgenährten Hunden: Rachitis. Das ist eine Knochenschwäche, die sich vor allem bei jungen Hunden bemerkbar macht. Die Welpen wachsen schlecht, und ihre Beine sind oft sehr krumm, was zu Lahmheit und sogar zu Frakturen führt.

Eine weitverbreitete Ursache für Rachitis ist, daß Welpen zu wenig Kalzium und Phosphor bekommen haben, sei es als Embryo, sei es in der Muttermilch oder sei es – was viel häufiger vorkommt – nach der Entwöhnung. Knochen brauchen, um sich richtig zu formen, auch Vitamin D, das sich in großen Mengen in tierischen Ölen wie zum Beispiel Lebertran findet. Seien Sie vorsichtig, wenn Sie Ihrem Hund einen solchen Zusatz geben, denn ein Zuviel schafft wiederum andere Probleme.

Wegen ihrer großen Knochen sind die größeren und Riesen-Rassen am anfälligsten für Rachitis, und es ist gar nicht einfach, solchen Hunden genügend knochenbildende Elemente zuzuführen. Über Knochenbildung sollten Sie unbedingt mit

Oben: Abgezehrtheit rührt nicht unbedingt von Unterernährung her, sie kann auch bei altersschwachen und kranken Hunden vorkommen.

Unten: Wenn der Zahnsteinbelag so schlimm ist, muß er vom Tierarzt chirurgisch entfernt werden. Das Nagen von Knochen hilft vorbeugend.

Ganz unten: Die Milchzähne fallen beim heranwachsenden Hund meist von selbst aus. Bei diesem West-Highland Terrier hängen die hakenförmigen Kinderzähne allerdings noch hinter dem Fangzahn des zweiten Gebisses.

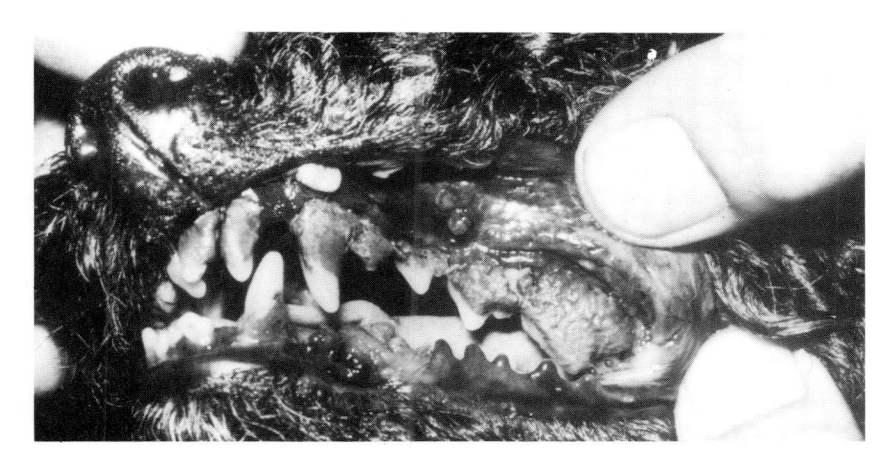

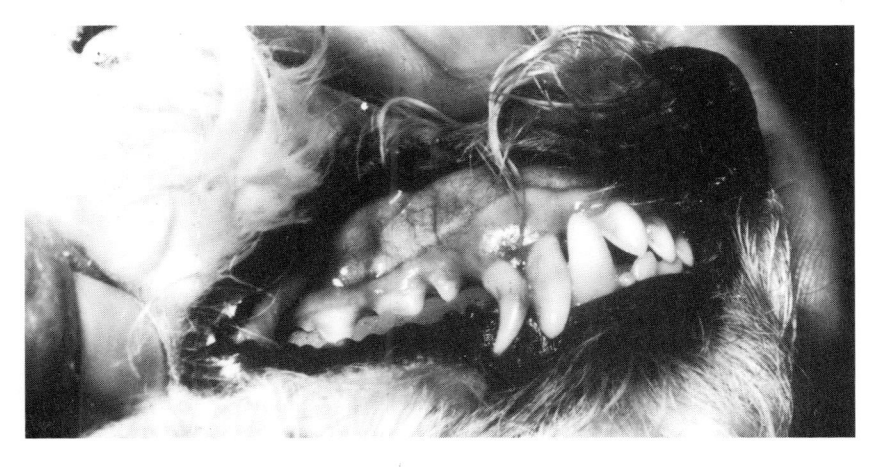

dem Tierarzt sprechen, wenn Sie mit Ihrem Welpen zur Routine-Untersuchung gehen. Ein guter Anfang aber ist es jedenfalls, wenn der Mutterhündin von der Mitte der Tragzeit bis zur Entwöhnung der Welpen jeweils etwas Knochenmehl und einige Tropfen Lebertran ins Futter gegeben werden.

Wenn ein junges Hündchen lahmt, krummbeinig läuft oder geschwollene Gelenke hat, besteht Verdacht auf Rachitis, und der Tierarzt muß möglichst schnell aufgesucht werden.

Ungleicher Appetit

Genau wie die Menschen, sind auch die Hunde ganz verschieden in ihrem Appetit. Dachshunde zum Beispiel sind von Natur aus gefräßig und werden daher leicht übergewichtig. Andere, wie der Irish Setter, sind das genaue Gegenteil; es hält schwer, sie dazu zu bringen, daß sie etwas Gewicht zulegen, besonders wenn sie jung und lebhaft sind.

Auch innerhalb einer Rasse gibt es große Unterschiede. Das gilt besonders für Zwergpudel, die ebensogut rundlich wie zum Umblasen dünn sein können. Ein dünner Hund braucht nicht anomal zu sein, es bedeutet aber auch nicht, daß Sie ihm nicht genug zu essen geben.

Die Futtermengen, die wir weiter oben angegeben haben, dienen wirklich nur als ungefähre Richtschnur. Sie gelten für erwachsene Hunde; Jungtiere, Hundemütter und arbeitende Hunde brauchen mehr Futter, alte, inaktive Tiere weniger. Wenn man die Verfassung eines Hundes kontrolliert, spürt man bald den Unterschied zwischen Muskeln und schlaffem Fleisch. Natürlich spielen auch da Rassenunterschiede eine Rolle: Der Bullterrier ist stämmig und muskulös; überflüssiges Fett zeichnet sich in unschönen, schlaffen Wülsten hinter den Rippen und über der Schwanzwurzel ab. Das genaue Gegenteil ist der English Setter, dessen Haarkleid den schmalen Rücken und die feinen Rippen nicht sehen läßt; allerdings kann man seine Rippen und viele andere Körperknochen durch das Fell ertasten.

Wenn Sie nicht wissen, ob Ihr Hund zu dick oder zu mager ist, dann ziehen Sie einen Züchter bzw. Tierarzt zu Rate oder gehen Sie in eine Ausstellung und schauen Sie sich dort um. Ihren Schützling müssen Sie in einem solchen Fall allerdings zu Hause lassen, denn Nicht-Schauhunde dürfen nicht zu Ausstellungen mitgenommen werden.

Abgesehen von gewissen Stoffwechselkrankheiten, inneren Parasiten und anderen medizinischen Problemen ist Magerkeit bei Hunden selten von großem Übel. Im allgemeinen sind schlanke Hunde ohnehin zufriedener, verspielter und gesünder.

Die große Geißel der Menschen – und ihrer Hunde – in der westlichen Welt ist das Übergewicht, ein Leiden, das wahrscheinlich mehr frühe Todesfälle, Krankheit, Unbeweglichkeit und Bedrücktheit verschuldet als jedes andere.

Hunde achten von Natur aus beim Essen nicht auf die Linie; das müssen schon ihre Besitzer für sie tun. Zu dicke Hunde setzt man am besten auf eine Diät, die weniger Kohlehydrate und Fett, aber gleichviel Protein enthält. Der Proteinbedarf bleibt nämlich für schlankere Hunde derselbe, er kann sogar zunehmen, wenn man dem Tier mehr Bewegung verschafft.

Wenn man einen Teil des Trockenfutters durch Kleie ersetzt, dann hilft dieser Füller, den Appetit des Hundes zu stillen. Zu viel Fett kann selbstverständlich auch durch vermehrte Bewegung abgebaut werden, doch bedeutet das harte Arbeit für Herrn und Hund. Von einem Tag auf den andern Gewaltmärsche zu unternehmen, ist wahrscheinlich nicht der beste Weg, die Fettleibigkeit zu bekämpfen. Interessanterweise neigen laut Statistik dicke Leute dazu, dicke Hunde zu haben. Es gibt ganz wenige Hunde, die wirklich schlechte Esser sind und erschreckend mager werden, wenn man ihnen das Essen nicht liebevoll aufdrängt. Die große Mehrheit von Hunden dagegen, die nur das Beste vom Besten essen und über Kuhfleisch und Hundebiskuits die Nase rümpfen, sind gerissene Psychologen. Sie haben gemerkt, daß ihre vernarrten Herrchen oder Frauchen etwas Stehengelassenes gleich durch Delikatessen ersetzen.

In solchen Fällen sind vierundzwanzigstündiges Fasten, energische Bewegungstherapie und Umstellung der Ernährung die wirksamste Kur. Auch

Oben: Getrennte Schüsseln können für kleine Welpen vorteilhaft sein, ehe sie sich an einem gemeinsamen Napf ihr Futter erkämpfen müssen.

Unten: Bauch und Zitzen einer trächtigen Hündin können enorm anschwellen; das muß kein Grund zur Beunruhigung sein.

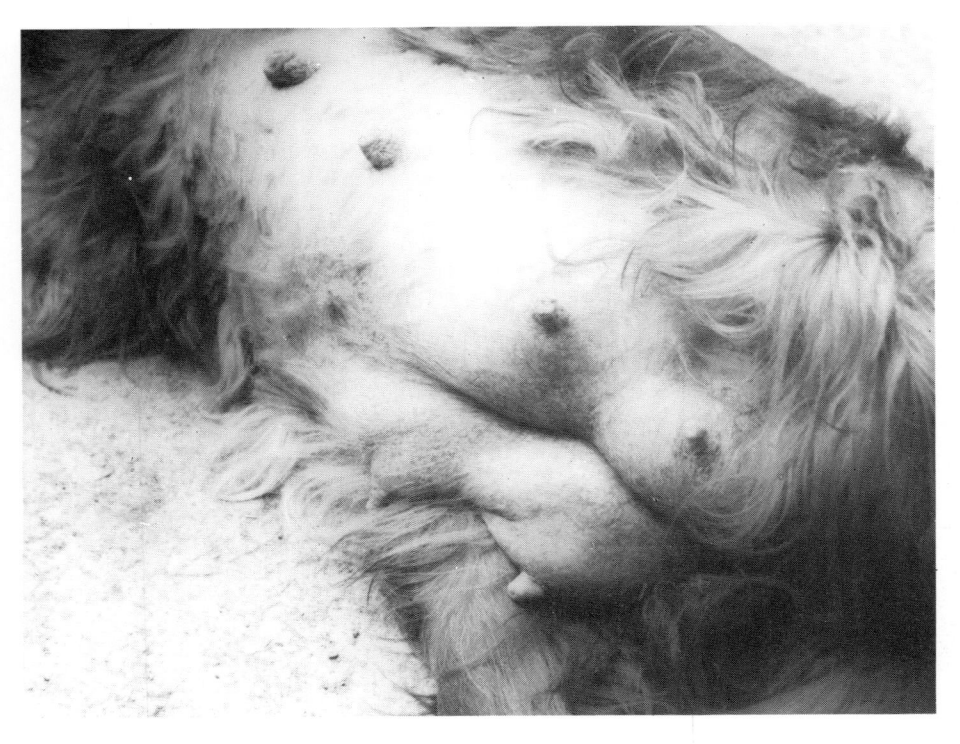

Wettbewerb ist gut: In den Zwingern von Züchtern oder Foxhound-Meuten kommt kaum je ein wählerischer Esser vor.

In den letzten fünfzehn Jahren wurde auf dem Gebiet der Dosen- und Trockenfutter für Hunde ungeheure Forschungsarbeit geleistet, und entsprechende Diskussionen über deren Nährwert und über die Ratsamkeit, solche Nahrung ausschließlich zu verabreichen, blieben nicht aus. Dosenfutter ist zwar relativ teuer, aber eine schnelle, saubere und einfache Nahrungsquelle. Es hat auch den Zeittest bestanden: In den ganzen Jahren gab es sehr wenige erwiesene Beispiele, daß einem Hund die Dosennahrung geschadet hätte. Die meisten Hundefutter-Fabrikanten haben umfangreiche Langzeitversuche unternommen und ganze Generationen von Hunden mit ihren Produkten aufgezogen. Da Dosenfleisch während des Produktionsvorganges sterilisiert wird, ergibt sich ein zusätzlicher Sicherheitsfaktor für den Hund wie dessen Besitzer. Schlachthausabfälle und ähnliches bringen hingegen immer gesundheitliche Gefahren mit sich.

Ansehen und Alter einer Firma sprechen in der Regel für ihr Erzeugnis; hingegen muß man bei unverarbeiteten Rohfleischmischungen, die dem Dosenfutter häufig vorgezogen werden, vorsichtig sein. Manche dieser Mischungen enthalten mehr Protein, als unbedingt notwendig (und wünschbar) ist.

Vergessen Sie nicht, daß Ihr Hund jederzeit frisches Wasser zur Verfügung haben muß. Das ist erst recht wichtig, wenn Sie ihm Trockenfutter geben.

Knochen

Es besteht wohl kein Zweifel, daß die Hunde in ihrem ursprünglichen, wilden Leben jeweils den Kadaver ihrer Beute mitsamt Knochen und allem Drum und Dran verzehrt haben. Damit sorgten sie nicht nur für Kalzium- und Phosphorzufuhr, sondern bezogen auch Fett und Eisen aus dem Knochenmark und hielten ihre Zähne sauber.

Die meisten Hunde nagen mit ebensolcher Wonne an ihrem Knochen, wie sie ihn vergraben oder mit ihm spielen. Bei gewissen Tieren allerdings können Knochen eine unerklärliche Diarrhöe auslösen. Sie können auch im Vordergaumen steckenbleiben, und Splitter können besonders im Mastdarm Stauungen verursachen. Spröde Knöchelchen, wie die von Hühnern oder Lammkoteletts, sind besonders gefährlich. Viel harmloser sind Knochen, die im Dampfdrucktopf gekocht sind; sie enthalten immer noch genügend Mineralien. Am besten eignen sich die großen Beinstücke mit den dicken Knöchelenden.

Vor- und Nachteile halten sich ungefähr die Waage. Wenn ein Hund öfter Probleme mit Knochen hat, sollten sie lieber weggelassen und durch Spielzeugknochen aus Büffelhaut ersetzt werden. Normalerweise sind es Klein- und Zwergrassen, denen Knochen nicht bekommen.

Trächtige Hündinnen

Im ersten Monat ihrer Gravidität braucht eine Hündin nicht mehr als ihr normales Futter. Es ist bis zu 24 Tagen nach der Paarung ohnehin fast unmöglich, die Trächtigkeit festzustellen. Von da an nimmt ihr Appetit zu, und sie sollte etwas mehr zu essen bekommen (in der 5., 6. und 7. Woche eineinviertel- bis eineinhalbmal soviel wie sonst). Achten Sie darauf, daß das Futter von guter Qualität ist und einen hohen Eiweißgehalt aufweist. Wenn die Hündin stark auseinandergeht, ist es vorteilhaft, ihr Essen in zwei oder drei Mahlzeiten täglich aufzuteilen. In den letzten vier Wochen sollten Sie ihrem Futter etwas Knochenmehl und (vom Tierarzt vorgeschlagene) Vitaminpräparate hinzufügen. Viele Hündinnen verlieren in den letzten Tagen vor der Geburt den Appetit – das ist völlig normal.

Rechts: Dieser neunwöchige Spaniel-Welpe nähert sich rasch dem staupegefährdeten Alter und sollte bald geimpft werden.

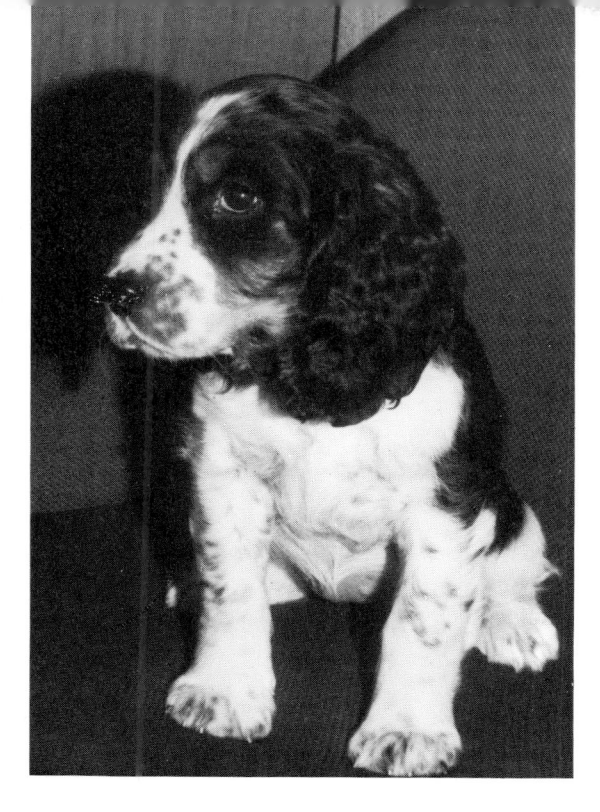

Unten: Kleine Bobtail-Welpen futtern zufrieden bei einer Boxerhündin.

Säugende Hündinnen

Auch wenn die Hündin vorübergehend den Appetit verliert, wird sie, sobald die Milchproduktion steigt, heißhungrig werden. Am besten füttert man sie dann nach Verlangen, und wenn es fünf- bis sechsmal täglich ist. Geben Sie ihr viel Milch, Eier, gutes Fleisch, braunes Brot und Hundebiskuits. Die Hündin kann ohne weiteres zweieinhalb- bis dreimal soviel Nahrung zu sich nehmen wie sonst. Das sollte Sie nicht beunruhigen, denn schließlich sind die Welpen im Alter von drei Wochen insgesamt mehr als halb so schwer wie die Mutter, und sie ist ihre einzige Nahrungsquelle. Sehr oft verliert die Hündin trotz diesen großen Portionen an Gewicht. Sobald die Jungen mit ungefähr vier Wochen außer der Muttermilch auch andere Nahrung aufzunehmen beginnen, nimmt sie wieder zu. Dann sollte man ihr sterilisiertes Knochenmehl geben.

Entwöhnung der Jungen

Die meisten Hundejungen kann man zu Beginn des zweiten Lebensmonats allmählich daran gewöhnen, aus dem Schüsselchen zu lecken; am besten gibt man ihnen Baby-Milchnahrung. Nach und nach fügt man etwas Ei und Traubenzucker zu, und schließlich, wenn die Kleinen zwischen vier und fünf Wochen alt sind, reicht man ihnen eine Mischung von Ei und feingeschabtem magerem Fleisch. (In dieser Zeit gibt die Hündin noch eine Menge Milch ab, aber die Jungen bekommen immer weniger davon, bis sie mit ungefähr acht Wochen ganz abgesetzt werden.) Mit fünf bis sechs Wochen vertilgen die Welpen tagtäglich fünf bis sechs Mahlzeiten, bestehend aus Hackfleisch, Kindermehl, Milch, Knochenmehl, Ei und Getreideflocken. Mit acht bis zehn Wochen kann man ihnen zwei Milch- und zwei Fleischmahlzeiten im Tag vorsetzen, mit sechzehn Wochen reduziert man auf zwei Fleischgänge und reicht eine Mahlzeit auf Milchbasis. Von der neunten Woche an soll Wasser bereitstehen, aber die Welpen trinken sehr wenig Wasser, bis sie ungefähr vier Monate alt sind.

Rekonvaleszenz und Altersschwäche

Vielleicht gibt der Tierarzt besondere Anweisungen, aber im allgemeinen soll die Nahrung für genesende und altersschwache Hunde ballastarm, nährstoffreich und leicht verdaulich sein. Milch, Eier, zartes Fleisch und feine Hundekuchen bilden die Grundlage, und das Ganze wird zur besseren Verdauung in zwei bis drei tägliche Mahlzeiten aufgeteilt.

Verdauung und Verdauungsstörungen

Hat sich der Hund einmal an eine Standarddiät gewöhnt, ist es unnötig, nur wegen der Abwechslung davon abzuweichen. Im Gegensatz zum Menschen verleidet einem Hund sein gewohntes Essen nicht. Plötzliche Veränderungen können sogar zu Störungen führen; etwas Neues sollte nur nach und nach eingeführt werden und zuerst probeweise unter die bisher übliche Nahrung gemischt werden.

Gelegentliches Erbrechen kann als völlig normal betrachtet werden. Manche Hunde geben sogar gewohnheitsmäßig ihr Essen wieder her, besonders, wenn sie eine große Mahlzeit vertilgt und ganze Brocken hinuntergeschlungen haben. Daß Hündinnen Nahrung herauswürgen, um ihre Kleinen zu füttern, haben wir bereits erwähnt.

Das Erbrechen kann aber auch im Zusammenhang mit irgendwelchen Infektionskrankheiten, Vergiftungen oder, am häufigsten, mit Entzündungen der Verdauungswege stehen.

Anhaltendes Erbrechen, Erbrechen in Verbindung mit Husten, allgemeiner Unlust, schwerem Durchfall oder mit Blut ist als Zeichen einer ernsten Erkrankung zu betrachten. In diesen Fällen muß der Tierarzt aufgesucht werden.

Hunde sind an sich für Darmstörungen ziemlich

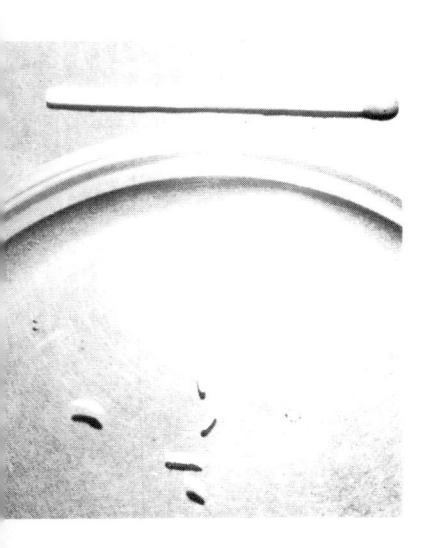

Oben: Bandwurmsegmente im Kot eines Hundes sehen aus wie Reiskörner.

Unten: Daß man im Stuhlgang eines Hundes ganze Bandwürmer findet, ist ungewöhnlich.

anfällig. Das mag zum Teil mit ihrem Urverhalten (Unratfresser!) zusammenhängen. Auch Durchfall ist recht häufig, hört aber bei einfachster Behandlung von selbst wieder auf: Man läßt den Hund mindestens vierundzwanzig, noch besser sechsunddreißig Stunden fasten! Frisches Wasser soll zur Verfügung stehen (keine andere Flüssigkeit, besonders nicht Milch, die von Hunden mit Darmproblemen ohnehin schlecht vertragen wird), aber stellen Sie keine feste Nahrung – und keine Wundermedizinen hin!

Haben Erbrechen und Durchfall nach vierundzwanzig Stunden aufgehört (was meist der Fall ist), wird *stufenweise* wieder Nahrung angeboten, zuerst winzige Mengen eingeweichte Hundekekse, Ei oder Frühstücksflocken. In den folgenden zwei, drei Tagen fügt man allmählich leicht verdauliche Dinge wie Hühnerfleisch, Fisch, Toast und Hackfleisch zu, bis Ihr Hund wieder die gewohnte Menge zu sich nimmt. Abfälle jeder Art sind zu meiden.

Der aufmerksame Hundbesitzer findet schnell heraus, was sein Vierbeiner nicht verträgt. Natürlich ist das ganz verschieden, aber Dinge, von denen man weiß, daß sie häufig Darmstörungen hervorrufen, sind Leber, Markknochen, gewisse Dosenfleischsorten bei bestimmten Hunden und – was Sie vielleicht erstaunen wird – Kuhmilch.

Während eine vorübergehende Diarrhöe kein Grund zur Beunruhigung ist, sind deutlich anhaltende dünne Ausscheidungen sowie sehr wäßriger oder blutdurchsetzter Stuhlgang ernster und erfordern eine Konsultation beim Tierarzt.

Verstopfung kommt viel seltener vor als Durchfall. Knochensplitter können im Mastdarm sperren, so daß der Hund dauernd pressen muß, mit wenig oder gar keinem Erfolg. Bei Rüden kann auch die Prostata vergrößert sein und auf den Darm drücken. Wenn Ihr Hund schlimm verstopft ist, sollten Sie unbedingt den Tierarzt aufsuchen.

Innere Parasiten

Manche Menschen haben ein wahres Grauen vor Parasiten und tun alles, um ihre Tiere von Würmern zu befreien. Dabei wird die Gefahr oft weit übertrieben. Schließlich haben wohl die meisten von uns als Kinder Spulwürmer gehabt, ohne etwas davon zu wissen.

Bei der gegenwärtigen Umwelthysterie sind Hunde und ihre Würmer ein beliebtes Thema. Hundegegner führen die Würmer als Hauptwaffe gegen die Hundehaltung ins Feld (siehe S. 186).

Zwei Haupttypen von Würmern findet man bei Hunden: Spulwürmer und Bandwürmer. Spulwürmer sind fadenförmig, relativ klein (maximale Länge, gestreckt, ca. 15 cm) und weiß oder graubraun. Bei erwachsenen Hunden kommen sie selten vor und wenn, dann richten sie wenig Schaden an. Welpen haben bereits Spulwürmer, wenn sie zur Welt kommen, und scheiden sie manchmal im Kot aus. Die Jungtiere werden davon mager, kriegen einen Blähbauch und müssen erbrechen oder husten.

Alle Hunde kommen mit Würmern zur Welt. Während der Trächtigkeit verlassen die unreifen Wurmlarven die Gewebe der Hündin, dringen in die Gebärmutter und durch die Plazenta in die ungeborenen Jungen ein. Wenn die Welpen etwa sechs Wochen alt sind, sind die Würmer ausgewachsen. Dann legen sie Eier, die mit dem Kot der Welpen ausgeschieden werden. Diese klebrigen Eier sind mikroskopisch klein, und wenn sie von anderen Welpen verschluckt werden, entwickeln sie sich nach einer Reise durch den Körper der Tiere wiederum zu erwachsenen Würmern. Im Gewebe von Hündinnen dagegen bleiben sie in einer Art Wartezustand, bereit, die sich entwickelnden Embryonen in der Gebärmutter heimzusuchen.

Wurmbefall bei Welpen bekämpft man durch regelmäßige Abgabe eines Wurmmittels, das man sich am besten vom Tierarzt verschreiben läßt. Die modernen Wurmkuren sind ebenso harmlos wie wirksam. Am besten entwurmt man die Welpen zwei, drei und vier Wochen nach der Geburt

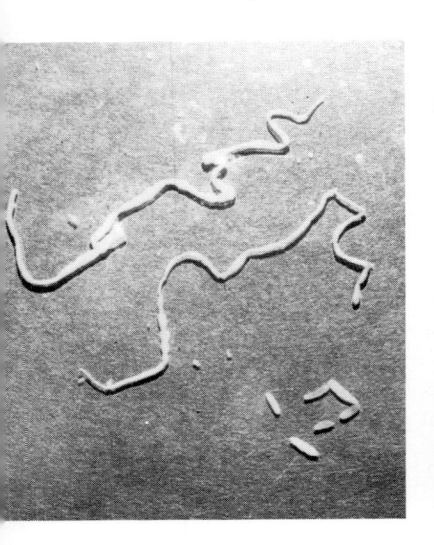

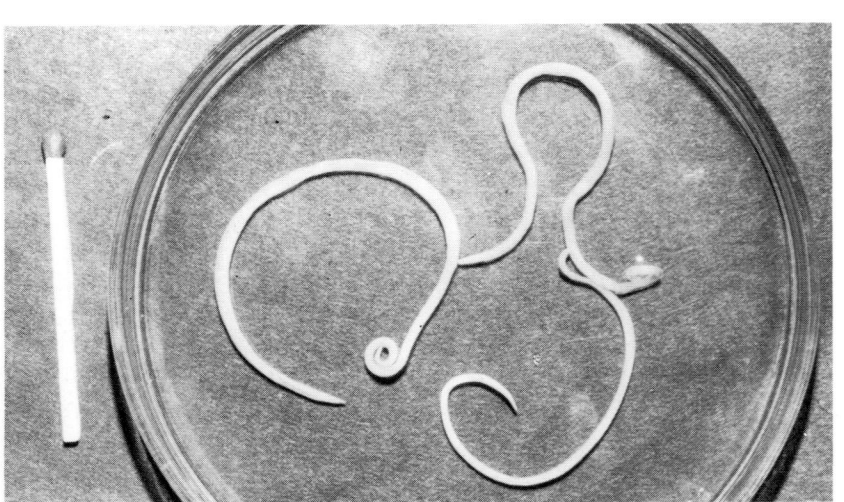

Links: Das Streichholz vermittelt einen Begriff von der Größe dieser Toxocara-Fadenwürmer.

und dann wieder, wenn sie drei und sechs Monate alt sind. Auch Hündinnen, die kurz vor der Niederkunft stehen, sollten entwurmt werden.
Spulwürmer stellen für den Menschen insofern eine Gefahr dar, als sie versehentlich in den Mund geraten und dann in einem Jugendstadium durch den Körper zu einem Nervengewebe, wie Gehirn oder Augen, wandern können. Das ist ein kleines, aber mögliches Risiko. Hygiene, gründliche Entfernung des Hundekotes (besonders von Welpen), gesonderte Aufbewahrung der Hundenäpfe und die Erziehung der Kinder, die Welpen nicht zu knutschen – das alles reduziert die Gefahr auf ein Minimum.
Bandwürmer sind flach, gegliedert und weiß bis cremefarben. Sie leben im Dünndarm und rufen bei Hunden im allgemeinen keine Erkrankungen hervor; gelegentlich verursachen sie allerdings anfallsweise Diarrhöe und Abmagerung. Der Bandwurm hält sich mit den an seinem Kopf befindlichen Saugnäpfen an der Darmwand fest, um nicht ausgeschwemmt zu werden. Dennoch erscheinen im Kot einzelne verräterische Glieder, die fast wie Reiskörner aussehen.
Für den Menschen liegt das Problem darin, daß er für gewisse Typen von Bandwürmern als Zwischenträger dienen kann. Das kommt nicht sehr häufig vor und wenn, dann trifft es meist Kleinkinder, die es davor zu schützen gilt.
Bandwürmer bei Hunden bekämpft man mit speziellen Bandwurmmitteln. Wichtig ist aber die Vorbeugung, indem man rohes Fleisch, insbesondere Schaf- und Kaninchenabfälle, abkocht. Gleichzeitig muß der Hund unbedingt auf Flöhe und Läuse hin untersucht werden.
In manchen Teilen der Welt kommen noch andere Endoparasiten vor, z. B. Hakenwürmer und Saugwürmer. Einheimische Tierärzte wissen, was man dagegen unternehmen kann.

Andere Krankheiten

Die Anal- und Analbeuteldrüsen sind abgewandelte Fettdrüsen und liegen zu beiden Seiten des Afters. Auf ihre mögliche Funktion und Bedeutung haben wir schon auf S. 54 hingewiesen. Ihr fester Zellteil erzeugt eine dicke, blaß cremefarbene Absonderung, die sich in den Beuteln sammelt. Diese münden neben dem After in winzige Hautöffnungen. Bei den meisten Hunden leeren sich die Beutel jeweils während der Kotablage und verursachen ein Leben lang keinerlei Beschwerden. Es kommt jedoch vor, daß sie sich entzünden, infizieren oder verschließen, was dem Hund sehr weh tut. Er drückt seinen Schmerz auf verschiedene Art und Weise aus: Entweder dreht er sich heftig oder beißt sich in die Schwanzwurzel, er kann sich auch unvermittelt hinsetzen und mit dem Hinterteil über den Boden rutschen. Aber auch Verstopfung, Lahmen der Hinterbeine usw. können auf eine Erkrankung der Analbeutel hindeuten. Der Hund gehört in solchen Fällen unverzüglich in die Behandlung des Tierarztes.
Hunde trinken erstaunlich kleine Mengen Wasser. Ein erwachsener Spaniel nimmt zum Beispiel weniger als 0,3 Liter im Tag zu sich. Natürlich trinken Hunde bei heißem Wetter mehr, beson-

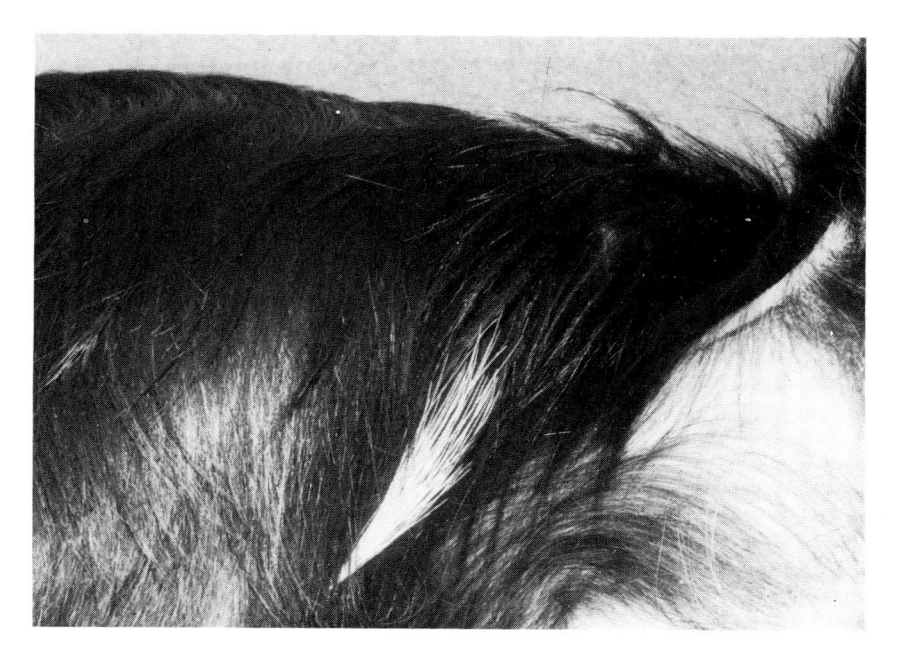

Oben: Grassamen können sich durch das Fell eines Hundes in seine Haut bohren.

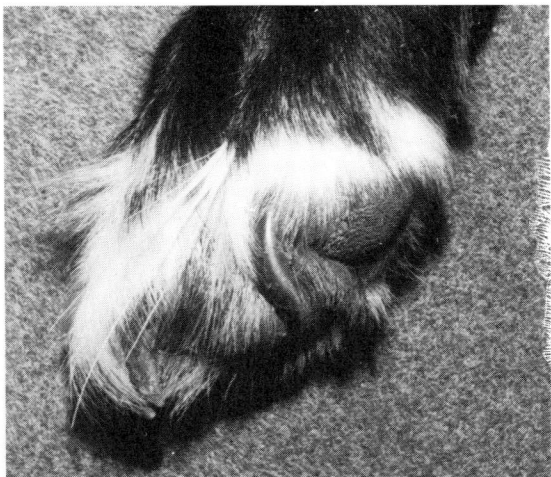

Ganz links: Diesen Knäuel Toxocara-Fadenwürmer hat ein kleiner Welpe erbrochen.

Links: In der Haut zwischen den Zehen nisten sich besonders gern Grassamen ein.

ders, wenn sie viel laufen. Gewiß bestehen von Hund zu Hund Unterschiede, und feste Regeln lassen sich nicht aufstellen. Aber wenn ein Hund einmal viel mehr Durst hat als sonst, kann das ein Warnzeichen sein, daß er an *Diabetes mellitus* (Zuckerkrankheit), dem viel selteneren *Diabetes insipidus* (Wasserharnruhr), an einem Nieren- oder Blasenleiden oder, wenn es eine Hündin ist, an einer Gebärmuttervereiterung erkrankt ist. Wenn Sie bei Ihrem Hund plötzlich übermäßigen Durst feststellen, hindern Sie ihn keinesfalls am Trinken. Gehen Sie mit ihm gleich zum Tierarzt.

Alle Hunde, besonders ältere Rüden, sind für Nierenleiden anfällig. Es gibt eine infektiöse Nierenkrankheit, von der jeder Hundebesitzer wissen sollte: die Leptospirose, hervorgerufen von einer Bakterie namens *Leptospira canicola*. Der vorbeugende Schutz gegen diese Krankheit ist in der sogenannten Vierfach-Impfung enthalten. Regelmäßige Nachimpfungen sind notwendig (siehe auch S. 182).

Etwas haben Hunde anderen Tieren voraus: die willkürliche Kontrolle der Blase – ein Vorteil, der ihnen in der menschlichen Gesellschaft natürlich zugute kommt. Hündinnen können in der Regel noch länger das Wasser halten als Rüden.

Auffallend häufiges Urinieren kann das Symptom einer Blasenentzündung oder von Blasensteinen sein, beides Krankheiten, die ärztliche Behandlung erfordern.

Herz, Kreislauf und Lunge

Das Hundeherz ist verhältnismäßig groß, es macht ungefähr ein Prozent des gesamten Körpergewichts aus. Athletische Hunde, wie Greyhounds und arbeitende Retriever, haben sogar Riesenherzen und ebensolche Lungen, um das Blut zu pumpen und mit Sauerstoff zu versehen.

Den Herzschlag des Hundes kann man fühlen, wenn man eine Hand um den unteren Vorderteil der Brust legt. Den Puls spürt man manchmal in der Oberschenkelarterie, am Oberschenkelknochen des Hinterlaufes. Die Frequenz von Herz- bzw. Pulsschlag ist bei den einzelnen Hunden sehr unterschiedlich und kann bei großen, kräftigen Tieren im Ruhezustand 60, bei kleinen, leicht erregbaren bis 120 Schläge pro Minute betragen.

Im allgemeinen sind Hunde recht widerstandsfähig gegen Herzkrankheiten. Obwohl sie cholesterinreiche Nahrung zu sich nehmen, sind bei ihnen Krankheiten wie die Arteriosklerose der Herzkranzgefäße so gut wie unbekannt. Immerhin können Herzklappenbeschwerden auftreten, die sich bei Korpulenz stark verschlimmern und hauptsächlich bei Toy-Pudeln und andern Zwerghunden vorkommen.

An eigentlichen Viruserkältungen leiden Hunde nicht, wohl aber können sie eine Infektion bekommen, die man Zwingerhusten nennt. Besitzer von Einzelhunden haben kaum je etwas damit zu tun, aber für Zwinger und Hundeheime kann diese ansteckende Krankheit zu einem Problem werden. Bei älteren Hunden sind manchmal Herzbeschwerden die Ursache eines hartnäckigen Hustens.

Knochen und Muskeln

Die verhältnismäßig kurzen Beine der Hunde sind auch bei starker Beanspruchung weniger verletzungsanfällig als beispielsweise die Beine der Pferde, obwohl Rennhunde und Gebrauchshunde auch lahmen können.

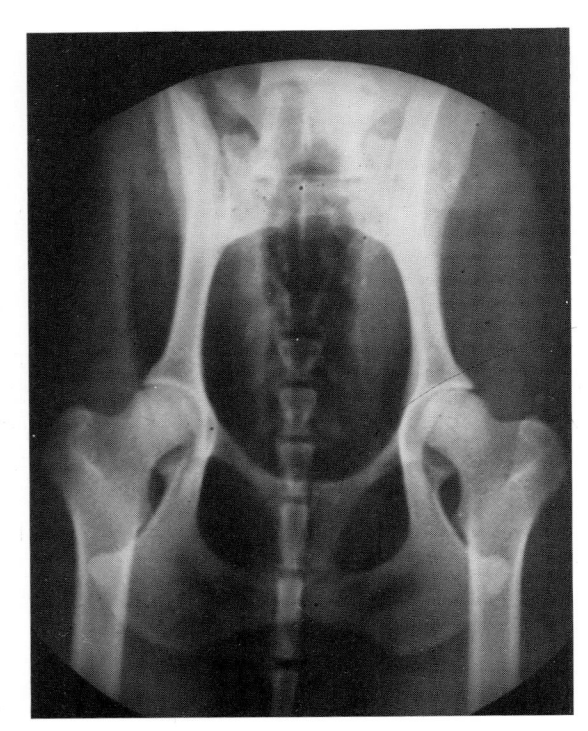

Links: Das Röntgenbild zeigt die Hüfte eines normalen, gesunden Hundes.

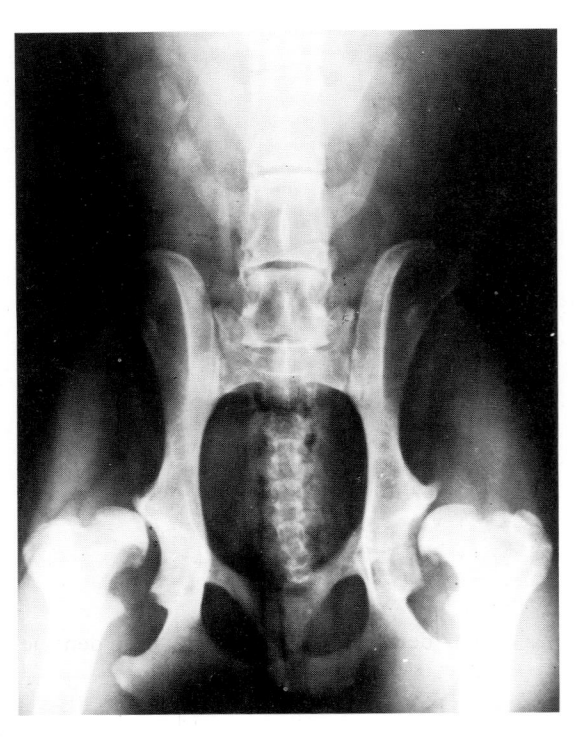

Links: Eine Hüft-Dysplasie hat schwere Verformungen der Hüftgelenke zur Folge.

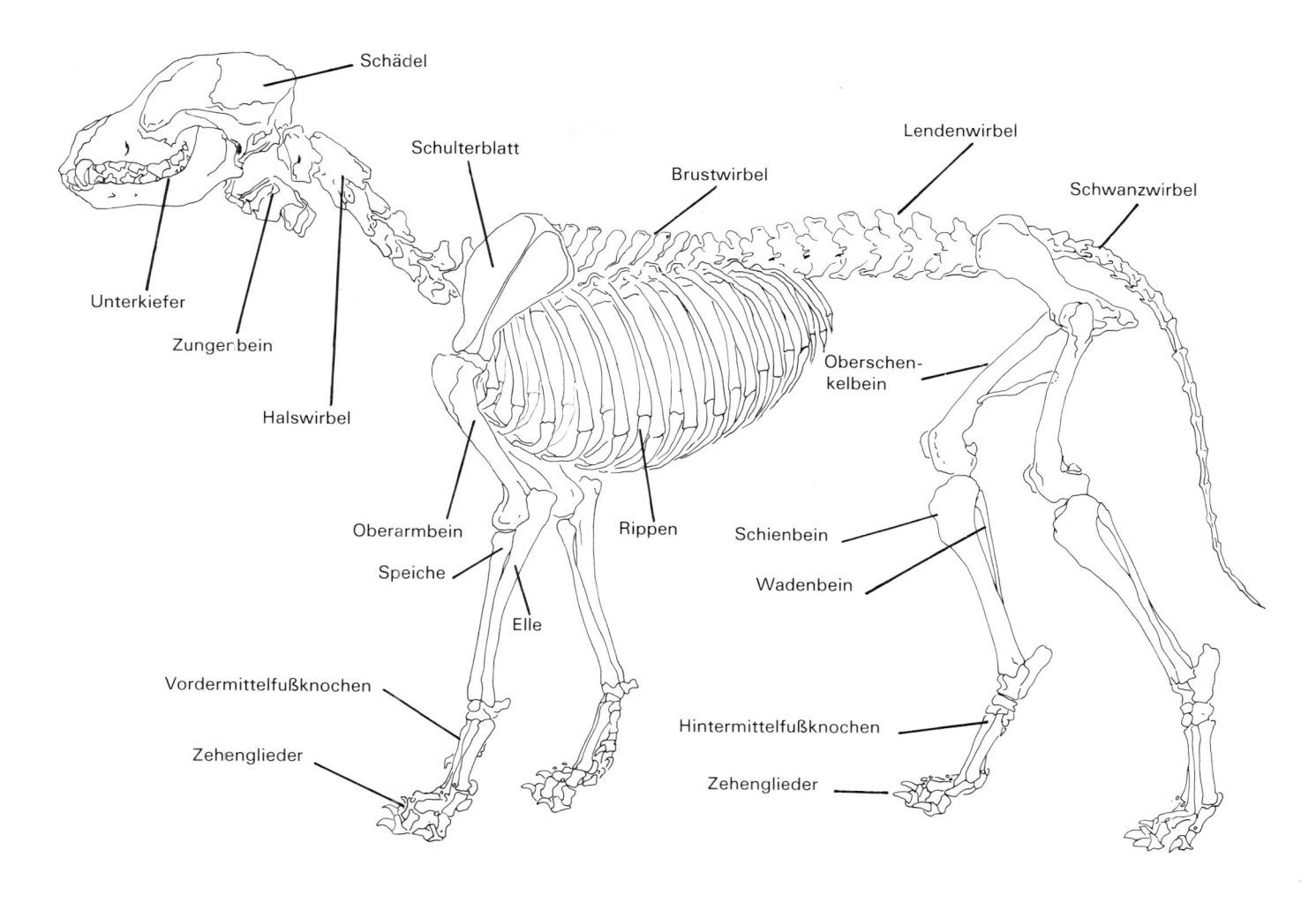

Oben: Skelett eines männlichen Hundes

Auf alle Ursachen des Lahmens einzeln einzugehen, würde zu weit führen, einige aber sind typisch für bestimmte Hunderassen. Im allgemeinen kann das Hinken auf Schmerzen, Nervenverletzungen und/oder Mißbildungen zurückgeführt werden. Weit verbreitet sind Verstauchungen und Muskelzerrungen, Verletzungen an den Füßen durch Kies, scharfe Steine, Holzsplitter oder eingedrungene Grassamen. Schwerer wiegen Verrenkungen und Frakturen. Man sollte unbedingt den Tierarzt aufsuchen, wenn der Hund lahmt oder hinkt; frühzeitige Behandlung kann oft größere Schäden verhindern.

Auch Wirbelsäulenschäden können – besonders bei älteren Tieren – die Ursache des Hinkens sein. Die Bandscheiben zwischen den Wirbeln, die harte Bewegungen abfangen und die Wirbelsäule biegsam erhalten, nützen sich mit den Jahren ab. Bei einzelnen Rassen geschieht das früher, z. B. bei Dachshunden, Pekingesen, Sealyhams, Corgis und Boxern. Eine einzige scharfe Bewegung kann nun die Wände der abgenutzten Bandscheibe sprengen, so daß der mittlere Teil nach oben in den Wirbelkanal gedrückt wird. Der Druck auf die Wirbelsäule verursacht große Schmerzen; er kann sogar zu Lähmungen führen, so daß der Hund sein Hinterteil nachschleift.

Bei tierärztlicher Behandlung und sorgfältiger Pflege kann sich das Leiden – man spricht von Bandscheibenvorfall – mit der Zeit bessern. Manchmal hilft eine Operation. Da Vorbeugen aber immer noch besser als Heilen ist, wird man gern gewisse Vorsichtsmaßnahmen treffen. Achten Sie zum Beispiel darauf, daß Ihr Hund, besonders, wenn er zu den gefährdeten Rassen gehört, schlank und aktiv bleibt, und setzen Sie ihn, wenn er älter wird, nicht plötzlichen heftigen Bewegungsübungen aus. Sobald Beschwerden auftauchen, ziehen Sie den Tierarzt bei und halten den Hund in der Zwischenzeit ruhig und möglichst unbeweglich.

Im Gegensatz zur volkstümlichen Meinung sind von diesem Leiden die langrückigen Hunde nicht besonders betroffen. Züchter der gefährdeten Rassen sind heute bestrebt, von Stämmen, die eine starke Veranlagung zu Rückenschäden zeigen, nicht weiter zu züchten.

Ein Lahmen der Hinterbeine kann auch von einer Fehlentwicklung der Hüften ausgehen, einer Degeneration der Hüftgelenke. Jeder Hund kann in jedem Alter eine Hüftdysplasie haben, sie kommt bei älteren Tieren aber häufiger vor. Bei gewissen Rassen herrscht eine angeborene Tendenz zu diesem Leiden.

Bei Hunden mit Hüftdysplasie kann der Oberschenkelkopf lang und schmal, spitz zulaufend

179

oder facettiert sein, ebenso liegt eine Veränderung der Gelenkpfanne vor; die Folge ist Arthritis.

Im allgemeinen sind davon die größeren Rassen betroffen, also Bobtails, Deutsche Schäfer, Deutsche Doggen und Retriever, aber es gibt auch hier Ausnahmen, etwa die Greyhounds, die davon verschont bleiben. Der Grad des Hinkens oder der Versteifung läßt nicht unbedingt auf die Schwere der Verformung schließen; manchmal lahmt der Hund schon bei einer leichten Veränderung.

Hüftverformungen lassen sich auf dem Röntgenbild erkennen, und diese Diagnose wird heute bei der Zucht berücksichtigt. Hunde, die keine oder nur minimale Anzeichen einer Veränderung zeigen, haben normalerweise einen in dieser Hinsicht weniger anfälligen Nachwuchs.

Die Wärmeregelung – Haut und Haarkleid

Die wunderbar isolierende Wirkung des Hundefells ist die Hauptursache dafür, daß Hunde so widerstandsfähig gegen Kälte sind. Auch bei den kurzhaarigen Rassen hält das Haar eine Luftschicht zwischen Haut und Außenwelt fest, die als Isolierung dient. Relativ unbehaart sind einzig die Extremitäten, also Füße, Nase, Genitalbereich, und sie schützt der Hund beim Schlafen, indem er sich zusammenrollt und den Kopf unter ein Hinterbein oder unter den Schwanz steckt.

Die Körperwärme bleibt auch dadurch erhalten, daß Blutgefäße, die die äußersten Hautschichten versorgen, einfach »abgestellt« werden, so daß weniger Wärme nach außen verlorengeht. Außerdem können Hunde ihr Fell aufplustern wie Vögel ihre Federn, um noch mehr isolierende Luft darin einzufangen.

Die Fähigkeit, Wärme zu speichern, bedeutet indessen eine entsprechend geringe Möglichkeit, Wärme abzugeben. Das wird zur Gefahr, wenn Hunde in geschlossenen Räumen gehalten werden (beispielsweise an heißen Tagen in Autos!). Durch Schweiß verlieren sie wenig Wärme, denn ihre einzigen Schweißdrüsen befinden sich an den Pfoten und an der Nasenspitze. Das einzige, was der Hund bei Hitze machen kann, ist Hecheln. Er läßt die Zunge heraushängen, so daß der Speichel auf der Oberfläche verdampft; dadurch wird das durchgepumpte Blut abgekühlt.

Das Hundehaar wächst phasenweise. Gewöhnlich während zwei Monaten im Jahr fallen die alten Haare aus und werden durch neue ersetzt. Bei gewissen Rassen, besonders bei Dalmatinern und Labradors, werden die Haare fortwährend abgestoßen und ersetzt. Bei allen Unterschieden an Länge, Dicke und Beschaffenheit des Fells haben die meisten Rassen lange, dicke, starke Deckhaare und dazwischen eine feinere Unterwolle.

Die Talgdrüsen an den Haarwurzeln sondern eine ölige Substanz ab, die Fell und Haut vor dem Durchnässen schützt und dem Haarkleid Glanz verleiht. Dieses Fett ist in hohem Grad wasserabstoßend, und es kann vorkommen, daß die Haut mancher Hunde selbst nach längerem Schwimmen völlig trocken ist.

Im Gegensatz zur allgemeinen Ansicht hat die Ernährung eines Hundes kaum Auswirkungen auf den Zustand von Haut und Haaren, es sei denn, der Nährwert ist zu gering oder der Fettanteil sehr niedrig.

Hautkrankheiten können sich bei Hunden sehr schnell entwickeln. Wenn man sie nicht behandelt, können sie schlimme Formen annehmen und das Tier furchtbar quälen. Zögern Sie daher nicht, sofort den Tierarzt aufzusuchen. Einige Hautkrankheiten sind auf andere Hunde, andere Tiere und auch auf Menschen übertragbar.

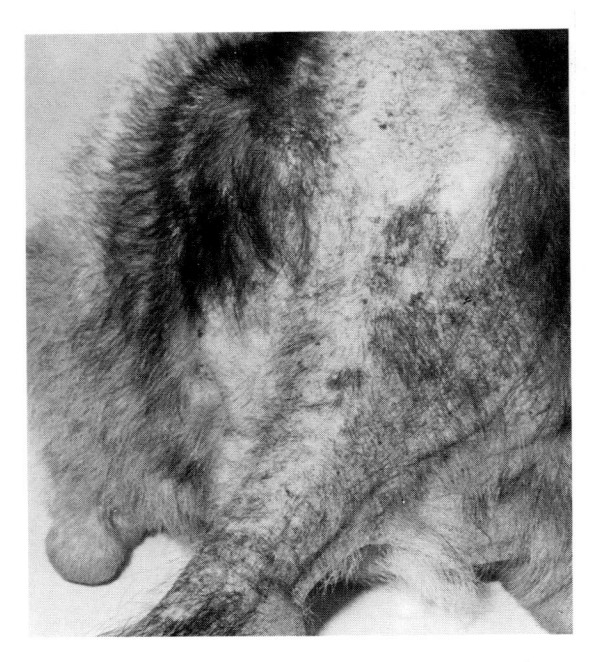

Links: Flöhe können schwere Hauterkrankungen verursachen.

Unten: Wegen seines langhaarigen Fells und der dichten »Befederung« von Schenkeln, Beinen, Schweif und Pfoten muß der Pekingese besonders sorgfältig gepflegt werden, damit er frei von Ungeziefer bleibt.

Hautkrankheiten werden oft durch äußere Parasiten wie Flöhe, Läuse, Zecken usw. hervorgerufen. Flöhe sind wohl die verbreitetsten Hundeschmarotzer, besonders, wenn eine Anzahl Hunde und Katzen miteinander gehalten werden. Viele Tiere - Katzen, Igel, Kaninchen, Ratten und Vögel, aber natürlich auch der Mensch - haben ihre besonderen Floharten, und sie alle fallen auch über die Hunde her. Der Floh, der sich am häufigsten auf Hunden aufhält, ist der Katzenfloh.

Flöhe sind winzige Hüpfer, die sich vom Blutsaugen ernähren. Man findet sie meist rund um die Ohren und in der Nähe des Schwanzansatzes. Abgesehen davon, daß sie für den Hund (und für Sie!) überaus unangenehm sind, können sie akute Hautkrankheiten verursachen und außerdem Bandwurmlarven übertragen.

Man kann darauf wetten, daß auf jeden Floh, den man auf einem Hund findet, hundert weitere in seinem Fell und in seiner Hundehütte kommen - also zögern Sie nicht, ihnen mit einem Ungeziefermittel zu Leibe zu rücken.

Die Flöhe legen ihre Eier auch überall in der unmittelbaren Umgebung des Hundes ab: in seinem Bett, auf dem Teppich usw. Der Werdegang dieser Schmarotzer - vom Schlüpfen der winzigen Made über die Puppe zum ausgewachsenen Floh - kann wenige Wochen, aber auch zwei Jahre dauern. Wenn sich die Flöhe also erst einmal eingenistet haben, ist es schwierig und langwierig, sie gänzlich loszuwerden.

Flöhe am Hund vernichtet man mit einem besonderen Shampoo oder aber mit einem Spray bzw. Puder (am besten den Tierarzt fragen); damit sollte man auch das Hundelager und die ganze Wohnung behandeln. Ist der Befall stark, muß man das Hundebett verbrennen und es eine Zeitlang durch Zeitungen ersetzen, die täglich zu wechseln sind. Diese Bekämpfungsmethode gilt auch für andere äußere Parasiten. Vergessen Sie nicht, alle Hunde und Katzen, die mit dem Verflöhten in Berührung gekommen sind, mit zu behandeln.

Hundeläuse gibt es in beißender und saugender Form. Die beißenden bewegen sich schnell, während die saugenden, die man oft als graue Masse in der Nähe der Ohren findet, sehr langsam sind. Beide jucken fürchterlich und werden ebenfalls mit Shampoo, Spray oder Puder bekämpft.

Zecken sind blutsaugende Schmarotzer, die sich mit dem Kopf in die Haut des Hundes bohren. Allmählich, über mehrere Stunden hinweg, werden sie grau und mächtig aufgedunsen, bis sie schließlich abfallen. Die meisten Zecken rühren von Rindern und Schafen her; die Hunde sammeln sie sozusagen ein, wenn sie durch hohes Gras streifen. Man entfernt sie mit einer Pinzette, nachdem man ihren Leib mit einer brennenden Zigarette berührt oder aber den Schmarotzer mit einem in Chloroform, Äther oder Petrol getränkten Wattebausch betäubt hat. Passen Sie aber auf jeden Fall auf, daß Sie auch den Kopf der Zecke erwischen, denn sonst kann es Vereiterungen geben. Eine andere Möglichkeit ist, den Hund mit einem schädlingsvernichtenden Shampoo zu behandeln.

Die Räude wird von einer Vielzahl mikroskopisch kleiner, spinnenartiger Milben verursacht, die die Haut befallen. Die meisten Räudezustände jucken sehr (eine Ausnahme sind die Haarbalgmilben) und müssen professionell behandelt werden, ebenso die Scherpilzflechte.

Das Nervensystem

Eigentliche Nervenbeschwerden sind selten. Hundestaupe und Tollwut gehören in den Abschnitt »Infektionskrankheiten«. Schüttelanfälle kommen gelegentlich vor, sei es infolge von Epilepsie oder einer anderen Krankheit - sie können beispielsweise das letzte Stadium der Staupe sein. Geraten Sie nicht in Panik, wenn Ihr Hund einen Anfall hat. Sie können nicht viel für ihn tun, außer ihn - und sich - ruhig halten. Der Tierarzt wird in der Lage sein, mit Rat und Tat zu helfen.

Augen und Ohren

Die Augen der Hunde sind durch Augenlider und Tränenproduktion wirksam geschützt. Bei vielen Rassen jedoch führt die Kopfform zu Augenbeschwerden. Pekingesen haben zum Beispiel vorstehende Augen, die für Verletzungen sehr anfällig sind. Der Augapfel kann sogar bei einem Unfall oder Kampf aus der Höhle fallen. Cavalier King Charles Spaniels, Papillons, Pudel und manch andere Zwergrasse scheinen oft ständig zu weinen, ein Zustand, der durch die Form des

Unten: Wer einen heimatlosen Bastard aufnehmen will, muß ihn unbedingt erst auf Flöhe, Zecken und andere Parasiten untersuchen.

Augapfels und die Führung des Tränenkanals bedingt ist. Bei gewissen Collie-Typen kommt manchmal das Gegenteil vor, d. h., eine angeborene Abnormität bewirkt eine ungenügende Tränenproduktion, so daß der Hund trockene Augen hat.

Ein bestimmtes Augenleiden muß speziell erwähnt werden: die progressive Netzhautatrophie – eine unheilbare Erbkrankheit, bei der es durch Degeneration der Netzhaut allmählich zur Erblindung kommt. Zwerg- und Toy-Pudel, Retriever und Spaniels sind oft davon betroffen. Nur durch selektive Zucht läßt sich diese Veranlagung einigermaßen ausmerzen.

Die Hörschärfe des Hundes ist erstaunlich und völlig unabhängig von der Form der Ohrmuschel. Tatsächlich ist an der Verschiedenheit der Ohren größtenteils der Mensch schuld, der sie aus bestimmten Gründen bald so, bald so herausgezüchtet hat.

Ohrenkrankheiten können bei manchen Hunden ein großes Problem sein. Schwierigkeiten haben besonders Hunde mit großen Schlappohren, wie Cocker Spaniels, oder mit einer Veranlagung zu behaarten Ohrenkanälen, wie z. B. Pudel. Außer gelegentlichem Haarauszupfen und Schmalzentfernen soll man an den Ohren eines Hundes nicht herumdoktern. Jedes Anzeichen von Unbehagen oder Schmerzen, z. B. ständiges Kopfschütteln oder Kratzen, ist Anlaß, den Tierarzt aufzusuchen. Ohrmilben werden oft durch Katzen übertragen.

Akute Schmerzen erleidet ein Hund, wenn ein Fremdkörper, etwa ein Spitzgras-Same, sich im Ohr festsetzt. Diese heimtückischen Dinger dringen immer tiefer ein und lassen sich wegen ihrer Form nicht einfach herausnehmen. Manchmal können sie nur unter Narkose entfernt werden. Wiesen, in denen solche Grasarten wachsen, sollte man zur Zeit der Versamung meiden.

Die rechtwinklige Krümmung im Ohrenkanal, die so wirksam dafür sorgt, daß dem Hund beim Schwimmen oder Graben weder Wasser noch Schmutz ins Innenohr eindringt, ist der anatomische Faktor, der das Herausholen eines Fremdkörpers überaus schwierig macht.

Infektionskrankheiten und Schutzimpfungen

Es gibt vier weitverbreitete Hundeseuchen, denen man mit Hilfe einer Schutzimpfung vorbeugen kann. Die wohl bekannteste ist die *Staupe*. Diese Virusinfektion zeigt die verschiedensten Symptome – Husten, Erbrechen, Durchfall, triefende Augen und Nase, hohes Fieber, das zu Krämpfen führt, Zittern, andere nervöse Krankheitszeichen und zuweilen Verdickung der Haut an Sohlen und Nase (Hartballenkrankheit). Die Staupe kann Hunde aller Altersklassen befallen, am ehesten jedoch junge Tiere. Daß reinrassige Hunde dafür anfälliger seien als Mischlinge, ist ein Ammenmärchen. Wichtig ist einzig, ob der Hund eine gewisse Immunität besitzt oder nicht. Die Krankheit verläuft, wie die nachfolgend erwähnten, in der Regel tödlich. Eine Behandlung gibt es kaum.

Die *ansteckende Leberentzündung* ist eine tödliche Viruskrankheit, die die Leber und andere Organe befällt. Erbrechen, Schmerzen und gelegentlich Gelbsucht sind die unmittelbaren Symptome.

Die letzte der tödlichen Seuchen ist die *Leptospirose*. Eigentlich sind es zwei Krankheiten, die von zwei sehr ähnlichen Erregern verursacht werden. Der eine – *Leptospira canicola* – führt zur sogenannten *Stuttgarter Hundeseuche*, die die Nieren befällt und u. a. von Ratten übertragen wird. *Leptospira icterohaemorrhagiae* dagegen geht an die Leber. Beide Krankheiten äußern sich in Erbre-

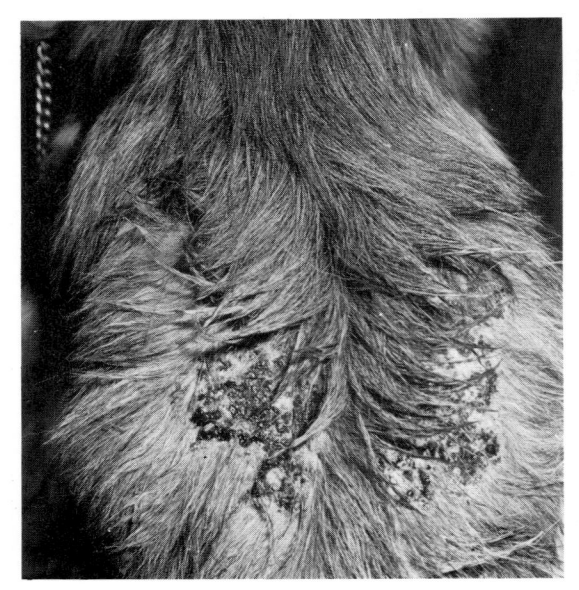

Links: Die Hundestaupe greift viele Körpergewebe an, so auch die Haut.

Unten: Typisch für die Hundestaupe sind eitriger Ausfluß aus der Nase, entzündete Augen und Erkrankung der Haut.

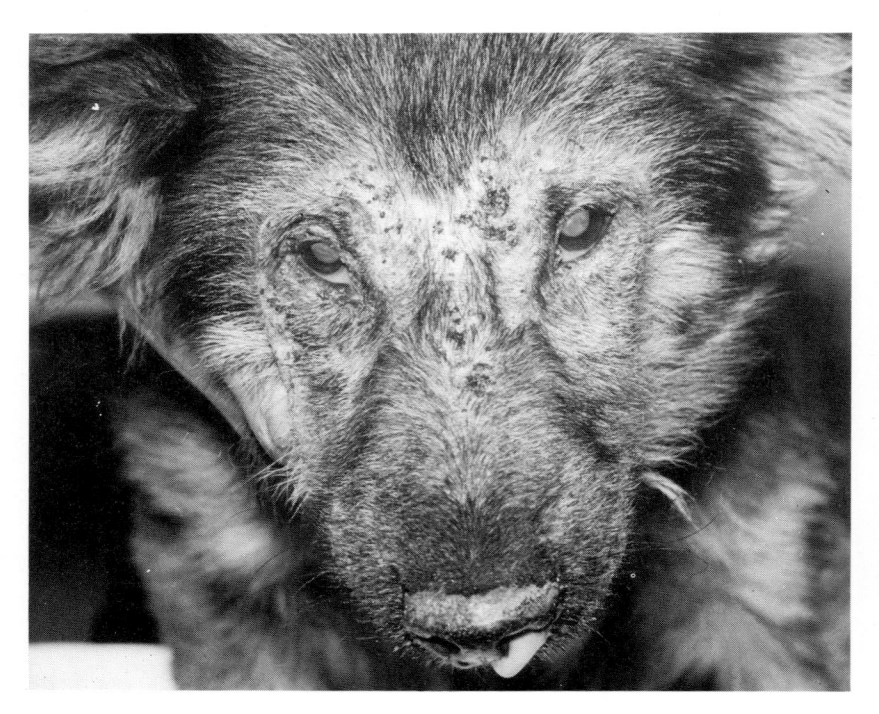

chen und Unwohlsein, und beide können auch dem Menschen gefährlich werden.

Alle vier Krankheiten werden von infizierten Hunden verbreitet, von denen viele das Virus in sich tragen, ohne daß man ihnen etwas anmerkt. Längst sind aber hochwirksame, unschädliche und relativ billige Impfstoffe erhältlich. Man kann zwar nicht gleich nach der Geburt impfen, weil die von der Mutter (über die Plazenta und in der Milch) auf das Junge übertragene Immunität und der Impfstoff einander stören würden. Wenn der Welpe ungefähr 12 Wochen alt ist, sollte die Schutzimpfung vorgenommen werden; den genauen Zeitpunkt bestimmt aber am besten der Tierarzt. Nur eins, verschleppen Sie die Angelegenheit nicht – das Risiko ist zu groß!

Da die erste Impfung nicht lebenslänglich anhält, sind Nachimpfungen unumgänglich. Auch dafür nehme man den Rat des Tierarztes an.

Tollwut

Diese unweigerlich zum Tode führende Krankheit wird von einem Virus ausgelöst, das das Nervensystem angreift. Sie wird fast immer durch den Biß eines angesteckten Tieres übertragen. Das Virus dringt über die Nerven und das Rückenmark langsam ins Gehirn vor. Die Symptome sind ebenso verschieden wie grauenhaft. Man unterscheidet zwei Formen: die stille und die rasende Wut. Frühe Anzeichen der letzteren Form sind Unruhe, Nervosität, zunehmende Bösartigkeit und zielloses Umherwandern. Kurz danach schnappt das Tier nach allem und jedem, auch nach sich selbst. In diesem Stadium besteht die größte Gefahr für andere Tiere und für Menschen, denn jetzt ist das Virus so gut wie sicher im Speichel des tollwütigen Tieres. Neben Bißwunden sind, wie man weiß, auch Kratzwunden vom Virus vergiftet, das sogar die gesunde Haut oder die Augenschleimhaut durchdringen kann.

Bei fortschreitender Krankheit heult oder kreischt der Hund und leidet sichtlich große Schmerzen. Er läuft mit unkoordinierten Bewegungen herum und verschlingt wahllos Dinge wie Steine oder Holzstücke. Zuletzt windet er sich in Krämpfen und stirbt. Im Unterschied zu tollwutkranken Menschen zeigen die Hunde selten Wasserscheu.

Bei der stillen Form leidet der Hund vor allem an fortschreitenden Lähmungen; der Unterkiefer hängt herab, Speichel läuft aus dem Maul. Die angesteckten Hunde sind bald völlig gelähmt und sterben rasch.

Die Inkubationszeit nach der Ansteckung schwankt beträchtlich, in der Regel dauert sie drei bis sechs Wochen, in Ausnahmefällen über vier Monate. Aus diesem Grunde ist nach einem verdächtigen Biß oder bei der Einreise eines Hundes in ein tollwutfreies Land eine so lange Quarantänefrist notwendig.

Besteht bei einem Hund Tollwutverdacht, dann ist schnelles Handeln lebenswichtig. Der Hund muß in einem abschließbaren Raum oder, noch besser, einem sicheren Käfig oder Zwinger isoliert werden, bis der Tierarzt eingetroffen ist. In Ländern, in denen die Tollwut endemisch ist, müssen streunende Hunde mit äußerster Vorsicht angegangen werden.

Wir verfügen heute über hochwirksame, unschädliche Impfstoffe für Hunde, andere Tiere und auch Menschen. In manchen Teilen der Welt ist die Schutzimpfung obligatorisch, in tollwutfreien Ländern dagegen teilweise gar nicht erlaubt, da sie die Diagnose der Krankheit stören könnte.

Länder wie Großbritannien, die keine Tollwut kennen, verteidigen diese Seuchenfreiheit mit strengen Quarantänevorschriften. Wer Tiere illegal einführt, muß mit sehr hohen Strafen rechnen. Tollwut kann leider im Wildleben eines Landes sehr schnell endemisch werden. Füchse, Wölfe, Waschbären und Fledermäuse sind nur einige der Tierarten, unter denen die Seuche praktisch unmöglich auszurotten ist.

Der Fortpflanzungsapparat

Das Studium der Fortpflanzung und Zucht von Hunden ist faszinierend, da Hunde nicht nur eine große Vielfalt an Variationen zeigen, sondern auch bestimmte, einmalige Merkmale. Ob diese vielen Variationen auf unterschiedliche Ahnen schließen lassen, darüber zerbrechen sich manche Biologen den Kopf. Wahrscheinlicher dürfte es sein, daß die »unnatürliche« Selektion des Menschen dazu geführt hat.

Die Hündin

Das Alter, in dem Hündinnen das erstemal hitzig werden, ist ganz verschieden. Die eine kann erst fünf Monate alt sein, die andere ist vielleicht schon fast zwei Jahre.

Das erste Anzeichen ist oft ein leichtes Ruhigerwerden, obwohl zuweilen selbst der kritischste Besitzer nichts merkt, bis das Bluten aus der Scheide beginnt. Es handelt sich dabei um einen geringfügigen, wäßrig-roten Ausfluß, manchmal begleitet von einem leichten Anschwellen der Scheide. In der Regel sind Hündinnen sehr reinlich und lecken diesen Ausfluß selber weg. Zuweilen ist die Blutung stärker, besonders bei Hündinnen großer Rassen, wenn sie das erstemal läufig werden. In diesem Stadium ist die Hundedame nicht besonders attraktiv für Rüden, auch wenn diese vielleicht etwas Interesse zeigen. Die Blutung hält ungefähr zehn bis zwölf Tage lang gleichmäßig an, dann geht sie stark zurück. Jetzt zieht die Hündin Rüden immer heftiger an. Sie erreicht den Östrus, die Zeit, in der sie sich begatten läßt und ihre Eizellen den Eierstock verlassen. Dieser Abschnitt der Hitze dauert etwa acht Tage; danach ist die Blutung praktisch zu Ende, und die Scham ist nicht mehr so geschwollen.

Unten: Ein von Tollwut befallener Hund zeigt zwei Anzeichen der Seuche: die fehlende Koordination in der Bewegung der Hinterbeine und das aggressiv keuchende Knurren.

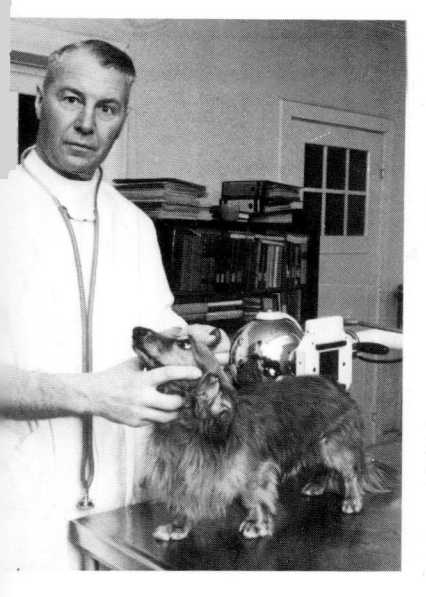

Oben: Bei regelmäßiger tierärztlicher Kontrolle können mögliche Beschwerden frühzeitig erkannt werden.

Unten: In den ersten paar Lebensmonaten sind Hunde am anfälligsten gegenüber Infektionskrankheiten und müssen entsprechend geimpft werden.

Diese Scheidenblutungen können nicht mit der Menstruation bei Frauen verglichen werden. Sie hängen vielmehr mit der Vorbereitung der Paarung zusammen, während sie bei den Frauen mit der Zersetzung der Gebärmutterschleimhaut einhergehen.

Die ganze Hitzeperiode dauert ungefähr drei Wochen, kann aber selbst bei völlig normalen Hündinnen großen Schwankungen unterworfen sein. Die einen bluten fast gar nicht, andere drei Wochen lang sehr stark, und manche sind schon vom ersten Tag des Zyklus an für den Rüden bereit und bleiben während der ganzen Zeit paarungswillig. Das alles sind normale Abweichungen, die mit normaler Fruchtbarkeit zusammenhängen und bei denen vollkommen normale Welpen geboren werden.

Die meisten Hündinnen werden zweimal jährlich läufig, gewöhnlich im Frühling und im Herbst. Einzelne Tiere, besonders großrassige, können aber auch drei Hitzeperioden im Jahr haben, andere wiederum, vor allem kleine, nur eine. Die meisten werden noch in hohem Alter läufig, oft aber ist die Fruchtbarkeit bei bejahrten Hündinnen vermindert.

Vielen Hundebesitzern ist es lästig, zweimal jährlich diese Läufigkeit mit allen Unannehmlichkeiten durchzustehen, und darum lassen sie die Eierstöcke entfernen.

Ob das Verschneiden ratsam ist oder nicht, darüber kann man sehr verschiedener Meinung sein. Viel hängt davon ab, was der einzelne zur Verhinderung von Zufallspaarungen tun will und kann. Zu berücksichtigen ist dabei etwa, ob man Kinder hat, die dauernd das Gartentor offen lassen, in was für einer Umgebung man lebt und wie viele herrenlose Rüden in der Gegend herumstreunen. Viele internationale kynologische Vereinigungen setzen sich für die Entfernung der Eierstöcke als beste Methode für die Geburtenkontrolle in der Hundewelt ein; in einigen Ländern wird die Operation sogar subventioniert.

Wenn Sie im Sinn haben, Ihre Hündin operieren zu lassen, dann sprechen Sie doch erst mit den Züchtern in Ihrer Nähe und dem Tierarzt. Sie dürfen nicht vergessen, daß Sie nichts mehr rückgängig machen können. Unfruchtbar gemachte Weibchen werden auch nicht an Ausstellungen gezeigt. Auf jeden Fall aber soll man die Hündin, ehe man sie operiert, eine Hitzeperiode erleben lassen – das ist ein ungeschriebenes Gesetz.

Die Eierstöcke und die Gebärmutter werden bei Hündinnen unter Vollnarkose entfernt. Nachher wird die Hündin nicht mehr läufig und zieht auch keine Rüden mehr an. Leider nehmen Hündinnen nach einer solchen Operation oft ziemlich stark zu, teils natürlich deshalb, weil sie allgemein stiller und etwas bequemer werden. Man muß sehr darauf achten, durch sorgfältige Futterkontrolle und regelmäßige Bewegung ihr Gewicht in Grenzen zu halten.

Es gibt aber auch andere Möglichkeiten. So verfügen wir heute über mehrere Medikamente, die eine Hitzeperiode aufschieben oder gänzlich unterdrücken. Der Vorteil dieser Lösung ist, daß man später mit der Hündin doch noch züchten kann. Übrigens lassen sich die Unannehmlichkeiten der Läufigkeit auf verschiedene Arten vermindern. Alte Tücher z. B. schützen die Möbel wirksam gegen Flecken, falls der Armsessel der Lieblingsplatz Ihrer Hündin ist. Und wenn Sie ihr innerhalb der Grenzen eines Hintergartens ein wenig Bewegung verschaffen oder sie im Wagen ein ziemliches Stück weit mitnehmen, bevor Sie mit ihr spazierengehen, dann wird der Andrang von Verehrern am Gartentor nicht so groß sein. Es gibt auch verschiedene Deo-Sprays, mit denen man vor dem Ausgehen die Rückseite der Hundedame besprühen kann. Sie überdecken den Geruch und wirken auf Rüden abstoßend.

Eine ganze Reihe von Krankheiten kann den Fortpflanzungsapparat der Hündin befallen. Die meisten sind selten und machen sich durch Zeichen wie Ausfluß, anomales Sexverhalten, verlängerte Hitzeperioden oder Unfruchtbarkeit bemerkbar. Zwei etwas häufigere Probleme verdienen Erwähnung. Das erste ist die Scheinträchtigkeit. Viele Hündinnen, zumal kleine Schoßhündchen, äußern alle Zeichen einer Schwangerschaft, selbst wenn sie einem Rüden nie auch nur in die Nähe gekommen sind. Diese Pseudoträchtigkeit ist im Grunde ein ganz normales Verhaltensmuster, kann aber sehr übersteigert sein – Hündinnen werden dann richtig krank, neurotisch und sondern zuweilen Milch ab. Der Zustand läßt sich mildern, indem man die Hündin stark beschäftigt hält, aber in schwereren Fällen ist es besser, einen Tierarzt zu konsultieren. Er ist in der Lage, nützliche Ratschläge und vielleicht ein Beruhigungsmittel oder andere Medikamente zur Verminderung der Anzeichen zu geben.

Schwerwiegender ist Pyometra, eine chronische Gebärmutterentzündung mit Eiteransammlung. Typische Symptome sind Erbrechen, Mattigkeit,

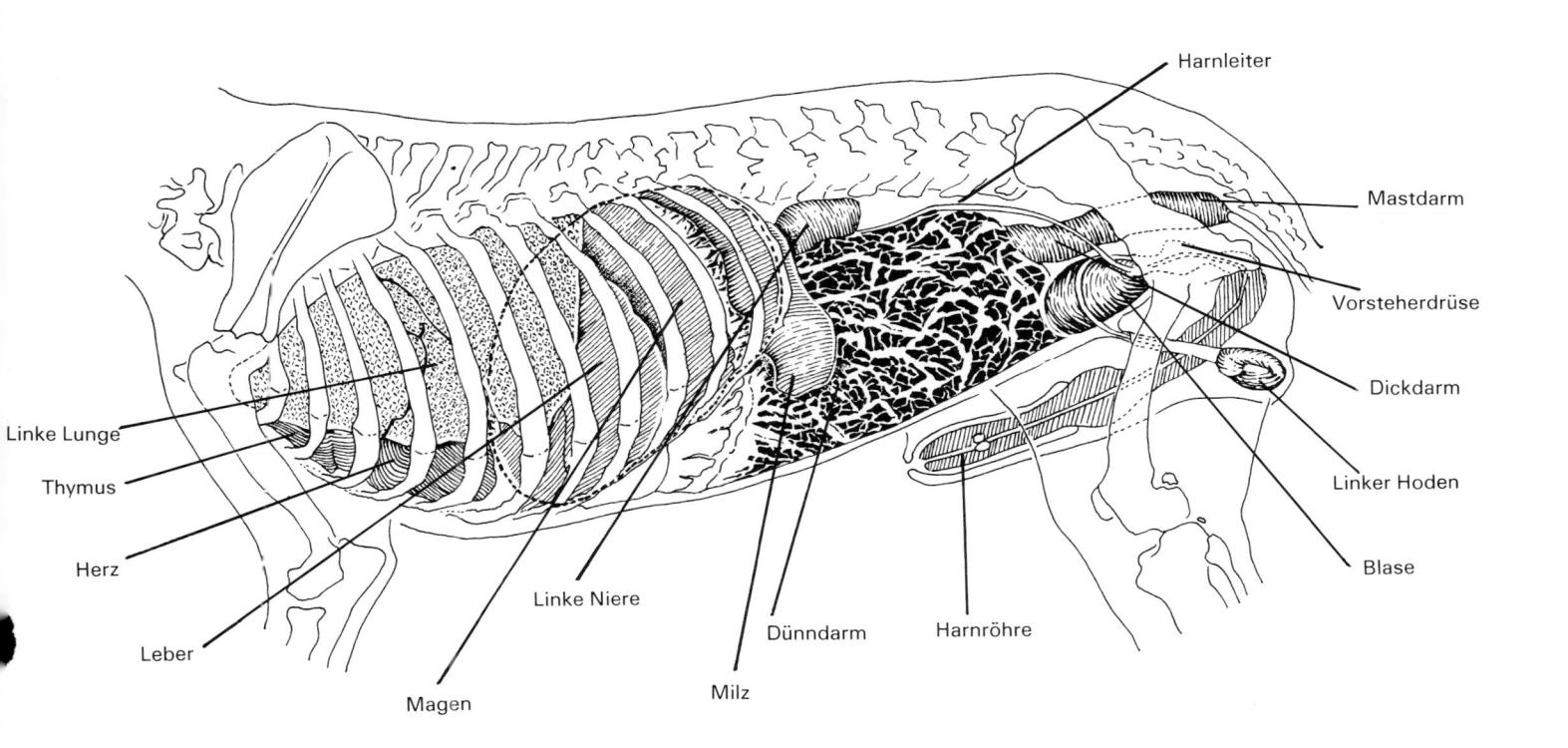

Oben: Die inneren Organe eines männlichen Hundes.

plötzlicher übermäßiger Durst und gänzlicher Appetitverlust. In manchen Fällen dringt ein blutig-eitriger Ausfluß aus der Vulva. Die Hündin ist in kurzer Zeit sehr krank und muß dringend behandelt werden – meist wird in einer Operation der ganze Geschlechtstrakt entfernt. Die Krankheit kommt bei älteren und alten Hündinnen, die nie geworfen haben, häufiger vor. Sie tritt meist etwa sechs Wochen nach einer Hitzeperiode auf.

Der Rüde

Rüden haben keinen eigentlichen Fortpflanzungszyklus; sie werden nur von läufigen Hündinnen angezogen. Der Zeitpunkt des Beginns der Fortpflanzungsfähigkeit und des erwachsenen Sexualverhaltens ist unterschiedlich, liegt aber gewöhnlich zwischen fünf und sieben Monaten.
Die Fortpflanzungsorgane der Rüden weisen keine Besonderheiten auf. Wie bei vielen jungen Säugetieren sind die Hoden bei der Geburt noch nicht im Hodensack, steigen aber innerhalb der ersten Lebenswoche aus der Bauchhöhle ab. Rüden mit nur einer sichtbaren Hode sind recht häufig, sie sind in der Regel voll zeugungsfähig.
Es gibt bei den Rüden weniger Gründe für eine Kastration als bei den Weibchen; der Eingriff wird auch nicht routinemäßig vorgenommen. Wenn jedoch ein männlicher Hund geradezu sexversessen wird, kann sich eine Kastration als sehr nützlich erweisen. Weder der Sexualtrieb noch die Paarungsfähigkeit gehen dabei gänzlich verloren. Natürlich ist keine Befruchtung mehr möglich, aber mancher kastrierte Rüde bespringt nach wie vor Hündinnen.

Alter und unheilbare Krankheit

Es gibt keinen vernünftigen Vergleich zwischen dem Alter von Mensch und Hund. Daß ein Hundejahr sieben Menschenjahren entspricht, ist einfach ungenau; bei Hündinnen sind z. B. Schwangerschaften im Alter von einem Jahr ganz normal!
In der Regel sterben Hunde, wenn sie zwischen zehn und zwanzig Jahre alt sind. Kleinere Hunde erreichen eher ein höheres Alter, während größere Rassen, besonders Boxer, relativ jung sterben. Auch ein Pyrenäenhund ist mit zwölf wirklich sehr alt.
Wie bei den Menschen, können auch bei den Hunden Krebsgeschwüre gut- oder bösartig sein. Nicht jeder Krebs ist unheilbar, sogar einige bösartige Tumore können erfolgreich behandelt werden, wenn der Patient früh genug zum Tierarzt gebracht wird. Abwarten ist sinnlos: Zuweilen ist ein harmlos aussehender Höcker lebensgefährlich.
Es gibt einige Infektions- oder Degenerationskrankheiten, bei denen ein humanes Einschläfern des erkrankten Tieres tatsächlich das einzig Richtige ist. Aber nur weil ein Hund blind oder taub ist, heißt das noch lange nicht, daß er dem Tode nahe sei; viele Tiere mit diesen Gebrechen leben in vertrauter Umgebung noch jahrelang glücklich und zufrieden. Meist spürt es der Besitzer, wenn sein Hund mit seiner Situation nicht mehr fertig werden kann; dann ist die Zeit gekommen, ihm einen sanften Tod zu bereiten.

Der Hund – Gegenwart und Zukunft

Zweifellos ist der Hund heute das beliebteste und damit häufigste Haustier der Welt. Wohl gerade deswegen macht sich in allen westlichen Ländern lautstark eine Anti-Hund-Lobby bemerkbar, und es ist durchaus möglich, daß der zahlenmäßige Bestand der Hunde in den kommenden Jahren überall zurückgehen wird.

Gegenwärtig gibt es eine enorme internationale Hundebevölkerung. Allein in Großbritannien leben ungefähr 5,6 Millionen Hunde, d. h. einer auf zehn Menschen. In Amerika ist das Verhältnis bei insgesamt 38 Millionen Hunden sogar 1:6. Die Größe der Hundepopulation scheint mit dem Reichtum eines Landes in direkter Beziehung zu stehen. Das stimmt nur bedingt, denn z. B. in der Bundesrepublik, die man wohl kaum als wirtschaftlich schwach betrachten kann, gibt es auf 25 Menschen nur einen Hund. Möglich ist, daß andere wirtschaftliche Faktoren zusammen mit gesellschaftlichen Gepflogenheiten einen gewissen Einfluß ausüben.

Immerhin scheint es, daß der Wohlstand eines Landes sich auf die Hundetypen auswirkt, die man besitzt, und auf den Standard, auf dem sie gehalten werden. Im allgemeinen gehen Quantität und Qualität Hand in Hand. Die USA haben beispielsweise nicht nur die größte Hundepopulation der westlichen Welt, sondern auch die höchste Zahl an reinrassigen Hunden mit Ahnentafel.

Statistiken können immer irreführend sein, da macht die auf Hunde ausgerichtete keine Ausnahme. Wußten Sie, daß Hunde in Großbritannien schätzungsweise 4,5 Millionen Liter Urin und 500 Tonnen Kot täglich ausscheiden – gleichviel wie ungefähr 4 Millionen Menschen? Die Hundegegner werden Ihnen wahrheitsgetreu berichten, daß alle Welpen mit Spulwürmern geboren werden und daß sich Tausende von Spulwurmeiern auch im Kot eines Großteils der erwachsenen Hunde befinden. Sie werden Ihnen ferner sagen, daß die Gefahr einer menschlichen Verseuchung durch diese Eier besteht, die bei Kindern Blindheit und Gehirnschäden verursachen können (was allerdings sehr selten ist). Fragen Sie einen dieser Lobbyisten, wie viele Leute er denn kenne, die an Toxocara erblindet sind – oder auch nur, wie viele Menschen von 10000 an

Oben: In diesem Alter ist dem herzigen Fellbündel Zuneigung gewiß. Aber auch als ausgewachsener Hund wird er Liebe und Zuwendung brauchen.

Links: Der Schweizer Laufhund ist das Ergebnis vieler Generationen Zucht und Einkreuzung. Viele schweizerische Hunde sind durch Kreuzung mit Dachshunden niedriger gezüchtet worden, so zum Beispiel die Niederlaufhunde. Außerhalb des Landes relativ unbekannt, werden sie als anhängliche Familienhunde immer beliebter.

dieser Krankheit leiden. Die Antwort wird Sie kaum erschrecken.

Mehr Grund zur Sorge geben die Zahlen über streunende Hunde und über die Nahrungsmengen, die von Hunden vertilgt werden. Würde man das, was die Hunde verzehren, der unterernährten Bevölkerung in der Dritten Welt zur Verfügung stellen können, gäbe es sicher weniger leidende Menschen.

Solche Argumente haben allerdings Schönheitsfehler: Ein angesehener Umweltschützer bemerkte, selbst in afrikanischen Dörfern mit unterernährten Menschen gebe es immer eine ganze Anzahl Hunde. Sie gehören den hungernden Menschen, die sie bei sich haben und für sie sorgen wollen.

Die Zukunft des Hundes als Haus- und Arbeitstier ist gesichert. Wahrscheinlich wird es in tausend Jahren Rassen geben, die wir nicht wiedererkennen würden – aber sie werden noch immer des Menschen bester Freund sein!

Der Hund wird uns also erhalten bleiben. Wir müssen allerdings eine vernünftige Einstellung zu seiner Position in unserer Gesellschaft finden und unser Möglichstes tun, um unsere Beziehung zu Hunden so glücklich und angenehm wie möglich für beide Teile zu gestalten.

Neben der Anti-Hund-Lobby haben wir die Pro-Hund-Lobby. Sie ist genauso streitbar und gut informiert. Beide Parteien werden einsehen müssen, daß es zwischen totalem Hundeverbot und totaler Hundefreiheit einen vernünftigen Kompromiß gibt, den wir anstreben sollten. Eine Erhöhung der Hundesteuer würde an sich nicht zu einer Verminderung der Hundepopulation führen, denn gerade die Leute mit den schlechtgehaltenen Hunden scheren sich nicht um Hundemarken.

Wahrscheinlich wird die Zahl der Begleithunde in den sozial fortgeschrittenen Ländern etwas zurückgehen; ein steiler Abstieg aber wird es nicht sein. Die wachsende Isolierung, der Wunsch nach Kontakt mit einem Tier in einer mechanisierten Gesellschaft und mehr Freizeit – das sind lauter Faktoren, die den Niedergang aufhalten. Die verbleibenden Hunde werden hauptsächlich reinrassige, unter besten hygienischen Bedingungen und in perfektem Ernährungszustand gehaltene Tiere sein. Die Rassen werden vielfältig sein, denn wie wir gesehen haben, bleibt kein Standard für immer bestehen. Die Veränderungen aber werden in erster Linie aus ästhetischen Gründen und nicht wegen spezialisierter Arbeitstechnik erfolgen. Wir wollen nur hoffen, daß die Wesensveränderungen dann die erhöhte Schönheit der Rassen positiv ergänzen.

Solange Menschen die Erde bevölkern, wird es Hunde an ihrer Seite geben – das ist sicher!

Unten: Tiere wie diese Irischen Wolfshunde waren schon vor Jahrhunderten Freund und Helfer des Menschen.

Welcher Hund paßt zu Ihnen?

Man kann unmöglich sagen, die einen Hunde gäben bessere Familientiere ab als die andern. Jeder Hundebesitzer weiß ja, daß sein Hund der beste der Welt ist!
Ehe Sie aber einen Hund anschaffen, müssen Sie sich überlegen, welcher Welpe gut zu Ihnen und Ihrer Familie passen würde.
Schauen Sie sich einmal auf einer Ausstellung um! Hier sehen Sie Hunde der verschiedensten Rassen. Wenn Sie eine gefunden haben, die Ihnen gefällt, können Sie einen Züchter in Ihrer Nähe aufsuchen und sich die Eltern der zu verkaufenden Welpen zeigen lassen. Das gibt Ihnen einen Begriff, wie groß und von welchem Temperament Ihr Hündchen einmal sein wird, wenn es herangewachsen ist.
Die Adressen von Hundezüchtern erfahren Sie aus Fachzeitschriften oder vom nationalen kynologischen Verband; auch der betreffende Rassehundeklub wird Ihnen gerne weiterhelfen.
Hier ein paar Tips für alle, die im Begriffe stehen, ihre Wahl zu treffen:
Einer der besten Familienhunde ist der Labrador Retriever. Er ist wesensfest, geduldig mit Kindern, gut zu erziehen. Allerdings ist er ziemlich groß und braucht viel Bewegung und eine Menge Futter.
Wirkliche Riesen, wie Pyrenäenhunde, Deutsche Doggen, Bernhardiner usw., sollte man nicht in Städten halten. Sie brauchen offenes Land, um sich genügend austoben zu können, und ihr Essen kostet eine Menge Geld.
Deutsche Schäfer gehören zu den intelligentesten Rassen. Sie beanspruchen allerdings viel Zeit, und sie binden sich ganz an einen einzigen Menschen. Wenn man sich mit ihnen beschäftigt und sie sich verstanden fühlen, sind sie die wunderbarsten Kameraden. Geraten sie in falsche Hände, werden sie störrisch und schwierig.
Spaniels sind freundlich und kommen mit fast jedermann gut aus. Sie brauchen nicht so viel Auslauf wie ihre größeren Artgenossen, aber wenn man in einer Stadt wohnt, tut es gut, mit ihnen öfter über Land zu gehen.
Boxer sind ideale Gefährten für junge Leute. Sie sind lebhaft, verspielt und gutmütig.
Kleinere Terrier sind meist heitere, aber selbstbewußte und gelegentlich aggressive Kerlchen, die eine feste Hand brauchen. Im Hause sind sie liebenswürdig und lebhaft. Corgis sind eigenwillige Persönlichkeiten, werden aber in den richtigen Händen zu reizenden Familienhunden.
Einige der winzigen Toy-Rassen, Yorkshire Terriers, Chihuahuas usw., sind für Familien mit lebhaften Kindern weniger geeignet. Dafür geben sie für Menschen, die auf beschränktem Raum leben, ideale Begleiter ab.
Der Tibet Spaniel ist noch nicht so bekannt, aber auch an ihn sollte man denken, besonders, wenn man nicht allzuviel Platz hat. Er ist ein intelligenter kleiner Hund, der seine Zurückhaltung allerdings erst aufgibt, wenn er einen kennt.
Wir haben hier einige von den weit über hundert von der FCI anerkannten Rassen erwähnt, und auf den populärsten aller Hunde sind wir noch gar nicht eingegangen: den Mischling. Einziger Nachteil ist, daß Sie beim Kauf eines Bastardwelpen nicht wissen können, wie groß er wird und welches Temperament er einmal hat.
Eins ist wichtig: Wählen Sie VERNÜNFTIG. Wenn Sie in einer kleinen Wohnung leben und einen großen Hund kaufen, sind Sie ihm gegenüber einfach unfair. Wenn Sie knapp bei Kasse sind, verzichten Sie auf einen Hund, den richtig zu ernähren Sie sich nicht leisten können.
Die Belohnung für eine kluge Entscheidung wird ein Freund fürs Leben sein.

Unten links: Ein Sealyham Terrier mit zwei Welpen. Diese mittelgroße Rasse ist sehr attraktiv.

Unten rechts: Etwas kostspieliger zu halten ist dieser gestromte Bullmastiff.

Von der Fédération Cynologique Internationale (FCI) bis heute anerkannte Rassen

Schäferhunde, Schutz-, Wach- und Gebrauchshunde
Deutscher Schäfer
Belgischer Schäfer alle Varietäten
Berger de Beauce
Berger de Brie
Berger des Pyrénées
Berger Picard
Bouvier des Flandres
Komondor
Kuvasz
Puli
Bergamaske
Maremmano-Abruzzese
Karsthund
Bobtail (Old English Sheepdog)
Bearded Collie
Langhaar-Collie
Kurzhaar-Collie
Shetland Sheepdog
Welsh Corgi Cardigan
Welsh Corgi Pembroke
Boxer
Dobermann
Hovawart
Rottweiler
Riesenschnauzer
Deutsche Dogge
Schnauzer
Leonberger
Pinscher
Pyrenäenhund
Bordeaux-Dogge
Mastino Napoletano
Appenzeller Sennenhund
Berner Sennenhund
Entlebucher Sennenhund
Großer Schweizer Sennenhund
St. Bernhardshund
Neufundländer
Samojedenspitz
Landseer
Alaskan Malamute
Siberian Husky
Bulldog
Bullmastiff
Mastiff

Jagdhunde
Foxterrier
Airedale Terrier
Deutscher Jagdterrier
Bedlington Terrier
Border Terrier
Bullterrier
Cairn Terrier
Dandie Dinmont Terrier
Irish Terrier
Kerry Blue Terrier
Lakeland Terrier
Norwich Terrier
Scottish Terrier
Sealyham Terrier
Skye Terrier
West Highland White Terrier
Dachshunde alle Varietäten
Hannoverischer Schweißhund
Bloodhound
Dachsbracke
Wachtelhund
Bayerischer Gebirgsschweißhund
Österreichische Bracke
Schweizer Laufhund
Luzerner Laufhund
Berner Laufhund
Jura-Laufhund
Jura-Laufhund Typ St-Hubert
Schweizer Niederlaufhund
Berner Niederlaufhund
Luzerner Niederlaufhund
Jura-Niederlaufhund
Cirneco dell'Etna
Basenji
Rhodesian Ridgeback
Deutscher kurzhaariger Vorstehhund
Deutscher drahthaariger Vorstehhund
Deutscher langhaariger Vorstehhund
Großer Münsterländer
Kleiner Münsterländer
Pudelpointer
Weimaraner
Vizsla
Vorstehhunde britischer Rasse
Pointers britischer Rasse
English Setter
Irish Setter
Gordon Setter
Golden Retriever
Labrador Retriever
Cocker Spaniel
American Cocker Spaniel

Schoßhunde und Begleithunde
Affenpinscher
Kromfohrländer
Großspitz
Kleinspitz
Zwergpinscher
Zwergschnauzer
Löwchen
Französische Bulldogge
Pudel alle Varietäten
Phalène
Papillon
Bologneser
Malteser
Chihuahua
Dalmatiner
Chow-Chow
Peking-Palasthund (Pekingese)
Shi-Tzu
Tibet Terrier
Lhasa Apso
King Charles Spaniel
Mops
Yorkshire Terrier

Windhunde
Afghan
Barsoi
Greyhound
Irish Wolfhound
Whippet
Saluki
Sloughi
Italienisches Windspiel
Galgo Espanol
Deerhound
Magyar Agar
Malta-Windhund (Pharaonenhund)

Register

Kursiv gesetzte Seitenzahlen verweisen auf Illustrationen.

A

Afghanischer Windhund *5*, 24, *33*, 36, 43, 66, 69, 84, 97, *105*, 108, *154*
Afterkrallen 150
Aggression 48, 63, 64, *65*, 66, 67, 68, 70, 71, *73*, 75, 79, 81, 83
Airedale 17, 74, 126, *151*
Aktivität 79, 159
Alaskan Malamute 19, 68, 109, 130
Alter 141, 142, 175, 185
Analdrüsen 54, 177
Anal- und Genitalbereich, Pflege 166
Angst s. Furcht
Angstbeißer 73, 83
Anpassung 10, 16, 20, 26, 62
Antarktis, Hunde in der, 131
Anthropomorphismus 47
Appetit 167, 173, 174, 185
Apportierhunde 22, 45, 97
- Arbeit 98
- Ausbildung 102
- Prüfungen 104
Arktis, Hunde der, 129 ff.
Arthritis 180
Assoziation 46, 74
Atmung 27, 167
Aufspüren 78
Augen 31 ff., 181
- Pflege 167
Ausfluß 148, 184, 185
Ausscheidungsverhalten 53 ff.
- bei Welpen 55
Ausstellungen 25, 140 ff.
- Bewertung 142
- System 141
- Vorbereitung 143
Australian Cattle Dog 111, 113
Australian Terrier *107*
Autofahrt 160

B

Baden 164
Balearen-Laufhund 24
Bandscheiben 179
Bandwürmer 176, 181
Barsoi (Russischer Windhund) 24, 25, 36, *43*, 69, 106, 108
Basenji 12, 21, 45, 69, 71, *96*
Basset Hound 25, 31, *62*, *63*, 96
Bastard 17, 42, *86*, 156, *159*, *170*, *181*, 188
Beagle 17, 29, 31, 57, 62, 64, *67*, 69, 71, 94, *95*, *99*, 123
- Ausstellungen 96
- Hasenjagd 95
- Prüfungen 95, 96
Bearded Collie 26, *110*, 111, *160*
Bedlington Terrier *39*
Begleithunde 23
Belgischer Schäfer 113, 126
Bellen 67
Berner Sennenhund *114*
Bernhardiner 19, *59*, 78, 116, *117*, 188
Betteln 46, 75
Bewegung 42, 79, 159
Binokularsicht 34

Blenheim *21*
Blindenführhunde 82, 117 ff.
- Ausbildung 120
- Rassen 117
- Tauglichkeit 119
Bloodhound (Bluthund) 13, 17, 21, *25*, 31, *52*, 66, *67*, 78, 93, 96, 97, 126
Bobtail (Old English Sheepdog) 74, *75*, 111, 112, *175*
Border Collie 20, *80*, 109, 111
Border Terrier *76*, *107*, *169*
Boston Terrier *4*
Bouvier des Flandres 113
Boxer 20, *29*, 58, 64, 66, 69, *71*, 76, *155*, *175*, 188
Briard 113
Bulldogge 17, 20, *24*, *47*, 48, 74
- Französische 20
Bullenbeißer 20
Bullmastiff 17, *188*
Bull Terrier 23, 35, 40, 70, 72, *158*
Bürsten 162
Buschhund 8

C

Cairn Terrier *14*, 23, *73*, *85*, *154*
Cambridgeshire Hound 98
Canadian Eskimo Dog 130
Caniden 8, 9
Canis lupus pallipes 9
Cavalier King Charles Spaniel *5*, 16, *23*
Charakterfehler 83
Chesapeake Bay Retriever 45, 102
Chihuahua 23, 24, *49*, *143*, 188
Chow-Chow *24*, 57, *64*, 69
Clumber Spaniel 101
Cocker Spaniel *21*, 45, *60*, 101, *103*, *145*
Collie *34*, 36, *38*, 44, 79, 84, 111, *114*, *115*, 117
- Kurzhaar s. Smooth Collie
Coonhound (Waschbärhund) 45, 91, 97
Cruft's Dog Show 141
Cynodesmus 7, *8*
Cynodictis 7, *8*

D

Dachshund (Dackel) 16, 21, 45, 64, 78
- Rauhhaar 84, *89*
- Zwerg *78*
Dalmatiner 20, 40, 42, 66, *74*, 75
Dandie Dinmont Terrier 66, *138*
Deerhound s. Schottischer Hirschhund
Deutsche Dogge *4*, 13, *51*, 66, 71, 75, 84, *146*, *152*, 188
Deutscher Schäfer *11*, 17, 20, 31, *37*, 40, 45, *50*, 70, 72, 73, 74, 75, 110, 114, 116, 117, *121*, 123, *124*, 126, 128, *151*, 188
Deutscher Vorstehhund 100, 104
- Drahthaar 100
- Kurzhaar *59*

- Langhaar 100
Diabetes 178
Diensthunde 124 ff.
- Abrichtung 126
- Arbeit 127, 128
- Leistungsprüfungen 129
- Rassen 125
- Zucht 127
Dingo 8, *10*, 12, 13, 111
Dobermann Pinscher 20, 70, 74, 123, 126, *128*
Doggenartige 13, 19
Domestikation 6, 9 ff., 12 ff.
Dominanz 57, 58, 69, 71, *77*, 84
Dosennahrung 174
Durchfall 171, 175, 177, 182

E

Eklampsie 150
Elchhund *70*, *73*
English Setter 100, *105*, *143*
English White Terrier 23
Entwöhnung 175
Epilepsie 181
Erbrechen 175, 182, 184
Erdhunde 91
Ernährung 169 ff.
- Säugende Hündinnen 175
- Trächtige Hündinnen 174
- Welpen 49, 157, 175
Erziehung 157 ff.
Eskimohund 13, 44, 109, 130
Essen 48 ff.
- Abnormes Verhalten 52

F

Farbsicht 33
Fasten 48, 173
Fédération Cynologique Internationale (FCI) 18, 141, 142, 146, 189
Fehlgeburt 148
Fell 180
- Pflege 162 ff.
Fieber 182
Fiebermessen 168
Field Spaniel 101, *102*
Finnenspitz *132*
Fleisch 52, 169
Flöhe *180*, 181, s.a. Parasiten
Forschungshunde 46, 123
Fortbewegung 42 ff.
Fortpflanzungsapparat 183
- Hündin *144*, 183
- Rüde 185
Fortpflanzungsfähigkeit 57, 185
Foxhound 21, 29, 31, 40, 57, *62*, *91*, *92*, *93*, *94*, 97
- Fuchsjagd-Abrichtung 92
Foxterrier 66, 71, 91
- Drahthaar 68
- Glatthaar *147*
- Rauhhaar *147*
Freierverhalten 57
Freundlichkeit 64, 75
Führhunde
- für Blinde 117 ff.
- für Hörbehinderte 123

Furcht *73*, 74, 75
Fußpflege 165
Futtermenge 48, 170, 171, 173
Fütterung s. Ernährung

G

Galopp 42
Gazehound 36
Gebärmutterentzündung 184
Gebrauchshunde 19, 25, 110 ff., 136 ff., 141, s.a. Diensthunde
Geburt 59, 149
Gedächtnis 86
Gehirn 46, 82, 84
Gehör 37 ff.
- Entwicklung 39
- Rassenunterschiede 40
Geläut 68, 95, 96
Gelbsucht 182
Gemeinschaftsverhalten 60 ff.
Geruchssinn 27 ff., 32, 53, 86
- Entwicklung 29
- Rassenunterschiede 30
Gesichtsausdruck 66, *73*
Gesichtssinn s. Sehvermögen
Gesundheit, Zeichen der, 167
Glasaugen *167*
Gleichgewichtssinn 42 ff.
Golden Retriever 68, 69, *101*, 102, *105*, 117, *119*
Gordon Setter 22, 100
Greyhound *11*, 13, *18*, 19, 24, 34, 36, 40, 43, 44, 57, 66, 69, *79*, 97, 106, *108*, *109*
Greyhound-Rennen *106*
Groenendael 113
Grönlandhund 130

H

Haarkleid 168, 180
Harrier 62, 96
Hartballenkrankheit 182
Haushunde 186
Haut 180
Herz 178
Hetzhunde 18, 22
Hetzjagd 97, 106
Heulen 68
Hinken 179
Hirtenhunde 13, 17, 19, 36, 79, 110 ff.
Hitze 8, 53, 57, 147, 154, 183
Homosexualität 58
Hörmechanismus *36*
Hüft-Dysplasie *178*, 179
Hundeartige 8
Hundeclubs s. Kynologische Gesellschaften
Hundepfeife 38
Hunderennen 106
Hundestammbuch 144
Hungern 48
Huskies 130, *131*, *132*, *134*, *135*, *136*
Husten 175, 176, 178, 182
Hütehunde 36, 110 ff., s.a. Hirtenhunde
- Ausbildung 114

- Prüfungen 116
Hütetrieb 79
Hypersexualität 58, 83, 155

I

Impfung 178, 182
Indischer Wildhund 8
Infektionskrankheiten 182
Innere Organe *185*
Intelligenz 46, 84 ff.
Irish Setter 22, *61*, 66, 100
Irish Water Spaniel *89*, 101, *102*
Irish Wolfhound (Irischer Wolfshund) 24, *32, 35*, 36, *41, 187*
Italienisches Windspiel *20*, 23, 36, *42*, 108

J

Jack Russell Terrier *39, 53, 56, 64, 73, 79, 80*, 91
Jacobsonsches Organ 28
Jagd 90, 91 ff.
Jagdhunde 11, 13, *15, 16, 18*, 21, 44, 62, 64, 77, 90 ff., s.a. Hetzhunde, Windhunde
- Prüfungen 95, 96, 97, 104
Jagdterrier 73, 78
Jagdverhalten 76, 77
Jaulen 67
Japan Chin 23
Jura-Laufhund *88*

K

Kämmen 162
Kap-Jagdhund 8
Kastration 184, 185
Keeshond 20
Kelpie 111, 113
Kennel Club Großbritannien 18
- American 18
Kerry Blue Terrier 23
King Charles Spaniel *21*, 23, 24, *78*
Klettern 45
Klippen 163
Knochen 48, *52*, 54, 62, 77, *173, 174*, 176
- des Hundes 178, *179*
Knurren 63, 68
Kommunikation 53, 60 ff., 81
Komondor 17, 113
Körperbau 168 ff.
Körperkontakt 69
Körpersprache 63, *65*
Koten 53, 167
Krallenschneiden 165
Krämpfe 182, 183
Krankheiten 162 ff.
Krebs 185
Kreuzen 17
Kupieren 150
Kynologische Gesellschaften 18, 25, 141, 143, 144

L

Labrador Retriever 16, 22, 34, *42*, 45, 58, *60*, 64, 66, 76, 81, *101*, *102, 104*, 117, *118, 119*, 126, 128, *137*, 188

Lahmen 179
Lähmung 183
Lakeland Terrier 23
Läufigkeit s. Hitze
Laufkette *160*
Läuse 181
Leberentzündung 182
Lecken 49, 50, 74, 167
Leinenführigkeit *156*, 159, 161
Leptospirose 178, 182
Lernfähigkeit 84
Lunge 178
Lurcher *68*

M

Magerkeit *172, 173*, 177
Malinois 113
Malta-Windhund 24
Malteser 13, 23
Manchester Terrier 23
Maremmen-Schäferhund 113
Markieren 53, 54, 72
Mastiff *9*, 13, *17*, 19
Meute(hunde) 57, 58, 59, 60, 61, 62, 68, 69, 70, 79, 81, 84, *90*, 92, 95, 133
Mexikanischer Nackthund *41*
Miacis 7, 8
Milben 181
Milchzähne *173*
Militärhunde 124 ff.
Mineralstoffe 171, 172
Mischling s. Bastard
Mops *27*, *147*
Muskeln 168, 178
Mutterverhalten 58

N

Nachtblindheit 32
Nahrungswahl 52
Nase 27 ff.
Nervensystem 41, 46, 82, 181
Netzhautatrophie 36, *167*, 182
Neufundländer *4*, *22*, 45
Nierenleiden 178
Norwegischer Buhund 19

O

Ohren 37 ff., 181
- Kupieren 150
- Pflege 166
Ohrmilben 182
Old English Sheepdog s. Bobtail
Östrus 57, 183
Otter Hound (Otterhund) 17, 31, *99*

P, Q

Paarung 147, *148*
Paarungsverhalten 57, 58
Papillon 23, 66, *139*
Parasiten 163, 164, 176, 181
Pekingese (Peking-Palasthund) 14, 23, 24, 30, 84, *180*
Pflege 157, 162 ff.
- Geräte 162, *163*
Pfoten 45
Pharaonenhund 24
Pheromone 29, 57
Podenco Ibicenco 24

Pointer 22, 31, *34, 44*, 69, 98, 100, *103, 104*
Polizeihunde 124 ff.
Pudel 20, 22, 40, 45, 84, *146*
- Zwerg 88
Puli 113
Pyrenäenhund *5*, 13, 19, 20, 84, 113, *152*, 188
Queensland Heeler 113

R

Rachitis 172
Rag-racing 108
Rangordnung 69, *71*, 73, 76
Rasseneinteilung 18 ff.
Rassenentwicklung 14 ff., 25
Rassenregistrierung 146
Rassenverzeichnis 189
Rassestandards 14, 25, 141, 142, 146, 150
Räude 181
Raumbildsicht (stereoskopische Sicht) 35
Reflexe 46, 81
Reinzucht 17
Rennhunde 90, 106 ff., 141
Retriever 22, *33*, 100, 101, 104, *106*
- Glatthaariger *101*, 102
- Kraushaariger (Curly-coated) *101*, 102
Rettungshunde 116, *121*, 128
Rhinenzephalon 28
Rhodesian Ridgeback *5*, 21, *37*, 73, 74, *139*
Riechmechanismus *28*
Rottweiler 19, 20, 74, 126, *127*
Rough Collie 111, 112
Rückenleiden 179
Rudel 10, 57, 61, s.a. Meute
Rupfen 163
Russischer Windhund s. Barsoi

S

Sachalin-Hunde 131
Saluki 13, *20*, 24, 36, 43, 57, 69, *87*, 97, 106, 108
Samojede 19, 109, 130
Saugen 29, 49
Säugen 49, 60, 175
Schädel *169*
Schäferhunde 19, 36, 44, 79, 110, *112, 113*
- Ausbildung 114
- Prüfungen 116
Scheinträchtigkeit 60, 150, 184
Scherpilzflechte 181
Schipperke 20, *144*
Schlaf 80, 159, 167
Schlittenhunde 11, 19, 44, 109, 129, 131
Schlittenhunderennen 109, *133*
Schmerzempfinden 40 ff.
Schnauze 45, 167
Schnauzer 20, *154*
- Zwerg *160*
Schnüffeln 27, *30*
Schoßhunde 23
Schottischer Hirschhund (Deerhound) *19*, 24, 25, 36, 69, 97, 108
Schottischer Schäfer s. Collie
Schutzhunde 19, s.a. Diensthunde
Schwangerschaft s. Trächtigkeit
Schwanzdrüse 54

Schwanzwedeln 64, 72
Schweizer Laufhund *186*
Schwimmen *42*, 45
Scottish Terrier 23, *39*
Sealyham Terrier *152*, 188
Sehmechanismus *32*
Sehvermögen 31 ff.
- Entwicklung 35
- Rassenunterschiede 34, 36
Setter 22, 69, 76, 98, 100, 104, *154*
Sexualverhalten 56 ff.
- bei Welpen 56
- Rassenunterschiede 57
Sheltie (Shetland Sheepdog) 36, 66, *69*, *75*, 79, 112
Shi-Tzu 12, 20, 40
Siberian Husky 19, 68, 109, 130
Skelett 178, *179*
Sloughi 108
Smooth Collie 111, 113
Sozialisierung 69, 73, 75, 80, 82
Spaniels 22, 40, 62, 64, 67, 69, 71, 84, 100, 104, *163*, *175*, 188
- Toy *22*
Spezialisierung 77 ff.
Spiel 46, 65, 66, 70, 75, 81, 159
Spitze 13, *15*, 17, 19, 20, 24, 35, 69, 130
- Kleinspitz *15, 34*, 84, *145*
Springer Spaniel *62, 78*, 100
Spulwürmer 176
Spürhunde 13, 17, 21, 28, 29
Staffordshire Bull Terrier 16, 23, 72
Stammbaum 144 ff.
Staupe 134, 181, 182
St. Bernhardshund s. Bernhardiner
Sterilisation 184
St. Hubertushund 93, 96
Stimme 67
Stöberhunde 22, 98, 101
Strafe 74
Streuner 53, 154, 155, 168
Stubenreinheit 158
Stuhlgang s. Koten
Stuttgarter Hundeseuche 182
Suchhunde 78, 116, 125, 128
Sussex Spaniel 101, *102*

T

Tapetum lucidum 32
Tastempfinden 40 ff.
Taubheit 40
Teckel s. Dachshund
Telepathie 38, 75, 87
Temperatur 168
Terrier 17, *18*, 20, 22, *40*, 42, 62, 64, 69, 70, 73, 78, 84, 91, *97*, 188
Terrier-Rennen *108*, 109
Territorium 53, 54, 68, 71, 79, 81
Tervueren 113
Tibet Spaniel 12, *27*, 188
Tollwut 183
Tomarctus 8
Toxocara-Fadenwürmer *176, 177*
Trächtigkeit 148, 174
Tränen 181
Traum 80
Trimmen 163
Trinken 48 ff., *52*, 177
Tüchleinrennen 108
Tumore 185

191

U

Übergewicht 170, 173
Unfruchtbarkeit 150, 184
Unterwerfung 55, 64, *65*, 71, *77*
Urhund 9, 13
Urinieren 53, 64, 167, 178

V

Verdauungsstörungen 175
Verdauungssystem 169
Vererbung 10, 14 ff., 151
Vergraben 77
Verhalten 46 ff.
- angeborenes 46
- angelerntes 46
- Ausscheidung 53 ff.
- Entwicklung bei Welpen 80 ff.
- Essen und Trinken 48 ff.
- Gemeinschaftsverhalten 60 ff.
- Hütetrieb 79
- Intelligenz 84
- Jagd 77
- Kommunikation 60 ff.
- Körpersprache 63, 66
- Mutterverhalten 58
- Probleme 83
- Rudel 48, 61
- Sexualverhalten 56 ff.
Vermenschlichung 47
Verstopfung 171, 176, 177
Vitamine 172
Vizsla 22, *58*, 100
Vorstehhunde 22, 97, *100*
- Arbeit 98
- Ausbildung 102
- Prüfungen 104

W

Wachhunde 19, 124, s.a. Diensthunde
Wahl eines Hundes 152 ff., 188
- Erwachsene Hunde 155
- Rasse 152
- Rüde oder Hündin 153
- Welpenauslese 156
Waschbärenjagd 97
Waschbärhund s. Coonhound
Weimaraner 22, 100, *128*
Welsh Corgi 20, 79, *80,* 188
- Cardigan 112, *117*
- Pembroke 112, *117, 140*
Welsh Springer Spaniel 101, *159*
Welsh Terrier 17
West Highland White Terrier 40
Whippet *21,* 22, 36, 43, *46,* 69, *74, 77,* 97, 106, *107,* 108
Windhunde 13, 22, 24, *25,* 36, 69, 91, 97, 106 ff., 141
Winseln 67
Wurfbewertung 151
Würmer 52, 176, 186

Y, Z

Yorkshire Terrier 24, 188
Zahnstein *167, 173*
Zecken 181
Zittern 167, 182
Zucht 9, 10, 14 ff., 57, 59, 83, 93, 140 ff., 183
- Bewertung des Wurfes 151
Zuchtbuch 144 ff.
Züchter 145, 156
Zuchtrechtsübergabe 145
Zuchtschauen 141, 142
Zuckerkrankheit 178
Zusammentreiben 78
Zughunde 11, 13, 19
Zwergrassen 23, 42, 64, 76, 84, 167, 178, 181, 188
Zwingerhusten 178

Bildnachweis

Albert Müller Verlag, Rüschlikon-Zürich 88, 89, 105, 121, 132. British Antarctic Survey (D.W. Matthews) 130, 131, 132, 133, 134, 135, 137. British Museum 15. Camera Press 27, 41, 57, 129, 133, 187. Colour Library International 67, 114, 115, 119, 122, 126, 139, 154. Mary Evans Picture Library 21, 22, 23, 25. Sally Foy 93. Fitzwilliam Museum, Cambridge 16, 20, 23, 72. Michael Geary 50, 52, 54, 56, 57, 62, 63, 69, 70, 71, 74, 88, 89, 90, 91, 92, 93, 94, 95, 96, 97, 98, 99, 106, 107, 139, 142, 143, 150, 151, 162, 163, 164, 165, 166, 169, 170, 171, 173, 174, 175, 176, 177, 178, 182, 183, 184. Guide Dogs for the Blind Association 120, 121, 122, 123. Sonia Halliday 11. Michael Holford 6, 7, 15. Irish Tourist Board 137. Keystone 108, 124, 125, 128, 133. The Mansell Collection 9, 12, 13, 19. The National Gallery 14. Radio Times, Hulton 8, 17, 18, 19, 20, 22, 24. R.S.P.C.A. 166, 170, 172, 182. Servier Laboratories 183. Spectrum 4, 5, 29, 40, 50, 52, 56, 62, 71, 80, 91, 96, 111, 126, 129, 130, 139, 152, 171, 174, 184, 186, 188. The Tate Gallery 15. Sally Anne Thompson 17, 19, 23, 29, 32, 35, 50, 55, 56, 57, 58, 62, 63, 68, 75, 103, 115 und Umschlagbild. Anne Roslin-Williams 20, 21, 24, 26, 27, 30, 31, 33, 34, 37, 38, 39, 40, 41, 42, 43, 44, 45, 46, 47, 48, 49, 50, 51, 53, 58, 59, 60, 61, 64, 65, 66, 67, 69, 71, 73, 74, 75, 76, 80, 81, 82, 83, 84, 85, 86, 87, 100, 101, 102, 103, 104, 105, 107, 109, 111, 112, 113, 115, 117, 118, 119, 122, 123, 127, 128, 129, 131, 138, 140, 141, 145, 146, 147, 148, 149, 152, 153, 155, 156, 158, 159, 160, 161. ZEFA 10, 11. Zeichnungen auf S. 8, 17, 18, 19, 20, 22, 24 von Fiona Almelah.